Vorwort

Wir alle glauben, Senecas Sentenz über die Schule als eines der unsterblich gewordenen Zitate aus der Antike zu kennen. Doch wir könnten schwören, dass der Satz richtig zu lauten hat: Non scholae, sed vitae discimus! - „Wir lernen für das Leben, nicht für die Schule!" Diese Form des Sinnspruchs ist allerdings ein frommer Wunsch aus späteren Zeiten, denn erst die Humanisten haben diese Umkehrung in Umlauf gesetzt.

Der ebenso scharfsinnige wie scharfzüngige Seneca hat den Satz aber in Wahrheit in seiner Epistel 162 so gnadenlos hingestellt, wie er oben angeführt ist: Als herbe Kritik an einem sinnlos gewordenen Schulbetrieb, der zu seiner Zeit ein von der Realität abgekoppeltes Eigenleben zu führen begann.

Wir leben heute – mit Sicherheit wesentlich stärker als zu Senecas Zeiten – in einer Welt des Umbruchs. Kaum etwas anderes kann dies besser verdeutlichen als die Erfindung des Internets. Innerhalb weniger Jahre – in Europa hat die Entwicklung Mitte der 1990er-Jahre eingesetzt – entfaltete sich das neue globale Informations- und Kommunikationsnetz. Nie zuvor in der Geschichte der Menschheit war möglich gewesen, was heute alltägliche Selbstverständlichkeit ist: Mit jedem Menschen auf der Welt an jedem Ort der Welt jederzeit und unmittelbar Kontakt aufnehmen zu können, vorausgesetzt, auf beiden Seiten steht ein Computer mit Internetanschluss zur Verfügung. *Johannes Gutenberg*, der Erfinder des Buchdrucks, verblasst am Himmel der Geschichte zur Sternschnuppe angesichts solch gigantischer Quantensprünge in der weltweiten Kommunikationsentwicklung.

Noch bedenklicher werden Senecas vorwurfsvolle Worte, wenn wir uns die Größenordnung des Wandels in unseren Tagen voll vor Augen halten. Die Welt hat sich buchstäblich auf den Kopf gestellt, doch die Schule ist die gleiche geblieben. Sie geht noch immer von der Illusion eines „Muttersprachunterrichts" aus, wo doch in Wahrheit die „Schriftsprache Deutsch" die erste lebende Fremdsprache für alle Lernenden deutscher Zunge ist. Denn ein Wort, das in der Schriftsprache als „Sonnenblumen" zu schreiben ist, wird in der einen Region als „Sonnblum" gesprochen, anderswo aber als „Sunbleama". Kinder mit Migrationshintergrund – und ihre Zahl nimmt rapide zu – müssen daher Deutsch gleich zweimal lernen, einmal in der gesprochenen Regionalform , einmal in der Schriftform. Das halbiert gleich vom Start weg ihre Chancen.

Doch das ist erst der Anfang der Probleme im Unterrichtsfach Deutsch. Der Arbeitsbereich des schulischen Schreibens hat sich von der Realität total abgekoppelt.

Schreiben in der Realität heißt mailen, chatten, bloggen, „simsen" (= SMS-Nachrichten senden), aber auch Einladungen, Entschuldigungen oder Protokolle verfassen, Bewerbungsschreiben und Lebensläufe gestalten, Geschäftsbriefe aller Art anfertigen (Anfragen, Reklamationen, Anregungen...), Kuverts richtig beschriften, Formulare und Zahlscheine sachgerecht ausfüllen und hundert andere schriftliche Tätigkeiten mehr, die man im Leben einfach können muss.

Schreiben in der Schule hingegen hat in der Regel nur einen einzigen Namen: „Aufsatz". Die Kinder wissen genau, dass nichts anderes auf sie zukommt, die Eltern erwarten nichts anderes, und die Schule tut nichts anderes. Aber keiner weiß mehr so genau warum und wozu. Fest steht aber: Im späteren Leben benötigt man den Aufsatz ganz sicher nicht. Nur – wer durch die Schule kommen will, braucht ihn. Kinder mit Migrationshintergrund sind hier von der Natur der Sache her ein zweites Mal im Nachteil. Der „Aufsatz" eröffnet den Einwandererkindern keine Chancen im Deutschunterricht, er verwehrt sie ihnen.

Auch die Fachdidaktik scheint längst die Orientierung verloren zu haben, ja mehr noch, den gesamten Bezug zu Schul- und Lebenswirklichkeit. *Gerhard Sennlaub* formulierte schon vor rund 30 Jahren „Unsere Spezialisten an den Hochschulen betreiben Sprachdidaktik ohne Kinder."[*] – Ich möchte an dieser Stelle ergänzen: „... und ohne den Blick auf das zu richten, was die Heranwachsenden in ihrem späteren Leben als berufstätige Erwachsene können müssen."

Das vorliegende Buch ist ein Versuch, das schulische Schreiben wieder in den Dienst der Lebensvorbereitung zu stellen. Mindestens 111 verschiedene Textsorten kennt das Leben. Sie sollten in der Schule nicht nur gelehrt werden, sondern auch gelebt. Tote Schulbuch-„Schreibanlässe" sind es nicht, die ich meine. Herz und Verstand der Kinder sollen beim Schreiben beteiligt sein. Nicht der Arbeitsauftrag im Buch, sondern die Sinnhaftigkeit des Tuns gibt den Motor dafür ab.

Schreiten wir zur Tat! – Seneca darf nicht Recht behalten!

Horst Fröhler

---

[*] *Gerhard Sennlaub, Spaß beim Schreiben oder Aufsatzerziehung?*, Stuttgart 1980, Seite 52.

Inhalt

DRITTER ABSCHNITT:
WEGE ZU EINER BESSEREN CHANCENVERTEILUNG

VIERTER ABSCHNITT:
DIE KONTRASTWELT DER LEBENSPRAKTISCHEN TEXTSORTEN

FÜNFTER ABSCHNITT:
DIE TEXTSORTEN IM EINZELNEN

SECHSTER ABSCHNITT:
DIE DEUTSCH-SCHULARBEIT IM TEXTSORTENZENTRIERTEN UNTERRICHT

SIEBENTER ABSCHNITT:
BEURTEILUNG UND KORREKTUR SCHRIFTLICHER ARBEITEN

ACHTER ABSCHNITT:
DEUTSCHNOTE NEU – PRAXISORIENTIERT, LEISTUNGSGERECHT, AUSSAGEKRÄFTIG

Liste aller **Downloadvorlagen** siehe nächste Seite.   ➤

Liste aller Downloadvorlagen

Die hier angegebenen 19 Downloadvorlagen können Sie auf folgendem Weg über das Internet beziehen:

Loggen Sie sich ein über: **www.froehler.at/bd3downloads**
Geben Sie als Benutzername an: **Textedidaktik**
Setzen Sie als Kennwort ein: **asap**

Mit dem Kauf dieses Buches haben Sie zugleich das uneingeschränkte Recht erworben, diese Vorlagen nach Bedarf zu kopieren und einzusetzen.

Erster Abschnitt:

Präambel

Die grundsätzliche Standortfrage

Sich dem Thema des Schreibens im Deutschunterricht mit all den damit verbundenen Grundsatzfragen zu stellen, bedarf zunächst einer prinzipiellen Standortbestimmung.

Doch anders als in den beiden vorangegangenen Bänden dieser Didaktikreihe[1], müssen hier die Fragestellungen noch tiefer gehen. Wir müssen zunächst einmal zur Kernfrage vordringen, was denn insgesamt der Zweck der schulischen Ausbildung sei. Dabei geht es um die Gesamtperspektive der als allgemeinbildend vorgesehenen Schuljahre, kurz um das, was in Österreich mit dem prägnanten Ausdruck „Pflichtschuljahre" beschrieben wird. Gleichgültig also, ob wir in der Grundschule oder in der Sekundarstufe unterrichten – sobald wir es mit Schülern[2] zu tun haben, die sich in den verpflichtenden Schulbesuchsjahren befinden, haben auch wir Lehrer[2] eine starke moralische Verpflichtung, nämlich immer wieder zu hinterfragen, was denn letztes Endes das Gesamtziel der allgemeinen Schulbildung sein soll.

Natürlich sind solche prinzipiellen Fragen stets verbunden mit ideologisch bedingten, unterschiedlichen Betrachtungsblickwinkeln. Dennoch bin ich überzeugt, dass in einer aufgeklärten, modernen und demokratischen Gesellschaftsordnung ein gewisser Grundkonsens über die fundamentalen Fragen quer durch alle politischen Lager gegeben ist. Und um eben diese fundamentalen Fragen, die unabhängig von der Weltanschauung von jedem bejaht werden können, soll und muss es zunächst gehen.

Rückbesinnung auf die Hauptziele der Schule

Verfolgen wir ganz prinzipiell die Frage, was denn das Ziel der Schule schlechthin sei, so hat diese im Grunde nur eine einzige Existenzberechtigung, nämlich die Heranwachsenden auf das Leben in der Welt der Erwachsenen vorzubereiten.

Im Detail heißt das: Die Schule hat die Aufgabe, grundlegende Fertigkeiten zu vermitteln, die die Heranwachsenden befähigen sollen,

---

[1] Band 1: *Elementardidaktik auf Erfolgskurs;* Band 2: *Neue Wege in der Rechtschreibdidaktik*

[2] Bitte beachten Sie zu dieser sprachlichen Form den klärenden Gender-Hinweis auf Seite 2.

1. in der Berufswelt Fuß zu fassen,
2. sich sozial und kommunikativ in die Wertordnung unserer Gesellschaft einzu-fügen, des Weiteren auch
3. sich als mündige Bürger in das gesellschaftliche Leben zu integrieren und daran kritisch-aktiv teilzunehmen,
4. Interesse für die vielfältigen kulturellen Bereiche des Lebens zu entwickeln und auch am Kulturleben aktiv teilzuhaben.

Dieser Zielekatalog ist durchaus als Rangordnung zu verstehen. Chancen auf einen Platz in der Berufswelt zu eröffnen, muss das vorrangige Ziel der schulischen Aus-bildung sein. Denn vom Erobern eines Arbeitplatzes hängt nicht nur das Selbstwert-gefühl des Einzelnen ab, sondern auch die Möglichkeit zu einer eigenständigen, finanziell unabhängigen und damit menschenwürdigen Lebensführung. Nur wer in der Berufswelt Fuß fasst, vermag eines Tages aus eigener Kraft seine alltäglichen Grund-bedürfnisse des Lebens abzudecken. Das ist und bleibt das primäre Lebensziel eines jeden Menschen. Erst wer hinsichtlich seiner Grundbedürfnisse keine existenziellen Sorgen mehr hat, kann sich höheren Zielen zuwenden.[3]

Das Ziel Nr. 2 ist mit Nr. 1 eng verknüpft, weil langfristige Erfolge im Berufsleben ohne kommunikativ-soziale Kompetenz ausgeschlossen sind. Ziel Nr. 2 ist aber auch für das Erreichen des Zieles Nr. 3 unverzichtbare Grundvoraussetzung. Selbstverständlich sind auch die Ziele 3 und 4 erstrebenswert, doch (über-)lebensnotwendig im engeren Sinn sind sie nicht. Bei näherer Betrachtung entpuppt sich zudem das Ziel Nr. 3 als ungleich essenzieller als das – natürlich durchaus schöne und sehr erstrebenswerte – Ziel Nr. 4.

Dies alles nur zur Klarstellung, weil wir als (Deutsch-)Lehrer oft dazu neigen, vor allem kulturelle Idealvorstellungen – z. B. die Liebe zur Literatur, ein ausgefeiltes Gespür für sprachliche Nuancierungen oder das Durchschauen und sichere Anwenden stan-dardsprachlicher Feinheiten – als die höchstrangigen Ziele in den Vordergrund unserer Bemühungen zu rücken und dabei zugleich Gefahr zu laufen, das Lebensnotwendig-Basale zu vernachlässigen.

Somit zeigt sich, dass die Schule insgesamt, vor allem aber der Deutschunterricht, als Zielgerade stets die Lebenstüchtigkeit der Schulabgänger vor Augen haben muss – oder

---

[3] Vgl. dazu die Bedürfnisskala nach *Abraham Maslow*: Nahrung, Behausung, Kleidung und – im Erwachsenenleben – Sexualität zählen zu den existenziellen Grundbedürfnissen. Erst wenn diese Bereiche abgedeckt sind, treten als weitere Bedürfnisse soziale Bindung, Bildung und kulturelle Werte dazu (Quelle: Wikipedia).

realistischer gesagt, haben müsste. Die gesamte weitere Betrachtungsweise in diesem Buch wird stets vor dem Hintergrund der Dichotomie zwischen „basalen Lernzielen" einerseits und den sog. „höheren Zielen" andererseits zu sehen sein.

An dieser Stelle scheint nun aber noch eine Klarstellung angebracht zu sein. Natürlich sind kulturelle Ziele höherrangige Ziele, ja durchaus die höchstrangigen schlechthin. Doch ein sinnvoller Bildungweg für alle Lernenden muss so aufgebaut sein, dass zunächst für alle, und zwar wirklich alle (!), die grundlegenden Ziele sichergestellt sind.[4] In einem zweiten Schritt sollten möglichst viele Lernende zu den höheren Zielen gelangen. Doch nur, wer die ersten beiden Stufen bereits erreicht hat, und noch über zeitliche und intellektuelle Ressourcen verfügt, kann und muss auch die nächsten Stufen als Ziel vor Augen gestellt bekommen.

Der Diskurs, was Allgemeinbildung sei, ist bis heute nicht annähernd befriedigend abgeschlossen. Die Frage nach der Definition von Allgemeinbildung sollte das System Schule in allen Schularten und Schulstufen stets aufs Neue stellen. Außer Zweifel sollte stehen, dass Allgemeinbildung in erster Linie lebenspraktisches Wissen zu umfassen hat. Außer Zweifel sollte ferner stehen, dass einmaliges Erarbeiten eines Stoffes und anschließendes Abfragen noch nicht zu dauerhaftem Wissen führt. Das Augenblickswissen, das sich Schüler bloß mal schnell für eine unmittelbar bevorstehende Prüfung anzueignen haben, ist meist sinnlos vergeudete Lernenergie und dient in keiner Weise dem kontinuierlichen Aufbau von Allgemeinbildung. Wissensdetails ohne Langzeitwirkung und ohne jede lebenspraktische Bedeutsamkeit in die Lernenden hineinzustopfen, ist aber leider bis auf den heutigen Tag die Philosophie der meisten fachbezogenen Lernzielkataloge geblieben. Wer z. B. in Geographie/Wirtschaftskunde in einer Landkarte die „Flyschzone" und die „Grauwackenzone" einzeichnen kann, hat zwar vielleicht heute eine aktuelle Prüfung gut überstanden und darf mit einer guten Note rechnen, fängt aber mit diesem Wissen weder konkret etwas an, noch wird er es längerfristig behalten. Wissenserwerb als Zeitvertreib und Nahrung für die Vergessenskurve?[5] – Gäbe es nicht bessere, wichtigere, vor allem lohnendere Ziele? Für den Fachbereich Deutsch soll diese Frage im kommenden Abschnitt geklärt werden.

---

4 Dieser Aspekt wird uns noch nachhaltig beschäftigen; siehe Seite 69 ff.

5 Als Elternteil erlebt man Schule auch aus einer anderen Perspektive, nämlich aus der der Kinder. Ich werde nie die Worte meiner Tochter vergessen, die wenige Wochen nach einer Biologie-Prüfung erklärte: „Wenn ich heute zu diesem Test antreten müsste, bekäme ich ein Nichtgenügend. – Ich könnte nicht einmal mehr die erste Prüfungsfrage erklären, nämlich, was das ‚endoplasmatische Reticulum' ist. Ich weiß nichts mehr von all dem, was ich damals für die Prüfung gelernt hatte."

Weil aber nicht nur im Fachbereich Deutsch, sondern in der Schule ganz allgemein eine Reihe von Fehlentwicklungen zu orten ist, soll hier im Rahmen eines Exkurses kurz auf einige markante Probleme eingegangen werden.

Exkurs 1: *Prinzipielle Fehlentwicklungen im System Schule*

Fehlentwicklung 1:
Lernen für das Kurzzeitgedächtnis

Seit die Jurisprudenz die Schule als Betätigungsfeld für juristische Aktivitäten und Reglementierungen entdeckt hat, ist das Wissen in den Lernfächern vom dauerhaften Bildungsgut zum Kurzzeitwissen mutiert. Der Grund dafür liegt darin, dass es seit einigen Jahrzehnten damit vorbei ist, in j e d e m Gegenstand und j e d e r z e i t auf eine Prüfung gefasst sein zu müssen. Mit Prüfung war in früheren Zeiten – und damit meine ich die Zeiten, als ich noch selbst die Schulbank drückte – natürlich stets eine mündliche Prüfung gemeint, nicht wie heute ein schriftlicher Test. Bei jeder Prüfung, in der man bange mitverfolgte, wie es dem jeweiligen Kameraden erging, den es „erwischt" hatte, profitierte man für den eigenen Wissensstand. Permanente Stoffwiederholung war somit damals die Grundlage für bleibendes Wissen. Auch die Stoffmengen waren in diesen früheren Zeiten vergleichweise überschaubar. Einerseits wurde der Stoff vorgetragen und – teils mit Hilfe der Lehrkraft (mittels Tafelskizzen, Überblicken, Stichwortsammlungen...) – mitgeschrieben. Allein dieses Mitschreiben war eine ungleich intensivere Stoffbegegnung als das Markieren des Wesentlichen in Büchern, wie es heute vorherrscht. Andererseits gehörte es zur Selbstverständlichkeit, dass in jeder Unterrichtsstunde kurz der Stoff der vorhergehenden wiederholt wurde. Auch hier musste jeder stets gefasst sein, an die Reihe zu kommen – und die erbrachte Leistung galt ebenfalls als Prüfung.[6] Dazu kam, dass wir in

---

[6] Ich erinnere mich heute noch an so manches Lehrstück, das uns unsere Lehrkräfte lieferten. Ich dachte etwa einmal in einem Fach: Du warst ohnehin letzte Stunde zur Wiederholung dran, heute kannst du dich beruhigt zurücklehnen. Zu meiner Überraschung kam ich aber gleich wieder an die Reihe. Da half auch kein protestierender Hinweis, ich wäre ohnehin in der letzten Stunde drangewesen. Die Sache ging gründlich daneben. Die eigentiche Wiederholung musste dann natürlich jemand anderer machen, denn ich war ja nicht vorbereitet. Das Abarbeiten des unverhofften Schlechtpunktes kostete einige Mühe... – Aber von da an wusste jeder aus unserer Klasse genau, wie hoch das Risiko war, einmal auf eine Stundenwiederholung nicht vorbereitet zu sein. Mit einfachsten didaktischen Mitteln wurde für das Langzeitgedächtnis gesorgt.

meiner Gymnasialzeit noch Trimester hatten. Der Prüfungsstoff umfasste demnach stets nur ein Drittel eines Schuljahres, nicht die Hälfte. Von diesen Trimestern waren jeweils die letzten Wochen für die mündlichen Prüfungen vorgesehen.

Heute läuft zwar alles juristisch einwandfrei ab – mit angekündigtem Testtermin –, aber durch die Schriftlichkeit der Prüfungen ist vieles vom Wert früherer Unterrichtsmethoden verlorengegangen. Statt dass sich Schüler bleibendes Wissen aneignen, wird nur noch Wissen für den Prüfungstag x gelernt und sehr rasch wieder vergessen, weil ja längst ein anderes Stoffgebiet mit dem Prüfungstag y an der Reihe ist.[7] Die Schriftlichkeit der Prüfungen in den Lerngegenständen hat noch eine andere gravierende Auswirkung: die Abnahme rhetorischer Fähigkeiten. Sachverhalte und Zusammenhänge so darzulegen, dass sie dem kritischen Geist des Vortragenden wohlgefällig sind, das schult die Ausdrucksfähigkeit und damit insgesamt die Sprachkompetenz gewaltig. Ich würde mir wünschen, dass die Schule die verbale Prüfung wiederentdeckt – möglichst schon vom 3. Schuljahr an, denn je früher damit begonnen wird, desto größer ist ihre segensreiche Wirkung. Der Fluch schriftlicher Prüfungen in den Lerngegenständen liegt auch darin, einen verhängnisvollen Beitrag zur Verarmung der Sprachentwicklung geleistet zu haben. Wie soll sich auf dem Gebiet des sprachlichen Ausdrucksvermögens etwas entwickeln, wenn nur Wörter oder Wortgruppen einzusetzen, anzukreuzen oder durchzustreichen sind? Die allgemeine sprachliche Verarmung zeigt sich dann auch erbarmungslos bei den schriftlichen Leistungen in Deutsch...

Das Verfahren, schriftliche Tests als Prüfungsform zu wählen, hat noch einen weiteren Nachteil. Weil eine solche Prüfung in maximal einer Stunde erledigt ist, bleibt viel zusätzlicher Raum für noch mehr Stoff, der wie alles andere ebenfalls kaum verstanden und verarbeitet wird, und schon gar

---

[7] Wenn meine eigenen Kinder in ihrer Gymnasialzeit in irgendeinem Stoffgebiet einmal eine Frage hatten, konnte ich diese fast immer wie aus der Pistole geschossen beantworteten und ihnen darüber hinaus die Sache noch erklären. Sie waren jedes Mal total perplex und fragten immer wieder: „Warum weißt du das alles noch? – Deine Schulzeit ist ja schon so lange her. – Bist du ein Gedächtnisgenie?" Ich versuchte Ihnen klarzumachen, dass das keine Frage des Genies, sondern eine Frage der andersartigen Lernwelten von gestern und heute ist. Wirklich nachvollziehen konnten sie es nicht, denn meine Lernwelt haben sie nie als Eigenerfahrung erlebt.

nicht wiedergegeben werden kann… Die gute alte Weisheit „Non multa, sed multum"[8] scheint in Vergessenheit geraten zu sein.

Fehlentwicklung 2:
Fachzentrierte statt interessenzentrierte und lebenszentrierte Stoffauswahl

Das Vollstopfen jeder Unterrichtseinheit mit Neuem bringt das Karussell des Lernstoffkumulierens auf schwindelerregende Drehzahlen. Lehrer haben – als Fachkräfte des Wissens – immer neue Ideen, was alles noch wichtig und aus ihrer Sicht interessant wäre. Besonders verlockend wird die Sache, wenn Schulbücher mit erdrückender Stofffülle zur Verfügung stehen. Der Teststoff ist dann auch schnell festgelegt: „Für den Test am … sind die Seiten 75 – 123 zu können." – So einfach und problemlos geht das alles.

Wie wenig werden hingegen die Schüler gefragt, was s i e interessiert!

*Wie anders könnte es um die Interessenslage und damit um die aktive Anteilnahme am Unterricht bestellt sein, wenn schon die Jahresplanung in und mit der Klasse gemeinsam erfolgen würde. Wenn immer wieder – nach kurzen fachlichen Ausblicken – die Frage gestellt würde: Was interessiert denn **euch** davon am meisten? Wenn weiters jedes Stoffgebiet mit der Frage starten würde: Was wisst ihr selbst dazu? Welche Fragen habt ihr auf diesem Gebiet? Und: Wer könnte uns in der nächsten Stunde etwas mehr dazu erzählen (Stichwort: Referat) durch Recherchen im Internet, in Büchern, durch Interviews etc.?*

Was wäre, wenn Schüler für Ihre Recherchen und ihre Referate durch Gutpunkte oder Noten belohnt würden? Die Notenvergabe könnte eine Kombination aus Eigenbewertung, Klassenwertung und Lehrerbewertung sein. Da kommt Leben in die Klasse! Da wird argumentiert, kritisiert (auch Einfühlsamkeit versus Taktlosigkeit will gelernt sein!), da wird erkämpft und verteidigt. Ja, da wird sogar gelernt, Resultate zu akzeptie-

---

[8] „Nicht vielerlei, sondern viel." – Man könnte auch sagen: Qualität geht vor Quantität. Wir sollten das wieder beherzigen lernen – in der Schule insgesamt, vor allem aber in Deutsch!

ren und zu respektieren, auch wenn sie nicht voll der eigenen Ansicht entsprechen. – All das wäre, neben dem Effekt der aktiven, ja sogar stark emotionalen Anteilnahme am Unterricht, auch zugleich ein permanentes Einüben demokratischer Spielregeln.

Was wäre, wenn Wiederholung wieder stattfinden würde – am besten natürlich in zeitgemäßer Form, z. B. anhand von Quizfragen zur letzten Unterrichtsstunde? Fragen, die die Schüler selbst als Hausaufgabe auszuarbeiten hatten und die sie sich nun gegenseitig stellen. Alle Quizfragen zusammengenommen, würden nahezu den gesamten Wissens- und Prüfungsstoff abdecken. Ein Punktesystem mit Belohnungen für gute Fragen und für richtige Antworten könnte eventuell sogar Abschlussprüfungen ersetzen. [9]

Auch mit der lebenszentrierten Stoffauswahl ist es nicht zum Besten bestellt. Kehren Sie mit mir kurz zur „Grauwackenzone" zurück. – Um wie viel lebensbezogener und damit interessanter wären landschaftliche Schönheiten und Besonderheiten in einer bestimmten Landschaftsformation, bemerkenswerte kulturelle Schätze, Besichtigenswertes (Burgen, Ruinen, alte Stadtmauern, Museen, Kirchen...), lohnende Tourenziele (Wandern, Trekking, Bergtouren) und, und, und.

Oder – ein gänzlich anderer Themenbereich - kennen Sie eine Mathematikaufgabe, in der die Reparaturkosten für eine durch Sprayer beschädigte Hausfassade oder eine von Glaskratzern beschädigte U-Bahn-Fensterscheibe zu berechnen ist? Kennen Sie ein Mathematikbuch, das zusätzlich an dieser Stelle die Worte aus der Rechtssprache „mutwillige Beschädigung fremden Eigentums" in den Mund nimmt? Haben Sie jemals Aufgabenstellungen gesehen, die hinterfragen und berechnen lassen, wie lange Eltern, die ja letztlich für die Dummheiten ihrer Kinder haften, dafür arbeiten müssen, bis so ein Schaden bezahlt ist? Bei dieser Gelegenheit könnte man auch die totale Ahnungslosigkeit über die künftige Gratwanderung zwischen eigenem Einkommen einerseits und Lebenshaltungs-

---

[9] Es sei denn, die Schüler proben den Aufstand, weil sie geprüft werden wollen! So schon selbst erlebt in ähnlichem Zusammenhang, nämlich mit dem Erlernen der Kunst des perfekten „Schwindelzettels". Näheres siehe Seite 120.

kosten plus Wohlstandserwartungen andererseits ein wenig zurechtrücken und erste konkrete Geldwertvorstellungen dazu vermitteln.

Auch beizeiten klarzumachen, wie viel man wirklich zurückzuzahlen hat, wenn man einen Kredit aufnimmt (in der Regel rund 150 %!), wäre kein Schaden usw. usf. – Was findet man hingegen in Mathematikbüchern? – Die Füllzeit für ein Schwimmbecken, das aus drei Röhren mit unterschiedlichen Zuflussleistungen befüllt wird, ist zu berechnen. Sehr realistisch, sehr praxisbezogen – elektrisiert jeden Schüler sofort, oder?[10]

Fehlentwicklung 3:
Volle Schulbücher – leere Schülerhirne

Schulbücher enthalten zwar jede Menge fachbezogenes Wissen, perfekt aufbereitet, mit Bildern und Diagrammen bestmöglich veranschaulicht. Trotzdem – oder vielleicht gerade deswegen – sind sie aber in keiner Weise Garant dafür, dass dieses Wissen auch in den Köpfen der Lernenden Gestalt annimmt. Lehrervortrag, Mitschrift und mündliche Zusammenfassung als Eigenleistung – all das fiel dem perfekten Schulbuch zum Opfer: Es steht ja ohnehin alles da! Nahezu unlösbar scheint dabei nur das Problem des Gegensatzes, der krasser nicht sein könnte: In der Schultasche schleppt jeder das Wissen für ein ganzes Jahr mit sich herum, im Gehirn herrscht diesbezüglich jedoch nur allzu oft gähnende Leere.

Noch schlimmer steht es, wenn man die Sprachbücher kritisch hinterfragt. Jede Buchseite enthält eine Kette von Befehlen: „1. Suche oben... 2. Ergänze, was fehlt... 3. Setz hier die Wörter von oben sinnrichtig ein... 4. Unterstreiche nun alle Namenwörter/Nomen... 5. Suche das Gegenteil zu ...“ usw. usf. Der Schüler hat im Grunde keine andere Wahl, als innerlich ständig „Jawohl“ oder „Zu Befehl“ zu sagen: „1. Jawohl – suchen. 2. Jawohl – ergänzen. 3. Zu Befehl – einsetzen. 4. Jawohl – unterstreichen“ usw.

---

[10] Mit dieser hier nur exemplarisch angedeuteten Gesamtkritik an den gegenwärtigen Lehrplänen stehe ich keineswegs allein da. Erst kürzlich hat etwa einer der renommiertesten deutschen Fachwissenschaftler für Mathematik, *Prof. Ulrich Trottenberg* vom Fraunhofer Institut festgestellt: "Wenn ich mir heute die Schulbücher *(für Mathematik; Anm.)* angucke, könnte ich 20 bis 30 Prozent leicht rausstreichen. Das braucht man alles gar nicht." *(Zitat aus: Die Zeit Nr. 5/2008, Seite 32)* – Hier ist anzumerken, dass es sich bei *Trottenbergs* Kritik um eine Einschätzung aus fachspezifischer Sicht handelt. Bei Einschätzung nach dem Gesichtspunkt des Lebenspraktischen ist anzunehmen, dass die Prozentzahlen noch weitaus höher ausfallen würden.

Fortwährend nur Befehle ausführen zu müssen, stumpft innerlich ab. – Eigeninitiative, Selbsttätigkeit, Mitdenken, Mitentscheiden oder Kreativität sind bei schulbuchzentriertem Unterricht nicht gefragt, obwohl gerade diese Eigenschaften effizientes Lernen erst garantieren würden und obwohl genau diese Punkte Ziele des Unterrichts sein sollten.

Je länger die Kette der angeordneten Aufgaben wird, desto spärlicher werden die Versuche der Lernenden, die genannten positiven Eigenschaften einzusetzen. Im Gegenteil, ihre gesamte aktive Anteilnahme an den Aufgabenstellungen und damit auch an den Lerninhalten sinkt zusehends rapide ab.

Lustlosigkeit und innere Teilnahmslosigkeit statt strahlender Lernfreude. Kann und darf das das Ziel der Schule sein? – Die Schulbücher, so perfekt sie auch sein mögen, haben nur die Kreativität und Eigeninitiative der Autoren gefördert, nicht jedoch die der Kinder.

Wie oft stimmen wir in den Chor des Jammerns über die ach so leistungsschwach gewordene Schülerwelt ein. Aber wäre es nicht an der Zeit, sich einmal all der Faktoren anzunehmen, die die Schule selbst ändern könnte? Auch der nächste Punkt ist als diesbezügliche Anregung gedacht.

Fehlentwicklung 4:
Das fehlende Unterrichtsfach „Lernen lernen"

Die frühere Art des Ablaufs der Wissensvermittlung, wie sie eingangs dargestellt wurde, hatte die Vermittlung der Lernetechniken gleich mit eingeschlossen. Seit Schulbücher im Unterricht so dominant geworden sind, wie es jetzt der Fall ist, bekommen die Lernenden zwar alles Wissen vorportioniert und vorstrukturiert in die Hand, doch wie sie all das in den Kopf hineinbekommen, mit diesem Problem bleiben sie alleingelassen.

Die Unterrichtswelt sollte auf die geänderten stofflichen und lerntechnischen Gegebenheiten reagieren und durch gezielte Vermittlung von Lerntechniken Abhilfe schaffen. Schüler sollten klares Wissen über viele alltägliche Fragen ihres Lernlebens vermittelt bekommen.

- *Was kann ich tun, wenn ich etwas durchlese, es aber nicht (ganz) verstehe?*
- *Wenn ich 4 Aufgaben vor mir habe, soll ich mit der schwierigsten oder der leichtsten beginnen?*
- *Lernt man besser mit Hintergrundmusik oder ohne? – Wenn mit Musik, mit welcher?* [11]
- *Ich spiele zur Erholung vor der Aufgabe immer am Computer. Trotzdem kann ich mich dann nur schwer auf die Arbeit konzentrieren. – Warum ist das so?*
- *Lernt man Schwieriges besser am Abend oder am Morgen?*
- *Gibt es Tricks, wie man etwas doch in den Kopf bekommt, das man sich nicht und nicht merken kann?*
- *Wie teilt man sich die Lernzeiten am besten ein?*
- *Hilft mir ein Zeitplan gegen meinen Schlendrian?*
- *Wer kennt den Trick mit der Selbstbelohnung?*
- *Wie geht das Zusammenfassen, das Exerpieren, das Anfertigen von Stichwortnotizen?*
- *Soll ich einen umfangreicheren Stoff auf einmal in mich hinein-stopfen, also lernen bis mir der Kopf raucht, – oder ist ein anderes Verfahren besser?*
- *Wenn ich nach meinen eigenen Aufzeichnungen lerne, spielt es dann eine Rolle, wie schön bzw. übersichtlich meine Mitschrift gestaltet ist? (Stichwort Heftführung: „Ist ja eh nur für mich.")*

Das sind nur einige Beispiele, welche Fragen sich für Schüler lerntechnisch stellen. Schickt man Lernende selbst auf die Suche nach Fragen über das Lernen, wird man nicht schlecht staunen. Ein lohnendes Anliegen übrigens für den Deutschunterricht, denn Fragen präzise stellen zu können, ist eine Kunst für sich. Einige der obigen Fragen werden ihren Niederschlag auch bei den weiter unten dargelegten Textsorten finden [12]*, zu anderen gibt es da und dort aufschlussreiche Informationen in der Literatur.* [13]

---

[11] Hier sind gemeinsame Experimente inkl. Aufarbeitung und Ergebnisbewertung überzeugender als vorgefertigte Standpunkte.

[12] Z. B. Arbeitsplanung, Textsorte Nr. 2, Siehe Seite 108.

[13] Eine hervorragende Sammlung lernpsychologischer Grundtatsachen findet sich in *Giselher Guttmann, Lernen, Wien 1990;* leider wird diese richtungsweisende Zusammenstellung inzwischen nicht mehr aufgelegt.

Innerhalb dieses grundsätzlichen Rahmens – inklusive der im Exkurs enthaltenen Gedankengänge – ist die gesamte weitere Auseinandersetzung mit den Zielen des Deutschunterrichts im Allgemeinen zu sehen. In ganz besonderer Weise muss es dabei in diesem Buch natürlich um den schriftlichen Bereich gehen. Nur was den hier skizzierten Kriterien und der damit eng verbundenen Rangordnung der Lernziele standhält, hat auf Dauer Existenzberechtigung im Unterricht – und damit letztlich auch in den Lehrplänen. Eine entsprechende Neubewertung kann und darf daher nicht ausbleiben.

Zusammenfassung

- Hauptziel der Schule ist die **Vorbereitung auf das Leben** – Diesem Ziel haben sich alle Teilziele unterzuordnen.

- **Berufsbezogene** und allgemein-lebenspraktische **Fertigkeiten** haben Vorrang vor allen anderen Zielen.

- Nicht die Menge des durchgenommenen Stoffes, sondern der Grad des dauerhaften Behaltens des Gelernten ist ein Kriterium für bleibende Allgemeinbildung; daher ist der Festigung und **Wiederholung** höchstes Augenmerk zu widmen.

- Die **Stoffauswahl** sollte in erster Linie vom lebenspraktischen Bezug und von der Interessenslage der Lernenden bestimmt werden und weniger von rein fachspezifischen Erwägungen ausgehen.

- **Schulbücher** sind eine Kette von Arbeitsbefehlen: Mach dies! Tu jenes! – Befehle stumpfen ab, die innere Anteilnahme sinkt. Die Aufnahme von Lerninhalten hängt aber vom Grad der inneren Anteilnahme wesentlich ab. Merke: Schulbücher reduzieren die Lerneffizienz!

- Vermittlung von **Lerntechniken** sollte, wenn schon nicht ein eigenes Unterrichtsfach, dann zumindest ein durchgehendes Unterrichtsprinzip sein. Maximale Lernökonomie ist in einer Welt allgemeiner Zeitknappheit unverzichtbar.

Einige Hinweise kann man auch der Broschüre *Horst Fröhler, Lernschwierigkeiten, Rechtschreibprobleme... – Wie können wir Eltern unseren Kindern helfen?, Wien 2008*, entnehmen.

Zweiter Abschnitt:

Bestandsaufnahme

Die Grundsituation im Fach Deutsch

Wenn wir Lehrkräfte nach dem Hauptziel des Deutschunterrichts gefragt werden, haben wir in erster Linie den schriftlichen Bereich vor Augen, also die Kompetenz der Kinder, eigene Texte zu verfassen. Wenn wir dann im Detail an den Bereich des Texteschreibens denken, so ist es unser erklärtes Ziel, möglichst viele Kinder zu möglichst guten Leistungen zu führen. Die entscheidenden Beweise dafür, wie gut oder wie schlecht es um die Leistungen im Schriftlichen bestellt ist, werden dann von der 4. Schulstufe an in den periodisch wiederkehrenden und jeweils mit Noten zensurierten Schularbeiten/Klassenarbeiten [14] dokumentiert.

Die in diesen schriftlichen Arbeiten erzielte Note erweist sich damit zugleich auch als primärer Gradmesser für die Zeugnisnote in Deutsch. Näheres weiter unten im Kapitel „Der Stellenwert der schriftlichen Leistungen für die Deutschnote" [15].

Der thematische Rahmen der Schularbeiten/Klassenarbeiten in Deutsch

Wenn wir Lehrer weiters überlegen, welcher thematische Bogen bei den schriftlichen Leistungen von den Schülern zu bewältigen sei, kommt für die Schulstufen 4 bis 9 in der Regel etwa folgende Palette verschiedenartiger Aufsatzgattungen ins Spiel:

- Bildgeschichte
- Erlebniserzählung
- Nacherzählung
- Phantasiegeschichte
- Reizwortgeschichte
- Bericht
- Beschreibung

---

[14] „Schularbeit" und „Klassenarbeit" sind synonyme Begriffe. Was in Österreich als „Schularbeit" bezeichnet wird, entspricht in Deutschland der „Klassenarbeit". Wenn auch die Begriffe verschieden sind, ist doch die grundsätzliche Situation identisch: Schriftliche Leistungen in einem meist eng begrenzten thematischen Umfeld werden zensuriert und zur Grundlage der Deutschnote gemacht.

[15] Siehe Seite 376.

- Schilderung
- usw.

Dieser Vorstellungsrahmen entspricht nicht nur dem traditionellen Bild vom Deutschunterricht aus der Sicht der Schule, hier decken sich vielmehr die Vorstellungen der Schule auch mit denen der Eltern. – Die Welt des Lernens in Deutsch scheint somit in bester Ordnung zu sein. Doch gibt es eine große Zahl folgenschwerer Einwände, wie sich gleich zeigen wird.[16] Zunächst jedoch bleiben wir noch kurz auf der traditionellen Seite des schulischen Schreibens.

Die fixen Ideen rund um die thematische Ausrichtung der Schularbeiten lassen sich am besten mit dem Beginn von Schillers „Glocke" charakterisieren: „Festgemauert in der Erden..." Denn wie ein ehernes Gesetz muss es erscheinen, dass landauf, landab im deutschen Sprachraum in den Schulstufen 4 und 5 die ersten fünf der oben genannten Aufsatzkategorien dominieren. In den späteren Schuljahren treten dann die restlichen genannten Kategorien hinzu. Das „Geschichtenschreiben" ist – wie wir heute sagen würden – fix einbetoniert, im Bewusstsein der Lehrerschaft ebenso wie als Erwartungswert auf Seiten der Eltern.

Dass die hier präsentierte Sicht der Dinge nicht aus der Luft gegriffen ist, mögen die Ergebnisse meiner jahrelangen konsequenten Umfragen erhärten: Seit rund 20 Jahren befrage ich regelmäßig die Teilnehmer meiner Seminare, wie viele der Prüfungsarbeiten in Deutsch bei 9- bis 14-Jährigen dem oben skizzierten Rahmen der Aufsatzgattungen entstammen. Die vielen tausenden Einzelurteile ergaben in Summe folgendes Bild: Zu mehr als 80 % finden alle Schularbeiten in Form von Themenstellungen aus dem Bereich der Aufsatzkategorien statt. Unter dem Blickwinkel des Gleichklangs zwischen der Schulwelt und den Erwartungswerten der Elternseite sollte man meinen, diese Situation wäre nahezu optimal und daher nicht weiter zu hinterfragen. Leider wird sich jedoch zeigen, dass der Aufsatzunterricht und seine daraus resultierenden Prüfungsarbeiten in der Schule von heute alles andere als optimal sind. – Doch davon im Detail später. Zuerst muss noch eine andere, fundamentale Frage gestellt werden, die Frage nach der Lebensnähe.

---

[16] Der frappanteste dieser Einwände wird wohl sein, dass der Aufsatz im Grunde so etwas wie ein historischer Irrtum ist; Näheres dazu siehe Seite 36ff.

Der Aufsatz auf dem Prüfstand der Lebensnähe

Versuchen Sie bitte, sich kurz vorzustellen, Ihr persönlicher beruflicher Werdegang wäre ganz anders ausgefallen. Setzen Sie einmal den Fall, Sie wären nicht Lehrkraft geworden, sondern hätten einen gänzlich schulfremden Berufsweg eingeschlagen. Versetzen Sie sich also bitte kurz in die Situation eines Erwachsenen, der zwar voll im Leben von heute steht, aber mit der Welt der Schule nichts mehr zu tun hat, nicht einmal auf dem Umweg über eigene Kinder im Schulalter.. Sie sollen nun wirklich nur als Erwachsener von heute folgende Überlegung anstellen:

Wann haben Sie als Privatmensch zum letzten Mal in Ihrem Leben einen Aufsatz geschrieben? – Wenn Sie auch noch so scharf überlegen, Sie werden wohl zum gleichen Urteil gelangen wie die vielen Menschen, die ich im Rahmen meiner Seminare dasselbe gefragt habe: Ihr letzter Aufsatz hat in der Schule das Licht der Welt erblickt. Wahrscheinlich werden auch Sie an Ihre letzte einschlägige Prüfungsarbeit in der Gymnasialzeit denken, also an die schriftliche Arbeit im Rahmen der Reifeprüfung (Matura bzw. Abitur). [17]

So zeigt sich also augenblicklich, wenn wir die vollautomatisch gewordenen Schulroutinen einmal kurz ausblenden, dass der „Aufsatz" im außerschulischen Leben nicht vorkommt. Kein Erwachsener braucht ihn jemals als Berufsqualifikation oder gar im beruflichen Alltag, außer, er wird Journalist oder Autor. Doch Halt! – Hat die Schule nicht das Ziel, auf das Leben vorzubereiten? – Wie kann sie das, wenn als schriftliche Textkompetenz mehr oder minder ausschließlich ein Ziel angestrebt wird, das in dieser Form für den Großteil der Schüler in keiner Weise lebensrelevant ist? Wenn aber zusätzlich noch die Notengebung hauptsächlich auf den (irrelevanten!) schriftlichen

---

[17] Wer nun gedanklich einwendet, er schreibe immer wieder einmal „Aufsätze", etwa in Form von Briefen oder Leserzuschriften an Printmedien, sollte bedenken, dass es hier ganz gravierende Unterschiede gibt: Sie schreiben einen Brief oder Leserbrief, weil Sie selbst den inneren Drang dazu verspüren, nicht weil es Ihnen jemand anderer befiehlt. Sie schreiben zu einem Thema, das Sie selbst berührt. Sie schreiben außerdem so viel oder so wenig wie Sie wollen und nicht so viel, wie man Ihnen vorgibt, dass Sie schreiben müssen. Sie nehmen sich schließlich das Zeitausmaß dafür, das Sie benötigen, nicht das, welches man Ihnen zumisst. Sie setzen sich außerdem zu einer Zeit zu dieser schriftlichen Aufgabenstellung, wenn Ihnen innerlich danach ist, nicht dann, wenn man es Ihnen befiehlt. Damit sind nur die augenfälligsten Unterschiede genannt. Das Schreibverhalten beim Brief ist jedenfalls mit dem beim „Aufsatz" nicht wirklich vergleichbar. Inhaltlich bestehen selbstverständlich so manche Parallelen, aber das ist auch schon alles, was beiden Textarten gemeinsam ist. Näheres zu den Unterschieden folgt noch.

Leistungsergebnissen basiert, wie relevant ist dann überhaupt noch die Deutschnote? Wie viel sagt sie tatsächlich über die künftige (sprachliche) Lebenstüchtigkeit der Schüler aus?

Eine Welt bricht zusammen. Alles, was bisher so schön in geordneten Bahnen zu laufen schien, ist mit einem Schlag fragwürdig geworden. Gemessen an der grundlegenden Aufgabenstellung der Schule, auf das Leben vorzubereiten, werden Aufsatzfertigkeiten Null und nichtig.

Doch das ist leider erst der Anfang einer ganzen Reihe folgenschwerer Erkenntnisse. Ich muss Sie, geneigte Leserin, geneigter Leser, bitten, die nun folgenden Über-legungen geduldig durchzustehen. Wir müssen aus der Routine des Alltags ausbrechen und klar sehen lernen, wo der Schuh drückt. Erst wenn wir schonungslos alle Probleme rund um das Schreiben aufgedeckt und analysiert haben, können wir mit geschärf-terem Blick einen zielsichereren Neuanfang setzen.

Hauptproblem 1: Die Einseitigkeit der Leistungsanforderung

Das Aufsatzschreiben testet von Anfang an die Fähigkeit, Geschichten erzählen zu können. Zum Geschichtenschreiber muss man allerdings geboren sein, es ist also ein-deutig eine Frage des Talents. Darum werden auch nicht alle Menschen Schriftsteller oder Journalisten, sondern nur jene mageren maximal 1 – 2 % der Gesamtbevölkerung, die sich dazu berufen fühlen, weil sie in sich eine entsprechende Begabung zu verspüren glauben. Und selbst von diesen kann sich nur ein geringer Teil Aufmerk-samkeit verschaffen, und wieder nur ein Teil davon kann sich etablieren und schließlich von der eigenen Kunstfertigkeit bzw. vom eigenen Einfallsreichtum leben.

Der traditionelle Aufsatzunterricht tut jedoch so, als ginge es im Leben eines jeden Lernenden um nichts anderes, als Schriftsteller oder Journalist zu werden. Die Leistungsanforderungen im schriftlichen Bereich des Deutschunterrichts sind also von extremer Einseitigkeit gekennzeichnet. Nur der geborene Geschichtenschreiber hat Chancen auf eine gute Note in Deutsch, alle anderen bleiben ausgegrenzt.

Ich habe für dieses krankhaft-einseitige Verhalten der Schule (man verzeihe mir diesen verbalen Ausrutscher) einen drastischen Vergleich parat. Stellen Sie sich vor, es würde zu den selbstverständlichen Berufspflichten von uns Lehrern zählen, dass wir uns, sagen wir, 6x pro Schuljahr nach einem langfristig ausgeklügelten Terminkalender zu einem Leistungsbeweis auf einer Schi-Sprungschanze einzufinden haben. Nennen wir der Einfachheit halber eine Schanze beim Namen, etwa die berühmte Berg-Isel-Schanze bei Innsbruck. Sie beschert uns wenigstens eine prächtige Aussicht, wenn wir denn in einer solchen Situation einen Blick dafür haben.

An dieser Stelle muss ich hoffen, dass Sie meine Ausgangspositition einigermaßen teilen, sonst geht die Dramatik des Vergleichs ins Leere: Ich bekenne mich als absolutes Schispringer-Antitalent; das weiß ich spätestens seit meinen ebenso tollkühnen wie kläglichen Versuchen in der Jugendzeit. Als solches Antitalent folge ich also schlotternd dem Ruf des Terminkalenders und dem Zwang der Berufszugehörigkeit und begebe mich auf den Berg Isel. Mein Trost in dieser Situation: Rund um mich sind meine vertrauten Schicksalsgenossen und meine mir ebenso vertraute Betreuungsperson (Trainerin oder Trainer). Das Zittern der vielen Kameraden rund um mich hält zwar auch mein Zittern in Grenzen, der sanfte und kompetente Ratschlag meiner Betreuungsperson („Am Anfang tue dies, im Hauptteil beachte das, und am Schluss mache schließlich jenes...") klingt zwar wie ermunternd gemeinte Musik in meinen Ohren, aber all das ändert nichts daran, dass mir meine innere Stimme sagt: Das schaffst du nie! Das geht schief!

Die Realität gibt meiner Vorahnung Recht. Die Sache geht nicht nur gründlich schief, sondern mündet in einer Katastrophe. Wie nicht anders erwartet, lande ich nicht nur auf einem der letzten Plätze, meine kapitale Bruchlandung läßt mich vollends aufhören, an eine positive Leistungsmöglichkeit in diesem Bewerb zu glauben. Ich brauche Wochen, um mich physisch und psychisch von diesem desaströsen Vorfall zu erholen. Doch mitten in der Rekonvaleszenzphase, mitten in der Zeit, wo ich langsam wieder ein wenig Selbstbewusstsein tanke, fällt mein Blick auf den Terminkalender, und ich sehe zu meinem Entsetzen: Der nächste Berg-Isel-Termin steht schon wieder unmittelbar bevor. Ich suche nach Ausflüchten und finde mein kurzes Glück in einem Terminversäumnis auf Grund einer Krankheit. Will ich jedoch nochmals kneifen, trifft mich das Schicksal besonders hart, denn nun werde ich einer mir fremden Truppe zugeteilt und muss mit fremder Betreuung an einem Sondertermin als Außenseiter das Verhasste überstehen. – Horror pur.

Ich hoffe, die Lektüre dieser Zeilen hat Ihnen die gleiche Gänsehaut verursacht wie mir, sobald ich an den Berg Isel denke. Als Erwachsener würde ich rasch handeln, wenn ich erkenne, dass ich den falschen Job erwischt habe, denn ich lasse mich nur ungern in regelmäßigen Abständen quälen. Als Schüler hat man jedoch keine Wahl. Man muss sich diesen Qualen unterziehen, ob man nun will oder nicht. Da hilft auch kein beschwörendes Gezeter „Ich will ja gar kein Schriftsteller oder Journalist werden!" – Pflicht ist Pflicht, zeig, was du nicht kannst.

Warum in aller Welt entscheidet allein diese eine und einzige Teilqualifikation über Wohl und Wehe in der Leistungsbeurteilung in Deutsch?[18]

Ein traditionelles, längst zur Selbstverständlichkeit gewordenes Schauspiel ist somit als für die Mehrzahl der Lernenden entwürdigend entlarvt: Aufsatzschreiben gibt nur den wenigen Erzählbegabten eine Chance auf beglückende Ergebnisse, aber demütigt zugleich die überwältigende Mehrheit, indem ihnen ihre angebliche Unfähigkeit vor Augen geführt wird. – Nicht nur einmal im Jahr, nein, bis zu 6x, und nicht nur ein Jahr lang, nein, Jahr für Jahr, immer wieder ohne Aussicht auf Entrinnen – bis der restlos Frustrierte endlich am Ende der erbarmungslosen Pflichtzeit für immer der Schule entflieht. Er ist gezeichnet fürs Leben und abgestempelt als bildungsunfähig für höhere Ziele. Man hat ihm jedes gesunde Selbstbewusstsein ausgetrieben und schickt ihn dermaßen ausgestattet in ein Leben hinaus, in dem er selbst keine Zukunft sieht, weil die Schule ihm nur das „Wissen" mitgegeben hat „Du taugst zu nichts in Deutsch."

Verzeihen Sie mir, dass ich an dieser Stelle ungeschminkt ausspreche, was mich bewegt: Es ist ein Jammer, was durch die Spirale des gewohnheitsmäßigen Tuns an Entwicklungspotenzial der Jugend verspielt wird, und wie viel Recht auf positive Zukunftshoffnung vielen jungen Menschen durch ein krankes Bildungssystem verwehrt wird. Das gegenwärtige System Schule ist nicht für den talentierten Schüler ein Problem, wie *Andreas Salcher*[19] meint, sondern in erster Linie für jene, die für höhere Ziele nur durchschnittlich oder schwächer begabt sind.

Hauptproblem 2: Die kollektive Bewusstseinslage

Warum all das immer wieder in fast allen Schulen des deutschsprachigen Raumes passiert, und warum wir Lehrer all das ganz normal finden, gehört an dieser Stelle wohl

---

[18] Im Kapitel „Die Gewichtsverteilung bei der Notengebung" (siehe Seite 378) wird auch diesem Faktor der Kampf angesagt.

[19] *Andreas Salcher, Der talentierte Schüler und seine Feinde,* Wien 2008.

wirklich gründlich hinterfragt. Eine erste Antwort auf diese Frage gibt das Stichwort „Tradition". Alles, was in der Schule zur Selbstverständlichkeit geworden ist, wird nicht mehr näher hinterfragt. Was schon immer so war, hat a priori ein Anrecht auf das Attest „Das ist schon in Ordnung so!" – Trotzdem sind wir als Einzelpersonen Verantwortungsträger für das Schicksal aller uns Anvertrauten, nicht nur der guten, nein vor allem und zu allererst der schwächeren Schüler.

Und doch zweifelt kaum jemand an althergebrachten, von Generation zu Generation tradierten Zielen. Wir Lehrer steuern sie unbeirrbar an, die Eltern erwarten ebenfalls nichts anderes. Die kollektive Bewusstseinslage lautet somit vereinfacht gesagt: „Aufsatz schreiben sollen die Kinder in der Schule lernen! Das ist ein Schatz fürs Leben." Als Nachsatz hört man allenfalls noch: „Wir mussten das ja auch schon!" – Wie hoch der Überzeugungsgrad der Elternschaft in diesem Punkt ist, zeigen die Unsummen, die für Nachhilfestunden und für außerschulische Übungsmaterialien zum Aufsatzschreiben jährlich ausgegeben werden.

Dass sich das wirkliche Leben, die Welt außerhalb der Schule, und vor allem die Welt nach der Schulzeit längst total geändert hat, dass dort zuvorderst ganz andere Qualifikationen gefragt sind, und die Kunst des „Geschichtenschreibens" prinzipiell nur für eine kleine Gruppe jemals Bedeutung erlangen wird, scheint an der Unbeirrbarkeit der Schule spurlos vorübergegangen zu sein. Jahrhunderte alte Vorstellungen von „Bildung" scheinen hier unerbittlich bis in die Jetztzeit nachzuwirken: Denn der Bildungsgedanke war viele Jahrhunderte lang, genauer gesagt bis zur Zeit der Aufklärung, durch und durch von elitären Vorstellungen getragen – mit entsprechend stark selektiver Wirkung: Bildung stand nicht jedem offen, im Gegenteil!

Der entscheidende Umschwung hätte anlässlich der Entdeckung der Gleichheit aller Menschen stattfinden müssen. Doch was ist damals wirklich geschehen? – Das nächste Kapitel soll das ein wenig erhellen.

Wie kommt der Aufsatz in die Schule?

Starten wir wieder beim höchst rätselhaften Sachverhalt: Der Aufsatz, der im Leben keine, aber wirklich gar keine Rolle spielt, hat in der Schule – die auf das Leben vorbereiten soll und will! – einen zentralen Platz erobert. Wie konnte das geschehen?

Um das zu verstehen, müssen wir gemeinsam das Rad der Geschichte um zirka zwei Jahrhunderte zurückdrehen. Der Begriff „Allgemeinbildung" konnte erst entstehen, als die größte europäische Kulturrevolution, die Französische Revolution, stattgefunden hatte. Sie markiert– zumindest in unseren westlichen Kulturkreisen - eine entscheidende Wende, wird doch zum ersten Mal in unserer Geschichte die Gleichheit aller Menschen proklamiert. Als die Gesellschaft diesen revolutionären Gleichheitsgedanken einigermaßen „verdaut" hatte, entstand zwangsläufig gleichsam als Nachfolgebegriff zur bisherigen „Bildung", die den privilegierten Gesellschaftsschichten vorbehalten war, der Gegenbegriff „Allgemeinbildung".

Das neue bildungspolitische Ziel, das dieser Begriff transportierte, war im Grunde schnell klar: Alle Menschen, die nun als mit gleichen Rechten und gleicher Würde geboren angesehen wurden, hatten somit auch ein Recht auf gleiche Grundbildung.

Der schwierige Punkt daran war nur, zu definieren, welche Ziele denn im Einzelnen Allgemeinbildung ausmachen sollten.[20] Einfach war zunächst noch die Festlegung, dass jeder das Lesen, das Schreiben und das Rechnen erlernen sollte. Schwierig wurde es, als man Überlegungen anzustellen begann, w a s Kinder denn schreiben lernen sollten, nachdem sie die grundlegenden Fähigkeiten dafür erworben hatten.

Die neue „Allgemeinbildung" hatte zur Lösung dieses Problems keine historischen Vorbilder. Einzig auf die traditionelle „Bildung" konnte man zurückgreifen – und das taten die Deutsch-Didaktiker der ersten Stunde denn auch mangels besserer Alternativen. In diesem alten Bildungsbegriff, der nun auch für den neuen zum Vorbild wurde, war das „Schreiben" im Wesentlichen nur in zwei Kategorien vertreten, nämlich als „wissenschaftliches Schreiben" und als „literarisches Schreiben".

Der wissenschaftliche Zweig des Schreibens musste a priori ausscheiden. Solche Publikationstätigkeit konnte ja erst nach Abschluss von Studien und dem Beginn eines eigenen Forscherlebens aufgenommen werden. So beschränkte sich die Suche nach dem „basalen Schreibziel für alle" sehr rasch auf den Bereich des Literarischen.

Eine Bestandsaufnahme der damals existierenden literarischen Gattungen verengte ebenfalls sehr rasch die Perspektive des Möglichen und Zumutbaren: Der gesamte

---

[20] Ein Problem, das bis auf den heutigen Tag weder befriedigend gelöst ist noch ernsthaft angegangen wird; vgl. dazu die Überlegungen in der Präambel, Seite 18 ff.

Bereich der Lyrik musste ausgeklammert werden, setzt er doch ein höchstes Maß an dichterischer Begabung voraus. Ähnliches galt naturgemäß auch für das Epos. Der Roman verbot sich ebenfalls, nicht nur auf Grund seines rein quantitativen Umfangs, sondern auch wegen seiner thematischen Komplexität, Vielschichtigkeit und Tiefgründigkeit. Das Schauspiel mit seinen Ausformungen als Drama, Tragödie oder Komödie erforderte ebenfalls einen Grad an Kunstfertigkeit und gedanklicher Tiefe, der von Anfängern der Schreibkunst nicht erwartet werden konnte. Die Auswahlmöglichkeiten neigten sich dem Ende zu.

Der rettende Einfall stellte sich dann mit einer Übernahme der – schülergerecht adaptierten – literarischen Gattung „Novelle" ein. Sie hatte eine bestechend klare, vermittelbare dreiteilige Grundstruktur, nämlich
Einleitung – Hauptteil – Schluss.

Das war, didaktisch gesehen, d e r Fund schlechthin. Hier hatte man, wie man meinte, Handfestes zu vermitteln: Alltagsbegebenheiten konnten fein säuberlich aufgesetzt und nach gestrengem Reglement verfasst und beurteilt werden. Der „Aufsatz" war geboren.[21]

- Bereite dir zuerst vor, wo und wann du was mit wem erlebt hast. Schreib das im ersten Teil deiner Erzählung, der Exposition oder Einleitung nieder.

- Nun überlege dir den zweiten Teil. Suche treffende Wörter, schildere ausführlich und lebendig das Geschehen. Gib die Dialoge wörtlich wieder, das erhöht die Spannung und die Glaubwürdigkeit deiner Geschichte.

- Als letzten Teil ziehe aus der Geschichte deine Lehre. Was hast du aus der Begebenheit für dein weiteres Leben gelernt?

Der Ansatz war aus damaliger Sicht überzeugend. Ein lehrbares Konzept verhieß Erreichbarkeit des Ziels für alle. Es ermöglichte aber auch eine klare und objektive

---

[21] Eine schöne begriffliche Herleitung des Wortes gibt *Gerhard Sennlaub* in seinem Buch *Spaß beim Schreiben oder Aufsatzerziehung?*, Stuttgart 1980 – Er geht dort sehr scharfsinnig und ungeschminkt mit dem Aufsatz ins Gericht. Eine seiner markantesten Aussagen ist wohl die Charakteristik des Aufsatzes, die in den Worten gipfelt: „... vom Mief freudloser Pflichterfüllung umdünstet." (S. 59.) – Das Buch sollte zur Pflichtlektüre für alle Deutsch-Unterrichtenden gemacht werden. Allerdings ist hier festzuhalten, dass Sennlaub sich ausschließlich der inhaltlichen Erneuerung des „erzählenden Schreibens" widmet, während im vorliegenden Werk der gesamte große Bogen des lebenspraktischen Schreibens gespannt wird. Und dabei wird sich zeigen, dass dieses „erzählende Schreiben" keineswegs einen herausragenden Stellenwert einnimmt, sondern nur einen Platz neben vielen, vielen anderen ebenso wichtigen oder vielleicht sogar wichtigeren Textsorten.

Beurteilung: „Du musst den Hauptteil lebendiger erzählen!" – „Das Wichtigste kommt in deiner Geschichte zu kurz." – „Dein Schlusssatz ist dir besonders gut gelungen." – „Du hast auf den ersten Teil vergessen!" – „Thema verfehlt" – und vieles mehr waren mögliche Kommentare zur Erhärtung des abschließenden Urteils.

Das „Aufgesetzte" wurde perfektioniert durch „Reinschrift" und „Verbesserung". Für Arbeit war also ausreichend gesorgt, die Kinder sollen ja etwas lernen.

Der Aufsatz als Mini-Ausgabe der Novelle hatte sich damals allem Anschein nach vom Start weg bewährt, daher blieb man dabei. Nach wenigen Jahrzehnten war das Aufsatz-schreiben so sehr zur fixen Tradition geworden, dass keiner mehr die Frage nach der Sinnhaftigkeit dieses Tuns und Treibens stellte. Es ging in der Didaktik von nun an nur noch um das Perfektionieren der Lernwege zu einem für alle klar feststehenden Ziel. Und so ist es mehr oder minder bis auf den heutigen Tag geblieben.

Selbst die Schlusssatztypen mit ihrer moralinsauren Sentenzenhaftigkeit sind geblie-ben: „Da habe ich aber noch einmal Glück gehabt." - „Das werde ich bestimmt nie wieder tun." – „Jetzt weiß ich es für immer: Lügen haben kurze Beine." Mit solchen oder ähnlichen Fertigteilweisheiten enden auch heute noch die Geschichtchen der Kinder. – Bei näherem Hinsehen ist das fast sogar ein wenig rührend und spaßig...

Trotzdem muss man klar sehen, dass das plumpe Moralisieren alles andere als zeit-geistig ist. Im Gegenteil, es weht uns wie ein Relikt aus vergangenen Tagen an – und das ist es ja auch. Schade eigentlich, was für Streiche uns historische Zufälle spielen. Hätte es das Schicksal so gewollt, und der Pflichtschulgedanke hätte erst an der Schwelle zum 20. Jahrhundert das Licht der Welt erblickt, dann wäre nie und nimmer die Novelle die literarische Vorlage der Wahl gewesen. Vermutlich wäre es dann auch nie zum Begriff Aufsatz gekommen, der noch immer so unausrottbar erscheint, denn es wäre gar nicht notwendig geworden, dass man staksig und formalistisch etwas "aufsetzen" muss: Um die Jahrhundertwende vom 19. zum 20. Jahrhundert gelangte die Kurzgeschichte (*short story*) aus dem anglo-amerikanischen Raum[22] als neues Genre der Literatur in den deutschsprachigen Raum. Sie kennt keine Formalismen, ist also viel freier gestaltbar – da muss man nichts „aufsetzen". Man kann mitten in einem Handlungsdetail beginnen und die zunächst noch fehlenden Informationen in einer

---

[22] Im anglo-amerikanischen Raum hat sich daher vom Anfang des Schulwesens an eine gänzlich andere didaktische Grundorientierung beim Verfassen von Texten ergeben als im deutschen Sprachraum.

Rückblende nachliefern. Man kann ausführlich werden, wo man will und knapper textieren, wo es einem passend erscheint. Man kann mit der Geschichte an jedem beliebigen Punkt enden, eben dort, wo man selbst mit dem Erzählen aufhören möchte. Kein moralisierender Schluss ist fällig – angenehm und zwanglos. Wer je im Unterricht versucht hat, den Aufsatz in der zwanghaften Form der „Mini-Novelle" zu verlassen und Schreiben nach der Art von Kurzgeschichten anzuregen, wird die Seufzer der Erleichterung und das wachsende Schreibvergnügen in der Klasse verspürt haben. – Doch die Kurzgeschichte war es nicht, die den Schreibbetrieb in der Schule geprägt hat, es war und ist in unerträglicher Hartnäckigkeit leider – der Aufsatz.

Doch auch wenn die Schule unbeweglich bleibt, in den Kindern rumort es zum Teil schon gewaltig. Denn in unserer modernen Gesellschaft, in der der Spaßfaktor die einzig wichtige Triebfeder für das eigene Handeln geworden ist, bewerten auch Heranwachsende alles und jedes nach diesem Kriterium. Daher bricht es aus ihnen immer wieder ungeschminkt hervor: „Warum müssen wir schon wieder einen Aufsatz schreiben?" – „Ich hab' nichts erlebt." – „Mir fällt nichts ein." – „Das macht einfach keinen Spaß." – „Wozu brauche ich das?"

Die Kinder stellen damit sich und uns die Frage nach dem Sinn. Und wir geraten unversehens in die Zone des Erklärungsnotstands. Das wird uns noch beschäftigen müssen, denn wenn die Lernenden ihr Tun, das wir ihnen abverlangen, ganz offenkundig als sinnlos empfinden (mit Ausnahme der wenigen Kinder, die die Schreibfreude für sich entdeckt haben), dann können wir das auf Dauer sicher nicht einfach ignorieren. Zielführend scheint jedoch eine ernsthafte Auseinandersetzung mit dieser Frage erst dann, wenn überzeugende Alternativen auf dem Tisch liegen.

Vorerst führt aber einmal kein Weg daran vorbei, die Folgewirkungen der Aufsatztradition voll auszuleuchten. Und da ergeben sich noch einige weitere alarmierende Perspektiven.

Schreiben auf Kommando

Die Kinder lernen also schon von der Grundschule an das Schreiben in literarischer Manier, wenn auch auf z. T. noch bescheidenem Niveau. Aber es ist doch Literaturschaffen im kleinen Maßstab.

Bleiben wir also beim Vergleich mit der Literatur. Literatur entsteht, weil es Menschen gibt, die den Drang zum Schreiben in sich verspüren. Literatur wird schließlich auch gelesen, weil es andere Menschen gibt, die die Lektüre interessanter, unterhaltsamer, tiefschürfender oder schicksalsbezogener Erzählinhalte als persönliche innere Bereicherung empfinden. Literatur lebt also durch frei gewähltes Schaffen und durch freien Konsum.

Wie sieht es diesbezüglich beim „Aufsatz" aus? Entstehen Aufsätze aus freien Stücken? Werden Aufsätze freiwillig gelesen? Diese Fragen sind nur vereinzelt – personenbezogen, situationsbezogen und zeitbezogen - mit „Ja" zu beantworten. Aber als generelle Grundsituation, wie sie im öffentlichen Leben den gesamten Literaturbetrieb in Bewegung erhält, sicher nicht.

Geschrieben werden Aufsätze, wenn es in der Vorbereitung der Lehrkraft drinsteht. Dort findet sich auch das vorgesehene Thema. Das wird den Kindern erst kundgetan, wenn die Schreibstunde angesagt ist. Der Literat hingegen hat die Freiheit, das zu schreiben, was er will, und dann zu schreiben, wenn ihm danach ist. Der Schüler ist der Unfreiheit ausgesetzt, das schreiben zu müssen, was die Lehrkraft für alle als Thema ausgewählt hat, und dann, wenn es im Stundenplan vorgesehen ist. Ob ihm dieses Thema zusagt oder nicht, ob er jetzt gerade will oder nicht, wird er nicht gefragt. Geht ja auch gar nicht, wir sind hier in der Schule, und nicht in einem Hobbyclub - basta. Zeitpunkt des Schreibens, vorgesehene Dauer und inhaltlicher Rahmen der Arbeit werden vorgeschrieben. So viel zum Thema Freiheit beim Schreiben in der Schule. Unter welchen Voraussetzungen aber die besseren Ergebnisse zu erzielen sind, ob in Freiheit oder in Unfreiheit, ist wohl evident.

Drastisch formuliert, agiert die Schule folgendermaßen: Was du schreibst, wann du schreibst und wie lange du dafür benötigen darfst, schreiben wir dir vor. Ja mehr noch, wir schreiben dir auch vor, w i e du schreiben sollst (Einleitung – Hauptteil – Schluss). Und jetzt, wo das Korsett ganz fest geschnürt ist, wo du nach allen Richtungen gefesselt und geknebelt bist, jetzt entfalte dich, lieber Schüler! Zeig was du kannst! – Aber: Wie soll das gehen?

An dieser Stelle muss ich, um die Situation in eine erträglichere Vorstellungswelt zu bringen, ein erstes kleines Fenster in Richtung Freiheit aufstoßen: Wie wäre es denn, wenn wir der Freiheit Raum ließen, und kein Thema vorgäben? Warum sollen die Kinder nicht selbst wählen dürfen, was sie schreiben wollen? Und vielleicht sollten wir auch gleich ein zweites Fenster öffnen, das Fenster zur Kurzgeschichte. Wir trauen uns an solche Gedanken wohl nur deshalb schwer heran, weil auch hier die Tradition und eventuell auch unsere Vorgesetzten uns übermächtig erscheinen. Schütteln wir diese Tradition getrost ab. Es wird zum Wohl der Kinder sein, deren positive Entwicklung wichtiger ist als alles andere. [23]

Übrigens: Unter Aufsätzen mit selbst gewählten Themen steht niemals die Bemerkung „Thema verfehlt". *Gerhard Sennlaub* sagt so treffend zu diesem Problem: *Wer hat denn das Thema verfehlt? – Doch nur derjenige, der es gestellt hat! Ich als Lehrkraft war nicht imstande, ein Thema zu finden, zu dem jeder in der Klasse auch etwas zu schreiben wusste.* [24]

Und wie sieht es auf der Seite des Gelesen-Werdens aus? - Tante Mitzi lobt wahrscheinlich das Geschichtchen des kleinen Maxi, um dessen Verfasserstolz nicht zu schmälern, auch wenn es nur leidlich gelungen ist. Der beste Freund des Maxi beginnt vielleicht auch zu lesen, ist aber schon um vieles ehrlicher und sagt nach einer halben Seite: „Das ist mir zu fad, lies du lieber meinen Aufsatz." – Da kommt es postwendend von Maxi zurück: „Nein, keine Lust." – Nun sind sie wieder quitt. Die Interessenslage bezüglich der schulischen Literaturprodukte hält sich sehr in Grenzen. Der Grund: Es hat ja jeder das gleiche Thema schreiben müssen. Das war schon lustlos genug. Warum sollte ich die Lustlosigkeit freiwillig noch steigern, und lauter Arbeiten zum gleichen Thema lesen? Hochinteressierte Anteilnahme an den Arbeiten anderer, ja vielleicht sogar aus ihnen etwas zu lernen, ist somit in den Bereich der frommen Wünsche zu verweisen.

Bei den Schularbeiten/Klassenarbeiten kommen noch schlimmere Aspekte dazu, weil es hier ja zusätzlich noch um die Leistungsbeurteilung geht. Hier wird der Ist-Zustand bei näherer Betrachtung vollends unerträglich, wie das übernächste Kapitel zeigen wird. Zuerst aber soll klargestellt werden, unter welchen überfordernden Bedingungen Kinder zu arbeiten haben.

---

[23] Das sollen nur einmal erste Schritte in eine neue Richtung sein. Mehr zur Veränderung in diesem Bereich des Schreibens folgt weiter unten im Kapitel „Erlebniserzählungen – alias ‚Aufsatz neu' ", Seite 295 ff.

[24] Gerhard Sennlaub, a. a. O., Seite 19 f.

Das Übermaß der Anforderungen: inhuman und diskriminierend

Zählen wir einmal zusammen, was für ein „Unwetter" gleichzeitiger Anforderungen über die Kinder hinwegbrandet, wenn sie einen Aufsatz schreiben sollen.

Der Beginn gleicht der Ruhe vor dem Sturm. Alle benötigten Utensilien sind vorbereitet, eine sonderbare Mischung aus Bauchkribbeln, Bange und Stille liegt in der Luft. Plötzlich schlägt der Blitz ein: Das Thema ist da. [25] Wie ein Donnerschlag rumpeln und purzeln Bruchstücke erster einschlägiger oder auch ratloser Gedanken daher. Im Inneren türmen sich Wogen auf: Was könnte ich schreiben? Eine brauchbare Idee muss her, und zwar sofort! Gedanken kommen, werden verworfen und durch andere ersetzt. Die Unruhe steigert sich beim Anblick bereits schreibender Kameraden. Endlich – eine Idee hat Gestalt angenommen. Nun muss diese Idee in einen konkreten Text gegossen werden.

Ein Satz, der im Kopf langsam zu einem geschlossenen Ganzen zusammenwächst, ist dann aber oft immer noch nicht schreibbereit, weil er zuvor noch übersetzt werden muss. Das ist die Zusatzhürde, die uns die Sprachgegebenheiten in unserem Sprachraum einhandeln. Übersetzung von der Muttersprache in die Zweitsprache Deutsch ist angesagt. Man könne es auch so ausdrücken: Der Deutschunterricht zwingt die Kinder ständig zum Lügen und findet das alles noch ganz normal und selbstverständlich.

- Sagt nämlich eine Oma in Tirol „*Hosch mi?*", muss das Kind schön brav in seinem Text schreiben: *Meine Oma fragte mich: „Hast du mich verstanden?"*

- Brüllt ein Wiener Kind namens „Michi" sein Gegenüber mit den Worten an: „*Herst, saz es olle deppat?*", muss der Berichterstatter dieser Äußerung folgende piekfeine schriftliche Gestalt geben: *Michael fragte uns: „Sagt einmal, seid ihr (denn) alle verrückt?"*

Permanente Übersetzungstätigkeit aus der Muttersprache (= der eigenen regionalen Realsprache) in die künstliche, offizielle „Fremdsprache Schriftdeutsch" ist also in Wahrheit angesagt. Zugleich wird selbstverständlich verlangt, dass die grausam

---

[25] Die Situation der Wahlmöglichkeit zwischen 2 oder 3 Themen macht die Sache nicht viel besser. Sie suggeriert zwar den schönen Gedanken der „Wahlfreiheit", aber Fremdthemen sind und bleiben sie allemal. Man hat also als Schüler nur die „Wahl" zwischen 2 oder mehr Übeln zu wählen.

schwierige und undurchschaubare Orthographie dieser Fremdsprache ebenfalls bereits tadellos beherrscht wird.

Spätestens an dieser Stelle müsste für jeden einsichtig werden, wie inhuman letztlich die Schule mit Kindern verfährt.

- Es ist **inhuman**, Kinder zum „Lügen" zu zwingen bzw. ihnen zu verschweigen, dass sie beim Schreiben in Wirklichkeit eine Übersetzungstätigkeit vorzunehmen haben.
- Es ist **inhuman**, den Lernenden einen gezielten Unterricht in der „Fremdsprache Schriftdeutsch" zu verweigern. Erst ein solcher Unterricht könnte sie in die Lage versetzen, die an sie gerichteten Anforderungen auch zu bestehen. Die Sprachlosigkeit der Kinder im Schriftlichen wird künstlich gezüchtet, wie man sieht. Die Kinder werden von der Schule höchstselbst in die Falle der Aussichtlosigkeit gelockt – nein, nicht gelockt, gezwungen.
- Es ist weiters **inhuman**, dass die Leistungsbewertung so erfolgt, als handle es sich dabei um eine Leistung in der Muttersprache.
- Es ist ein viertes Mal **inhuman**, weil dieses Anforderungsprofil all jene Heranwachsenden ausgrenzt, die das geforderte Grundwissen nicht schon aus einem fördernden Familienklima mitbringen. Mit anderen Worten, in der Schule wird etwas verlangt, was sie selbst gar nicht vermittelt hat, sondern einfach von anderswoher voraussetzt.

Inhuman, diskriminierend und selektiv. Übergetitelt: Die Pflichtschule. Wann ist endlich Schluss damit? Neue Lehrpläne gehören her. Wichtiger als neue Bildungsstandards wären zeitgemäße, realitätsbezogene Bildungskonzepte.

Rechnen wir die Gesamtlast der Überforderungen bei schriftlichen Arbeiten zusammen:

Das Thema wird aufgezwungen (Überraschungsangriff), eine Idee muss sich einstellen, ein Text dazu ist zu erfinden, alles muss fein säuberlich übersetzt und in dieser Form dann niedergeschrieben werden. Dabei ist auch noch orthographisch richtig zu schreiben. Schwieriger geht es nicht mehr.

Wie einfach hatte es im Vergleich dazu doch unser Altmeister *Goethe*. Ihm hat kein Mensch das Thema gestellt, er musste sich nicht binnen 50 Minuten etwas herausquetschen, was er eigentlich gar nicht schreiben wollte. Und zum Thema Rechtschreiben meinte *Goethe*, das interessiere ihn gar nicht sonderlich, denn das sei Sache seines Schreibers und seines Verlegers. Hört, hört, *Goethe* musste also gar nicht selbst schreiben, sondern konnte sich voll auf den Text konzentrieren. Würden Kinder unter gleichen Bedingungen arbeiten dürfen wie *Goethe*, sie kämen vielleicht auch zu etwas besseren Leistungen.

Das schlimme Spiel, das die Schule mit den ursprünglich Lernwilligen treibt, ist damit leider immer noch nicht zu Ende, denn nun soll die Benotung von Prüfungsarbeiten unter die Lupe genommen werden.

Fragwürdige Praktiken bei der Klassifizierung von Arbeiten

Man stelle sich im freien Literaturbetrieb folgendes Szenario vor: Eine bestimmte Stelle, sagen wir „der Machthaber", legt fest, zu welchem Thema die Literaten des Landes schreiben sollen und in welcher Art sie das zu tun haben. Dieser Machthaber legt aber gleichzeitig auch als Spielregel fest: Ihr habt eure Arbeiten unverzüglich bei mir abzugeben, kein anderer darf sie vorher zu lesen bekommen. Ich zensuriere sie dann und ich allein entscheide über Veröffentlichungswürdigkeit oder Verwerflichkeit der Produkte. – Entschuldigung, in welcher Art von politischen Systemen sind wir denn mit diesen Gedanken gelandet? – Richtig, Sie haben es erraten: Nur in totalitären Systemen sind solche restriktiven Handlungsweisen denkbar. In politischen Dimensionen gedacht, läuft uns beim Gedanken an Vorgangsweisen dieser Art die Gänsehaut des Grauens über den Rücken. In der Schule hingegen zählt das alles zum selbstverständlichen Alltag, zu u n s e r e m Alltag! Wir selbst sind die Erfüllungsgehilfen für repressive Grundstrukturen der beschriebenen Art!

Wie fühlen wir uns denn in dieser Rolle? Können wir uns beim Gedanken diktatorischer Handlungsweisen gegenüber den uns Anvertrauten wirklich noch gemütlich zurücklehnen und uns selbst versichern, wir hätten zwar einen schwierigen und verantwortungsvollen, aber in Summe erfüllenden Beruf? Meiner Überzeugung nach müsste das Gegenteil der Fall sein. Wer verantwortungsvoll handeln will und wer Erfüllung im Lehrberuf sucht, darf im Namen dieser beiden Grundsätze um keinen Preis so handeln, wie es derzeit im Bereich der Schularbeiten Usus ist.

Wenn wir schon dabei sind, beleuchten wir auch gleich einmal unser Korrigierverhalten. Wir flicken und schustern so lange an den Arbeiten herum, bis die korrigierte Fassung vor unserem kritischen Auge wohlgefällig ist.

Aber, was tue ich denn da? – Jede Arbeit erhält durch meine Eingriffe auch meinen sprachlichen und gedanklichen Stempel. 25 Kinder haben 25 verschiedenartige Arbeiten bei mir abgegeben. Weil ich selbst nur über einen Leisten des stilistischen Wohlgeschmacks verfüge, liegen nach der Korrektur 25 weitgehend gleichartige Arbeiten vor, allesamt in meinem Stil, alle nach meinen Vorstellungen adaptiert. Ist denn Gleichschaltung Sinn und Ziel literarischen Schaffens? – Wir befinden uns schon wieder im Dunstkreis der Diktatur. Diktatorisches Verhalten passt aber weder in die gegenwärtige (und hoffentlich noch lange so bleibende) demokratische Gesellschaftsordnung, noch in unseren eigenen Wertvorstellungsrahmen.

Diese Grunderkenntnis muss zu einer radikalen Veränderung des Korrekturverhaltens führen, sonst bleibt ein gewaltiger Problembrocken ungelöst und hängt uns für immer wie ein Mühlstein um den Hals. Und wer hält so eine Last schon auf Dauer aus? [26]

Das mit der Gleichschaltung wird in einem anderen Sinn noch durch eine weitere traditionelle didaktische Vorgehensweise verschärft:

Die thematische Gleichschaltung und die Folgen

Wir sind es gewohnt und finden es daher ganz selbstverständlich, den Kindern, sobald Schreiben angesagt ist, ein gemeinsames Thema zu geben. Wenn wir uns schwerpunktmäßig beim Erlebnisaufsatz befinden, drängt sich zum Beispiel Folgendes auf: „Mein schönstes Ferienerlebnis", „Wie ich einmal krank war", „So ein Pech" usw.

Wir schreiben das Thema unserer Wahl feierlich an die Tafel und lassen dem Schicksal freien Lauf. Was wir dabei nicht bedenken, ist die Tatsache, dass als Ergebnis 20 – 30 gleichartige, mehr oder minder gelungene Arbeiten herauskommen. Dieses Faktum hat auf unserer Seite gravierende Folgen, aber auch auf der Seite der Interessenslage der Klassenkameraden für die Texte anderer.

Zuerst zu unserer Seite, der Konsequenz für uns Lehrer. Der erste Teil der Schlacht ist geschlagen, alle Arbeiten sind geschrieben und liegen nun fein säuberlich gestapelt auf unserem Arbeitsplatz. Unsere „Vorfreude" auf das nun Kommende ist schwindelerregend – uns brummt schon im Vorfeld ein wenig der Kopf, aber was soll's. Pflicht ist

---

[26] Siehe Kapitel „Die Korrektur schriftlicher Arbeiten", Seite 365 ff.

Pflicht. Aber Hand aufs Herz, wenn nun eine Arbeit zum Thema „Vom Gewitter überrascht" vor uns liegt: Nach der wievielten Arbeit sind wir keineswegs mehr vom Gewitter überrascht? Ertragen wir mehr als sechs Arbeiten am Stück? Benötigen wir nicht alle bald einmal eine ausgiebige Erholungspause? - Die thematische Gleichschaltung, die wir selbst vorgenommen hatten, fällt während der Korrekturphase wie ein Bumerang auf uns selbst zurück. Wir leiden unter deutlichen Erschöpfungssyndromen. Kann denn das der Sinn der Sache sein?

Noch etwas anderes leidet: unser Gerechtigkeitsbedürfnis, unser Hang zur Objektivität. Die Menge der Arbeiten verstellt den objektiven Blick für die Einzelleistung. Haben wir im Zuge der Korrektur eine exzellente Arbeit hinter uns, wirkt die nachfolgende durchschnittliche vergleichsweise armselig und wird von uns schlechter bewertet als sie – objektiv gesehen – tatsächlich ist. Im Anschluss an eine ganz schwache Arbeit ist andererseits eine durchschnittliche in unseren Augen ein recht erfreulicher Lichtblick – sie wird von uns jetzt besser bewertet als sie es verdient hat. In der Wahrnehmungspsychologie nennt man dieses Phänomen den „Halo-Effekt". Das will besagen, dass die Korrektur einer Arbeit ein „Nachbild" in uns hinterlässt, aus dessen Eindruck heraus wir unwillkürlich die nächste Arbeit einstufen.

Somit erweist es sich als nahezu unmöglich, 25 und mehr Arbeiten „objektiv" leistungsmäßig einzustufen, weil wir uns beim Korrigieren selbst stets als hin- und hergerissen erleben.

Ein wenig Linderung verschafft uns vielleicht das häufig angewandte System, die Arbeiten nach dem erwarteten Leistungsstand vorzusortieren. Wenn wir uns – vorstrukturiert von „schwach" bis „exzellent" – durch die Textmengen baggern, bleibt uns vielleicht der objektive Blick besser erhalten. Der Schönheitsfehler liegt nun anderswo: Wir haben erfolgreich unsere eigenen Vorurteile bedient, weil wir ja jede Arbeit bereits im Voraus eingestuft hatten, ohne auch nur eine Zeile vorher gelesen zu haben. Wie soll sich da noch die angestrebte Objektivität einstellen? Wie man es auch dreht und wendet, es kommt zu keinem guten Ende ...

Soweit die Problemlage auf der Lehrerseite. Nun zur Schülerperspektive:

Weil jeder in der Klasse sich schon selbst mit dem gestellten Thema leidlich herumgeschlagen hat, interessiert keinen mehr wirklich, wie gut andere vergleichsweise diese

Herausforderung gelöst haben. Hauptsache erledigt, Note bekommen, das war's. Das Ritual des Vorlesens der besten Arbeiten geht weitgehend ins Leere. Post festum ist kaum mehr echtes Interesse auszulösen.

Die Gemeinsamkeit des zu bearbeitenden Themas löst bei vielen Kindern so etwas wie ohnmächtige Wut aus. Sie hassen es, sich jedes Mal wieder dem unmittelbaren Leistungsvergleich stellen zu müssen. Sie sehen vielleicht sich selbst als eine Art lebende Orgelpfeife, die – der Leistungsgröße nach geordnet – aufgefädelt werden, von der größten bis zur kleinsten. Je kleiner die Orgelpfeife, die sie repräsentieren, desto größer die Wut über das, was ihnen da angetan wird, und desto größer die Frustration, keinen Ausweg zu sehen.

Auch, dass mit den Schülerarbeiten so etwas wie eine literarische Werkstatt gegeben sei, bei der die Schreiber- und Leserkonstellation des großen Literaturbetriebs im Kleinformat nachgestellt würde, ist bei dieser Art des Arbeitens blanke Illusion.

Selbst an der abschließenden Verschönerung der Arbeit, genannt „Verbesserung" herrscht keinerlei Interesse. Dass meine Korrekturen weder die reinste Freude auslösen, noch das von mir erhoffte Verständnis für die durch mein Zutun nun viel bessere Gestalt der Arbeit, muss ich ertragen lernen. Ich habe mich der Mühsal der Korrekturarbeit unterzogen, du, lieber Schüler hast nun auch Mühsal auf dich zu nehmen. „Du sollst ja etwas lernen", lautet unsere ultima ratio zu diesem Thema.

Dieses „Du sollst ja etwas lernen" ist das Letzte, an das wir uns noch klammern können. Wie aber Korrektur- und Verbesserungsarbeit gestaltet werden müssten, damit sich der gewünschte Effekt auch wirklich einstellen kann, soll im Abschnitt „Beurteilung und Korrektur" genauer ausgeführt werden.[27]

Fest steht: Die bisherige Gesamtbilanz ist mehr als traurig.

Die Schüler wollen solche Arbeiten nicht schreiben, wir Lehrer wollen sie nicht wirklich gerne korrigieren, aber beide Seiten tun es – aus purer Pflichterfüllung. Doch Vorsicht, „Pflichterfüllung" klingt so bedeutungsleer. Reine, blinde Pflichterfüllung ohne jeden erkennbaren Sinn dahinter, gibt es die wirklich und kann sie dann für sich genommen noch sinnvoll, mehr noch – kann sie moralisch vertretbar sein?

---

[27] Siehe Seite 356 ff.

Alle diese bisherigen Gedankengänge sind ebenso schonungslos ehrlich wie unerträglich. Einen permanenten Kampf gegen die allseitigen Widerstände zu führen, gegen die eigenen wie gegen die der Kinder, kann doch nicht der Sinn des Deutschlehrerdaseins sein. – Und irgendwann nimmt ein weiterer Gedanke Gestalt an: Ich will da raus! So geht es nicht mehr weiter!

Ein letzter Versuch soll noch unternommen werden: Wenn der Nachweis gelingt, dass die wiederholten Rituale des Aufsatzschreibens eine Leistungssteigerung, ein Anwachsen des Schreibkönnens bewirken, dann soll es die beiderseitige Mühsal wert sein. Klarheit verschaffte mir in diesem Punkt eine konsequente Buchführung über die Leistungsentwicklung meiner Schüler in einem bestimmten Schuljahr.

Die Leistungsentwicklung auf dem Prüfstand

Ausgangspunkt meiner Überlegungen war zunächst, dass mir folgender Gedanke durch den Kopf ging: In jeder Klasse gibt es Spitzenreiter des Könnens auf der einen Seite der Leistungsbilanz, „Schlusslichter" auf der anderen Seite, und schließlich ein meist ziemlich breites Hauptfeld durchschnittlicher Leistungen. Das ist zunächst noch keine aufregende Sache, ist doch dieses Phänomen in vielen Bereichen des Lebens allgegenwärtig. Es handelt sich um eine Erscheinung, die als „Gauß'sche Normalverteilung" allgemein bekannt ist.

Interessant wird der Gedanke jedoch ein erstes Mal, wenn ich meine Globalvorstellung von der Leistungsbilanz meiner Klasse in die Form dieser „Normalverteilung" presse. Fast wie von selbst nimmt ein bestimmter Prozentsatz für jede der drei Gruppen Gestalt an. In dem Jahr, als ich meine diesbezüglichen Beobachtungen durchführte (es ist dies schon ziemlich lange her), kam ich zur Globaleinschätzung, dass in meiner Klasse – bezogen auf das Aufsatzschreiben – rund 20 % Spitzenreiter, rund 15-20 % Schlusslichter und gut 60 % Durchschnitt gegeben sind. Das ergibt unter Einbeziehung unserer Notenskala von 1 bis 5 etwa folgendes Bild der Normalverteilung:

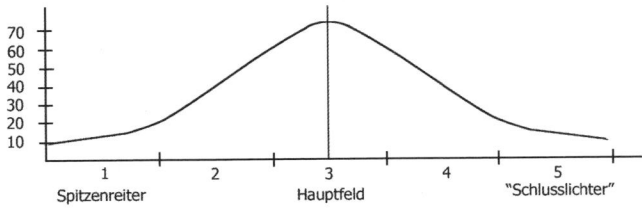

Exkurs 2:
Trends im Globalbild der Leistungseinschätzung

Befrage ich bei meinen Seminaren die anwesende Lehrerschaft[28], was denn ihr Bild von der Leistungsverteilung in ihrer jeweils aktuellen Klasse sei, ergeben sich überaus interessante Aspekte. In eher ländlichen Regionen lag die Einschätzung durch Jahre hindurch vorwiegend bei 15 – 70 – 15, in Ballungszentren eher bei 10 – 80 – 10. Daraus darf der vorsichtige Schluss gezogen werden, dass die „Großstadtluft" tendenziell ein schlechteres Lernklima darstellt als die „Landluft" – wie auch immer Sie nun meinen Vergleich mit der Luft interpretieren mögen.

Im Laufe des letzten Jahrzehnts zeigte sich aber noch etwas Weiteres: Über die Jahre betrachtet, ist in den Globaleinschätzungen ein immer deutlicher werdender Trend zur Verkleinerung der Spitzengruppe und zur Vergrößerung der Gruppe der „Schlusslichter" zu registrieren. So sind heute Einschätzungen mit einer Verteilung von 5 – 70 – 25 keine Seltenheit mehr, wobei sich die Situation als umso kritischer erweist, je dichter das Siedlungsgebiet ist.

Das ist doch im Vergleich zu unseren Zielvorstellungen absolut der verkehrte Trend. Als Triebfeder für unsere Arbeit sollten wir doch eine Tendenz zur Verbesserung der Leistungsbilanz vor Augen haben können. Genau diese Problemlage hatte mich im Jahr meiner Beobachtungen voll erfasst – und aus der Bahn geworfen.

Ausgehend von diesen Überlegungen zur Normalverteilung, wollte ich in besagtem Jahr nicht mehr und nicht weniger wissen: Was bewirkt die ganze Plackerei rund um das wiederholte Aufsatzschreiben? Die über das Jahr verteilten Schularbeiten sind ja nur die Spitze des Arbeitsbergs. Hausübungen und Probearbeiten ergeben zusammen mit den beurteilten Leistungen eine recht beträchtliche Textproduktionsmenge. Da müsste sich doch vom Anfang bis zum Ende eines Schuljahres ein deutlicher Trend in Richtung Leistungsverbesserung ergeben.

Die fünfteilige Notenskala war mir für meine neugierige Zielsetzung zu eng und damit zu wenig aussagekräftig. Also wählte ich die allseits bekannte 19-teilige Notenskala, die

---

[28] Die Größenordnung meiner Globalerhebungen kann wohl durchaus als repräsentative Stichprobe gewertet werden, werden doch jährlich mehrere Hundert Lehrkräfte im gesamten österreichischen Bundesgebiet befragt.

bei uns Lehrern ungleich beliebter ist als das 5-teilige Korsett. Zugleich mit diesem Plan kam mir ein äußerst gefährlicher Gedanke: Als die erste Schularbeit/Klassenarbeit nahte, schoss es mir durch den Kopf, dass ich mir zutrauen würde, jedem Kind jetzt schon seine kommende Note prophezeien zu können. Kurz entschlossen nahm ich eine Klassenliste zur Hand und setzte bei jedem Namen den Leistungsstand ein, den ich am nächsten Tag erwartete. Die Reue, die mich gleich anschließend überfiel, kam zu spät. – Nun konnte ich diese Manifestation meiner vorgefassten Meinung nicht mehr rückgängig machen. Ich steckte diese unselige Liste weg und linderte meine Gewissensnöte schließlich dadurch, dass ich die Kollegin der Parallelklasse um ein wachsames Auge bei meiner tatsächlichen Beurteilung bat.

Als Korrektur und Beurteilung der Arbeiten gelaufen waren, gab es für mich natürlich kein Halten mehr. Ich verglich Prognose und Ergebnis, und siehe da, ich war bei so gut wie bei allen Kindern mit meiner Prognose richtig gelegen. Allerdings nistete sich zugleich ein neuer Gedanke in meinem Kopf ein: Wenn ich also schon vorher wusste, wie meine Pappenheimer abschneiden würden, warum die ganze Mühsal der Prüfungsarbeit, die ja für die Kinder und für mich in gleicher Weise sehr arbeitsintensiv ist? – Mir fiel wieder nur das bedenkliche, weil sinnentleerte Wort „Pflichterfüllung" ein.

Trotz alledem setzte ich meinen Plan weiter in die Tat um. Ich kehrte das Aufzeichnungsprinzip um, indem ich nicht zu den Namen die Note setzte, sondern zu den Noten die Namen. Wie schon gesagt, verwendete ich dazu die 19-teilige Notenskala; aus dem nachfolgenden Diagramm ist ersichtlich, was ich damit meine. Nun standen also bei den einzelnen Notenabstufungen die jeweiligen Namen aus meiner ursprünglichen Prognose, wodurch sich wiederum ein Bild analog zur „Normalverteilung" ergab. Das sah dann ungefähr so aus:

Leistungszuordnung
auf der erweiterten 19-teiligen Notenskala

+1	1	1-	1-2	+2	2	2-	2-3	+3	3	3-	3-4	+4	4	4-	4-5	+5	5	5-
Peter Peinlich		Herta Hurtig		Wilma Willig	Susi Sauber		Rudi Raufer	Dani Dussel		Ali Ängstlich			Berni Böse	Richard Racker		Frieda Flink		Heini Heuler

Ganz analog dazu legte ich dasselbe Modell auf einer Folie mit den tatsächlichen Ergebnissen der ersten Schularbeit an. Wie mittlerweile nicht anders zu erwarten, lagen die Positionen der Namen mehr oder weniger deckungsgleich übereinander. Ein Kind, das in meiner Prognose z. B. auf den Wert 2-3 gestellt worden war, stand auf der Folie mit dem Realergebnis beim Wert 2- usw. – es gab also insgesamt nur sehr geringfügige Abweichungen.

Mit Spannung erwartete ich die 2. Schularbeit des Jahres und die daraus erstellte dritte Folie. Am Ende des Jahres lagen insgesamt sieben Ergebnisfolien übereinander, eine Prognose und sechs Schularbeitsergebnisse. Ein banger Verdacht, der sich übers Jahr stets mehr und mehr verdichtet hatte, war nun schwarz auf weiß plötzlich zur unumstößlichen Gewissheit geworden:

Die Kinder verlassen ihre Plätze auf der Normalverteilungsskala nicht. Sie stehen am Ende eines ganzen Arbeitsjahres noch immer dort, wo sie schon am Anfang gestanden waren.

Ich konnte bei dieser Art der Betrachtungsweise nur feststellen, dass die Kinder maximal um plus/minus einen Notengrad in ihrem Leistungsergebnis hin und her pendelten. Meine schlimmsten Befürchtungen hatten sich bewahrheitet: Die ganze Plackerei ist vergebens. Meine Hoffnung war ja gewesen – und nur die hatte mich bei der Stange der „Pflichterfüllung" gehalten –, dass die allseitigen Angstrengungen dazu führen sollten, die „Schlusslichter" tendenziell ein wenig mehr in Richtung Hauptfeld zu rücken, und aus dem Hauptfeld einige Kinder ins Spitzenfeld gelangen zu sehen. Aber die Wahrheit lautet: Keiner lernt nennenswert dazu!

Konsequenzen aus den Erkenntnissen

Die letzte Hoffnung, dem Aufsatzschreiben doch noch eine Portion Sinnhaftigkeit abzuringen, war gestorben. Die Sache mit der Einseitigkeit stimmte also eindeutig, die Erzähltalente blieben auf der einen Seite, die Antitalente auf der anderen. Erzählen kann man nicht lernen, das muss einem liegen. Damit solche Talente entstehen können, muss die Summe aller fördernden Faktoren einfach passen, von den Erbanlagen bis zur sprachlich stark förderlichen Kinderstube, von der Lesefreude (Wer viel liest, nimmt daraus viel für den eigenen Wortschatz und die Kunst des Formulierens mit!) bis zur Arbeitsmotivation.

Mein Vergleich vom Berg Isel[29] hat mich wieder eingeholt. Die strahlenden Augen der glücklichen Sieger in meinem Leistungsvergleich bringen mich nicht mehr zum Strahlen, denn spätestens jetzt bin auch ich auf der Verliererseite. Ich nehme ein letztes Mal meinen 7-schichtigen Folienstapel zur Hand, und lege eine achte Folie darauf. Sie enthält wieder die berühmte 19-teilige Skala. Aber diesmal kommen keine Namen mehr dazu. Diesmal ziehe ich nur mitten durch die Skala eine Trennlinie und errichte von dort aus zwei Pfeile in unterschiedliche Richtungen. Jede der Richtungen erhält eine Beschriftung. Das sieht dann so aus:

+1	1	1-	1-2	+2	2	2-	2-3	+3	3	3-	3-4	+4	4	4-	4-5	+5	5	5-
Peter Peinlich		Herta Hurtig		Wilma Willig	Susi Sauber		Rudi Raufer	Dani Dussel		Ali Ängstlich		Berni Böse	Richard Racker		Frieda Flink		Heini Heuler	

← ← ← ┊ → → →

50 % Blickrichtung Erfolg ┊ **50 % Blickrichtung Misserfolg**

Verhaltenspsychologie und Lernpsychologie geben uns klar darüber Auskunft, dass jeder von uns für die verschiedensten Persönlichkeits- und Leistungsbereiche ein Selbstbild in sich trägt. Dieses Selbstbild beeinflusst stärker als wir annehmen würden, die potenzielle Leistungsfähigkeit. Wer bei einer bestimmten Leistungsanforderung an sich glaubt, erlangt bessere Leistungen als der, der zwar über das gleiche Potenzial verfügen würde, aber nicht an sich glaubt. Die sog. „Selffulfilling Prophecy" wirkt somit entweder beflügelnd oder destruktiv – je nachdem, auf welcher Seite des Leistungsstands man sich befindet.

Die Psychologie lehrt uns aber noch etwas. Wir verfügen in unserem Gedächtnis – vereinfacht gesagt – über drei Speicher: einen mit positiven Erinnerungen, einen mit

---

[29] Siehe Seite 34.

negativen und einen dritten mit ambivalenten oder neutralen Erinnerungen. Wer die Leistungsblickrichtung zum Positiven gewandt hat, hat seine vorherigen Leistungen im Positivspeicher abgelegt, wer Richtung Negatives blickt, speichert im Negativspeicher. Der Grat der neutralen Erinnerungen ist bei der fünfteiligen Notengebung in der Regel sehr schmal. Nur wer permanent das glatte Ergebnis 3 erzielt, bleibt einigermaßen erinnerungsneutral. Interessant wird es, wenn wir hinterfragen, welche Folge-wirkungen sich aus diesen Erinnerungszuordnungen ergeben.

Dazu ein Beispiel: Ein Lokalbesuch, der sie enttäuscht hat, landet im Negativspeicher. Sie ziehen die Konsequenz aus dieser Erinnerung und meiden von da an dieses Lokal. Wo man die freie Wahl hat, kann man dafür sorgen, unliebsame Erfahrungen in der Zukunft nicht zu wiederholen. Die Kommunikationsexpertin *Vera Birkenbihl* charak-terisiert das drastisch-humorvoll in folgender Weise: Warum fällt der Mensch maximal einmal in seinem Leben mit nacktem Hinterteil in Brennnesseln? – Weil es von brennendem Interesse ist, sich dieses Erlebnis für immer zu merken.

Wir Menschen sind also von Natur aus so gepolt, dass wir Unliebsames vermeiden. Als freie Menschen handeln wir Dutzende Male am Tag in diesem Sinne. Schlechte Schüler (oder besser diejenigen, die wir zu schlechten Schülern machen) würden auch gerne so handeln. Doch Schüler sind nicht frei. Sie sind Gefangene eines Systems. Für die Schwachen gibt es erst dann ein Entrinnen, wenn sie vollends innerlich zerstört sind und nicht mehr an sich glauben.

Nun ist der Punkt gekommen, wo ich mich fragen muss, wo ich stehe. Ich habe den Lehrberuf erwählt, weil es mir schön und erfüllend erschien, Heranwachsenden den Weg ins Erwachsenenalter weisen zu können. Weil es mir eine tolle Herausforderung zu sein schien, auf immer wieder neue Art Kinder zu Zielen zu führen, die sie ohne meine Hilfe wahrscheinlich nur schwer oder gar nicht erreicht hätten.

Und jetzt auf einmal habe ich dieses Zerrbild vor Augen. Statt denen zu helfen, die meine Hilfe und Förderung am meisten brauchen, peinige ich sie wieder und wieder – im Namen der „Pflichterfüllung". Ich lasse sie wieder und wieder Aufsätze schreiben, obwohl sie selbst – und ich natürlich ebenso – längst wissen, dass ihnen diese Art des Schreibens nicht liegt.

Nur die Schüler, die schon von vornherein ein bestimmtes Begabungsspektrum in die Schule mitbringen, bekommen auch in der Schule Chancen eingeräumt. Aber denjenigen, bei denen das nicht der Fall ist, wird auch in der Schule keine Chance eingeräumt. Der Deutschunterricht ist nur etwas für angehende Schriftsteller, Journalisten oder Staatsanwälte ...

Das Wort „Allgemeinbildung" klingt plötzlich wie Hohn in meinen Ohren. Der Deutschunterricht mit seinem einseitigen „Aufsatzschreiben" i s t keine Allgemein-bildung, denn etwas, das man im allgemeinen Leben gar nicht benötigt, zur Eintrittskarte ins Leben zu erklären, ist pure Selektion zum Nachteil der Mehrheit. Wir sind in der Schule weit davon entfernt, die Grundgedanken der Französischen Revolution von der Gleichheit und Brüderlichkeit in die Tat umgesetzt zu haben.

Mit einem Schlag ist mir klar, was ich anrichte, wenn ich 6x im Jahr, die Probearbeiten dazugerechnet, noch viel öfter, den Schwachen die fortwährende Wiederholung ihrer Pein zumute.

- Jedes Mal die Angst im Vorhinein.
- Jedes Mal der Klotz im Hals während des Verfassens der Arbeit.
- Jedes Mal die lange, bange Zeit der Vorahnungen bis zur Heftrückgabe.
- Jedes Mal die Bestätigung der Befürchtungen, wenn es dann soweit ist.
- Jedes Mal die an andere aus der Klasse gerichteten Lobeshymnen, die auf mich wie Peitschenschläge wirken, sprechen sie doch eine deutliche Sprache, nämlich: Deine Arbeiten sind keiner Erwähnung wert – wie immer.
- Jedes Mal das traurige Eingeständnis des Versagens zu Hause mit seinen unliebsamen Folgewirkungen.
- Jedes Mal die unendliche weitere Plage, das Schlachtfeld aus Blau und Rot nochmals durchzuackern und einigermaßen sauber auf die Reihe zu bringen. Vom Überwinden der inneren Widerstände, Punkt für Punkt alles nochmals durchzukauen, ganz zu schweigen.
- Jedes Mal nach der Mühsal der Verbesserung eine Verbesserung der Verbesserung in Kauf nehmen, weil noch immer nicht alles stimmt. Haben denn die Qualen nie ein Ende?
- Schließlich jedes Mal zu wissen, dass das alles noch lange nicht das letzte Mal war...

Genug! Jetzt reicht es wirklich. – Bei diesem grausamen Spiel kann und will ich nicht länger mitmachen. Ich bin als Lehrer nicht dazu da, Kinder zu quälen. Und zumindest jene rund 50 %, deren Blickrichtung dem Misserfolg gilt, fühlen sich gequält. Es ist nicht meine Aufgabe, Kindern so lange Misserfolge zu liefern, bis sie den Glauben an ihre eigene Leistungsfähigkeit restlos eingebüßt haben, bis sie mit stumpfem Blick teilnahmslos dasitzen und nur noch sehnlich darauf warten, dass die Qualen endlich ein Ende haben mögen, während ihr Selbstwertgefühl mehr und mehr zerbröselt.

Das war der Punkt der Erkenntnis, an dem ich endgültig wusste: Entweder musste ich raus aus der Schule, um mich nicht jeden Tag vor dem Spiegel selbst als Kinderquäler beschimpfen zu müssen – oder: Aus der Schule muss möglichst all das raus, was Kinder quält und objektiv gesehen auch nichts zu ihrer Lebenstüchtigkeit im Alltag beiträgt.

Ich habe mich für das Letztere entschieden – nicht zuletzt auch deshalb, weil sich konkrete Lösungsansätze abzeichneten. Doch diese Lösungen sind von anderer Natur, als das, was z. B. die österreichische Unterrichtsbehörde als Stein der Weisen anbietet.

Exkurs 3:
Verlegenheitslösung der Schulbehörde – Mögliche Reduktion von 6 auf 4 Schularbeiten

Offenbar um das Ausmaß der Qualen für die weniger schriftstellerisch Begabten zu reduzieren, wurde in den österreichischen Lehrplan-Adaptierungen der letzten Jahre für den Bereich der Grundschule eine Empfehlung proklamiert, die Zahl der Schularbeiten von 6 auf 4 zu reduzieren. Man verzeihe mir den drastischen Vergleich: Das ist so, wie wenn ein Diktator unter dem öffentlich zur Schau gestellten Anflug von Reue das Strafausmaß für seine nicht systemkonformen Häftlinge von 6 Folterungen pro Jahr auf 4 reduziert – und dann noch Applaus für seine Milde erwartet.

In Wahrheit ist diese Reduktionsempfehlung ein stillschweigendes Eingeständnis für das grundsätzliche Versagen des Systems Schule. Meine Gegenposition mag nun fürs Erste unverständlich erscheinen, aber ich bin der Überzeugung, dass es besser wäre, die Zahl der Schularbeiten zu erhöhen – vorausgesetzt, dass das, was in den Schularbeiten verlangt wird, auch sinnvoll ist. Bei der gegenwärtig vorherrschenden Praxis des einseitigen Aufsatzschreibens hingegen sind 4 Arbeiten pro Jahr noch immer um 3 zu viel! Denn ob 4x oder 6x Einseitigkeit praktiziert wird, ändert am Ergebnis nichts.

Mit dem Aufsatz werden nur die Erzähltalente (= 10 bis max. 20 % der Schüler) optimal in ihrer Leistungsfähigkeit bestärkt, der überwiegenden Mehrheit der Nichttalente (= 80 bis 90 %) wird permanent ihre „Unfähigkeit" bescheinigt. So werden die bestehenden Verhältnisse der systembedingten Ungleichheit (Förderung der Elite und Ausgrenzung aller anderen) einzementiert. Chancengleichheit oder Chancengerechtigkeit sehen anders aus.

Zusammenfassung

- Die Hauptorientierung der Notengebung in Deutsch liegt im Schriftlichen. – Das stellt ein Problem für sich dar!

- Der schriftliche Bereich wird vom „Aufsatz" dominiert, einer Textsorte, die im Leben praktisch nicht vorkommt

- Die jahrhundertelange Tradition hat in den Köpfen aller Beteiligten massive Spuren hinterlassen: Eltern und Schüler erwarten in der Schule den Aufsatz und eine Note, die sich daran orientiert

- Der Grad der Anforderungshöhe beim Aufsatzschreiben spottet jeder modernen didaktischen und hirnphysiologischen Erkenntnis

- Das Prinzip „Themensteller und Zensor in einer Person" widerspricht dem demokratischen Grundsatz der Gewaltenteilung und trägt totalitäre Züge

- Die thematische Gleichschaltung macht aus der Schularbeit eine Wettkampfsituation mit vorhersehbarem Ausgang

- Der traditionelle Schularbeitsbetrieb eröffnet den Lernenden kein Entwicklungspotenzial

- Die Reduktion der jährlichen Schularbeiten bewirkt keine Verbesserung der Leistungschancen

Dritter Abschnitt:

Wege zu einer
besseren Chancenverteilung

Chancengleichheit oder Chancengerechtigkeit?

Weil immer wieder, wo es um Fragen der Bildungschancen geht, beide Begriffe im Umlauf sind, sowohl Chancengleichheit als auch Chancengerechtigkeit, soll zuerst geklärt werden, worum es denn wirklich geht, oder besser, worum es gehen kann.

Von **Chancengleichheit** zu sprechen wäre nur dann grundsätzlich legitim, wenn alle Heranwachsenden quasi von Geburt an unter absolut gleichen Bedingungen aufwachsen könnten. Nur unter solchen Umständen hätten alle die gleiche Chance auf gleiche Entwicklung. Um Chancengleichheit zu erzielen, müssten also bereits Kleinkinder in gemeinsame Erziehungsanstalten gesteckt werden, in denen sogar die Erziehungs- und Entwicklungskonzepte mit eiserner Hand dermaßen gleichgeschaltet wären, dass nicht einmal die Erzieher in Einzelfragen einen persönlichen Handlungs- oder Entscheidungsspielraum haben, weil alles geregelt und kontrolliert ablaufen muss. Jede unterschiedliche Handlungsweise oder Entscheidung würde ja die absolute Chancengleichheit unterminieren.[30]

Erziehungs- und Entwicklungsvorstellungen dieser Art – die schon seit *Jean-Jacques Rousseau* immer wieder Gegenstand von Gedankenexperimenten waren, wurden tatsächlich im vergangenen Jahrhundert in grauenhafte Tat umgesetzt. Der aufkeimende fanatische Kommunismus hatte in der Sowjetunion der 30er-Jahre solche Erziehungsanstalten geschaffen und allen Eltern ihre Kinder von frühester Kindheit an entzogen. – Doch das Experiment schlug fehl, nicht zuletzt wegen der sozialen Verrohung, die sich einstellte. Man gab daher dieses Vorhaben sehr bald wieder auf. Relikte solcher kommunistischer Experimente waren aber gegen Ende des 20. Jahrhunderts nach dem Fall des Eisernen Vorhangs noch in Rumänien zu besichtigen: die berühmt-berüchtigten Waisenhäuser aus der Ära *Ceausescu*.

Blindwütiger Drill ohne Rücksicht auf Persönlichkeits- und Bindungsverluste scheint der Preis für eine derart verstandene „Chancengleichheit" zu sein. Erziehungsmentalitäten dieser Art sind – weltweit betrachtet – leider auch am Beginn des

---

[30] Der Gedanke der Chancengleichheit auf die Spitze getrieben, würde schließlich auch noch die genetische Optimierung des Menschen mit einschließen. Das wohl bislang grauenhafteste Teilkapitel solcher Denkungsarten hatte zu einem Weltenbrand geführt und wurde 1945 endlich beendet. Doch die Versuchung schläft nicht. Wer kann heute schon sagen, was uns Genmanipulation und Stammzellenforschung noch alles bringen werden? Die Geschichte führt uns immer wieder vor Augen, dass jeder Forschungsfortschritt der Menschheit im guten wie im schlechten Sinn genützt werden kann und leider auch nach beiden Richtungen genützt wird.

3. Jahrtausends noch keineswegs überstanden. In einigen fernöstlichen Ländern gehört frühkindlicher Drill, der in immer schonungsloseren Ausprägungen bis ins Erwachsenenalter jeden jungen Menschen begleitet, auch heute noch zum Alltag. Diese Länder stehen dafür bei den PISA-Ergebnissen ganz vorne. Trotzdem: Ich möchte deren Ergebnisse nicht geschenkt, denn der seelische Preis, den die betroffenen Heranwachsenden in jedem Fall zu zahlen haben, ist indiskutabel hoch. „Chancengleichheit" funktioniert, wie es scheint, nur unter Druck, Zwang und harten Strafen. – Das sind nicht die Chancen, die ich meine.

Wenden wir uns also unter dem Blickwinkel der Unterrichtsziele für Deutsch dem Begriff **Chancengerechtigkeit** zu. Wir haben gesehen, dass der „Aufsatz" die Chancen keineswegs gerecht verteilt, im Gegenteil, er sorgt für die fixe Beibehaltung der Trennung von „Guten" und „Schlechten" oder „Gebildeten" und „Ungebildeten".

Aufsatzschreiben ist somit ganz klar als ungerecht entlarvt. Und Ungerechtes ist in einer demokratischen Gesellschaft ebenso klar als Unrecht zu brandmarken.

Chancengerechtigkeit ist es also, was die Schule braucht – wohl am dringendsten im Bereich der schriftlichen Leistungsanforderungen.

Chancengerechtigkeit 1: Fördern des Förderbedürftigen

Chancengerechtigkeit kann aber zum einen nur dort herbeigeführt werden, wo der Förderbedürftige auch mehr gefördert wird als der Nicht-Förderbedürftige. Im Sozialbereich hat man das längst erkannt, würde es doch keinem Menschen einfallen, einem Gesunden vorsorglich auch noch einen Rollstuhl zu stiften, aber dafür einem Bedürftigen den Rollstuhl zu verweigern. Was im Sozialen absurd erscheint, wird im Schulbereich noch längst nicht in gleicher Weise gesehen. Denn Aufsatzschreiben ist weitgehend Förderung der Nicht-Förderbedürftigen. Oder drastischer gesagt: permanente Demütigung des Förderbedürftigen und permanente Belobigung des Nicht-Förderbedürftigen. Das bewirkt ein Gleichbleiben bestehender Verhältnisse: Der Gute bleibt gut, der Schlechte bleibt schlecht.

Chancengerechtigkeit im Fachbereich Deutsch kann also erst entstehen, wenn an den bestehenden Verhältnissen etwas geändert wird, und zwar grundlegend.

Exkurs 4:

Wie verträgt sich die Zielsetzung „Chancengerechtigkeit" mit den verschiedenen politischen Weltanschauungen?

Schon in der Präambel [31] ging es darum, dass es – über alle weltanschaulichen Grenzen hinweg – so etwas wie einen Grundkonsens geben müsse, was das Ziel der Schule ist.

Die gleiche Frage stellt sich auch an dieser Stelle, weil die Begriffe „Chancengleichheit" und „Chancengerechtigkeit" immer wieder auch im (partei-)politischen Kontext auftauchen. Die Chancengleichheit haben wir aus Vernunftgründen schon von uns gewiesen. Die Chancengerechtigkeit - im Sinne einer Veränderung bestehender Verhältnisse – soll jedoch nun kurz auf den weltanschaulichen Prüfstand.

Wo sich die politische Gesinnung als sozial und demokratisch deklariert, sollte klar sein, dass es kaum etwas Sozialeres (im Sinne sozialer Gerechtigkeit) und kaum etwas Demokratischeres (im Sinne der Anerkennung der prinzipiellen Gleichberechtigung aller) geben kann als echte Chancengerechtigkeit.

Bezeichnet sich eine Weltanschauung christlich-sozial, bleibt der Sozialaspekt wie oben erhalten, er wird nur ergänzt durch den Gedanken christlicher Nächstenliebe und Brüderlichkeit. Da der christliche Grundgedanke alles gerecht und brüderlich teilt, müssen wohl in diesem Weltbild auch die Chancen geteilt werden.

Deklariert sich jemand als liberal oder freiheitlich, so müsste auch hier ein weltanschaulicher Platz für Chancengerechtigkeit sein, denn als wie liberal oder freiheitlich wollte jemand gelten, der anderen nicht die Freiheit zur optimalen persönlichen Weiterentwicklung zugesteht?

Selbst wer sich kommunistischer Gesinnung verschrieben hat, wird zwar vielleicht betonen, dass ihm Chancengleichheit lieber wäre als alles andere, müsste dann aber doch ohne Zögern zustimmen, dass Chancengerechtigkeit besser ist als gänzliche Ungerechtigkeit.

---

[31] Siehe Seite 18 ff.

Der Grüne Flügel richtet das Hauptaugenmerk auf die Natur – vor allem unter dem Aspekt, damit zugleich den Menschen vor sich selbst zu schützen. Der Mensch soll nicht durch Taten, die er heute setzt, in Zukunft Schaden daraus erleiden. Und in diesem Gedanken des Menschenschutzes als Selbstschutz hat wohl auch die Chancengerechtigkeit ihren würdigen Platz, denn schon heute Chancen für morgen zu erkennen und zu nützen, dient der Zukunft des Menschen.

Dieser kurze, zugegebenermaßen vereinfachende Ausritt in die verschiedenen weltanschaulichen Lager sollte überzeugend genug aufgezeigt haben, dass für den Gedanken der Chancengerechtigkeit überall Platz sein müsste. Das Ziel einer Chancengerechtigkeit kann also ebenso wie das Grundziel der Schule, die Allgemeinbildung, als gesellschaftlicher Grundkonsens gelten. [32]

Chancengerechtigkeit 2: Bildung als Allgemeinbildung

Chancengerechtigkeit bedeutet aber zum anderen, die Inhalte des Deutschunterrichts so abzustimmen, dass dabei Bildung für alle, also echte Allgemeinbildung herauskommt. Ein Versuch, hinsichtlich des Begriffs „Allgemeinbildung" eine konsensfähige Definition aufzustellen, wird weiter unten folgen. [33] Hier soll die Fragestellung zunächst nur den Kontrast zum Aufsatzgeschehen bilden: Welche Bildungsqualifikationen im schriftlichen Bereich sind für das spätere Leben gefordert? Nennen wir diese Inhalte des Schreibens „Lebenspraktische Textsorten". Sie werden in der Folge im Zentrum der weiteren Überlegungen stehen. Sehen wir uns diese Textsorten unter dem Blickwinkel der Chancengerechtigkeit ein wenig näher an:

---

[32] Was allerdings unter diesem Aspekt unverständlich ist, ist das Faktum der gezielten Nichtförderung Förderbedürftiger. Betrachtet man die Entwicklung der Schullandschaft in Österreich, so ist unabhängig von der parteipolitischen Zuordnung des Bildungsressorts der Trend zur Chancen-Ungerechtigkeit unübersehbar allgegenwärtig. Die Vorschule wurde in den vergangenen Jahrzehnten statt ausgebaut zu werden, marginalisiert. Der Förderunterricht erfuhr dasselbe Schicksal. Und das Bisschen, das offiziell noch Förderunterricht heißt, wird oft von Zwängen der Unterrichtsrealität eingeholt: Eine Förderlehrkraft muss zuerst einmal als Supplierkraft einspringen. Sinngemäß dasselbe gilt auch für Maßnahmen zur beschleunigten sprachlichen Integration von Schülern mit nicht-deutscher Herkunftssprache. Das personelle Schindluder, das die Schulverwaltung auf Geheiß von ganz oben betreiben muss, führt zur Aushöhlung eines Anliegens, dem sich eigentlich alle mit Nachdruck verschreiben sollten: dem Anliegen der Chancengerechtigkeit. Die Fehlsichtigkeit dabei: Die Kapitalersparnis von heute für wichtiger zu erachten als Investitionen in das Humankapital von morgen. Man wird sehen, was die schulpolitischen Weichenstellungen von 2008 tatsächlich bringen...

[33] Siehe Seite 69.

Textsorten stellen völlig unterschiedliche Schreibanforderungen dar. Ein **Kochrezept** ist weder inhaltlich noch von der Bauform her mit einem **Protokoll** vergleichbar. Beide genannten Textsorten kann man mit einem **Geschäftsbrief** in keiner Weise vergleichen, und dieser wiederum hat mit einer **Telefonnotiz** kaum etwas gemeinsam. Diese vier ersten Beispiele für Textsorten mögen hier genügen, um schon jetzt eines zu zeigen: Textsorten sind inhaltlich wie gestaltungsmäßig völlig unterschiedliche Genres.[34] Diese Vielfalt im Vergleich zum Einheitsbrei des Aufsatzes bewirkt auf den Ebenen „Selffulfilling Prophecy" und „Blickrichtung zum Misserfolg"[35], dass die negative Polung verschwindet. Jede neue Textsorte ist eine neue Chance. Aus „Immer-wieder-Berg-Isel" wurde heute „Schwimmen", morgen „Weitsprung" und übermorgen „Laufen" – oder vielleicht doch auch einmal „Schispringen", aber eben nur als eine Leistung unter vielen. Bei dieser Art der breiten Streuung der Leistungsanforderungen haben selbst schwächere Schüler nun die Gewissheit: Das eine liegt mir mehr, das andere weniger, aber insgesamt gibt es genug, wo auch ich gute Leistungen erbringen kann. Das umso eher, weil Textsorten im Gegensatz zum Aufsatz weitgehend erlernbar sind.

Aus dem Grundprinzip permanenter Hoffnungslosigkeit beim Aufsatzunterricht wird das Prinzip Hoffnung in der Arbeit mit Textsorten.

Chancengerechtigkeit 3: Kein permanenter Vergleich gleichartiger Leistungen

Chancengerechtigkeit bedeutet für mich schließlich aber auch, immer dann, wenn erzählendes Schreiben angesagt ist – denn das soll natürlich keinesfalls zur Gänze entfallen! – unserem antrainierten Lehrerhang zum kommandierten Einheitsbrei eine Absage zu erteilen. In der Klasse schreiben nie wieder alle zugleich zum vorgegebenen Thema „Vom Gewitter überrascht" und auch nicht morgen alle zum Thema „Wie ich einmal krank war". Warum nicht? – Damit die „Orgelpfeifenaufstellung" nicht mehr passiert, das schonungslose Sortieren nach Leistungsgröße.[36] Jeder schreibt stets nur

---

[34] Natürlich wird das Gebiet der lebenspraktischen Textsorten noch genauer erforscht, und zwar im nächstfolgenden Abschnitt, siehe Seite 68 ff.

[35] Siehe Seite 53.

[36] Siehe Seite 48.

das, was er will und was er als Idee schon in sich trägt. Eine solche Anforderung wird jedem eher gelingen als eine erzwungene, weil echte Entfaltung nur in Freiheit möglich ist.

Erst in einem Deutschunterricht, der solchen Grundsätzen folgt, kann ich mich als Lehrer wieder wohlfühlen. Meine Gedanken an die Schulflucht sind wie weggeblasen. Hier warten wieder Aufgaben auf mich, für die der Einsatz lohnt.

Zusammenfassung

Siehe die Übersicht auf der Folgeseite!

Zusammenfassung

Wege zu einer gerechteren

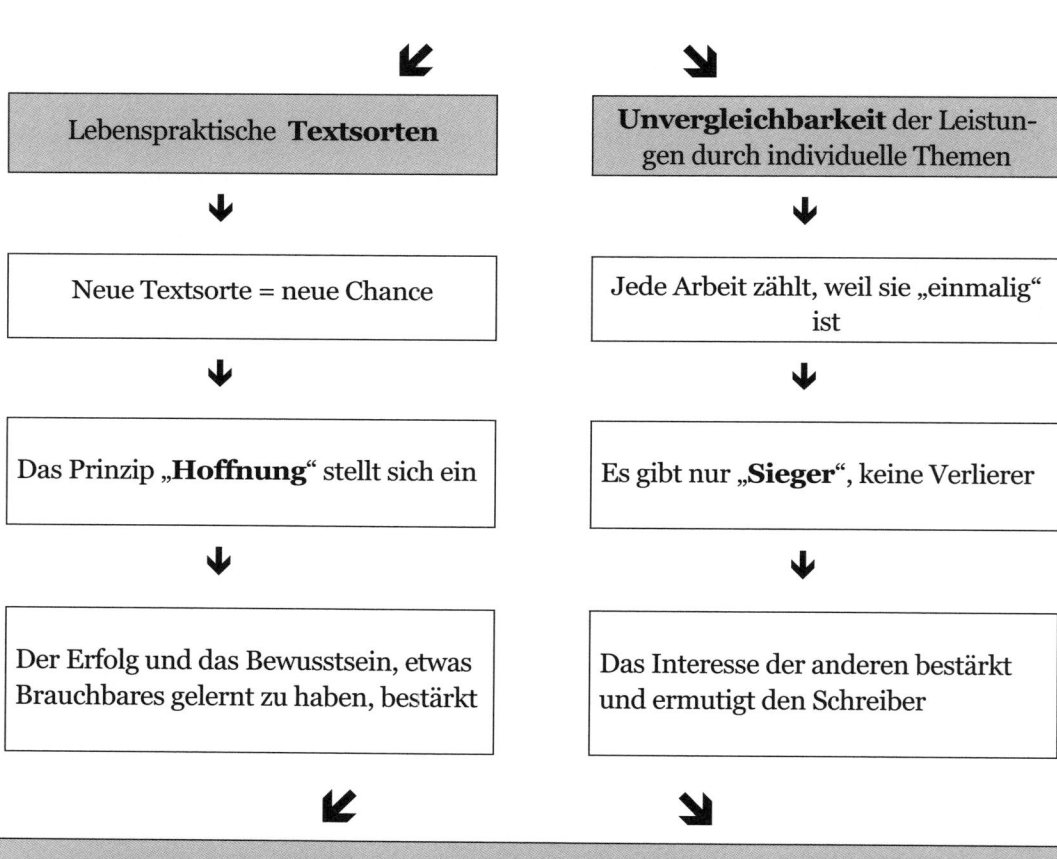

Chancenverteilung

im schriftlichen Bereich

Lebenspraktische **Textsorten**	**Unvergleichbarkeit** der Leistungen durch individuelle Themen
Neue Textsorte = neue Chance	Jede Arbeit zählt, weil sie „einmalig" ist
Das Prinzip „**Hoffnung**" stellt sich ein	Es gibt nur „**Sieger**", keine Verlierer
Der Erfolg und das Bewusstsein, etwas Brauchbares gelernt zu haben, bestärkt	Das Interesse der anderen bestärkt und ermutigt den Schreiber

Die Folge: Den **Guten** geht es weiterhin gut, den **Schlechten** jetzt endlich auch!

Vierter Abschnitt:

Die Kontrastwelt der lebenspraktischen Textsorten

Didaktisches Manifest für den Bereich des Schreibens

Schule und Berufs- bzw. Lebenspraxis haben sich als Kontrastwelten erwiesen. Vom Schulaufsatz führt kein Weg zu grundlegenden lebenspraktischen Schreibfertigkeiten. Damit hat die Schule hinsichtlich ihrer ureigenen Zielsetzung den Boden unter den Füßen verloren. Gleichzeitig löst sie in keiner Weise den Auftrag der Gesellschaft ein, a l l e n Heranwachsenden eine gemeinsame, brauchbare Basis des Wissens zu vermitteln. Es konnte gezeigt werden, dass der Aufsatzunterricht mehr Kinder aus dem Bildungsgeschehen ausgrenzt als er einbindet, d. h. er wirkt nicht integrativ-fördernd, sondern selektiv-elitär.

Nur durch einen radikalen inhaltlichen Wandel im Bereich des Schreibens kann die Stimmigkeit wiederhergestellt werden:

- Die Schule hat sich auf ihre ureigenste Aufgabe zu besinnen, auf das Leben nach der Schule vorzubereiten.

- Sie vermittelt primär all jene Schreibkompetenzen, die im Alltag des beruflichen oder privaten Schreibens von Bedeutung sind, also lebenspraktische Fertigkeiten.

- Sie erfüllt diese Aufgabe an a l l e n Heranwachsenden, gleichgültig, ob diese sich später einmal für höhere Bildungsziele entscheiden werden oder nicht.

Das – und nur das ! – kann unter Allgemeinbildung im schriftlichen Bereich zu verstehen sein.

Ziele, die gar nicht von allen erreichbar sind, weil sie eng umrissene Begabungen zur Voraussetzung haben, können keine allgemeinbildenden Ziele sein. Damit scheidet nicht nur der Aufsatz, sondern auch seine weiterentwickelten Derivate wie Beschreibung, Schilderung, Erörterung, als Zielsetzung im Pflichtschulbereich aus.

Versuch einer Definition von Allgemeinbildung

Auf den einfachst möglichen Nenner gebracht, soll versucht werden, mit einem Satz zu sagen, was Sache ist:

Allgemeinbildung heißt, allen gemeinsam die gleiche, lebensbedeutsame Grundbildung zukommen zu lassen.

Für den Deutschunterricht hat die Marschrichtung für eine solche gemeinsame, lebensbedeutsame Grundbildung bereits Konturen angenommen. In der Präambel ist jedoch schon durchgeklungen, dass sich auch andere Unterrichtsfächer dem Prüfstand der Lebensnähe zu stellen haben.

Deutsch als d a s Kernfach der Schule macht Überlegungen zu schulstrukturellen Fragen unumgänglich, weil nur über eine passgenaue Bildungsstruktur in der Landessprache (um den Begriff „Muttersprache" zu vermeiden, weil er die realen Gegebenheiten in der Schülerpopulation in keiner Weise abbildet) erreichbar erscheint, dass Allgemeinbildung tatsächlich stattfindet.

Von der Notwendigkeit neuer Schulstrukturen

Die lebenspraktischen Textsorten stehen als Garant für Allgemeinbildung im Fach Deutsch. Dieses Ziel wird erst dann uneingeschränkt einlösbar, wenn die Struktur des Schulwesens Allgemeinbildung zur gemeinsamen Bildung macht.

Was die Schule endlich braucht, ist eine allgemeinbildende Pflichtschulzeit, in der Allgemeinbildung für alle gewährleistet ist. Auf dem Papier gibt es das längst, und in einigen wenigen Gegenden des Landes, wo eine bestimmte Schulart fehlt, nämlich die AHS, gibt es solche echten allgemeinbildenden Pflichtschulen auch jetzt schon im vollen Wortsinn.

Aber die Schulart AHS hat sich mehr oder minder über das gesamte Land ausgebreitet und den meisten tatsächlich allgemeinbildenden Pflichtschulen das Wasser abgegraben. Die AHS gibt nämlich vor, allgemeinbildend und höher bildend zugleich zu sein.

Darin liegt für die Eltern und die Schüler eine ungeheure Verlockung, winkt doch das gesteigerte Prestige höherer Bildung.

Und genau in dieser schultypologischen Fehlgeburt namens AHS liegt die eigentliche Wurzel, dass Allgemeinbildung noch immer nicht wirklich stattfindet. Denn die AHS-Unterstufe bereitet in Wirklichkeit auf die AHS-Oberstufe vor – und vergisst dabei die Allgemeinbildung.

Exkurs 5:
Das österreichische System der allgemeinbildenden höheren Schule (AHS) und die Folgen

Der Aufsatzunterricht bedient zwar bestens im Sinne eines Propädeutikums die Ziele der höheren Schulen und wird aus dieser Sicht bereits in der gymnasialen Unterstufe (AHS-Unterstufe, das entspricht der Sekundarstufe I) als unverzichtbar erachtet. Zugleich mit dieser Vorgangsweise passieren allerdings drei gravierende Dinge:

1. *Allgemeinbildung im Sinne des lebenspraktischen Bezugs wird den Heranwachsenden in dieser Schulform prinzipiell vorenthalten.*
2. *Die Aufsatzerziehung wird im Parallelsystem „Hauptschule" – bei geographischer Nähe zu einer AHS – möglichst ebenso großgeschrieben wie in der AHS-Unterstufe, daher werden auch dort aus Konkurrenz-Ehrgeiz heraus, und um die geforderte Durchlässigkeit des Systems zu gewährleisten, den Lernenden eher Aufsatzgattungen als Lebenspraktisches vermittelt.*
3. *Die Grundschule versucht, die Anforderungen der weiterführenden Schule (AHS oder Hauptschule) im Sinne des Wohles der Kinder beim Schulwechsel möglichst passgenau zu bedienen. Daher ist auch dort weiterhin die Aufsatzerziehung dominant. Das System verlangt es, die Eltern verlangen es, und Tradition ist es sowieso seit jeher.*

Das Hauptproblem in dieser Kette liegt in der gymnasialen Unterstufe. Sie nimmt das Attribut „allgemeinbildend" für sich in Anspruch und stellt dazu ein zweites Attribut namens „höher". Der Begriff „allgemeinbildende höhere Schule" ist jedoch ebenso eine sprachliche wie auch eine reale Missgeburt.

Bevor man faulige Eier und Tomaten für mich vorbereitet, muss ich zwecks Glättung aufkeimender Wogen klarstellen: Es geht mir hier nur um die Fehlkonstruktion der AHS-Unterstufe, der Parallelform zur Hauptschule. Von der Oberstufe an, wenn sich an die 40 % der ursprünglichen Schüler eines Jahrgangs verflüchtigt haben, habe ich nicht die geringsten Einwände gegen diese Schule vorzubringen, im Gegenteil: Dann fängt ihre ureigenste Aufgabe erst so richtig an.

Wie komme ich auf den Gedanken einer sprachlichen Missgeburt? – Weil der Begriff „allgemeinbildende höhere Schule" vom Standpunkt der Logik aus eine sog. ‚contradictio in adiecto' darstellt, das heißt einen Widerspruch in sich. Eine Schule kann nur entweder allgemeinbildend sein oder sich höheren Zielen verschreiben. Wer höhere Ziele anstrebt, vermittelt per definitionem keine Allgemeinbildung, und wer Allgemeinbildung vermitteln will, muss höhere Ziele dann eben anderen überlassen. Darin offenbart sich die reale Missgeburt: Die AHS-Unterstufe kann nicht das Allgemeine und das Höhere vereinen – eben weil es nur ein Entweder-Oder gibt.

Vielleicht war der edle Plan der Erfinder dieses Begriffs, das Adjektiv „allgemeinbildend" der Unterstufe (Sekundarstufe I) und das Wort „höher" der Oberstufe (Sekundarstufe II) zuordnen zu wollen. Das wäre dann wiederum perfekt, aber das geht weder aus dem Begriff eindeutig hervor [37], noch entspricht die Realität diesem Ansatz, denn in der AHS-Unterstufe entfällt die Allgemeinbildung im bereits skizzierten Sinn, sie findet schlicht und einfach nicht statt. Folglich ist sie nicht nur eine sprachliche, sondern auch eine reale Fehlgeburt. An dieser Tatsache kommt niemand vorbei. Wer blauäugig das Gegenteil behauptet, kennt bloß die Wirklichkeit nicht.

Die unselige Verquickung besteht also in dem gescheiterten Versuch, den An-schein zu erwecken, in e i n e r Schulform b e i d e s zu leisten. Was langfristig den Beweis des Gescheitert-Seins geliefert hat, sollte aber nicht länger Daseinsberechtigung im Schulsystem eingeräumt bekommen.

---

[37] Analysiert man das Wortgebilde sprachlich, müsste das für den Fall, dass im Begiff AHS beides stecken sollte, nämlich grundlegende Allgemeinbildung **und** höhere Bildung, im Wortlaut entsprechend hervortreten. Die Schulart müsste dann „allgemein und höher bildende Schule" heißen. – So heißt sie aber nicht, und das zurecht, denn sie handelt ja auch nicht so. Sie strebt in Wahrheit gleich auf die höheren Ziele zu und lässt die Basis aus.

Anpassung der Schulstruktur an die Bildungserfordernisse von heute

Das demokratische Anliegen einer Allgemeinbildung für alle zieht zwangsläufig den Gedanken an eine tatsächlich allgemein bildende Schule für alle nach sich. Da im Bereich der sog. „Pflichtschuljahre" Allgemeinbildung angesagt ist, und alles Weitere der höheren oder berufsspezifischen Bildung zuzuordnen ist, muss die Schulstruktur an diese Erfordernisse der Gesellschaft endlich angepasst werden:

- Ein Pflichtschulsystem für alle, damit auch wirklich alle 6- bis 15-Jährigen jene Allgemeinbildung erhalten, die sie – unbeschadet eventueller weiterer Ausbildungspläne – befähigen, jederzeit im Berufsleben Fuß zu fassen, aber auch für das persönliche Leben in der Welt der Erwachsenen gerüstet zu sein. Jeder, aber wirklich jeder Schüler hat ein Anrecht auf diese Art der Grundbildung!

- Ein System höherer und berufsbildend-höherer Schulen, damit jeder, der in den letzten Pflichtschuljahren den Drang zu höheren Zielen mit oder ohne beruflicher Ausrichtung in sich verspürt, ausreichend Wahlmöglichkeiten für seine Interessens-, Begabungs- und Berufspräferenzen vorfindet.

Das löst zugleich das Problem der Schulzweig-Entscheidung, die im heutigen Schulsystem stets zu früh kommt.

Im ersten Halbjahr der 4. Klasse der Grundschule zur Entscheidung zu finden, ob der weitere Weg in der AHS oder in der Hauptschule zurückzulegen sein wird, überfordert alle Beteiligten regelmäßig und birgt dementsprechend höchst überflüssiges Konfliktpotential. Die Grabenkämpfe, ob ein Kind für „Höheres" geeignet ist oder doch „nur" für „Allgemeinbildung", kommen nicht nur zu früh, sondern gehen an der Problemlage vorbei. Denn höhere Ziele anzustreben heißt in unserem Schulsystem immer zugleich, auf Allgemeinbildung im basalen Sinn zu verzichten.

Sich wenige Jahre später, in der 3. Klasse der AHS, festlegen zu sollen, für welchen Schwerpunktzweig (neusprachlich, mathematisch usw.) man sich entscheidet, kommt ebenfalls zur Unzeit. Hier hat es das Schulsystem konsequent verabsäumt, Lehrer der jeweils niedrigeren Schultype und die Elternschaft mit einzubinden, sonst wären Schnitzer dieser Art nie entstanden.[38]

---

[38] Das Fatale in Österreich ist, dass Schulsystem-Entscheidungen stets auf der politischen Bühne fallen, aber nie zu allererst vom pädagogischen Verantwortungsbewusstsein für die Heranwachsenden geprägt sind.

Auch die Polytechnische Schule, wie sie nach der dritten Umbenennung nun heißt, ist im Schulsystem falsch positioniert. Ihre Lehrpläne wären würdig, für a l l e 15-Jährigen die Krönung einer insgesamt berufs- und lebensbezogenen Ausbildung abzugeben. Wenn wir in Österreich schon eine 9-jährige Schulpflicht haben, sollten a l l e Lehrinhalte dieser 9 Schuljahre auch wirklich a l l e n zukommen.

Ein zweites Problem würde übrigens durch einen Systemwechsel der hier vorgeschlagenen Art gelöst: Man mutete bisher einer einzigen Berufsgruppe in der Lehrerschaft (nämlich den AHS-Lehrern) zu, Spezialisten für acht (!) aufeinanderfolgende Schuljahre zu sein. Meine Frage: Sind da lauter Wunderwuzzis am Werk oder liegt Überforderung/Überschätzung vor?

Überall sonst im Schulwesen werden Spezialisten für weitaus geringere Zeiträume ausgebildet. Vergleichen Sie selbst:

- **Kindergärtnerinnen:** Eine 5-jährige Ausbildung im Rahmen einer berufsbildenden höheren Schule befähigt sie zur fachgerechten Betreuung von Kindern für die Dauer von 3 Entwicklungsjahren, nämlich von 3 bis 6 Jahren.

- **Grundschullehrer:** Eine – sowohl wissenschaftliche als auch schulpraktische – 3-jährige Ausbildung im Rahmen einer Pädagogischen Hochschule befähigt sie zur Betreuung von Kindern für 4 Lernjahre, nämlich von 6 bis 10 Jahren.

- **Hauptschullehrer:** Eine – sowohl wissenschaftliche als auch schulpraktische – 3-jährige Ausbildung im Rahmen einer Pädagogischen Hochschule befähigt sie zur Betreuung von Kindern für 4 Lernjahre, nämlich von 10 bis 14 Jahren.

Aber:

- **AHS-Lehrer:** Eine – schwerpunktmäßig wissenschaftlich ausgerichtete (und überwiegend von Wissenschaftlern, nicht Schulpraktikern vorgenommene!) – 4- bis 5-jährige Ausbildung im Rahmen einer Universität befähigt sie zur Betreuung von Kindern für 8 Lernjahre, nämlich von 10 bis 18 Jahren. Ungeklärt bleibt dabei, wie in einer nahezu ausschließlich fachwissenschaftlichen Ausbildung schulpraktische oder gar lebenspraktische Lehrkompetenzen vermittelt werden sollten. [39]

Kurz und gut: Bitte machen Sie sich an Hand dieser Ausbildungs-Übersicht selbst ein unvoreingenommenes Bild, ob hier wirklich überall die Relationen stimmig erscheinen.

Lebenspraktische Textsorten – Grundlagen

Die fünf Kategorien lebenspraktischen Schreibens

Wir schließen nun kurz die Tür der Schule hinter uns und treten hinaus ins Leben. Großteils genügt durchaus der Eintritt in unser eigenes Alltagsleben außerhalb der Schule, um einen Vorstellungsrahmen von dem zu gewinnen, was wir in Wahrheit im Leben an Schreibkompetenzen benötigen. Wir werden dabei bald auch entdecken, dass wir Lehrer in unserer Ausbildung vieles selbst nie gelernt haben, was wir aber im Bereich der Pflichtschule tunlichst vermitteln sollten. Wir werden in der Folge auch darauf spezielles Augenmerk legen.

In welchen Situationen, so fragen wir uns zunächst einmal, beginnen wir – im Leben draußen – zu schreiben? Welche Arten von Anlassfällen gibt es? Die Lösung für diese Fragen hält sich im Rahmen des Überschaubaren. Wann immer wir im Leben (nicht in der Schule!) etwas schreiben, werden wir von einem der folgenden 5 Motive geleitet:

Wir **notieren** etwas.   → **Notierendes Schreiben**

Wir **informieren** jemanden
schriftlich über etwas etwas.   → **Informierendes Schreiben**

---

[39] Ein glücklicher Umstand bewirkt, dass es trotz der für schulische Zwecke verfehlten Ausbildung eine hohe Zahl ausgezeichneter AHS-Lehrer gibt, denen man allen Respekt zollen muss. Die Ursache liegt darin, dass viele Studierende, die sich für diese Ausbildung entscheiden, von vornherein ein hohes Maß an Empathie und Einfühlungsvermögen für die Heranwachsenden mitbringen, ja oft auch über eine Art „didaktisches Naturtalent" verfügen und darüber hinaus die Kunst der Menschenführung beherrschen. An der Uni haben sie jedenfalls all das nachweislich nicht gelernt...

Wir **appellieren** an jemanden
schriftlich.   → **Appellierendes Schreiben**

Wir müssen **formelhafte** schriftliche
Anforderungen bewältigen.   → **Formelhaftes Schreiben**

Wir schreiben, um anderen
unsere persönliche Gedankenwelt
mitzuteilen (= **ich-bezogen**)   → **„Expressives" Schreiben**

Mehr als diese 5 Schreibmotive scheint es nicht zu geben, zumindest sind bislang nicht mehr gefunden worden. Dabei wird ein erster markanter Gegensatz zur traditionellen Schule offenbar:

Schlüsselfunktion Schreibmotiv

Im Leben außerhalb der Schule schreibt niemand, wenn nicht ein konkretes Motiv dafür gegeben ist. Wenn ich keine Veranlassung spüre, etwas zu notieren, dann tue ich es nicht. Wenn es nichts Wissenswertes weiterzugeben gibt, verfasse ich auch keinen informierenden Text usw.

Dafür mache ich mich sofort ans Werk, wenn eine Lebenssituation kommt, die ich nur schriftlich bewältigen kann:

- Ich will etwas unter keinen Umständen vergessen, weiß aber, ich werde das nicht lange im Kopf behalten. Also schreite ich zur Tat und **notiere** es mir.
- Ich will jemandem etwas per Post zukommen lassen. Dazu benötige ich ein Kuvert. Kuverts gibt es allerdings in verschiedenen Formaten und Größen – in welchen, das habe ich in der Schule nicht gelernt. Habe ich dann endlich ein passendes, schreibe ich die entsprechende Adresse darauf, hoffentlich auch richtig, denn auch das habe ich in der Schule nicht gelernt... Ich bin beim **formelhaften** Schreiben gelandet.
- Ich habe den inneren Drang, ein Geburtstagsgedicht für einen mir lieben Menschen zu verfassen. – Ich bin im **expressiven** Schreiben usw.

Im schulischen Schreiben der „Aufsatzerziehung" ist das alles ganz anders. Da kommt auf die Schüler eine Anforderung zu, von deren Inhalt sie im Vorhinein keine Ahnung hatten. Jeder hat zu schreiben – nicht weil er es selbst so will, sondern weil er muss.

Der erste und markanteste Unterschied ist also, dass lebenspraktisches Schreiben immer selbstgesteuert ist, während das schulische Schreiben erzwungen wird.

Ein zweiter markanter Unterschied sei angedeutet: Die Qualität der Ausfertigung eines Textes im Leben draußen hängt immer vom Verwendungszweck ab. Allein für mich selbst bestimmte Notizen können auch mal schlampig daherkommen, Hauptsache ich weiß, worum es geht. Aber Notizen an mein Kind, das gerade erst das Lesen für sich erobert hat, werden von mir gestochen schön und klar strukturiert angefertigt.

Wir werden in der Folge noch mehr an markanten Unterschieden herausarbeiten, doch nun soll zuerst einmal so etwas wie eine Systematik der Textsorten im Einzelnen entstehen, damit wir uns eine Vorstellung von den Dimensionen machen können, die da auf uns zukommen.

Übersicht
über die häufigsten lebenspraktischen Textsorten

Einordnungsgrundsätze

- Die Grenzen zwischen den einzelnen Untergruppen sind z. T. fließend. Daher kann es sich ergeben, dass die eine oder andere Textsorte als willkürlich oder unpassend zugeordnet erscheint. So ist z. B. eine „Einladung" zugleich informierend (am Tag X findet am Ort Y das Ereignis Z statt) wie appellierend, denn jede Einladung ist zugleich ein Appell mit der (unausgesprochenen Aufforderung) „Bitte komm doch!". Eingeordnet ist jedoch jede Textsorte nur an einer Stelle dieser Systematik. Die Einladung findet man daher nur in der Rubrik „Informierende Texte".

- Innerhalb der einzelnen Untergruppen sind die einzelnen Textsorten alphabetisch gereiht.

Zeichenerklärung

- Alle Textsorten, deren erste Erarbeitung bereits in der Grundschule erfolgen kann, sind in der Übersicht grau unterlegt. Das schließt nicht aus, schon im 3. oder 4. Schuljahr die eine oder andere Textsorte zusätzlich in das Repertoire aufzunehmen.

111 verschiedene Textsorten – und alle Hände voll zu tun

Notierende Texte:

1.	Adressen- und Telefonverzeichnisse	11.	Planungsnotizen/Mind-Maps
2.	Arbeitsplanung	12.	Reiserouten
3.	Checklisten	13.	Schwindelzettel
4.	Einkaufszettel	14.	Stichwortnotizen
5.	Fahrplanauszüge	15.	Telefongesprächs-Vorbereitung
6.	Gedächtnisprotokoll	16.	Telefonnotizen
7.	Gesprächsnotizen	17.	Terminvormerkungen
8.	Hausübungsnotizen	18.	Wunschlisten
9.	Kalenderführung	19.	Zeit-Kontolisten
10.	Kochrezepte		

Informierende Texte:

20.	Ausrüstungslisten	29.	Faxnachrichten
21.	Bastelanleitungen	30.	Flugblätter
22.	Berichte	31.	Gebrauchsanleitungen
23.	Chats	32.	Geheimbotschaften
24.	Einladungen	33.	Inhaltsangaben
25.	E-Mails	34.	Inserate
26.	Entschuldigung	35.	Kurzmitteilungen
27.	Ergebnislisten	36.	Lageskizzen
28.	Exzerpt	37.	Lebenslauf

➢

38.	Personenbeschreibung	45.	Unfallbericht
39.	Protokoll	46.	Veranstaltungsprogramme
40.	Rezension	47.	Verlaufsplanung
41.	Sachverhaltsdarstellung	48.	Verlaufsprotokoll
42.	SMS-Nachrichten	49.	Wegbeschreibung
43.	Spielregeln	50.	Zeugenaussage
44.	Steckbrief	51.	Zusammenfassung

Appellierende Texte:

WICHTIGSTE UNTERGRUPPE: „Geschäftsbrief" oder "förmlicher Brief"

52.	Geschäftsbrief - vereinfachte Version	55.	Ansuchen
53.	Geschäftsbrief - Vollversion	56.	Reklamation und Beschwerde
54.	Anfrage und Anregung		

WEITERE APPELLIERENDE TEXTE:

57.	Arbeitsaufträge	68.	Schulordnung
58.	Baderegeln	69.	Suchanzeigen
59.	Bewerbung	70.	Tauschanzeigen
60.	Geburtsanzeige	71.	Todesanzeige
61.	Hausordnung	72.	Transparente
62.	Hinweisschilder	73.	Verhaltensregeln
63.	Klassenordnung	74.	Verkehrsregeln
64.	Leserbrief	75.	Warnhinweise
65.	Pistenregeln	76.	Werbeslogans
66.	Plakate	77.	Zeitung
67.	Prospekte		

Formelhaftes Schreiben:

78.	Abkürzungen	87.	Formulare
79.	Adressen und Kuvertbeschriftung	88.	Fragebögen
80.	Beschriftungen	89.	Karteien
81.	Erlagscheine / Zahlscheine	90.	Kaufvertrag
82.	Formelhafte Briefteile	91.	Listen und Übersichten
83.	Formelhafte Schreibweisen	92.	Stundenplan
84.	Formelhafte Sonderzeichen	93.	Unterschrift und Paraphe
85.	Formularsprache allgemein	94.	Verzeichnisse
86.	Formulartypen		

„Expressive" Texte (d. s. Texte mit direkten oder indirekten Ich-Botschaften):

95.	Beileidsschreiben	104.	Phantasiegeschichten
96.	Brief (privat)	105.	Quizfragen
97.	Erlebniserzählungen	106.	Scherzfragen und Rätsel
98.	Fotokommentare	107.	Sprachspielereien
99.	Geburtstagsgedichte	108.	Stammbucheintragungen
100.	Geschenkanhänger	109.	Tagebuchnotizen
101.	Glückwunschkarten	110.	Unsinnsätze
102.	Grußkarten	111.	Witze
103.	Lustige „Klassennachrichten"		

Zunächst ist an dieser Liste die ungeahnte Fülle auffällig. Die aufgelisteten 111 verschiedenen Textsorten lassen vermuten, dass man niemals im Rahmen dieser Pflichtschuljahre auch nur annähernd alle Textsorten erarbeiten, üben und schließlich auch noch abprüfen kann. Allein für den Grundschulbereich würden sich bereits mehr als 60 Textsorten zur Erarbeitung anbieten, obwohl erst ab der 3. Schulstufe mit der gezielten Erarbeitung von Textsorten begonnen werden kann.

Dazu kommt noch, dass viele der 111 Stichwörter wiederum nur als Platzhalter für mehrere Einzeltextsorten stehen. Ein Fass ohne Boden, wie es scheint. So ist es auch tatsächlich. Mehr noch: Die Liste kann und will keinerlei Anspruch auf Vollständigkeit erheben. Sie ist ein offenes System, in dem noch Platz für viele weitere Textsorten ist, denn es entstehen ständig neue (z. B. in jüngerer Zeit Faxnachricht, E-Mails, SMS [40]), und alte „sterben" weg (z. B. die gute alte Stammbuchseite – heute leider ersetzt durch eine wenig reizvolle Fertigteilware namens „Freundschaftsbuch").

Alle in der Grundschule bereits erarbeitbaren Textsorten sollten natürlich in höheren Schulstufen auf höherem sprachlichen Niveau ausgebaut und regelmäßig angewandt werden. Bei den meisten Textsorten ergibt sich diese Häufigkeit der Anwendung ohnehin zwangsläufig, weil es eben in der Natur lebenspraktischer Textsorten liegt, immer wieder benötigt zu werden.

Diese Liste will hier nur einmal einen ersten Überblick bieten. Im fünften Abschnitt[41] wird auf alle Textsorten im Detail eingegangen. Sie finden dort – soweit erforderlich – Angaben zur formalen Gestaltung, Ideen zur Umsetzung, Anregungen für die Konkretisierung und in einigen Fällen auch Musterbeispiele. Jede gesuchte Textsorte ist über das Register (Seite 392 ff.) besonders rasch zu finden.

Das ganze Ausmaß der gegenwärtigen Schul-Katastrophe

Ein weiterer Gedanke drängt sich beim Anblick dieser Mengen von Textkategorien auf: Es wird uns schlagartig klar, wie groß die Dimension der bisherigen Versäum-

---

[40] Wer die Textsortenentwicklung der letzten 20 – 30 Jahre beobachtet hat, ist immer wieder verblüfft über den starken, oft plötzlichen, kaum vorhersehbaren Wandel. Die oben angeführte Faxnachricht etwa, die vor 25 Jahren sensationell neu war, ist heute im Wirtschaftsleben bereits wieder am Aussterben. Die Welt der E-Mails hingegen, die seit mehr als 10 Jahren drauf und dran ist, den traditionellen Geschäftsbrief zu verdrängen, krankt noch immer an mangelnder Rechtssicherheit und am Missbrauchsproblem (Stichwort SPAM).

[41] Siehe Seite 104 ff.

nisse war. Der Dornröschenschlaf der Schule, das Verharren in der Aufsatz-erziehung über Jahrhunderte hinweg hat einen katastrophalen, fast unbewältig-baren Nachholbedarf im Lernbereich der lebendigen, lebenspraktischen Textsorten angehäuft. Der bislang alles dominierende Aufsatz mit seinem Globalanspruch schrumpft vom Globusformat auf Erbsengröße. Spätestens jetzt sollte jeder, auch derjenige, der sich innerlich bis jetzt doch noch nicht so recht vom Aufsatz lösen konnte, auf die andere Seite wechseln. – Es gibt so viel zu tun, so viel Wichtiges, unendlich Wichtigeres.

Vielleicht sehen wir an dieser Stelle auch schon ansatzweise, was dieser Dornröschenschlaf der Schule angerichtet hat: Wir entlassen Heranwachsende, die zwar 9 Jahre lang die Schulbank gedrückt haben, aber keinen Tau davon haben, wie man in der richtigen Form und mit passender Wortwahl eine Reklamation verfasst, geschweige denn, wie ein Kuvert richtig adressiert wird. – Wir wissen es ja selbst nicht wirklich, weil auch wir es nie gelernt haben.

Da gibt es eine pulsierende Lebenswelt, die zum Bersten voll von wichtigen Textsorten ist, und die Schule hat nichts Besseres zu tun, als eine Mini-Ausgabe der antiquierten Literaturform Novelle namens „Aufsatz" zu hegen und zu pflegen. Das darf doch nicht wahr sein!

Die Heranwachsenden haben auf das Schulversagen (das jetzt eine völlig über-raschende, neue Bedeutung erhält, nämlich statt „Versagen in der Schule" nun „Versagen **der** Schule"!) längst in ihrer Weise reagiert. Sie haben sich selbst auf die Entdeckungsreise in die Welt des Schriftlichen gemacht. Zumindest in den Bereichen, die sich eben in ihrem realen Leben ergeben haben.

Sie chatten und bloggen und sprayen, sie mailen und versenden SMS – und sie pfeifen bei alledem auf die Schule. „Was wir wirklich brauchen, kriegen wir von euch ja sowieso nicht." So schreiben die Schüler von heute schon längst in ihrer Weise auf den Ebenen, die für i h r Leben Bedeutsamkeit erlangt haben. Sie schreiben in ihrer eigenen Welt w a s sie wollen – in ihrer eigenen Sprache, und ebenso w i e sie wollen – in ihrer eigenen Rechtschreibung! „Rechtschreiben, ach Quatsch, das ist nur was für die doofe Schule. In unseren Texten gelten unsere Regeln! Und eure blöden Aufsätze braucht kein Mensch, nur wir, wir müssen sie halt immer wieder schreiben..."

Das Dumme ist nur: Im Berufsleben werden zum Beispiel E-Mails und SMS durchaus auch gebraucht. Hätten wir den Kids beigebracht, wie es geht, würden sie jetzt Bescheid wissen und es in der Form praktizieren, wie es gehört. So aber mussten sie sich in diesen Plattformen ihre eigenen Regeln schaffen. Kommen sie dann in die Berufswelt, stehen sie mit offenem Mund da und wundern sich, was ihre Chefs denn an ihrer Art des Schreibens zu mäkeln haben. Sie wundern sich ein zweites Mal, dass denen da auf einmal die Rechtschreibung auch wichtig ist. Kids sind doch überzeugt, Rechtschreiben war gestern, also höchstens noch in der dämlichen Schule. Genauso wie Kids überzeugt sind, es ginge ihre Chefin gar nichts an, in welchen Klamotten und in welchem sonstigen Aufzug (Stichwort Punk & Piercing) sie daherkommen. Der Realitätsverlust der Schule zieht den Realitäts-verlust der Jugend bezüglich der Berufsanforderungen nach sich.

Es sollte uns wie Schuppen von den Augen fallen, was die Schule mit ihrer Traumverlorenheit angerichtet hat. Schule war früher für die Heranwachsenden das Tor zur Welt. Hier war der Ort, wo die Lernenden Einblicke in das erhielten, worauf sie schon mit Ungeduld warteten: Sie lernten das Lesen, um sich endlich selbständig informieren zu können. Sie lernten mehr und mehr von der Welt kennen, um endlich flügge genug zu werden, sich selbst in dieser Welt zurecht-zufinden. Sie wussten sich auf der Reise zu dem, was sie kaum mehr erwarten konnten, auf der Reise ins Leben, in die Wirklichkeit da draußen. Das war es, was den Lerneifer aufrecht hielt.

Heute lassen die Heranwachsenden uns Lehrer in ihre Wirklichkeit, in ihre Welt, oft gar nicht mehr hinein. Die Tore zur Welt stehen bei ihnen zu Hause, eines im Wohnzimmer und eines auf ihrem Schreibtisch. Sie haben ihre eigene Wirklichkeit längst gefunden. Die Schüler befinden sich schon mitten im Leben. Für die alte Art von Schule haben sie keine Verwendung mehr, sehen keinen Sinn darin außer „Muss halt sein". Fernseher und Internet sind ihre Tore zur Welt geworden, und die Schule stiehlt ihnen nur viel, viel Zeit, die sie lieber vor ihren wunderbaren Glotzkisten verbringen würden.

Vielleicht verstehen wir jetzt ein wenig besser die stumpfen Gesichter in der Klasse, das Gähnen aus Langeweile, die passive Resistenz, das Wegdämmern, den Ingrimm über den Zwang zu einer „Pflichterfüllung", deren Sinn den Kindern nie eingeleuchtet hat...

Die Schule ist drauf und dran, ihre Glaubwürdigkeit zu verspielen. Sie hat den Anschluss an die Welt von heute verloren, den Zug der Zeit verpasst. Wenn wir nicht sofort Vollgas geben und wieder aufschließen, läuft die Schule Gefahr, sich bald selbst überflüssig zu machen. Wie soll die Schule Heranwachsende in die Zukunft führen, wenn sie selbst um mehr als ein Jahrhundert hinterherhinkt?[42]

Es ist höchste Zeit, auch in der Schule wieder zur Gegenwart zur finden, und möglichst mit allem und jedem, was hier getan wird, jeweils auch die Sinnhaftigkeit dieses Tuns mitzuvermitteln.[43]

Ursachen für die meilenweite Distanz zwischen Schule und Wirklichkeit

Sie werden jetzt vielleicht voll Entsetzen fragen, wie denn eine so meilenweite Entfernung der Schule von der Wirklichkeit entstehen konnte. Dafür gibt es zwei Antworten. Die eine Antwort liegt in der Beharrlichkeit, um nicht zu sagen, Schwerfälligkeit des Systems Schule, die andere in der Lebensbahn, die unseren Berufsstand kennzeichnet.

---

[42] Der gewaltigste Klotz am Bein ist für den Deutschunterricht die überkomplizierte, nach heutigen Maßstäben unerlernbar gewordene Rechtschreibung.

[43] Man kehre gedanklich kurz zur Präambel zurück und erweitere dementsprechend die Perspektive über das Fach Deutsch hinaus. Die Schule brennt längst an allen Ecken und Enden in Richtung Sinnlosigkeit aus. Rasches Handeln ist vielerorts angesagt. Alle Unterrichtsgegenstände sind schnellstens auf Herz und Nieren hinsichtlich der Sinnhaftigkeit ihrer Inhalte zu prüfen. Ein weiteres Beispiel, um den Gegensatz von Schule und Lebenswirklichkeit aus ganz anderen Blickwinkeln plastisch werden zu lassen: In Werkerziehung werden in stundenlanger Kleinarbeit Papiermodelle von Brücken gebaut, und auf ihre Belastbarkeit überprüft. Spannend, echt spannend. – Will der Sprössling dann zu Hause ein neues Regal in seinem Zimmer für die vielen Bastelarbeiten montieren, die er ja aufheben muss, erlebt er seine Wunder. Er erwischt einen Holzbohrer, den er nicht als solchen erkennt, und kommt in der Betonwand nicht weiter. Er hat keine Ahnung von Schlagbohren und passenden Drehzahlen, keine Ahnung über den Unterschied von Holzbohrern, Steinbohrern und HSS-Bohrern, keine Ahnung von Stromleitungen in den Wänden und ihren Gefahren usw. usf. Dass er natürlich auch keine Ahnung hat, wie man es anstellt, dass Bohrlochdistanzen stimmen und dass sein Regal am Schluss sogar noch gerade hängt, muss ja fast schon nicht mehr erwähnt werden. Aber dafür weiß er eines sicher: Seine Papier-Bogenbrücke hat um ein Spielzeugauto mehr ausgehalten als die Papier-Spannbrücke seines Kumpels. – Ist diese Erkenntnis wirklich lebensnotwendig und daher vordringlicher als andere? – Im Vergleich zum realen Leben steht die Schule immer daneben.

Die Beharrlichkeit des Systems Schule

Die historische Analyse und die Erkenntnis, dass vor mehr als 2 Jahrhunderten eine schicksalsschwere Fehlentscheidung getroffen wurde, erfüllt uns nicht gerade mit Freude. Warum hat man nicht bereits vom Start des Pflichschulwesens an den lebenspraktischen Textsorten den Vorzug gegeben? Das hätte der Schule von Anfang an eine andere Zielrichtung verliehen. Die Antwort ist ebenso verblüffend wie einfach: In einer Welt, in der Schreiben nicht zum Allgemeingut zählte, gab es auch keine allgemeinen, lebenspraktischen Textsorten. Diese konnten erst nach und nach entstehen, als das Schreiben immer mehr zum Alltäglichen zu zählen begann.

Die Orientierung an der elitären Bildungstradition der vorangegangenen Zeiten ist aus der Sicht der Günderväter der Pflichtschule verständlich, denn Berufung auf große Vorbilder verschafft Selbstsicherheit.

Unverständlich hingegen ist der jahrhundertelang andauernde Dornröschenschlaf der Fachdidaktik. Da hätte schon vor 100 Jahren etwas Entscheidendes passieren müssen, nämlich die Entdeckung der (neueren) Realität. Dass dies nicht passiert ist, wird aus dem zweiten Grundproblem der Schule erklärbar, nämlich der Lebensbahn ihrer Repräsentanten, das sind wir.

Die Lebensbahn in unserem Berufsstand

Die Lebensbahn von uns Lehrern verläuft in der Regel folgendermaßen: Nach der schulischen Ausbildung entscheiden wir uns für die Lehrerlaufbahn, und nach einem einschlägigen Studium kehren wir gleich wieder in die Schule zurück.

Das Berufsleben außerhalb der Schule haben wir in der Regel kaum oder gar nicht kennen gelernt. Wir wissen also selbst gar nicht wirklich, auf welche Ziele die Pflicht-schuljahre hinarbeiten sollen. [44] Wer aber je als Berufstätiger in der Privatwirtschaft gearbeitet hat, dem sind nach kurzer Zeit die Augen übergegangen, was er alles als ,voll ausgebildeter Lehrer' nicht wusste. Ebenso schnell gehen einem – aus der Berufsper-spektive betrachtet – die Augen über, was Lehrlinge alles nicht wissen, aber dringend

---

[44] Da sind auch Bestrebungen aus jüngerer Zeit wenig hilfreich, sog. „Bildungsstandards" zu definieren. Sie ändern nichts an der verqueren Grundsituation. Ein Kollege meinte zu diesen Standards treffend: „Damit wurde nichts als heiße Luft erzeugt." – Dem ist nur zuzustimmen.

für den Berufseinstieg benötigen würden. Weil wir Lehrkräfte die Lebensrealität der Berufswelt meist nicht wirklich kennen, kennen wir auch all die Ziele und Inhalte nicht, die Berufseinsteiger optimal darauf vorbereiten würden.[45] So bleibt uns in der Regel keine andere Wahl, als auf die Autorität der Tradition zu vertrauen und somit dasselbe zu tun, was schon unsere Vorgänger taten. – So verharrt die Schule in Reglosigkeit, während sich die Welt in Wahrheit rasant verändert.

Die einzige Lösung für diese branchenspezifische Betriebsblindheit wäre eine Verpflichtung, vor dem Einstieg in den Lehrerberuf zumindest einige Jahre in der Berufswelt verbracht zu haben. Noch besser wäre es, Berufspraxis prinzipiell als Eintrittsbedingung für jede Art der Lehrerausbildung zu definieren. Dann könnten im Bedarfsfall wenigstens die Lehramtsstudenten ihren – heute meistens auch selbst lebenspraxisfernen – Lehrmeistern erklären, wo es wirklich langgeht.

Doch das System Schule ist derzeit durch und durch krank. Wer heute diesen Idealvorstellungen eigener Praxisnähe entsprechen will, wird dafür von Gesetzes wegen so gehörig bestraft, dass er sich die Untat des beruflichen Fremdgehens lieber zweimal überlegt, nein, besser gleich bleiben lässt. Denn im Besoldungssystem zeigt sich, was dem Vater Staat die Zusatzqualifikation „Berufserfahrung" wert ist. Die Ableistung des Militärdienstes z. B. wird bei der Einstufung in das Gehaltsschema voll berücksichtigt, hingegen wird jedes Arbeitsjahr in der Berufswelt, das eigentlich erst echte Lebenskompetenz und damit Lehrkompetenz einbringt, nur zu maximal 50 % angerechnet, wenn überhaupt. Die Warnung muss daher heute lauten: Wer Erfahrung in der Berufswelt sammelt, ist selber schuld. Wer nicht, hat es besser. – Solange das System für die Prolongierung derart kranker Zustände sorgt, wird eine Veränderung der Lage von Amts wegen verhindert. Es hat seit langem den Anschein, als wäre das auch der eigentliche Plan.

Letzte Klarheit: Textsorten und Aufsatz im Vergleich

Um möglichst alle Unterschiede zwischen Textsortenarbeit und der klassischen „Aufsatzerziehung" in vollem Umfang vor Augen zu haben, soll hier eine Gegenüberstellung Klarheit verschaffen.

---

[45] Die einzige rühmliche Ausnahme stellt derzeit das Berufsschulwesen dar. Alle Lehrkräfte in diesem Schulzweig müssen zusätzlich zu ihrer Lehrerausbildung auch über eine einschlägige Berufspraxis verfügen. Entsprechend realitätsbezogen spielt sich daher in den Berufsschulen die schulische Ausbildungsergänzung ab.

TEXTSORTEN	AUFSATZ

1.

Das Beherrschen verschiedener Textsorten ist für den Lebens- und Berufsalltag unerlässlich. Die Realisierung einer Textsorte steht stets im ursächlichen Zusammenhang mit Geschehnissen im realen Tages- oder Lebensverlauf. Weil es Bedarfsprodukte sind, ist entsprechende Sorgfalt selbstverständlich.	**Existiert im alltäglichen Leben nicht.** Kein Mensch setzt sich im Alltagsleben plötzlich an einen Tisch, um verträumten Blickes einen Aufsatz zu schreiben, z. B. „Wie ich einmal krank war". Der Aufsatz ist Selbstzweck und wird lediglich als selektives Instrument verwendet, als Eintrittskarte in höhere Bildungsstufen.

2.

Jede Textsorte hat eine konkrete Funktion. Das Motiv für das Schreiben ergibt sich als notwendig für den Fortgang beruflicher oder lebensbezogener Agenden (‚intrinsische Motivation').	**Kein konkretes Motiv gegeben.** Die Schreibenden müssen zum Schreiben gezwungen oder zumindest überredet werden. Als ‚extrinsische Motivation' dient meist: „Da lernst du etwas fürs Leben!"

3.

Jede Textsorte hat einen konkreten Adressaten. Das Schreibmotiv wird dadurch noch gestützt, dass man ein Bild des Adressaten vor Augen hat. Der Gedanke an den Leser bestimmt die Art der Textgestaltung, er ist sozusagen ein zweiter Hilfs-Kraftstoff für den Schreibmotor.	**Kein konkreter Adressat gegeben.** Wer keinen konkreten Adressaten vor Augen hat, kann seine Wortwahl nicht passgenau abstimmen. Der eigentliche Adressat ist der Schulsafe, wo die schriftlichen Leistungsbeweisstücke 5 Jahre aufzuheben sind.

4.

Textsorten haben verschiedene Baugesetze. Die formale wie die inhaltliche Gestaltung sind von der Intention des Textes abhängig. Geschäftsbrief und Protokoll z. B. haben weder formal noch inhaltlich Gemeinsamkeiten.	**Der Aufsatz folgt einem einheitlichen, starren Schema.** Alles und jedes muss die einheitliche Form eines „Geschichtchens" annehmen, auch das, was sich dafür schlecht oder gar nicht eignet.

	TEXTSORTEN	**AUFSATZ**
5.	**Textsorten werden von den Lehrplänen gefordert.** Diese Aussage gilt zumindest für die österreichischen Lehrpläne für die Sekundarstufe I, die seit den 1980er-Jahren (!) für Hauptschule und AHS-Unterstufe inhaltlich wortident sind. Für die österr. Grundschule gilt das ebenso und auch genauso lange, doch mit der Einschränkung, dass einige Formulierungen noch Aufsatzrelikte darstellen. Das Wort „Aufsatz" wird man aber auch im Grundschullehrplan vergeblich suchen.	**Der Aufsatz ist in den Lehrplänen nicht mehr vorhanden.** Der Aufsatz sollte – siehe linke Spalte – seit mehr als einem Vierteljahrhundert Geschichte sein. Das Motiv „Eintrittskarte in die höhere Bildung" hält ihn aber noch immer eisern am Leben – zum Schaden aller Schüler.

Kontrastbild des Arbeitsablaufs beim Schreiben

Aus den Punkten 2 und 3 ergibt sich noch ein Kontrastbild, nämlich der pervertierte Handlungsablauf, der in der Schule der Lebensrealität diametral entgegengesetzt ist:

In der Realität des lebenspraktischen Schreibens entsteht zuerst eine Vorstellung vom Text im Kopf, dann greift man zu entsprechenden Schreibwerkzeugen oder zur Tastatur und setzt in die Tat um, was sich innerlich schon aufgedrängt hatte.

In der Schule, beim befohlenen Schreiben, läuft es umgekehrt: Man hat zuerst das Schreibwerkzeug vorzubereiten, hat aber keine Ahnung, worum es gehen soll. Vom Startkommando des Schreibens an drängen sich die Gedanken keineswegs auf, man muss sie aus sich regelrecht herausquetschen.

„Beim Aufsatzschreiben lernst du etwas fürs Leben!"

Das ist stets eines unserer stärksten Motive, wenn nicht das stärkste. Wo immer der Aufsatz kritisch hinterfragt wird, kommt es wie aus der Pistole geschossen: Da lernen die Kinder sich auszudrücken, folgerichtig zu erzählen. Sie profitieren in Wortwahl und Sprachschatz. Und außerdem brauchen sie das einfach im Leben, z. B. wenn sie einen Brief oder einen Leserbrief schreiben usw.

Nun mal der Reihe nach: Lernen die Kinder wirklich dazu? Haben wir nicht weiter oben gesehen, dass die Kinder ihre Plätze auf der Leistungsskala nicht verlassen, obwohl sie doch angeblich ständig etwas dazulernen?[46] Das einzige, das sie vielleicht dazulernen, ist der Umgang mit dem permanenten Unbehagen.

Was das Stichwort Brief oder Leserbrief betrifft: Natürlich gibt es eine Reihe praxisbezogener Textsorten, die zweifellos aufsatzartige Züge tragen, und die beiden genannten zählen dazu. Aber der Brief, den Sie schreiben, trägt keine Überschrift, die Ihnen ein Dritter aufoktroyiert hat. Den Inhalt des Briefes wählen Sie selbst, ebenso den Stil. Ja, Sie entscheiden überhaupt vollkommen frei, ob und wann Sie wem einen Brief schreiben. Mehr noch, Sie entscheiden auch frei, wie viel Zeit sie sich dafür nehmen wollen und wie lang der Brief ausfallen soll.[47] Der Brief enthält als „Überschrift" eine Anrede, und die dort angesprochene Person haben Sie bei jeder Zeile, die Sie schreiben, vor Augen. Der Adressat bestimmt den Inhalt, den Tonfall, den Grad der Ausführlichkeit von diesem und jenem. Kein Brief läuft außerdem nach dem Schema Einleitung-Hauptteil-Schluss ab. Auch die wörtliche Rede hält sich im Brief äußerst in Grenzen. Am Ende eines Briefes schreiben Sie keine „Moral von der Geschicht'", sondern liebe Grüße. Der Briefempfänger schickt Ihnen den Brief nicht mit Korrekturen und dem Auftrag zur Verbesserung zurück, er antwortet Ihnen inhaltlich und sieht über eventuelle Fehler hinweg, vielleicht macht er in seiner Antwort ja auch selbst welche. Das alles sind markante Unterschiede zwischen dem staksig-aufgesetzten Geschichtchen und dem echten, natürlichen Brief. Die einzige Gemeinsamkeit

---

[46] Siehe Seite 52.

[47] Den Gipfel der Zumutungen auf diesem Gebiet lieferte wohl eine Wiener AHS-Lehrerin, die im Wortlaut ihrer Klasse verkündete: „Ihr schreibt bei euren Arbeiten ausnahmslos 150 bis maximal 250 Wörter. Was darunter ist, ist mir zu wenig, was darüber ist, ist mir zu viel. Ich bin doch nicht blöd, dass ich mich durch elendslange Arbeiten von euch durchquäle. Wer kein ‚Nicht genügend' will, hält sich an die Spielregeln." – Ein größeres Maß an Präpotenz ist kaum mehr vorstellbar. Hier spricht eine Herrin zu ihren Sklaven. Hier spricht aber auch eine Lehrkraft, die offenkundig in ihrer Ausbildung nie etwas über die Notwendigkeit eines partnerschaftlichen Kommunikationsstils gelernt hat. Kommunikation ist keine Teildisziplin der Germanistik, und da liegt eines der Probleme der Lehrerausbildung begraben. Das wird im Band 4 dieser Reihe zentrales Thema sein. – Übrigens ist zwar die wiedergegebene Wortwahl ein Einzelfall, nicht jedoch die Sache als solche. Es sind mir aus vielen Teilen des Landes ähnliche „Sprüche" zu Ohren gekommen. Eine traurige Sachlage.

ist das Erzähl-Element. Aber das Erzählen lerne ich im echten Brief besser als im künstlichen Aufsatz. Ich brauche den Aufsatz nicht einmal zum Zweck des Erzählen-Lernens!

Der absurde Gedanke, unser Briefempfänger würde uns den Brief korrigiert zurück-schicken, soll noch von einer anderen Seite beleuchtet werden: Hand aufs Herz, würden Sie so einem Menschen je noch einmal einen Brief schreiben? - Sehen Sie, wir denken alle spontan: Nein, niemals! – Die Kinder denken genauso, aber sie müssen das nächste Mal wieder einen Aufsatz schreiben, ob sie nun wollen oder nicht. Sie haben keine Wahl, sie werden nicht gefragt. Wo unmotivierter Zwang herrscht, gesellt sich bald ohnmächtiger Hass hinzu. Wann wird die Schule diese Lektion lernen?

Die Lehrkraft als Adressat?

Zum Thema Adressat müssen hier doch noch allfällige Protestgedanken abgefangen werden, die sich nun bei dem einen oder anderen Leser einstellen könnten.

Es könnte ja sein, dass an dieser Stelle jemand im Brustton der Überzeugung denkt: Was heißt hier „kein Adressat" beim Aufsatz? - Die Kinder wissen doch, dass ich, ihre Lehrkraft, jede ihrer Arbeiten lesen werde. **Ich** bin der Adressat! – Halt, halt.

Natürlich wissen die Kinder, dass wir Lehrkräfte jede ihrer Arbeiten lesen werden, und wie. Aber nicht als echte Adressaten. Den unser Interesse gilt nicht den Texten, sondern nur den Fehlern! Einem echten Adressaten geht es um den im Text transportierten Inhalt, um das Interesse an der Sache. Ein echter Adressat übergeht auch locker mal einen Schnitzer, Hauptsache er weiß, was gemeint ist.

Genau das ist es, warum die Kids von heute locker im Internet chatten, aber gehemmt in der Schule schreiben. Im Internet genügt es, sich verständlich zu machen, die Fehler beachtet keiner der Adressaten. Da kommt höchstens einmal eine Rückfrage „Meinst du das so: ...?", und ein knappes JA oder NEIN klärt alles. In der Schule hingegen ist alles überschattet vom Damoklesschwert des Fehlers mit seiner Auswirkung auf die Benotung. Wenn der Gedanke an den Fehler lähmt, kann lockeres Schreiben gar nicht erst entstehen. Plus-Minus-Speicher und „Selffulfilling Prophecy"-Spirale sind wieder hoch aktiv in ihrem Zerstörungswerk...

Die erstarrte Bauform lässt auch die Schreiblust erstarren

Zu manchen Erkenntnissen wird der Mensch gezwungen. Diesen Satz muss ich genau an dieser Stelle loswerden, denn mit meiner persönlichen Erkenntnis, woran es beim Aufsatz hapert, stünde es wahrscheinlich bis heute noch schlecht, hätte mir nicht das Schicksal einen Erkenntnishelfer geschickt, und zwar in Form eines meiner Schüler. Er hieß Daniel Schubert. Er hat mich – ohne zu wissen, welche Großtat er da vollbracht hat – am nachhaltigsten aus dem Gleis des Aufsatzschreibens geworfen. Geschafft hat er das durch zwei perfekt platzierte geistige Ohrfeigen, mit denen er mich endgültig, buchstäblich für immer, aus meinem warmen Stübchen didaktischer Selbstgewissheit in die raue (damals noch rauhe!) Wirklichkeit holte.

Die Geschichte meiner unfreiwilligen Erleuchtung darf nicht unerzählt bleiben.

Es war einmal, vor langer, langer Zeit in einer 4. Klasse Volksschule in Wien, als ich an einem schönen Tag im Mai den obligatorischen Schulausflug[48] ankündigte. Damit man sich eine Vorstellung machen kann, w i e lange das schon her ist, soll nun ergänzt werden: Es war das zu Zeiten, als der Schulausflug noch zu den schönsten Tagen eines Schuljahres zählte. Die Klasse brach in Jubel aus. – Das kann mir heutzutage in Wien nicht mehr passieren, heute höre ich spontan von einem sonnigen Wiener Kindergemüt: „Naa, ned scho wida hatschn. - Kemma net in broda ge? Za de wuzla?" (Für alle, die die Muttersprache Deutsch aus Wien nicht verstehen, hier die Übersetzung : Nein, nicht schon wieder wandern. – Können wir nicht in den Prater gehen? – Zu den Tischfußballspielen?)[49]

Aber wir befanden uns eben damals noch in Zeiten, als Klassen beim Ankündigen eines nahenden Ausflugs in Jubel ausbrachen. Zumindest fast alle – mein Daniel sichtlich nicht. Er saß mit düster-versteinerter Miene da und wartete nur darauf, dass es wieder still wurde. Dann meldete er sich zu Wort und holte zum ersten Schlag aus: „Herr Lehrer, müssen wir nach dem Ausflug wieder einen Aufsatz schreiben?" Ich war total

---

[48] Entspricht in Deutschland der „Klassenfahrt".

[49] Der Prater ist der Wiener Vergnügungspark rund um das Riesenrad. „Wuzler" ist eine Dialekt-Wortschöpfung, hergeleitet von der Tatsache, dass die Stangen mit ihren aufgereihten Spielmännchen „gewuzelt" (= gerollt) werden. Tja, Deutsch sollte man können, des Wieners Muttersprache. Übrigens: Mein Computer hat soeben den Wiener Dialekt kundig als „Französisch" eingestuft und wollte mir bei dieser Gelegenheit gleich auch die französischen Anführungszeichen unterjubeln...

verdattert und rang nach einer Antwort. Daniel aber gab mir keine Chance. Ohne meine Antwort abzuwarten, setzte er sich über meinen bereits geöffneten Mund hinweg und versetzte mir einen zweiten, noch stärkeren Hieb: „Dann gehe ich nämlich gleich nicht mit!" – Rumms, der Schlag war so unerwartet heftig, dass ich mich augenblicklich geistig k.o. fühlte. Meinem mittlerweile zweiten Versuch zu einer Antwort ging diesmal eine noch längere Pause der Ratlosigkeit voran. Die wartete Daniel genüsslich ab und schaute mir dabei fest in die Augen. Er wartete, und die ganze Klasse lag mit ihm auf der Lauer. Heute kann ich es ja gestehen, dass ich damals in meiner Mischung aus Ratlosigkeit und Hilflosigkeit weder sprachlich noch sonstwie gute Figur machte. Ich stammelte irgendetwas hervor von: „Nein, nein, wie kommst du denn darauf? – Du kannst ganz beruhigt mitgehen, Daniel…"

So, die Situation war geschafft, aber das Problem war noch da. Am Nachmittag umkreiste ich meine Vorbereitung wie ein Trabant seinen Mutterplaneten. Ich hatte aus der Notlüge des Vormittags nun wenigstens Wahrheit gemacht, und den ursprünglich von mir natürlich eingeplanten Ausflugsaufsatz wieder aus der Vorbereitung gestrichen. Doch damit war das Problem keineswegs gelöst, jetzt fing es erst so richtig an, weh zu tun.

Rastlos und ratlos zog ich meine Kreise. Da hatte man uns doch in der Ausbildung auf die großen Chancen aufmerksam gemacht, die aus dem Gelegenheitsunterricht zu schöpfen seien. – Ja, Herrschaft, wenn das nicht Gelegenheitsunterricht war, was denn dann? In mir bäumte sich alles auf. So gut hatte ich es mit meinen Kindern gemeint, eine schöne Geschichte vom Schulausflug sollten sie schreiben dürfen – und jetzt das. Was sollten die Kinder in dieser Woche denn sonst schreiben? – Dieses elende Loch in meiner Vorbereitung! – Unerträglich.

Doch das war noch nicht alles. Für das restliche Zerstörungswerk hatte ich selbst die Ingredienzien griffbereit, sie drängten sich mir jetzt förmlich auf. Es geschah das alles nämlich just in dem Schuljahr, da ich meine Kinder fein säuberlich auf der 19-teiligen Notenskala wie Marionetten tanzen ließ, weil ich ja wissen wollte, wie viel meine Anstrengungen im Laufe des Jahres bewegen würden. Wir schrieben den Monat Mai, daher wusste ich längst, wollte es aber immer noch nicht wahrhaben:

1. rund 50 % meiner Klasse blicken bei schriftlichen Arbeiten immer der Angst in die Augen.

2. die Kinder haben trotz ihrer und meiner Anstrengungen ihre Leistungsplätze nicht verlassen. (Mein Traum wäre ja ein Aufbruch zu besseren Leistungen gewesen.)

Und in diesem speziellen Fall wusste ich noch etwas, nämlich

3. Daniel zählte zu meinen Besten! – Er war ein Spitzenreiter, ein Meister im Geschichtenschreiben.

Diese Trias weiterer Erkenntnisse schlug dem Fass vollends den Boden aus. Alles, was bislang das Schreiben in meiner Vorstellung in Fluss gehalten hatte, versickerte unaufhaltsam und hinterließ gähnende Leere.

Wenn es Daniel schon als Qual empfand, einen Aufsatz über den Ausflug schreiben zu müssen, wie groß musste dann erst die Qual für die weniger Guten oder gar meine 50 % Schwächeren sein? – ‚Ich bin nicht dazu da, Kinder zu quälen.' Dieser bohrende, für mich nicht mehr ganz neue Gedanke war wieder da. Aber von jetzt an konnte ich ihn nie wieder beiseiteschieben und so tun, als wäre die Welt ohnehin in Ordnung.

So ist es Daniels Verdienst, dass ich mich vom quälenden Aufsatz verabschiedet habe. Aber die Suche nach Lösungen hat Jahre gedauert, viele Jahre.

Leider habe ich meinen ehemaligen Schüler Daniel aus den Augen verloren, aber sollte ich ihm einmal wieder begegnen, werde ich ihm anerkennend auf die Schultern klopfen und mich bei ihm aufs herzlichste (oder in diesem Fall vielleicht besser aufs Herzlichste?) bedanken.

Heute weiß ich zum Beispiel – dank Daniel - die Lösung, warum der Ausflug als Aufsatz so verhasst ist. – Weil wir alles und jedes, was man schreiben kann und soll, zwanghaft in die „Aufsatz"-Model gepresst haben. Drum sah nachher auch alles wie ein Aufsatz aus, der Lebenslauf ebenso wie der Schulausflug. Nichts als eckige, spröde Geschichtchen...

Kennen Sie das Strickmuster „Schulausflug"? – Dann kommt Ihnen vielleicht dieser Prototyp gar nicht unbekannt vor:

Unser wunderschöner Schulausflug

Gestern hatten wir unseren wunderschönen Schulausflug. Um Dreiviertel acht ~~haben~~ trafen wir uns vor der Schule. Dann kam der Autobus, und wir ~~steigten~~ stiegen alle ein. Dann fuhren wir mit dem Autobus zur Ruine Scheuchenstein. Beim Parkplatz stiegen wir aus. Dann ~~sind wir zur Burg hinaufgegangen~~ gingen wir zur Burg hinauf. Dann besichtigten wir die Burg. Nachher machten wir eine Esspause auf einer Wiese. Und dann durften wir Ballspielen...

Man sieht diesem Modell nicht nur an, wie die Geschichte Stück für Stück das Licht der Welt erblickt hat. Das Ringen um das Präteritum zeigt die angelernten, in unserem mündlichen Sprachgebrauch gar nicht heimischen Wortformen. Man ahnt, wie das Kind bei jedem Satz zweimal denkt – zuerst, wie man „normal" spricht, dann wie man zu schreiben hat. Erstaunlich die gekonnte Übersetzung des Satzes „Und dann haben wir Ballspielen dürfen..." Das ewig stereotype „dann" veranlasst uns jedenfalls einmal zu „aufsatztechnischen Übungen". Dass immerhin schon einige Sätze ohne „dann" vorhanden sind, ermutigt uns, die mehrheitliche Ausrottung dieses Wortes werde schon auch noch gelingen. Aber mit geänderten Einleitewörtern ist die Sache in Wahrheit um nichts besser geworden, wir hätten uns die Arbeit sparen können. Denn die Wurzel des Übels liegt darin, dass etwas in die Form einer Geschichte gepresst wird, was sich prinzipiell nicht dafür eignet. Geschildert wird in diesem Fall ja ein Tagesablauf, das ist eine kontinuierliche Abfolge, die wir auch in der mündlichen Berichterstattung nicht anders verpacken würden als nach dem Modell „Zuerst..., und dann..., und dann..., und dann...". Ein Wechsel der Textsorte ist also angesagt.

Beim Lebenslauf haben wir es weitgehend geschafft, vom Geschichtenschreiben („Ich wurde am ... als soundosvieltes Kind des ... und der ... in .... geboren") wegzukommen.

Der Krampf läßt schlagartig nach, sobald die tabellarische Übersicht als Form gewählt wird. [50]

Bei der Schreibgelegenheit ‚Schulausflug' sieht es heute für mich auch schon ganz anders aus. Vor dem Ausflug skizzieren wir gemeinsam den geplanten Tagesverlauf („Verlaufsplanung" heißt die lebenspraktische Textsorte dazu). Gleich mit von der Partie ist die dazugehörende „Ausrüstungsliste", das macht zwei Textsorten in einem Aufwaschen. Jeder in der Klasse empfindet die Arbeit als unmittelbar sinnvoll. Die Diskussion „Warum?" und „Muss ich?" ist abgesagt. Und Grund für die Nichtteilnahme am Ausflug liegt keiner mehr vor.

Nach dem Ausflug kann ich wieder etwas zum Thema tun: Wir erstellen ein „Verlaufsprotokoll". Das macht nun schon jeder allein oder in Partnerarbeit. Wir klären anschließend, warum die Ergebnisse nicht überall deckungsgleich sind.

Dann kommt aber noch etwas dazu. Das A4-Blatt mit dem Verlaufsprotokoll hat im unteren Drittel Freiraum genug für einen erzählenden Text – es soll gar kein Bericht werden, denn Berichte sind eher eine reizlose und knochentrockene Angelegenheit, sozusagen eine Pflichtübung der höheren Art. Das mit dem Freiraum ist wörtlich zu verstehen: Hier steht es den Kindern frei, eine Szene aus dem Ausflugstag festzuhalten. So wie jeder ein Foto schießt, wann er will, darf auch jeder eine Erzähl-Erinnerung schreiben, wenn er will. Ich mache den Kindern nur den Appetit aufs Schreiben: Dieser Tag kommt nie wieder. Wenn etwas besonders schön oder spannend war, schreib es auf, wenn du es nicht geknipst hast. Schreib einen kleinen „Text-Schnappschuss", der alles wie ein Foto festhält. Denn heute erinnerst du dich noch dran, in 2-3 Wochen vielleicht schon nicht mehr, und dann ist von einem schönen Tag für dich nicht einmal mehr in der Erinnerung etwas da...

Die Schnappschuss-Erzählung hat natürlich weder Einleitung, noch Hauptteil oder Schluss. Sie startet und endet, wo und wie das Kind will. Das Kind soll sich wohlfühlen, nicht ich! Das Korsett „Aufsatz" ist abgelegt.

Die Grundstruktur des Blattes kann etwa in folgender Weise vorgegeben werden:

---

[50] Das Stichwort Lebenslauf wird uns später noch genauer beschäftigen, siehe Seite 168 ff.

Schulausflug vom _____

Ausflugsziel:

Tagesverlauf:

Meine Erinnerung an diesen Tag:

‚Pflicht' und ‚Kür' im Bereich des Schreibens

Wir sind nun an einer Stelle angekommen, wo es möglich sein müsste, uns ohne viel Trennungsschmerz weitgehend vom guten alten „Aufsatz" verabschieden zu können.

Wir begraben ihn keineswegs, denn er wird auch in unserem neuen, textsorten-zentrierten Unterricht ein kleines Plätzchen behalten. Wie das alles zu sehen ist, sei an den beiden dem Eiskunstlauf entnommenen Begriffen ‚Pflicht' und ‚Kür' erläutert.

Die ‚Pflicht' müssen alle Lernenden als Wissen ins Leben mitbekommen. Es ist das in unserem Fall der allgemeinbildende Teil des Schreibens, die Textsorten. Diese sind also auch von jenen Schülern zu erlernen, die sich später für höhere Bildungsziele ent-scheiden. Solange jemand die Schulstufen der Pflichtschule durchläuft, muss er sich all das aneignen, was der ‚Pflicht' zuzurechnen ist. Höhere Bildung unter Auslassung der grundlegenden Kenntnisse und Fertigkeiten darf nicht mehr stattfinden. Ein Beispiel aus der gegenwärtigen „Bildungsrealität" in der AHS (das Beispiel ist nicht erfunden!): Ein Schüler legt die „Reifeprüfung" ab, und bittet wenig später seine Mutter um Tipps und Hilfestellung für das Abfassen von Lebenslauf und Bewerbungsschreiben. Ein Paradebeispiel, wie in den gymnasialen Schulformen zwar höhere Ziele angestrebt und zweifellos auch erreicht werden, jedoch mit einem unerwünschten Nebeneffekt: Allgemeinbildung, also die lebenspraktische Grundausstattung, bleibt auf der Strecke. Das kann und darf auf Dauer nicht so bleiben.

Trotzdem soll hier zuerst einmal verständlich gemacht werden, warum das so ist: Bei keinem AHS-Lehrer ist Allgemeinbildung im Sinne von lebenspraktischen Kenntnissen im Blickfeld. Das ist auch anders nicht möglich, denn der AHS-Lehrer teilt mit dem Pflichtschullehrer das Karriereschicksal: Er kennt die Lebenswirklichkeit der Berufswelt ebensowenig aus eigener Anschauung wie seine Kollegen aus der Pflichtschule. Somit ist auch seine Perspektive ausschließlich von der inneren Sicht des Faches geprägt. Der Gymnasiallehrer, der soeben eine Maturaklasse (= 12. Schulstufe) verabschiedet hat, beginnt wieder ganz unten mit einer 1. Klasse der Unterstufe (= 5. Schulstufe). Er hat dabei unwillkürlich als einziges Ziel vor Augen, dass diese Neueinsteiger 8 Jahre später die Reifeprüfung ablegen sollen. Also wird vom Beginn an auf dieses Ziel hingearbeitet – oft sogar unter grenzenloser Überforderung vom Start weg.[51]

Trotzdem weiß jeder AHS-Lehrer jetzt schon: Nach 4 Jahren werden nur noch rund 50 % derer, die jetzt in dieser Klasse sitzen, in die Oberstufe (Sekundarstufe II) wechseln. Das Reifezeugnis werden – wieder vier Jahre später – nur rund 40 % dieser jetzigen Erstklassler in Händen halten, einige von ihnen vielleicht mit einem Jahr Verspätung. – Nur die Besten und Tüchtigsten sollen und werden das Ziel, die Matura, erreichen.

Vom ersten Tag an wird daher gesiebt, gesiebt und wieder gesiebt. Mit allgemeinbildenden Zielen ist das schwer möglich, denn diese Ziele müssten ja so beschaffen sein und auch in einer Weise unterrichtet werden, dass sie für alle zum allgemein erreich-

---

[51] Ein Beispiel aus der Wiener AHS-Realität (leider nicht frei erfunden!): Eine Deutschlehrerin beginnt in der ersten Schulwoche der ersten Klasse die „Unterrichtstätigkeit", indem sie den Kindern – unter dem Motto „Damit man mit euch normal über Sprache reden kann" (Originalzitat!) – eine Liste von mehr als 30 Fachbegriffen vorsetzt, die diese dann „bis zur nächsten Stunde" zu beherrschen haben: Vokal, Konsonant, Diphthong, Syntax, Substantiv (sic! – obwohl in Österreich seit Jahrzehnten auch in der AHS der Fachbegriff in der Deutschgrammatik „Nomen" lautet), narrativ, Plot, Erzählperspektive, Prosa, Lyrik, Epos, Drama, Personalpronomen, Possessivpronomen, Interrogativpronomen, Demonstrativpronomen, Indefinitpronomen, Reflexivpronomen, Präposition, Konjunktion, Objekt, Attribut usw. usf. – Man wird mir wohl beipflichten, dass man solche Vorgangsweisen nicht Unterricht, sondern Terror bezeichnen müsste. Jedenfalls herrschten auf der Kinderseite Verzeiflung, Angst und Tränen, wie man sich unschwer vorstellen kann.

baren Bildungsgut zählen. Allgemeinbildende Ziele haben keine selektive Wirkung, sie machen alle mehr oder minder gleich fit. Und das ist wiederum verständlicherweise nicht das Ziel der AHS, sie will und muss ja von ihrer Zielbestimmung her, Hochschulreife der Absolventen zu garantieren, die Begabten von den weniger Begabten trennen. Damit wird ein weiteres Mal und unter neuen Aspekten klar, warum nur neue Schulstrukturen Abhilfe schaffen können.

Solange die AHS-Unterstufe existiert, wird es dort immer den Aussiebungsprozess geben müssen. Daher kann sich dort nie etwas daran ändern, dass Allgemeinbildung im Sinne lebenspraktischer Kompetenzen zurückgestellt oder ganz ausgelassen wird. Nochmals daher auch hier die conclusio: Die AHS-Unterstufe gehört in ihrer derzeitigen Form abgeschafft, wenn das österreichische Schulsystem genesen soll. [52]

Lassen wir unserer Phantasie freien Lauf und malen wir uns eine blühende Landschaft echter Allgemeinbildung aus: Eine gemeinsame, allgemeinbildende Schule, in der wirklich von a l l e n Lernenden der ,Pflichtteil' der Grundbildung absolviert wurde.

Erst jetzt, in der gymnasialen Oberstufe bzw. deren Parallelformen, kommt die ,Kür' an die Reihe, die höheren Ziele – für diejenigen, die sich dafür berufen fühlen und die sich auch dafür qualifiziert haben. Weil aber die ,Pflicht' weitgehend problemlos von j e d e m erlernt werden kann, fehlt es nun an der Schwelle des Pflichtschulabgangs an Qualifikationskriterien, wer denn tatsächlich für höhere Ziele geeignet erscheint.

Hier kann – neben der Selektion über die Zeugnisnote und der Selektion über eine verpflichtende Aufnahmeprüfung – der „Aufsatz" eine sehr gute Indikatorfunktion übernehmen. Denn für das Erreichen höherer Ziele ist der „Aufsatz" der optimale Unterbau. Das darf nicht verwundern, wurde doch vom Beginn der Überlegungen an immer mehr klar, dass der „Aufsatz" Talentsache ist. Er verweist auf ein Entwicklungspotenzial Richtung höherer schriftlicher Sprachkompetenz. (Vgl. „Aufsatz neu", Seite 295 ff.)

Schon ganz am Anfang dieses Buches hat sich eine Art Stufenleiter der Aufsatzgattungen gezeigt, die bei Bildgeschichte und Erlebniserzählung begann und mit Schilderung und Erörterung vorläufig endete. All diese Textarten sind zweifellos ein ideales

---

[52] In Deutschland ist das Problem ganz ähnlich. Hier können zwei Länder einander bekräftigend die Hände reichen nach dem Motto: Hallo, Nachbar, toll, wie gleich schlecht wir sind mit unserem „Restschulenprogramm". Gemeinsame Schwäche ist geteilte Schwäche. Das tröstet uns ja auch bei PISA.

Propädeutikum für die wahren höheren Ziele für Schreibtalente, die da sind: Problemarbeit, Facharbeit, Glosse, Essay... Aber auch schriftstellerische Qualitäten gehören hier erprobt und weiterentwickelt: Schreiben in verschiedenen Stilrichtungen und aus verschiedenen Erzählperspektiven, die Kunst der Andeutung und des Spannungsaufbaus... Weiters gehören zu den Zielen, rhetorische Figuren gekonnt einsetzen zu lernen, Argumentationstechniken kennen zu lernen und anzuwenden, z. B. den 5-Satz usw.

Hier geht es nun wirklich um hochqualifizierte Ausbildung im Bereich der schriftlichen Kompetenzen für kommende Journalisten, Lehrer, Rechtsanwälte, Uni-Professoren...

Höhere Ziele lassen sich nicht von heute auf morgen erreichen, das ist klar. Aber die Allgemeinbildung für alle zu vernachlässigen, nur um so bald wie möglich für die Elite des Landes mit höherer Bildung beginnen zu können, ist auch nicht in Ordnung.

Als laufender Indikator für künftige Fähigkeiten zu höheren Zielen bietet sich schon von der Grundschule weg der Aufsatz an. Allerdings in neuem Kleid, mit neuem Sinn und daher auch mit einsichtigen und lohnenden Zielsetzungen ausgestattet, wird er die gesamte Pflichtschule weiterhin zu begleiten haben – als Kaderschmiede für jene, die höhere Ziele vor Augen haben oder als Prüfstein für jene, die noch nicht sicher sind, was ihre Lebensziele einmal sein mögen.

Exkurs 6:

Der Traum von einer Schule der Zukunft, die alle allgemein bildet und allen die Chance auf höhere Bildung einräumt

Wir haben im Laufe der bisherigen Überlegungen gesehen, dass die gegenwärtige Schulstruktur mit ihren traditionellen Inhalten nur den von Haus aus Begabten Chancen auf höhere Bildung einräumt, aber dafür weder den Hochbegabten noch den Normalbegabten, und erst recht nicht den weniger Begabten (oder besser: weniger Geförderten?) echte Allgemeinbildung vermittelt.

Träumen Sie mit mir den Traum von einer besseren, gerechteren Schulwelt von morgen, in der all diese Nachteile nicht mehr gegeben sind.

Das Diagramm ist von unten nach oben aufgebaut, weil alle Entwicklungen entsprechend unserer Vorstellungswelt möglichst nach oben weisen sollten:

↑

15 J. ↑ Beginn von AHS (nur noch Oberstufe), BHS oder BMS für besonders
Qualifizierte; für alle anderen Berufseinstieg

ENTSCHEIDUNG über BERUFSEINTRITT bzw.
MITTLEREN oder HÖHEREN BILDUNGSWEG
bindende Kriterien: 1. Abgangszeugnisnoten plus LG-Zuordnungen
    2. Leistungsnachweis in „Aufsatz neu" (nur für
    höheren Bildungsweg Richtung AHS)
    3. verpflichtende Aufnahmeprüfung

↑

14 J. ↑ Letztes (= 9.) Pflichtschuljahr mit „Pflichtschulabgangszeugnis" und
Leistungsnachweis über die letzten 3 Jahre im Bereich „Aufsatz neu"

13 J. ↑ Fortsetzung wie im Vorjahr

12 J. ↑ Fortsetzung; Leistungsfeststellungen in LPT und „Aufsatz neu"; keine
Schultypen-Entscheidung; die Begabungsschwerpunkte ergeben sich bis
zum Abgang aus den LG-Zuordnungen und den Einzelnoten

11 J. ↑ Fortsetzung wie im Vorjahr

10 J. ↑ Eintritt in leistungsdifferenzierte HS/"Mittelschule"; Schwerpunkt: lebenspraktische Textsorten(LPT) plus Orientierung im Bereich „Aufsatz neu"

KEINE ZEUGNISVORGABEN FÜR DEN ÜBERTRITT, KEINE
AUFNAHMEPRÜFUNG; DIE AHS-UNTERSTUFE EXISTIERT NICHT MEHR

----

9 J. ↑ Austritt aus Grundschule mit grundlegenden Kenntnisssen in
lebenspraktischen Textsorten plus
Orientierungswert in Teilleistung „Aufsatz neu"

8 J. ↑ Beginn des Erlernens lebenspraktischer Textsorten (LPT) plus
Nebengleis „Aufsatz neu"

7 J. ↑ Erste naive Versuche mit Eigentexten, erste Orientierung im Schreiben

6 J. ↑ Eintritt in die Grundschule; keine 2-jährige Eingangsstufe mehr

----

5 J. ↑ Verpflichtender Entwicklungs-Einstufungstest mit bindender Entscheidung,
ob verpflichtendes Vorschuljahr oder nicht; freiwilliges Vorschuljahr jederzeit
möglich

In dieser Skizze einer Welt des Schulsystems von morgen haben sich die Verhältnisse zum Sinnvollen gewendet. Alle Heranwachsenden erhalten die gleiche Grundbildung, werden also im vollen Wortsinn allgemein gebildet. Für ein langfristiges Erkennen und Weiterentwickeln der eigenen Begabungsschwerpunkte in Richtung höherer Bildungsziele sorgt einerseits die Leistungsdifferenzierung in den Kernfächern, im Bereich „Deutsch" zusätzlich der Indikator für höhere Bildung, der „Aufsatz neu".

Zusammenfassung:
Steckbrief des Aufsatzes alter Prägung, der endgültig der Vergangenheit angehören sollte

Thema:	unbekannt; wird erst unmittelbar vor Schreibbeginn bekanntgegeben
Schreibzeitpunkt:	nach Plan, vorgeschrieben; alle zur gleichen Zeit, egal wie sich jeder gerade disponiert fühlt
Dauer:	vorgeschrieben; zu rasch fertiggestellte Arbeiten werden dem Schreiber als „Faulheit" oder „Unfähigkeit" ausgelegt, Zeitlimitüberschreitungen haben unfertig bleibende Arbeiten zur Folge; mit entsprechender Abwertung bei der Beurteilung ist in beiden Fällen zu rechnen
Inhalt:	wie vom Themensteller gewünscht auszuarbeiten, aber ansonsten alle Freiheiten – sofern natürlich Form und Umfang gewahrt bleiben
Form:	saubere Gliederung in Einleitung, Hauptteil und Schluss
Umfang:	hat den Vorgaben des Themenstellers zu entsprechen
Sinnhaftigkeit:	außer für Korrekturzwecke und Notengebung kein weiterer Sinn nachweisbar

Allgemeinbildender Nutzwert:	keiner
Arbeitsfreude der Schreibenden:	keine Aussage, da kein Kriterium
Zukunftsaussichten:	in der alten Form keine; in sinnvolleren Formen durchaus ausbaufähig.

Wechseln wir nun endgültig die Perspektive. Schreiben muss sinnerfülltes Schreiben werden. Für jedes Schriftstück muss eine konkrete Funktion und ein konkreter Adressat im Spiel sein. Nur eine stimmige Motivationslage kann zu guter Textqualität führen. Und nicht zuletzt: Schreiben hat nicht das Ziel, aus allen „kleine Schriftsteller" zu machen, sondern allen solides lebenspraktisches Wissen auf den Weg ins Erwachsenendasein mitzugeben.

Fünfter Abschnitt:

Die Textsorten im Einzelnen

Rahmenbedingungen

Die Erarbeitung der Textsortenvielfalt sollte unter bestimmten Rahmenbedingungen stattfinden, die hier näher beschrieben werden:

Wichtigstes Ziel: Möglichst echte Schreibsituationen im Unterricht

Alle Textsorten sollten im Unterricht der 3. bis 9. Schulstufe – wo immer das möglich ist – in einer Weise entstehen, dass damit ein Abbild der Realität gegeben ist. , d. h.

- Schreiben soll von den Schülern unmittelbar als sinnvoll erlebt werden,
- der Adressat des schriftlichen Produkts muss feststehen und klar vor Augen sein und
- der Schreibanlass sollte sich von selbst aufdrängen.

Wenn eine geplante Textsorte diesen Kriterien nicht standhält, sollte dringend hinterfragt werden, wie tauglich sie zum gegenwärtigen Stand des Lernens ist. Die genannten Kriterien geben somit nicht nur Auskunft über die Lebensnähe, sondern auch über die Schulstufengerechtheit. 111 verschiedene Textsorten, ja vielleicht sogar mehr [53], muss man notgedrungenermaßen ohnehin über viele Jahre verteilen...

Einige Textsorten haben zwar durchaus Sinn, doch kann dieser von den Kindern noch nicht unmittelbar nachvollzogen werden. Das ist z. B. bei der Textsorte „Steckbrief" (Nr. 44) der Fall. Sie ist lebensbezogen lehrreich, ja sogar notwendiges Grundwissen, weil erst sie befähigt, Personenbeschreibungen nach geläufigen Kriterien zu präzisieren. Hier kann man die fehlende Unmittelbarkeit zumindest in spannende Arbeit umwandeln, wie das u. a. auch bei der „Personenbeschreibung" (Nr. 38) angeregt wird.

Andere Schreibfertigkeiten sind Bestandteile des Alltagswissens für später – ohne jeden „Spaßfaktor", aber deshalb um nichts weniger unentbehrlich, so z. B. das Wissen rund um Unterschrift oder Adresse und Absender etc. Als realiätsbezogenes Grundwissen löst es jedoch auch ohne „Spaßfaktor" erfahrungsgemäß großes Interesse aus.

---

[53] Man bedenke immer, dass das hier präsentierte Textsortenmodell ein offenes System ist. Sie können gerne auf Grund eigener Erfahrungen und aktueller Entwicklungen die Liste ergänzen und erweitern. Auch jetzt schon umfassen manche der angeführten Textsorten mehrere Varianten.

Textsortenfundgrube 1: Projekte

Als die größte Fundgrube für lebenspraktische Textsorten hat sich die Arbeit an Projekten erwiesen. Da gilt es Planungsnotizen, Arbeitseinteilungen, Aufgaben- und Terminlisten, Ergebnislisten und, und, und zu notieren. Nähert sich der Zeitpunkt der Fertigstellung des Projekts wird es um Plakate, Einladungen, Programme, Kurzführer oder Kurzbeschreibung des Projekts gehen. Mit einem Wort: Anlässe zum Schreiben in nicht enden wollender Vielfalt. Projekte zählen außerdem zu jenen Arbeitsformen, die jeden einzelnen Schüler in größtmöglichem Maß aktivieren.[54]

Textsortenfundgrube 2: Klassenzeitung

Die Klassenzeitung kann in der Anfangsphase als frei gestaltete Wandzeitung konzipiert werden, in der alles, was nur irgendwie in diese Kategorie passt, lose versammelt sein kann: Besonders lustig empfundene Witze, Suchanzeigen, Tausch-anzeigen, Rezepte, Bastelanleitungen, Einladungen, Berichte, Quizfragen, Scherz-fragen, Rätsel, ...

Im Laufe der Schuljahre kann sich diese Klassenzeitung durchaus weiterentwickeln. – Näheres dazu und zur organisatorischen Abwicklung dieses Mediums findet man bei Textsorte Nr. 77.

Das „Textsortenheft" – Sichtbares Signal für den inhaltlichen Wandel im Schreiben

Eine Empfehlung für den Unterricht soll hier gleich vorweg genannt werden, weil bei der Lektüre des Nachfolgenden dann jeweils dieser Gedanke gleich mitberücksichtigt werden könnte: Es wäre ganz wichtig, mit der Klasse ein „**Textsortenheft**" anzulegen, das Woche für Woche, Jahr für Jahr erweitert wird. Darin könnte Textsorte für Textsorte nach Bauform und Anwendungsbereich charakterisiert und durch jeweils ein

---

[54] Einziges Problem: Man muss immer darauf bedacht sein, dass nicht die Bequemen zu bloßen Trittbrettfahrern der Fleißigen werden. Ein bewährtes Hilfsmittel bei Gruppen- oder Partnerarbeit: Punkt für Punkt werden die gemeinsam ausgearbeiteten Einzelheiten aufgelistet, daneben werden Spalten mit den Namen der Mitarbeitenden errichtet. Jeder der Beteiligten trägt bei jedem Arbeitspunkt in seiner Spalte den Schätzwert ein, wie viel von 100 % er selbst zu diesem Punkt beigetragen hat. Wo nicht genau 100% herauskommen, gibt es Anlass zu (sachlicher!) Diskussion. Hier und an vielen weiteren Stellen des Schreibens gibt es Querverbindungen zum Lernbereich Sprechen.

Muster belegt werden. Ein solches Textsortenheft kann eine „Schatzkiste fürs Leben" darstellen, weil der Lernende auf diese Weise eine ziemlich komplette Sammlung aller Textsorten, die er später immer wieder benötigen wird, in Händen hat. Im Idealfall befindet sich in diesem Heft nach 6 Lernjahren (von Stufe 4 bis Stufe 9 gerechnet) die ganze Fülle der hier nun angeführten 111 Textsorten.

Dieses Textsortenheft verändert sehr bald auch die kollektive Bewusstseinslage der Elternschaft. Sie hat bis dato aus purer Gewohnheit und weil es ja nirgends etwas anderes gab, stets nach dem Aufsatz gerufen, ohne sich die Frage des realen Lebensbezugs zu stellen. Wird ihnen Seite um Seite in diesem Heft vor Augen geführt, wie viel lebenspraktisches Wissen heutzutage erforderlich geworden ist, werden sie bald verstummen oder gar bekennen: Hätten wir das alles nur auch bereits in unserer Schulzeit gelernt!

Zum Aufbau der nachfolgenden Sammlung

Alle Textsorten sind im Folgenden mehr oder weniger ausführlich beschrieben. Wo immer begleitende Kommentare oder Hinweise zu Form und Erarbeitung zweckdienlich erschienen, wurde näher darauf eingegangen.

Die Einordnung der einzelnen Textsorten nach den 5 unterschiedlichen Schreibanlass-Kategorien wurde beibehalten. Innerhalb jeder Gruppe ist zur leichteren Auffindbarkeit überwiegend eine alphabetische Anordnung eingehalten.

Um von Beginn an den Blick zu schärfen, dass es Gruppen von Textsorten gibt, die inhaltlich zusammengehören, ja teilweise so stark voneinander abhängen, dass eine bestimmte Abfolge der Erarbeitung zu empfehlen ist, soll hier zunächst – ohne jeden Anspruch auf Vollständigkeit – einiges Markante beispielhaft in seiner inhaltlichen Zusammengehörigkeit bewusstgemacht werden:

Übersicht: Artverwandte bzw. zusammengehörende Textsorten

Formelhafte Briefteile (Nr. 82)

Adressen + Kuvertbeschriftung (Nr. 79)

Brief (privat) (Nr. 96)

Geschäftsbrief, vereinfacht (Nr. 52)

Leserbrief (64)

Grußkarten (Nr. 102)

E-Mails (Nr. 25)

Faxnachrichten (Nr. 29)

Geschäftsbrief, Vollversion (Nr. 53)

Verlaufsplanung (Nr. 47)

Veranstaltungsprogramm (Nr. 46)

Ausrüstungslisten (Nr. 20)

Checklisten (Nr. 3)

Verlaufsprotokoll (Nr. 48)

Steckbrief (Nr. 44)

Personenbeschreibung (Nr. 38)

(Klassen-)Zeitung (Nr. 77)

Suchanzeigen (Nr. 69)

Tauschanzeigen (Nr. 70)

Inserate (Nr. 34)

Kochrezepte (Nr. 10)

Witze (Nr. 111)

Prospekte (Nr. 67)

Plakate (Nr. 66)

Flugblätter (Nr. 30)

Verhaltensregeln (Nr. 73)

Schulordnung (Nr. 68)

Klassenordnung (Nr. 63)

Baderegeln (Nr. 58)

Pistenregeln (Nr. 65)

Verkehrsregeln (Nr. 74)

Unfallbericht (Nr. 45)

Zeugenaussage (Nr. 50)

Formularsprache (Nr. 85)

Formulartypen (Nr. 86)

Formulare (Nr. 87)

Fragebögen (88)

Erlagscheine (81)

Unterschrift (93)

Kalenderführung (Nr. 9)

Arbeitsplanung (Nr. 2)

Inhaltsangabe (Nr. 33)

Zusammenfassung (Nr. 51)

Rezension (Nr. 40)

Hausübungsnotizen (Nr. 8)

Gesprächsnotizen (Nr. 7)

Gedächtnisprotokoll (Nr. 6)

Planungsnotizen (Nr. 11)

Telefonnotizen (Nr. 16)

Stichwortnotizen (Nr. 14)

Lebenslauf (Nr. 37)

Bewerbung (Nr. 59)

Notierende Texte

1. Adressen- und Telefonverzeichnisse

Verschiedene Arten der Anlage erproben: Einfache Liste mit Namen der Kameraden; mit Adresse, Telefonnummer und E-Mail-Adresse versehen. Erkenntnis: Nach dem Vornamen zu ordnen ist nicht so übersichtlich wie nach dem Familiennamen.

Liste evtl. weiterentwickeln bis zu einem Adressbuch mit Register oder einer streng alphabetisch geordneten Adressenkartei. Eine solche Kartei könnte in der Klasse gemeinsam angelegt werden und so als Muster dienen, für den persönlichen Bedarf etwas Ähnliches auszuarbeiten.

In höheren Schulstufen legen Schüler gerne am PC Adressenverzeichnisse in Tabellenform an. Vorteile: Verlinkung der E-Mail-Adressen erhöht den Komfort bei der Kontaktaufnahme. Dasselbe gilt für automatische Telefonnummernanwahl bei Internet-Telefonie (z. B. via Skype o. Ä.)

2. Arbeitsplanung

Schon vom Grundschulalter an sollte verstärkt angestrebt werden, dass Kinder ihre **Zeitplanung** selbst in die Hand nehmen. Ausgangspunkt dafür sind in der Schule am besten die Zeiten offenen oder freien Lernens. Aus den Lernvorgaben bzw. verfügbaren Lernmöglichkeiten stellt sich jeder seinen persönlichen Plan zusammen, wie sein Arbeitstag verlaufen soll. Hier kann wieder ein Stück des Kapitels „Lernen lernen"[55] erworben werden: Eine persönliche Planung, in der vorweg die Inhalte nach „eher leicht für mich" und „eher schwieriger/zeitaufwendiger für mich" eingestuft werden, ermöglicht eine lernpsychologisch ausgewogene Arbeitseinteilung. Wer „Leichteres" und „Schwierigeres" abwechselt, kommt am besten voran.

Ein weiterer Schritt gezielter Tageseinteilung/-planung kann auf Basis der täglichen **Hausübung** initiiert werden. Nach dem Aufschreiben der HÜ soll jeder für sich eine geschätzte Zeitdauer für die einzelnen Aufgabenpunkte notieren. Anschließend entwirft jeder seinen persönlichen Nachmittagsplan mit möglichst genauer Zeiteinteilung. Die

---

[55] Siehe Seite 26 f.

Pläne können als Gesprächsgrundlage verschiedener Art dienen. Erste Möglichkeit: Ich überfliege die Planungen der Kinder und gebe ihnen Ratschläge, was sie anders machen sollten, z. B. nicht gleich nach dem Mittagessen an die Aufgabe setzen, nicht vor der Aufgabe „zur Erholung" ein Computerspiel spielen,[56] leichtere Aufgabenteile zuerst machen, Eigenbelohnungsziele setzen (Wenn ich bis 16:30 Uhr mit Mathe fertig bin, hole ich mir ein Stück Kuchen...) usw.

In höheren Schulstufen sind **Lernpläne für** bevorstehende **Prüfungen** ein lohnendes Ziel. Jeder Lernende sollte möglichst bald einschätzen lernen, für wie viel Stoff man wie viel Lernzeit und wie viele Wiederholungen einplanen sollte.

3. Checklisten

Auch hier gibt es von der Grundschule an Gelegenheiten zur Genüge, diese Textsorte zu praktizieren. Checklisten sind als Teilziele zum Kapitel „Lernen lernen" zu werten. Sie sind ein Beitrag dazu, dass Schüler lernen, ihre eigene Arbeit und die damit verbundenen administrativen Agenden selbst zu organisieren. Die Schule muss aufhören, alles Wichtige als gegeben vorauszusetzen und höchstens mal zu jammern, wenn erwartete Routinen nicht funktionieren.

Hier einige Beispiele: Wir schreiben eine Liste, was t ä g l i c h in die **Schultasche** gehört, und was hingegen nur an bestimmten Tagen. Auch eine **Federpennal-Checkliste** kann nicht schaden. Sie könnte etwa so aussehen:

Federpennal-Check (nach jeder Hausübung)	1. Bleistifte gespitzt?
	2. Buntstifte gespitzt?
	3. Filzstifte einsatzbereit?
	4. Ersatzpatrone?
	5. Spitzer scharf?
	6. Lineal und Radierer vorhanden?

---

[56] Näheres dazu in *Horst Fröhler, Elternratgeber, Wien 2008*, Seite 16 f.

Eine Stückliste für den Inhalt des eigenen **Bankfachs** schafft auch dort Klarheit und vielleicht sogar Ordnung.

Was gehört alles zur **Turnausstattung**, was muss im Rucksack fürs **Schwimmengehen** drin sein? Daraus könnte z. B. ein Wochenplan für das Schultaschenpacken entstehen...

Für **Arbeitsabläufe** sind Checklisten ebenfalls ein gutes Mittel, Planlosigkeit und Vergesslichkeit zu bekämpfen. Vergleichspunkt und Motivationsverstärker könnten beispielsweise die Checklisten von Piloten vor dem Start einer Maschine sein.

Checkliste, z. B. für die **Mathematikschularbeit** (je nach Schulstufe unterschiedlich):

> *Checkliste für Mathe-Arbeit*
>
> *Füllfeder inkl. Ersatzpatrone*
> *1 Bleistift HB, 1 Bleistift H*
> *Radiergummi/Radierstift*
> *Geodreieck*
> *Lineal*
> *Zirkel (Mine ok?)*
> *Spitzer*
> *Taschenrechner*

Checklisten können für die **Turnsaalordner** (Mannschaftsbänder vollzählig auf den Haken? – Bälle im Kasten? – Kasten versperrt? – Garderobenlicht aus?...) ebenso hilfreich sein wie für **Klassenordner** (Tafel streifenfrei gelöscht? – Kreidentasse gereinigt und nachgefüllt? – Schwamm ausgewaschen? – Tafeltuch ausgestaubt und ordentlich aufgehängt?...). Dem Einfallsreichtum sind im Schulbereich nahezu keine Grenzen gesetzt.

Wichtig ist, dass sich durch dieses Bewusstmachen von Arbeitsroutinen bei den Lernenden mehr Selbständigkeit einstellt.

Nach einiger Zeit des gezielten Einsatzes von Checklisten kann hinterfragt werden, was sich dadurch geändert hat. Die Antwort wird stets sein: Jeder kennt sich aus, es ist weniger Stress rund um die entsprechende Aktivität zu verzeichnen und es kommt weniger oft zu ärgerlichen Pannen. Das Wesentlichste aber ist, dass die Kinder gelernt haben, sich selbst zu organisieren und eine Sache zielstrebig durchzuziehen, die in ihrem Verantwortungsbereich liegt.

4. Einkaufszettel

Im Grunde eine triviale Textsorte, aber: Man sollte das, was man oft auf seine Einkaufsliste setzt, vielleicht auch richtig schreiben lernen (= Querverbindung zur Rechtschreibung).

Nächste Überlegung: Für verschiedene Waren kann es verschiedene Einkaufszettel geben. Was im Papierwarenhandel eingekauft wird, sollte auf einer anderen Liste stehen als Lebensmittel und Bedarfsartikel des Alltags. Nicht wundern sollte man sich in diesem Zusammenhang, dass Kinder stets in konkreten Kategorien denken, also ihre Bedarfsartikel nach „Libro", „Spar" oder „Bipa" einordnen.

Eine weitere Ausbaustufe wäre etwa, dass Kinder lernen, auch Einkaufzettel ökonomisch zu strukturieren, denn in Supermärkten gibt es unterschiedliche Abteilungen („Gänge"). Wer als Einkaufsbedarf etwa auf seiner Liste stehen hat

Äpfel
Butter
WC-Papier
Mineralwasser
Kartoffeln
Milch
Zitronen
Reis
Eier
Kochschokolade
Seife
Bananen
Papiertaschentücher
Mehl

Dieser Einkaufszettel ist als Vorlage geeignet, die Kinder die einzelnen Waren nach Produktgruppen sortieren zu lassen. (Downloadvorlage 1; Näheres siehe Seite 16.)

hat zwar vielleicht nichts auf der Liste vergessen, aber beim Einkaufen immer noch seine liebe Not. Genauere Überlegungen zum Einkaufzettel führen uns zwangsläufig zu einer Einteilung unserer Liste nach Produktgruppen: Obst und Gemüse; Milchprodukte; Haushaltsartikel ... Gibt es einen Supermarkt in Schulnähe, kann man

Erkundungsgänge organisieren. Wir versuchen, die Marktstuktur in einem einfachen Plan festzuhalten. Was entsteht ist eine neue Textsorte, nämlich eine Lageskizze (siehe Nr. 36).

Und meinen Sie bitte an dieser Stelle nicht, dass das alles nur die Welt der Erwachsenen sei. Denn genau in diesem Punkt liegt das Problem: Die Eltern von heute fühlen sich als die Leibsklaven ihrer Kinder – sie haben alles herbeizukarren, was zum Wohlbefinden ihrer Sprösslinge beiträgt. Dass sich durch das Bedient-Werden bei den Kindern kein Wohlbefinden, sondern nur ein Prinzen- oder Prinzessinnendasein mit immer höher werdenden Forderungen und wenig Ahnung vom Leben einstellt, wird vielen Eltern erst klar, wenn es beinahe zu spät ist. [57]

5. Fahrplanauszüge

Abfahrts- und Ankunftszeiten von Zügen herausfinden, das Ermitteln von Busverbindungen oder Intervallen auf Straßenbahnlinien, das Beachten von Umsteigstellen und mehr. All das rund um den öffentlichen Verkehr sollte von Heranwachsenden zunehmend selbständig bewältigt werden. Teile dieser Fertigkeiten werden sicherlich von anderen Fachbereichen beizusteuern sein, z. B. von Sachkunde oder Mathematik. Aber die Fäden laufen dort, wo es lebenspraktisch wird, letzten Endes bei den Textsorten des Deutschunterrichts zusammen.

Gelegenheiten für diese Rubrik der Textarbeit gibt es genug, vom täglichen Schulweg bis zu speziellen Schulereignissen. Sobald z. B. ein Schulausflug [58] näherrückt, sollten mehrere Textsorten miteinander die gemeinsamen Planungsgrundlagen für diesen Tag abgeben: „Reiseroute" planen (Nr. 12), „Terminvormerkung" (Nr. 17), „Ausrüstungsliste" (Nr. 20) und „Kalenderführung" (Nr. 9). Für die nun geforderten Fahrplanauszüge wird das Grundwissen über die korrekte Schreibweise solcher Uhrzeitangaben benötigt, was in der Rubrik „Formelhafte Schreibweisen" (Nr. 83) beschrieben wird. Sind alle Vorbereitungen gelaufen, ist das Endprodukt relativ unspektakulär, aber jedes noch so kleine Stück lebenspraktischen Wissens ist ein weiterer Schritt auf dem Weg ins Leben.

---

[57] Nicht nur Schüler haben bislang vieles nicht gelernt, das wichtig wäre – auch für Eltern gilt dasselbe. Darum ist Elterninformation höchst wichtig, nicht nur damit lerntechnisch auch zu Hause alles rund läuft, auch aus allgemein pädagogischen Gründen. Vgl. dazu auch *Elternratgeber*, Seite 17.

[58] In Deutschland: Klassenfahrt

Beispiel für einen Fahrplanauszug:

		Hinfahrt	**Rückfahrt**		
E 416	Linz ab	08:44 Uhr ↓	17:57 Uhr an		
	Attnang-Puchheim an	09:29 Uhr ↓	↑ 17:12 Uhr ab	**E 423**	
P 2345	Attnang-Puchheim ab	09:46 Uhr ↓	↑ 17:07 Uhr an		
	Gmunden an	10:05 Uhr	↑ 16:48 Uhr ab	**P 2411**	

Dass ein solcher Fahrplanauszug bewusst nicht auf einem A4-Blatt angelegt wird, sondern auf einem entsprechend kleineren Zettel, der dann in die Geldbörse oder in die Brusttasche passt, sollte schon vorweg mitberücksichtigt werden.

Wir überlegen noch etwas: Wie viel Zeit haben wir für das Umsteigen? Bei der Hinfahrt sind es 17 Minuten, das ist reichlich. Bei der Rückfahrt hingegen sind es nur 5 – das wird knapp. Wir beschließen daher, uns bereits bei der Hinfahrt zu informieren, auf welchen Bahnsteig wir beim Umsteigen auf der Rückfahrt wechseln müssen. Das harmlos erscheinende Lernziel entpuppt sich als durchaus mehr. Mitdenken lernen, vorausschauendes, eigenverantwortliches Handeln, mit einem Wort: Selbständigkeit erlangen.

6. Gedächtnisprotokoll

Diese Textsorte dient meist als Beweisunterstützung bei mündlichen Vereinbarungen, die erst lange Zeit später wirksam werden. Durch das Verstreichen eines längeren Zeitraums kann sich später Uneinigkeit über das Vereinbarte ergeben. Eine im Schulbereich zugegebenermaßen selten benötigte Textsorte, aber weil sie im Leben eine wichtige Fertigkeit darstellt, sollte jede sich bietende Gelegenheit im Unterricht aufgegriffen werden. Ein Beispiel: Eine Schülergruppe hat sich an mich gewandt, weil sie sich in der Turnstunde vor den Weihnachtsferien gegenüber den anderen Gruppen benachteiligt gefühlt hatte. Ich verspreche ihnen, das in der ersten Stunde nach den Weihnachtsferien wieder gutzumachen. Jetzt ist Zeit für ein Gedächtnisprotokoll. Hat die ganze Klasse den Fall mitverfolgt (was so sein sollte!), können nun alle dieses Protokoll anfertigen.

Inhalt: **Wer** hat **wann wem was** versprochen – und **warum**?
Form: Kurznotiz. Daher genügt hier also etwa:

Gedächtnisprotokoll

Lehrer XY hat heute, am 19. 12., nach der Turnstunde (ca. 11 Uhr) der Gruppe 2 (Miriam, Nicole, Orhan, Peter und Ronny) versprochen, ihre heutige Benachteiligung in der nächsten Turnstunde nach Weihnachten gutzumachen.

_____   _____

<Datum>   *<Unterschrift oder Paraphe des Verfassers>*

Die Notiz sollte an einem passenden Ort aufbewahrt werden. Besser als das Deutsch-Schulübungsheft ist in diesem Fall der Turnbeutel.

Wichtig ist daran, dass die Lernenden erfahren: Als Verfasser unterschreibt man selbst, weil es sich beim Gedächtnisprotokoll normalerweise – anders als im heutigen Übungsfall – um eine rein persönliche Aufzeichnung handelt. Man benötigt sie nur, wenn die andere Seite am Tag X sich nicht mehr an das Versprechen erinnert.

Würde die Gegenseite, in diesem Fall die Lehrkraft, die Notiz unterschreiben, handelte es sich um eine Vereinbarung ähnlich dem Kaufvertrag (siehe Nr. 90), nicht mehr um ein Gedächtnisprotokoll.

7. Gesprächsnotizen

Inhalt: Rein persönlich ausgewählte Einzelheiten aus einem Gespräch oder einer Diskussionsrunde.
Form: keine fixe Form, aber meist ähnlich den Stichwortnotizen. Das Geschriebene muss nur für den Notizenschreiber selbst aussagekräftig sein.

Beispiel: In einer Gesprächsrunde über ein bestimmtes Thema behauptet Sandra, dass sie darüber schon einmal in einem Buch Interessantes gelesen habe. Ivo berichtet, Ähnliches auch im Internet entdeckt zu haben. Weil die Gespräche ziemlich laut und hitzig ablaufen, und Marion bereits die nächste Sensation berichtet, ist für Andi der Versuch zwecklos, das Gespräch zu unterbrechen.

Er notiert daher nur für spätere Rückfragen:

Untier im Bodensee?

Sandra → Buch
Ivo → Internet
Marion → ?   *14. 3. 20xx*

Gesprächsnotizen ermöglichen spätere gezielte Detailfragen, halten oft aber auch nur Dinge fest, die man nicht vergessen will.

8. Hausübungsnotizen

Ein Kommentar dazu ist eigentlich überflüssig, weil das eine vertraute, alltägliche Routinearbeit von Schülern ist. Trotzdem ein paar Anregungen dazu:

Man sollte gemeinsam fixe Abkürzungen vereinbaren, z. B. MB für Mathematikbuch, DB für Deutschbuch, S. für Seite, Nr. für Nummer usw. (Das alles ist nur für uns so selbstverständlich, dass wir meinen, es bedürfe keiner Minute im Unterricht, um das zu beherrschen, für Kinder ist das alles ein Lernprozess.)

Auch ein HÜ-Planungsraster, der Auskunft über alle Hausübungen des gesamten Schuljahres gibt, kann angelegt werden (Plakat in der Klasse oder Einzeldoku auf

Blättern mit Wochenraster). Das ergibt am Schuljahresende eine imposante Leistungs-dokumentation, z. B. gezählte 143 Deutsch-Aufgaben, 119 Mathematik-Aufgaben usw.

Zuletzt noch ein Tipp für den Anfang des täglichen Aufgabenaufschreibens. Ab der 2. Schulstufe kommt jeden Tag ein anderes Kind dran, die HÜ-Notiz an die Tafel zu schreiben. Ich selbst sitze inzwischen auf dem Platz des Kindes und trage, während ich die einzelnen Aufgabenpunkte diktiere, in dessen Planungsraster oder Heft ein, was heute Aufgabe sein wird.

9. Kalenderführung

Dieser Punkt ist eng im Zusammenhang mit der Arbeitsplanung/Tageseinteilung (Nr. 2) zu sehen.

Die Textsorte sollte nicht als Klassen-Jahreskalender, sondern als Schüler-Jahres-kalender geführt werden. Voraussetzung dafür ist, dass es gelingt, möglichst gleiche Taschenkalender in der nötigen Anzahl aufzutreiben (Banken, Versicherungen o. Ä. als Sponsoren). Besonders günstig wäre ein Schul-Taschenkalender, der ein ganzes Schuljahr zum Inhalt hat, doch dieser Typus von Kalender ist inzwischen rar geworden.

Wir orientieren uns zunächst im Kalender, indem wir den Monaten die 4 Jahreszeiten zuordnen und entsprechend kennzeichnen:

September, Oktober, November = Herbst
Dezember, Jänner, Februar = Winter
März, April, Mai = Frühling
Juni, Juli, August = Sommer[59]

Als Nächstes tragen wir alle Ferienzeiten und sonstige schulfreie Tage ein. Wir suchen die Feste des Jahreskreises und tragen sie ein bzw. heben sie hervor: Halloween, Aller-heiligen, Nikolaus... Schließlich werden noch die beiden Zeugnistermine (Halbjahr, Jahresschluss) gekennzeichnet.

---

[59] Die Jahreszeiten mit bestimmten Stichtagen beginnen zu lassen, entspricht zwar dem allgemeinen Schultrend, bedeutet aber, das esoterische „astronomische Wissen" dem lebenspraktischen (= dem „meteorologischen") vorzuziehen. Kein Mensch in Europa würde je mitten im eiskalten Schneetreiben an einem 18. Dezember von einem kalten Herbsttag sprechen! Meteorologisch gesehen, werden die Jahreszeiten bestimmten Monaten zugeordnet. Jeder Erwachsene weiß das, doch die Schule hält eisern an der Lebensferne fest.

Der Kalender dient von nun an als täglicher Vormerkkalender. Es wird auf Wochen im Voraus eingetragen, an welchen Tagen der Schwimmunterricht stattfindet. Bald steht der Termin für unsere Weihnachtsfeier fest oder der Tag, an dem wir unser Theaterstück, an dem wir schon so lange proben, aufführen werden. Von der schulärztlichen Untersuchung bis zum Lehrausgang, vom Tag mit früherem Unterrichtsschluss wegen Konferenz bis zum Eltern-Kinder-Match an einem Samstag auf einem Sportplatz steht alles da drinnen und gibt uns vom Jahresverlauf eine immer genauere Vorstellung. Von der 4. Schulstufe an werden auch Schularbeitentermine eingetragen, eventuell auch Tests in anderen Fächern – mit einem Wort, alles, was aus dem Normalalltag herausragt.

Natürlich kann und soll jedes Kind auch seine privaten Termine und Verpflichtungen eintragen. Planen wir dann für unser Theaterstück eine außerordentliche Probe an einem Nachmittag, kann jeder gleich in seinem Kalender sehen, ob es bei ihm ein Hindernis gibt (Zahnarzttermin, Judokurs, ...).

Noch übersichtlicher wird die Sache, wenn wir für verschiedene Kategorien von Einträgen unterschiedliche Schriftarten und Farben einsetzen. Der Phantasie der Kinder und unserem Einfallsreichtum sind da kaum Grenzen gesetzt.

Noch eine lebenspraktische Fertigkeit wird nebenbei trainiert. Weil Monats-Taschenkalender geringe Zeilenhöhen und insgesamt wenig Platz bieten, lernen die Kinder mit vorhandenem Schreibplatz auszukommen und die Schriftgröße entsprechend anzupassen. [60]

10. Kochrezepte

Form: Überschrift = Name der Speise

      1. Absatz = Zutaten als übersichtliche Liste, geordnet nach der bei der Zubereitung benötigten Reihenfolge

      2. Absatz = Zubereitung; Bauform sind Nennformgruppen (z. B. „Zucker, Butter und Eidotter schaumig rühren")

---

[60] Diese Fertigkeit ist als Übungsform auch im grundwortschatzorientierten Rechtschreibunterricht fix verankert. Vgl. dazu Band 2, *Neue Wege in der Rechtschreibdidaktik*, Seite 210, Übung Nr. 63 und Downloadvorlage dazu!

Die Arbeit mit Rezepten solllte am sinnvollsten bereits in den Grundschuljahren beginnen. Am einfachsten sind die Rezepte für „Vanillepudding" , „Müsli" oder „Fruchtsalat". Sie sollten am besten zuerst im Unterricht tatsächlich realisiert worden sein. Dabei ist erfahrungsgemäß der Pudding am ergiebigsten, weil es meistens die eine oder andere kleine böse Überraschung gibt (er geht über, brennt an, bleibt beim Stürzen in der Form haften – irgendetwas passiert immer). Das gibt Gelegenheit, diese Textsorte auf humorvolle Weise mit einer oder mehreren weiteren zu verknüpfen, z. B. einer Eintragung ins Klassen- oder ins persönliche Tagebuch (Textsorte Nr. 109) und/oder einem Brief/E-Mail an die Brieffreundschaftsklasse (Textsorte Nr. 96).

Auf diese Textsorte nimmt auch eines der weiter hinten präsentierten Schularbeitsthemen Bezug.[61]

Durch die gesamte Pflichtschulzeit sollte sich – als ein fast eher hauswirtschaftliches, aber ausgesprochen lebenspraktisches Thema – das Anlegen einer persönlichen Rezeptesammlung „Meine Lieblingsrezepte" erstrecken. Idealziel wäre dabei, dass die Kinder untereinander ihre Lieblingsrezepte austauschen und sie auch tatsächlich ausprobieren. Auf diese Weise treten sie in einen individuellen Informationsaustausch und Dialog ein und erweitern laufend ihre persönliche Rezeptesammlung.

11. Planungsnotizen / Ideensammlungen / Mind-Maps

Form: meist stichwortartig, aber je nach aktueller Funktion völlig frei.

Bei allen drei genannten Varianten geht es darum, das Vorwissen zu einem bestimmten Thema zu strukturieren. Durch den Prozess der Strukturierung ergibt sich meistens eine klarere Einschätzung, wo noch Informationslücken bestehen bzw. was noch genauer beleuchtet werden muss.

Planungsnotizen sind meist sehr zielgerichtete Notizen, weil das Thema bereits feststeht, und nur noch Details in ihrem Ablauf bzw. hinsichtlich der Arbeitsverteilung festgelegt werden müssen, so z. B. im Rahmen von Projekten.

---

[61] Siehe Seite 350.

Ideensammlungen sind eine Art Vorstufe dazu. Ein Thema steht zwar bereits fest, aber es gibt noch keine konkreten Teilziele. Ein Beispiel: Ein Schulschlussfest wird geplant, aber welche konkreten Ideen dafür in Frage kommen, ist noch völlig offen. Sie werden in Form von <u>Brainstorming</u> gesammelt (→ mündlich; ein Moderator notiert die Ideen) oder <u>Brainwriting</u> (→ schriftlich; die Ideen werden auf einer Pinnwand sortiert). Damit ist ein Ideenfindungsprozess eingeleitet, der sich durch Diskussion und Bewertung zu einem konkreten Ziel verdichtet.

Mind-Maps können helfen, eigene Ideen besser zu strukturieren und die verschiedenen Arten erforderlicher Aktivitäten klarer hervortreten zu lassen. Hier ein Beispiel zum Thema „Faschingsparty":

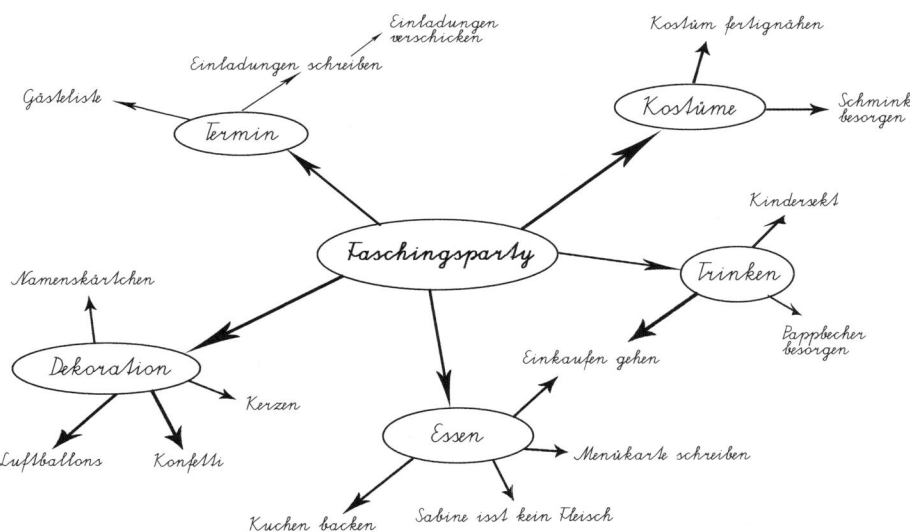

12. Reiserouten

Als Anregung für Ausflugsfahrten – auch im privaten Bereich – werden Fahrtrouten zusammengestellt. Durch welche Orte kommen wir auf der Fahrt? An welchen Bergen, Flüssen oder Seen kommen wir vorbei?

Aus Büchern, Prospekten oder dem Internet recherchieren, was auf der Strecke und am Zielort sehenswert ist. Gemeinsam bewerten, was mehrheitlich als interessant und damit besuchenswert eingestuft wird.

Eine Fahrt im Bus wird auf diese Weise kurzweiliger, weil die Kinder die vorher erhobenen und aufgeschriebenen Details nun mitvollziehen und zuordnen können. Die stereotyp-stumpfe Frage „Wie lange dauert die Fahrt noch?" weicht der sicheren Einschätzung, zumindest aber der Diskussion der Kinder untereinander.

Wer je den Gegensatz zwischen teilnahmslosem Ortswechsel und interessierter Anteilnahme an einer Reiseroute erlebt hat, wird nicht mehr tauschen wollen. Zugegeben, das ist eine Sache, die sich erst langsam entwickelt. Beim ersten Versuch bereits fulminante Erfolge zu erwarten, wäre unbescheiden. Doch der Einsatz lohnt, weil es kaum Wichtigeres in unseren Tagen gibt, als den Kindern klarzumachen, dass sie, während sie auf den Bildschirm ihres dummen Spielchens glotzen, die Wirklichkeit versäumen.

Reiserouten – eventuell im Nachhinein mit Kommentaren versehen – sind willkommene Beigaben, besser gesagt idealer Vorspann für Fotodokumentationen. [62]

13. Schwindelzettel

Weil Schwindelzettel in unserer Schulzeit streng verboten waren, haben leider fast alle Lehrkräfte, die ja immer schon die ganz Braven in der Schule waren, keinerlei Erfahrung mit dieser herrlichen Textsorte. Darum lassen Sie sich von einem, der nie zu den ganz Braven gezählt hatte, berichten: Schwindelzettel sind d i e ideale Lernform schlechthin. Genau den Stoff, bei dem man sich schwach fühlt, komprimiert man so lange auf das Wesentliche, bis ein perfekter Schwindelzettel daraus entstanden ist. Sobald das gute Ding fertig ist, stellen sich zwei Phänomene ein: 1. Man ist trotz des Gedankens an die bevorstehende Prüfung erleichtert, und 2. Man benötigt den Zettel nicht mehr wirklich. Er ist zum Beruhigungs-Placebo verkommen. Diese geballte Lernkraft, die von diesem Medium ausgeht, nicht zu nützen, ist fast sträflich.

Lassen Sie sich kurz von einer Erfahrung aus einem 7. Schuljahr berichten, als ich in einer Klasse Deutsch und Geographie unterrichtete. Als der Geo-Test nahte, ließ ich die Schüler gemeinsam das Stoffgebiet umreißen und als Hausaufgabe Prüfungsfragen

---

[62] Vgl. Textsorte „Fotokommentare" (Nr. 98), Seite 303.

entwerfen. Aus den Entwürfen stellte ich eine ergänzte bzw. modifizierte Prüfungs-fragenliste zusammen, nach Teilgebieten geordnet. In Gruppenarbeit wurden nun die Antworten ausgearbeitet und von mir kurz überprüft. Anschließend präsentierte jede Gruppe ihre Ausarbeitungen, die Zuhörer mussten in Stichworten (Textsorte Nr. 14) das Wesentliche mitschreiben. Nun, da alle Prüfungsfragen und alle Antworten vor-lagen, sollte jeder – entsprechend seinen Schwächen – einen perfekten Schwindelzettel für den Test ausarbeiten. Die – namentlich gefertigten – Unikate wurden fein säuber-lich auf Pinnwänden verteilt, nach Bereichen geordnet und gemeinsam bewertet, bis pro Themenbereich die Plätze I bis III feststanden. Als ich der Klasse verkündete, dass alle, die bei dieser Preisverleihung einen „Stockerlplatz" errungen haben, in Geographie die Note „Sehr gut", und alle anderen „Gut" errungen haben, erntete ich keineswegs die erwarteten Jubelrufe. Obwohl ich jedem „Gut"-Kandidaten die Chance einräumte, sich auf ein „Sehr gut" prüfen zu lassen, waren alle Versuche zwecklos. Die gesamte Klasse bestand auf dem Test. – Nein, Sie haben sich nicht verlesen. Wir befinden uns in der 7. Schulstufe, einer Zeit, wo man meist alles andere als prüfungsbegierige Kids antrifft...

Zugegeben, die Sache war zu einem **Mini-Projekt** geraten, und oftmals war nicht er-kennbar, ob denn nun eine Deutschstunde oder eine Geographiestunde stattfand. Bedenkt man aber, wie viel die Kinder dabei dazugelernt hatten, war es den Aufwand in beiden Fächern entschieden wert gewesen. Einwände, für so etwas wäre ganz einfach keine Zeit da, weil man ja schließlich auch anderes zu tun hätte, lasse ich nicht gelten. Was haben wir in der Schule anderes zu tun, als den Kindern Lerntechniken zu vermitteln, ihr fachbezogenes Wissen zu erweitern und ihren selbständigen Arbeits-einsatz bzw. Ehrgeiz zu erhöhen? – All das hat das Mini-Projekt geleistet. Wenn in der Schule für das Wichtigste keine Zeit mehr da ist, dann sperren wir den Laden lieber gleich zu.

14. Stichwortnotizen

Bereits in der Grundschule sollte diese Fertigkeit intensiv erworben werden. Da ich in der Grundschule alle Fächer unterrichte, kann ich mich umsehen, ob diese Textsorte nicht in einem anderen Fach leichter realisierbar ist als in Deutsch. Ich werde in Mathematik fündig. Sobald die ersten Textaufgaben kommen, wird als Arbeitsform im Heft folgender Dreischritt verlangt:

1. Angabe in Stichworten
2. Rechengang
3. Antwort

Da ich Textaufgaben ohnehin so ausführlich besprechen muss, bis ich sicher sein kann, dass möglichst alle Kinder die Aufgabenstellung erfasst haben, ist das Erarbeiten des Wesentlichen in Stichwortform keine große Hürde mehr. Zunächst werden wir die passenden Notizen gemeinsam erarbeiten, später arbeiten die Kinder in Gruppen Stichwortvorschläge aus und wir vergleichen sie. Nach einiger Zeit geht das schon in Partnerarbeit, und nach etwa einem halben Schuljahr bin ich am Ziel: Jeder kann es nun allein.

Fürs Stichwortschreiben gibt es natürlich bei allen möglichen anderen Arbeitsgelegenheiten Anlässe genug. Jedes Projekt, egal ob umfangreich oder klein, lässt sich ohne Stichwortnotizen gar nicht umsetzen. Und so manche Textsorte stellt nichts anderes als Stichwortschreiben dar, nur eben mit einem besonderen Verwendungszweck, so z. B. Arbeitsplanung (Nr. 2), Checklisten (Nr. 3), Gesprächsnotizen (Nr. 7), Hausübungsnotizen (Nr. 8), Schwindelzettel (Nr. 13), Telefonnotizen (Nr. 16) und andere mehr.

Wichtig ist trotz dieser ohnehin gegebenen Vielfalt der Anwendung, dass die Kinder einschätzen lernen: Wann übersteigen die Informationen das Maß des auswendig Behaltbaren? – Das ist der Punkt, wo Notieren stattfinden soll. Im Erreichen dieser Grundhaltung der aktiven Situations- und Selbsteinschätzung liegt die eigentliche Kunst. Dies ist wieder eine Teilkompetenz zum fehlenden Unterrichtsgegenstand „Lernen lernen"[63].

Diese Grundhaltung lässt sich wiederum in allen möglichen Situationen aktivieren. Wenn ich der Klasse eine Folge von Informationen gebe (z. B. eine Bastelanleitung), kann ich plötzlich stoppen und die Frage stellen: „Warum macht da noch niemand Notizen? – Das alles kann sich doch keiner mehr merken." Nun lasse ich die Kinder alles aufschreiben, was sie an Infos behalten haben. Die nachweisbaren Lücken sind mein Beweismittel: Rechtzeitiges Stichwortschreiben ist lohnend.

---

[63] Siehe Seite 26.

15. Telefongesprächs-Vorbereitung

Schon das Stichwort ist ungewöhnlich, die Textsorte selbst ebenso. Und doch hat sich in der Berufspraxis gezeigt, wie wichtig diese Vorarbeit ist, wenn man ein geschäftliches Telefonat gut bewältigen will. Daher ist das Erlernen dieser Textsorte als lebens-orientiertes Schreiben unverzichtbar. Das Wichtigste sollte daher unbedingt im „Textsortenheft" verzeichnet werden.

Bevor man aus einem bestimmten Anlass heraus mit einer persönlich nicht bekannten Person oder mit einer Dienststelle in einem Amt Kontakt aufnimmt, sind nämlich folgende Vorausüberlegungen lohnend:

- Wen bzw. welche Abteilung möchte ich sprechen?
- Wenn jetzt nicht erreichbar: Wann und unter welcher Durchwahl?
- Was ist mein Anliegen / meine Frage?
- Wie geht es weiter?
- Mit wem habe ich gesprochen?

Diese fünf Grundfragen stellen den Kern eines jeden beruflichen oder amtsbezogenen Kontakts dar. Für uns Erwachsene selbstverständlich, für Kinder hingegen noch nicht immer, sind die Gesprächseröffnung (= Begrüßung mit Namensnennung) und der Abschluss (= Dank für das Gespräch / die Auskunft und Verabschiedung).

Ebenfalls nicht selbstverständlich präsent sind die eigenen Personaldaten und die eigene Telefonnummer. Damit man nicht von einer unerwarteten Frage überrascht wird, sollte man die Daten zur Sicherheit während des Gesprächs schriftlich bei der Hand haben.

An allgemeinen Sachverhalten rund ums Telefonieren kommt noch einiges dazu. Das sollte im Lernbereich Sprechen ausführlich bereits erarbeitet und erprobt worden sein:

- klare, deutliche Sprache
- nicht zu schnell sprechen, aber auch nicht zu betont langsam
- freundlicher Tonfall

Unter dem Blickwinkel dieser Gesamtvoraussetzungen könnte ein Anruf-Planungsblatt etwa folgender Art Gestalt annehmen.

Anruf-Vorbereitung

Beispiel:

| Angerufener | Österreichische Bundesbahnen, Kundendienst, Tel.:.. *(hier Nummer eintragen!)* |

| klar und deutlich • nicht zu schnell, nicht zu langsam • freundlich |

| Begrüßung | „Guten Tag, mein Name ist Peter Müller." *(Pause lassen, damit auch der andere grüßen kann!)* |

| Wen/ Welche Abteilung? | Abteilung für Schüler-Jahreskarten |

| Wenn nicht erreichbar, welche Durchwahl ? | ⇨ |

| Mein Anliegen / meine Frage | Jahreskarte verloren.– Was tun? |

| Wie geht es weiter? | ⇨ |

| Mit wem gesprochen? | ⇨ |

| Verabschiedung | „Danke für die Auskunft. Auf Wiederhören!" |

„Sicherheitsnetz" – Meine persönlichen Daten

Mein Name _____

Meine Adresse _____

Meine Telefonnummer _____

| klar und deutlich • nicht zu schnell, nicht zu langsam • freundlich |

Weil es besser ist, dass diese Vorlage Stück für Stück inhaltlich erarbeitet und anschließend von den Kindern selbst angelegt wird, befindet sich dieses Muster nicht in den Downloadvorlagen.

Die vorliegende Textsorte hat im Übrigen nur eine Hilfsfunktion für eine wichtige kommunikative Kompetenz, die im Bereich Sprechen zu erarbeiten ist. Das wird Gegenstand des Bandes 4 dieser Didaktik-Reihe sein.

Die letzte Vorauskompetenz, die einzuplanen ist, wenn sich echte Kompetenz beim Telefonieren einstellen soll, ist die Kenntnis des Buchstabieralphabets. [64] Minimalkenntnis vom Start weg: Den eigenen Namen buchstabieren können.

Die Textsorte Anruf-Vorbereitung beseitigt im Übrigen nicht nur die Unsicherheit bei Telefongesprächen mit Unbekannten, sie macht auch das Hinterlassen von Nachrichten vergleichsweise problemlos. Durch die Vorbereitung hat man etwas zum „Anhalten". – Die Sprechhemmung verschwindet, sobald ein Piepton verkündet, dass ein Band auf Aufnahme läuft. Man hält sich an seine vobereiteten Gesprächspunkte und wird zusehends lockerer im Umgang mit dieser einseitgen Art der Kommunikation.

16. Telefonnotizen

Hier geht es um die Aufgabenstellung, ein Telefongespräch entgegenzunehmen, das eigentlich für jemand anderen bestimmt ist.

Zu dieser Textsorte sollten zuerst gemeinsam die Punkte erarbeitet werden, die für die Weitergabe wichtig sind:

- Wer hat angerufen? → Welche Firma und welche Person.
- Wann?
- Wen wollte die Person sprechen?
- Worum ging es?
- Was wurde vereinbart? (Rückruf? Kein Rückruf notwendig, war nur Info?)
- Wer hat den Anruf entgegengenommen?

---

[64] Auch das wird im Band 4 ausführlich behandelt. Dort findet sich auch ein klärender Abschnitt zum Thema „Handy-Knigge"!

Aus diesen Angaben sollte in höheren Schulstufen ein brauchbares Formular entwickelt werden, weil es gut ist, wenn bei einem immer gleich bleibenden Problem auch die Aufzeichnungsart stets gleich bleibt. Die verschiedenen Entwürfe sollten verglichen und evtl. prämiert werden.

Ein Beispiel für die Erprobung dieser Textsorte im Unterricht: Sandra ist soeben aufs WC gegangen. Ich tippe ihrer Nachbarin auf die Schulter und sage: „Ein Anruf für Sandra. Bitte übernimm du!" – Zugleich drücke ich ihr eine Telefonattrappe und ein Telefonnotiz-Formular in die Hand. Dann geht meine Nachricht los: „Hier spricht der Spieleladen vom Hauptplatz 3. Das bestellte Spiel kommt leider doch erst morgen. Außerdem ist es um 3,00 Euro teurer geworden und kostet jetzt 21,00 Euro. Wenn etwas unklar ist, soll Sandra bitte unter 414 56 81 anrufen. Mein Name ist Herr Robert. Danke! Auf Wiederhören! [oder: Tschüss!]"

Sie werden sehen, bei solchen Reality-Shows kommen Lernende gehörig ins Schwitzen. Übungen dieser Art lassen sich beliebig oft und in verschiedensten Formen wiederholen. Dasselbe, was hier für Sandras Nachbarin inszeniert wurde, lässt sich auch als Klassenaufgabe durchführen, dann nehmen eben alle das Gespräch entgegen.

Auch als Partnerarbeit ist die Sache prima brauchbar: 2 Partner bereiten sich getrennt auf einen Anruf schriftlich vor, bei dem sie eine Nachricht hinterlassen sollen. Partner 1 spielt nun den Anrufer, der auf Band spricht, Partner 2 „hört" nur ab und notiert. Anschließend wird gewechselt. Zum Schluss werden die beiden Ergebnisse mit den beiden Vorlagen verglichen. Beide Partner sollen ihre Leistungen auch „benoten". Jeder gibt sich selbst und seinem Partner eine Note. Bei ungleicher Einschätzung sollten Argumente schließlich eine Einigung herbeiführen.

17. Terminvormerkungen

Eine der Möglichkeiten von Terminvormerkungen wurde bereits bei Nr. 9, Kalender-führung, berücksichtigt. Doch diese Art der Termin-Evidenz wirkt nur, wenn man täglich in den Kalender schaut. Habe ich das heute Früh getan, heißt das noch lange nicht, dass ich nicht bis zum Nachmittag den Termin wieder vergessen habe.

Hier soll es also eher um die spezielle Art der Vormerkung eines einzelnen, unmittelbar bevorstehenden Termins gehen (= Erinnerungszettel), nicht um eine generelle Termin-Evidenz.

Ein Beispiel:

Donnerstag, 18. 4. , 14:30 Uhr
Ordination Dr. Primosch
Zeckenimpfung!

Mitbringen: Impfstoff (aus der Apotheke → 20,00 Euro mitnehmen)
                10,00 Euro für die Impfung

Aus ähnlichen Situationen heraus können analoge Vormerkzettel auch in der Schule als reale Textsorte erstellt werden.

Wichtig sind für den privaten Bereich zu Hause einige zusätzliche Fragestellungen: Wo hänge ich den Zettel am besten hin? – Hängt der Zettel an der Wohnungstür/Haustür, vergesse ich zwar nicht auf Impfstoff und Geld, aber ich übersehe vielleicht in meinem Zimmer die Uhrzeit. Lösung: Hinweiszettel an mehreren Stellen anbringen, wo ich mich immer wieder aufhalte. (Besprechen, welche Stellen das sein können!) Dabei muss dann nur einer davon so ausführlich sein wie das obige Beispiel, die anderen lauten nur „14:30 Uhr Zeckenimpfung".

Wenn erstaunte Kinderaugen mich fragen, warum s i e   denn das alles machen sollten, wo doch ohnehin die Mama alles organisiert, dann konfrontiere ich sie augenzwinkernd mit Gegenfragen: Wirst du von deiner Mama auch noch gefüttert? – Nein, heißt allseits die prompte Antwort. – Und warum nicht? – Das kann ich schon alleine. – Aha, und einen Notizzettel schreiben kannst du noch nicht alleine? – Naja, doch. – Aha, also doch! Und übrigens: Wer muss denn zum Arzt gehen, die Mama oder du? Wer wird geimpft, die Mama oder du? Es ist dein Termin, also sorge du dafür, dass du daran denkst. Wenn dich deine Mama dabei begleitet, umso besser. Aber dann erinnere du sie, denn du willst ja etwas von ihr, und nicht umgekehrt.

Langsam bricht der Widerstand, langsam sickert in die Kinderköpfe das Bewusstsein ein, dass man sich bei allem, was man schon selbst kann, nicht mehr bedienen lassen muss. Außerdem: Was immer nur jemand anderer macht, lernt man selbst nie.

Vielleicht riskieren auch Sie Sätze im Schulübungsheft wie:
- Selbständig wird nur der, der sich nicht dauernd bedienen lässt.
- Deine Eltern sind deine Eltern, nicht deine Diener.

Hier würden solche Sätze jedenfalls passen. Ähnliches widerfährt den Kindern später auch beim Thema „Entschuldigung".[65] Selbständig und mündig werden Heranwachsende nur, wenn man sie immer mehr in die Selbständigkeit entlässt.

Nun aber zurück zur gegenständlichen Textsorte: Nicht unerwähnt bleiben soll natürlich auch die Möglichkeit, die Erinnerungsfunktion des Mobiltelefons zu nutzen. Wer ein eigenes Mobiltelefon hat, kann sich an einen Termin erinnern lassen, indem er eine bestimmte Zeit einstellt. – Doch das ist jetzt nur noch lebenspraktisch, aber keine Textsorte mehr...

18. Wunschlisten

Diese Textsorte liegt Kindern ganz besonders. Da muss man ihnen auch gar nicht viel beibringen, und um die Weihnachtszeit herum ergibt sie sich fast von selbst. Mit etwas Glück kann man den Kindern vielleicht gerade noch einreden, dass das Christkind nur richtig geschriebene Wünsche berücksichtigt...

Was man tun kann, wäre, die Aufmerksamkeit auf eine Einteilung nach „bescheidenen Wünschen" und „großen Wünschen" zu richten. Wer nur einen einzigen riesig großen Wunsch hat, muss sich auf eine riesig große Enttäuschung einstellen. Wer mehrere bescheidenere Wünsche hat, bekommt vielleicht sogar mehrere erfüllt. Lässt man die Kinder ihre Wünsche selbst taxieren (**B** für bescheiden, **G** für groß), kann man vielleicht so manche Einschätzung ein Stück mehr in Richtung Realität holen.

Ein für die Kinder interessantes Spielchen ist eine wöchtenliche Einschätzung der Wichtigkeit der einzelnen Wünsche. Das kann dann so ablaufen:
Die Kinder nummerieren ihre Wünsche fortlaufend. Auf der Rückseite der Wunschliste schreiben sie nochmals alle vergebenen Nummern untereinander, schreiben aber nicht mehr dazu, welche Nummer welchen Wunsch bedeutet. Nun wird das Blatt wieder auf die Vorderseite gewendet.

Auf einem kleinen separaten Zettel wird jetzt geschrieben: I   II   III   x
Die römischen Zahlen stehen für die Rangplätze, wie wichtig ein Wunsch ist. Vergeben

---

[65] Siehe Textsorte Nr. 26, Seite 146.

werden nur die ersten drei Plätze und der letzte, denn das x steht für den Wunsch, auf den man am ehesten verzichten könnte.

Ist die Platzvergabe auf dem kleinen Zettel erfolgt, wird das Ergebnis auf die Rückseite der Wunschliste übertragen. Weil in den nächstfolgenden Tagen vielleicht neue Wünsche hinzugetreten sind, und die Liste somit länger geworden ist, wird die nächste Platzvergabe wahrscheinlich anders aussehen. So entsteht langsam ein Bild über die Wunschveränderung, aber auch darüber, welche der Wünsche stabil in den vorderen Rängen bleiben. Dieses Ergebnisbild ist im Übrigen wieder eine neue Textsorte, sie ist unter Nr. 27 eingereiht.

Die Rangliste kann nun mit der Kennzeichnung nach B für „bescheiden" oder G für „groß" kombiniert werden. Die Kinder erfahren von mir, dass es am günstigsten wäre, wenn 2 der drei wichtigsten Wünsche mit einem B gekennzeichnet wären und nur einer mit G. Wir überlegen gemeinsam, warum ich auf diese Idee komme, und spielen die Möglichkeiten durch. – Was kann jemandem passieren, der bei allen drei Hauptwünschen ein G stehen hat?

Textsorten sollen Kinder nicht nur mit lebenspraktischem Können ausstatten, sie sollen auch bewirken, dass Kinder bewusster leben und überlegter handeln.

19. Zeit-Kontolisten

Eine wichtige Lernaufgabe liegt darin, dass die Kinder den Umgang mit der Zeit in den Griff bekommen. Zu diesem Zweck eignet sich bestens die Zeit-Kontoliste, die man später im Berufsleben – je nach Branche – vielleicht wieder benötigen wird. Als persönliche Aufzeichnungsrubrik bleibt diese Art der Dokumentation an jedem Arbeitsplatz hilfreich. Dazu am Ende dieses Punktes mehr.

Zunächst aber der schulzeitbezogene Nützlichkeitswert solcher Listen: Den Kindern wird zur Aufgabe gestellt, in einer Wochentabelle die täglichen Arbeitszeiten für die Hausübungen einzutragen. Dabei wird die Zeit pro Aufgabe möglichst minutengenau verzeichnet und zusätzlich die Gesamtarbeitszeit ermittelt.[66]

---

[66] Voraussetzung dafür ist, dass die Kinder die Stunden-Minuten-Umrechnung bereits beherrschen: Getrennte Addition von Stunden und Minuten, das Zwischenergebnis in das Endergebnis umwandeln können.

Beispiel:

Wochenarbeitszeit – Kalenderwoche 10

Tag	Deutsch	Mathematik	Englisch	...	SUMME
Montag, 3. 3.	46 Min.	1 Std. 8 Min.	---		1 Std. 54 Min.
Dienstag, 4. 3.	22 Min.	---	1 Std. 13 Min.		1 Std. 35 Min.
Mittwoch, 5. 3.	1 Std. 37 Min.	54 Min.	1 Std. 26 Min.		3 Std. 57 Min.
Donnerstag, 6. 3.	---	49 Min.	55 Min.		1 Std. 44 Min.
Freitag, 7. 3.	1 Std. 3 Min.	1 Std. 11 Min.	33 Min.		2 Std. 47 Min.
Wochensumme					**11 Std. 57 Min.**

Von der 5. Schulstufe an können und sollen Tabellen dieser Art selbstverständlich auf dem Computer angelegt werden. Auf diese Weise Erfahrungen zu sammeln bezüglich Aufbau, Übersichtlichkeit und Gestaltung solcher Aufstellungen ist eine nochmalige Ausweitung lebenspraktischer Dimensionen.

Ob die Ergebnisse individuell besprochen oder vor der ganzen Klasse vergleichend thematisiert werden, ist Sache des Ermessens. In einem guten Klassenklima, das von gegenseitigem Verständnis und von Kameradschaftlichkeit geprägt ist, kann auch ein umittelbarer Vergleich niemanden in der Klasse unangenehm belasten.

Eine andere Variante wäre im Rahmen von Projekten empfehlenswert. Hier genügen als Angabe die Rubriken

Tag – Arbeitspunkt – Dauer der Arbeit (auf ½ Std. auf- oder abgerundet.)

Aus der Zusammenschau dieser Aufzeichnungen lassen sich vielerlei Ergebnisse ablesen: Das zeitliche Engagement jedes Einzelnen, der Zeitaufwand für die einzelnen Projekt-Teilbereiche, die Gesamt-Arbeitsstunden, die für das Projekt in der Schul- und in der Freizeit aufgewendet wurden. Und es kann sich doch sehen lassen, wenn irgendwo in der Projektpräsentation er Satz zu lesen ist: „Für dieses Projekt hat die 2.C- Klasse insgesamt 152 Arbeitsstunden investiert!"

Berufsbezogen ist die letztgenannte Art der Auflistung ebenfalls oft hilfreich. Man kann daraus selbst ermitteln, welche Arbeitsbereiche besonders zeitaufwendig sind.

Außerdem ergibt die Zusammenschau über längere Zeit eine zuverlässige Grundlage für eine **Arbeitsplatzbeschreibung**[67]. Wenn es Diskussionen über Arbeitsbelastung oder Überstundenleistung gibt, überzeugt nichts besser als eine lückenlose Dokumentation. Wer also mit Aufzeichnungsmethoden dieser Art bereits seit der Schulzeit bestens vertraut ist, hat enorme berufliche Startvorteile mitbekommen. – Und das ist ja schließlich unsere erklärte Absicht.

Daher kurz nochmals zurück zur Schule: 12- bis 15-Jährigen kann man eine „Dauer-Hausaufgabe" erteilen, nämlich einen Monat lang sämtliche schulbezogenen Arbeitszeiten in Form eines Zeit-Kontos zu protokollieren. Gepaart mit Mathematik und Informatik lässt sich das in Statistiken und Diagramme verwandeln – ein ganzes Projekt wird daraus. Wir erkennen, wie viele Stunden jeder wöchentlich für die Schule beschäftigt ist, weiters für welche Gegenstände in welchem Ausmaß. Steht ein Klassen-Gesamtergebnis fest, können z. B. Medien zu einer Pressekonferenz eingeladen werden, bei der die Ergebnisse päsentiert und interpretiert werden. Oder ein Schulforum bildet die Bühne für eine Besprechung der Problemlage: Wie kann die Zeitbelastung günstiger gestaltet oder aufgeteilt werden? Wo haben wir selbst noch Potenzial, zeitökonomischer zu werden usw.?

Der (berufs-)lebensbezogene Lerneffekt: Dokumentieren und Strukturieren von Tätigkeiten hilft mit, die eigene Situation besser einschätzen und artikulieren zu können. Wo dokumentarisch festgehaltene Argumente vorliegen, kann niemand mehr Umstände beschönigen. Mit dieser Textsorte wurde eine wichtige Kompetenz fürs Leben grundgelegt.

Das Zeitkonto ist auch das ideale Medium für die Erhebung des eigenen **Freizeitverhaltens**. Dies sollte am besten im Rahmen eines **Projekts** zum Thema „Möglichkeiten der Freizeitgestaltung" eingebaut werden, denn Kinder neigen sehr rasch zur Einseitigkeit und damit verbunden zur Gleichförmigkeit beim Verbringen der eigenen Freizeit. So bleiben die meisten Kinder bei den einmal gewählten Freizeit-

---

[67] Das wäre genau genommen schon eine eigene Textsorte. Man könnte sie modellhaft bereits in der Schule anbahnen, indem man eine Zusammenstellung einfachster Art wählt, etwa in der 7. Schulstufe:
Arbeitsplatzbeschreibung – Schüler der 3B-Klasse

26 Std./ Woche Anwesenheitszeiten im Unterricht, 4 Std./ Woche Aufgaben in Deutsch; 6 Std./ Woche Aufgaben in Englisch, 5 Std./ Woche Aufgaben in Mathematik; 7 Std./ Woche Lernzeiten für andere Gegenstände; 3 Std./ Woche diverse schulbezogene Erledigungen (Materialeinkauf, Recherchen, Vorbereitungen, Tasche packen etc.) – Gesamtarbeitszeit/ Woche (ohne Wegzeiten): 51 Stunden.

formen kleben (oft nur Fernsehen und Computerspielen) und entwickeln sich nicht mehr in Richtung Vielseitigkeit weiter.

Eine mögliche Vorgangsweise wäre, zunächst eine Liste aller Freizeitgestaltungs-möglichkeiten anzufertigen, die von Kindern der Klasse selbst praktiziert werden oder die sie zumindest kennen. Wertvolle Erfahrung sammeln sie dabei, wenn sie selbst in Gruppenarbeit die verschiedenen Möglichkeiten der Freizeitgestaltung im Rahmen eines Brainstormings ermitteln und auflisten. Will man von Beginn an eine bestimmte Struktur in die Listen bringen, kann man zunächst unterschiedliche Rubriken er-arbeiten: Sport – Musisch-kreative Tätigkeiten – Unterhaltung – Gemeinschafts-erlebnisse (z. B. Gesellschaftsspiele, Jugendgruppen...) – Kultur (z. B. Sehenswürdig-keiten, Ausstellungen, Theater) ...

Nach diesen Rubriken entstehen nun in Gruppenarbeit 5 oder mehr Teillisten, die dann zu einer großen Übersicht vereinigt werden. Damit haben die Kinder einer Klasse erstmals eine Vielfalt von Freizeitgestaltungsmöglichkeiten vor Augen, die ihren jeweiligen eigenen Horizont bei weitem übersteigen und daher möglicherweise anregend wirken.

Ein nächster Schritt könnte eine Erhebung sein, wer aus der Klasse welche Frei-zeitbeschäftigung ausübt. Daraus sollten sich Kurzreferate entwickeln, in denen Kinder Freizeitbetätigungen vorstellen, die außerhalb des allgemein üblichen Rahmens liegen (Judo, Segeln, Pfadfinder, Theatergruppe...). Initialzündung sollte dabei entweder der freie Wille eines Kindes sein, seine ungewöhnliche Freizeitbeschäftigung zu präsentie-ren, oder die Interessenslage der Klasse löst den Wunsch aus, eine oder mehrere wenig bekannte Möglichkeiten kennen zu lernen. Eine Kombination aus mündlichem Bericht und begleitendem Bildmaterial ist dabei meist die eindrucksvollste Art der Präsentation.

Im Rahmen eines solchen Projekts sollte jeder durch einige Wochen hindurch anhand einer Gesamtliste aller gefundenen Freizeitmöglichkeiten vermerken, wie viel Zeit er pro Tag bzw. in Summe pro Woche für welche Tätigkeiten investiert.

Ein Projekt dieser Art kann sehr anregend wirken, weil es in vielen Kindern den Wunsch wach werden lässt, Neues kennen zu lernen, sich bereits bestehenden Gemein-schaften anzuschließen, und langfristig das eigene Freizeitverhalten eventuell sogar zu ändern.

Informierende Texte

20. Ausrüstungslisten

Wann immer sich im Verlauf eines Schuljahres Gelegenheit ergibt, für ein schulisches Ereignis eine Ausrüstungsliste zusammenzustellen, bereite ich zwar – wie in der guten alten Zeit – eine solche Liste vor, aber nur, um eine Vorlage für mich in der Hand zu haben. Die endgültige Liste entsteht durch gemeinsame Erarbeitung mit der Klasse. Idealfall ist, dass wir zuerst an der linken Tafelhälfte die erforderlichen Stichwörter sammeln. Da ist noch Gelegenheit für Einfügungen, Streichungen oder Umreihungen .

Steht die Abfolge fest, wird in der rechten Tafelhälfte gemeinsam ein Text erarbeitet.

Beispiel:

Veranstaltung	**Schwimmnachmittage**
Wann?	Montag, 3. März, 14:30 Uhr Montag, 10. März, 14:30 Uhr Montag, 17. März, 14:30 Uhr
Wo? (genauer Treffpunkt)	Treffpunkt vor der Schule
Kosten (Geld mitbringen oder einzahlen?)	Kosten: 4 Euro pro Nachmittag für Fahrt und Eintritt; Geld jedes Mal mitbringen!
Mitzunehmen	Mitzunehmen: Badeanzug oder Badehose Badetuch und Bademantel (oder 2 Badetücher) Badeschlapfen evtl. Schwimmbrille und Ohrschutz Jause (am besten Obst und Fruchtsaft – kein Cola!) Haube (für den Heimweg)
Rückkehr: Wann? Wo?	Rückkehr: jeweils 17:30 Uhr vor der Schule
Sonstiges	Wer will, kann am Montag, 24. März die Schwimmprüfung ablegen! (Uhrzeit, Treffpunkt, Kosten und Mitzunehmen wie oben)

Mit der Erarbeitung dieser Textsorte wird zugleich auch alles an auftauchenden Fragen, Unklarheiten und – nicht zu vergessen – Ängsten geklärt. Auch das lückenlose Textverständnis wird sichergestellt: Was heißt evtl. ? Was heißt „jeweils?" ... So bleibt also nichts offen.

Die Quote der Unliebsamkeiten sinkt bei gemeinsamer Erarbeitung rapide ab. Weil alle Kinder ihre Liste selbst geschrieben und die des Nachbarn nachher noch kontrolliert haben, gibt es kaum ein Vergessen von Einzelheiten.

21. Bastelanleitungen

Bei dieser Textsorte wäre es besonders wichtig, dass die Bastelarbeit zuvor schon selbst gemacht wurde. Weiters wäre es gut, schon vor dem Aufschreiben der Anleitung einen konkreten Adressaten vor Augen zu haben, dem man diese Anleitung dann zukommen lassen will. Denn die Art der Formulierung hängt davon ab, für wen ich das alles aufschreibe. Meist benötigen Bastelanleitungen verdeutlichende Skizzen – eine Kunst, die gesondert gelernt werden sollte.

Als Adressaten für diese Textsorte bieten sich mehrere Möglichkeiten an:
1. Die Bastelanleitung ist für mein eigenes, persönliches Bastelheft bestimmt. An die Bastelarbeit, die ich heute gemacht habe, erinnere ich mich in einem Jahr selbst nicht mehr so genau, daher notiere ich sie für mich. „Bastelideen für später" ist hier das Grundmotiv.
2. Die Anleitung wird an eine Brieffreundin oder einen Brieffreund geschickt mit der Aufforderung: „Schick du mir auch eine Anleitung!" – Danach berichten wir uns gegenseitig, wie es uns beim Basteln ergangen ist.
3. Sie wird für Kinder der nächstniederigen Schulstufe vorbereitet. Jeder Verfasser einer Anleitung wird zum (möglichst stummen) Helfer in der anderen Klasse. Macht ein Kind etwas falsch, verweist der Helfer zunächst nur stumm auf die entsprechende Textstelle. Erst wenn das auch nicht funktioniert, bricht der Helfer sein Schweigen. Die Sache ist sehr aufschlussreich für den Schreiber, weil er damit die Schwachstellen seines Textes erkennen lernt. Die gemeinsame Aufarbeitung der Erfahrungen fällt meist sehr lebhaft aus...

Als einfache Themen bieten sich z. B. Papiersterne (Faltarbeit+Ausschneidearbeit) und Strohsterne an, aber auch Kartoffelmännchen u. A.

22. Berichte

Hier soll es nur um einfache Formen des Berichts gehen. Spezielle Formen werden an anderen Stellen eigens abgehandelt (Unfallbericht, Nr. 45; Zeugenaussage, Nr. 50).

Bauform des Berichts: Ganze Sätze, im Präteritum geschrieben (z. B. ... besuchten ... führte uns ... zeigte ...). Allerdings wird in der Zusammenfassung oft das Perfekt erforderlich (z. B. ...hat uns beeindruckt/gefallen... u. Ä.).

Ideale Voraussetzungen für die Gestaltung der Textsorte Bericht sind konkrete Ereignisse im Rahmen des Schullebens. Wenn ein sportlicher Schulwettkampf stattgefunden hat, lässt sich darüber ein Bericht gestalten, der dann vielleicht auch im Jahresbericht der Schule Platz findet. Der Bericht lässt sich aber auch in einem Plakat einbauen, das als Erinnerung an die Veranstaltung angefertigt werden könnte: Überschrift in großen Lettern (z. B. „Unser Wettkampf Bergschule gegen Talschule") – Fotos mit Bildlegenden – Bericht – Abschluss: Gratulation in großen Lettern (z.B. „Wir gratulieren unseren Torschützen: ....")

Für den **Sportveranstaltungsbericht** sollte ein Aufbauschema vorgegeben werden, z. B.
- Wer? – Was? – Wann? – Wo?
- Entwicklung in der 1. Halbzeit (Entscheidendes detailliert berichten)
- Entwicklung in der 2. Halbzeit (Entscheidendes detailliert berichten)
- Endergebnis
- Schlussteil (Gruppenstimmung, Vorsätze für die Zukunft...)

Auch Lehrausgänge sind ein ergiebiges Feld für Berichte. Besteht im Rahmen der Jahresarbeit ein fixer Turnusplan von Lehrausgängen (ideal wären 8-10 pro Schuljahr), bei dem verschiedene Produktionsstätten und/oder Arbeitplätze besucht werden, könnte eine kleine berufs- und branchenkundliche Sammlung entstehen, die für die Heranwachsenden schlaglichtartige Einblicke in die Arbeitswelt dokumentiert.

Aufbauschema für **Berichte über Lehrausgänge**:
- Nennung des besichtigten Betriebs / der besichtigten Arbeitsstelle
- Wann und in welcher Dauer?
- Wer hat geführt?

- Markante Stationen der Besichtigung und persönliche Eindrücke darüber.
- Einige gestellte Fragen mit den dazugehörenden Antworten
- Zusammenfassung und persönliche Stellungnahme

Während des Lehrausgangs sollten Stichwortnotizen (Nr. 14) und Notizen zum Zeitablauf gemacht werden. Wenn Fotos geschossen werden, wird der Bericht noch informativer.

Eine zusätzliche Auswertung wie beim ersten Beispiel ist auch hier möglich: Artikel für den Jahresbericht, Plakat...

23. Chats

Die Textsorte selbst wird kaum in den Unterricht eingebaut werden können, sehr wohl aber sollten die Rahmenbedingungen in der Schule der 10- bis 14-Jährigen thematisiert werden. In den Chatrooms gelten eigene Spielregeln des Schreibens. So ist dort – anders als in der Schule und im Beruf(!) – Rechtschreibung kein Thema, im Gegenteil: Wer richtig schreibt, gerät in den Verdacht, ein Spion zu sein. In Chatrooms wollen Insider unter sich bleiben. Das sollte auch von der Schule so akzeptiert werden. Allerdings gehört dazu noch ein weiteres Stück des Wissens: Wer beim Bildschirm sitzt, sollte sich stets bewusst machen, auf welcher Ebene er nun kommuniziert, denn die „privaten" Regeln stimmen vielfach nicht mit den „geschäftlichen" überein – ein Thema, das vor allem bei E-Mails (Nr. 25) sehr bedeutsam wird.

Was sich zum Thema „Chatten" jedoch empfiehlt, wäre eine Erhebung, zu welchen Themen gechattet und gebloggt wird. Bewusstmachen, was wir aus dieser Kommunikationsform beziehen und was das für uns bewirkt:
- Mehr Informationen zu Themen, die uns interessieren?
- Andere Standpunkte kennen lernen?
- In der eigenen Meinung bestärkt werden?
- Von gegensätzlichen Meinungen überzeugt werden?
- Anderes?

Man könnte eine Sammlung in der Klasse anlegen: Welche Foren zu welchen Themen oder Interessensgebieten werden von den Schülern der Klasse gerne aufgesucht?

Aus diesen Ebenen sollten Referate und Diskussionen gespeist werden, denn das sind Plattformen, die unmittelbar am Lebensnerv der Jugend liegen.

24. Einladungen

Als Erstes wird zu unterscheiden sein, dass es, abhängig vom Kreis der Eingeladenen, entsprechend verschiedene Formen von Einladungen gibt. Auch die Art der Gestaltung hängt vom Kreis der Eingeladenen ab. Über all diese Sachverhalte verschaffen wir uns eingangs einmal Klarheit. Das Ergebnis könnte in Form einer Tabelle angelegt und ins „Textsortenheft" übertragen werden.

Personenkreis	Anlass	Form
Einzelperson, Familie	Besuch	Brief
Freunde, Verwandte	Party	Billet, Einladungskarte, „Flugblatt" (A4 oder A5)
Öffentlichkeit	Schülertheater, Schülerkonzert, Tanzvorführung...	Plakat, Flugblatt

Nun werden – am besten wieder im Textsortenheft – die **Merkmale** einer Einladung erarbeitet (evtl. mit Blickrichtung auf die Kontrast-Textsorte der persönlichen Notiz, weil dort die Form keine Rolle spielt):

- auffällig und aufwendig
- sorgfältig (keine Fehler, weder in der Rechtschreibung noch in der Ausführung)
- übersichtlich
- ansprechend (Angenehmes wirkt einladend, Unangenehmes/Aufdringliches stößt ab!)
- alle wichtigen Angaben auf einen Blick

Wichtige Angaben auf einer Einladung am Beispiel einer „Clownparty":

Anlass   →   Clownparty
Ort   →   genaue Adresse; eventuell Anfahrtsplan[68] beilegen

---

[68] Diese Fertigkeit ist eine Textsorte für sich, siehe „Wegbeschreibung", Textsorte Nr. 49.

Zeit	→	Tag und Uhrzeit des Beginns; Ende mit Cirka-Wert angeben oder als „open end" ausschreiben
Mitzubringen	→	„Deine Partyspende: Bitte bring einige Getränke mit!"
Sonstiges	→	„Achtung! Nur Clowns haben Zutritt zum Partygelände!" oder: „Bitte melde dich bei mir, ob du kommen wirst! (Tel. ......)" [69]
Schlussteil	→	„Auf dein Kommen freut sich
		Leo Lustig"

Einladungen sollten in verschiedenen Formen erprobt werden, aber stets als reale Textsorte, nie als reiner „Testfall". Die Einzelheiten zur Ausführung als Plakat sind unter der Nr. 66 beschrieben, als Flugblatt unter Nr. 30.

Bei Einladungen zu Schulveranstaltungen kann in der Klasse ein Prämierung der besten Versionen vorgenommen werden. Es wird sich zeigen, dass überzogene Auffälligkeit schnell zu unangenehmer Wirkung führen kann, bescheiden-angenehme Gestaltung hingegen kann zu nicht gewünschter Unauffälligkeit führen. Die Kunst liegt in einem ausgewogenen Mittelweg.

Wer will, kann seine ursprüngliche Einladungsversion nach dem Modell der Bestplatzierten neu gestalten (und sie damit vielleicht sogar noch übertreffen – Motivation ist alles!).

25. E-Mails

Weil E-Mails ursprünglich aus dem Bereich der freien, privaten Korrespondenz kommen, wird die dort gegebene Regellosigkeit meist als allgemeingültig angesehen.

---

[69] In höheren Schulstufen sollte eine weit verbreitete Unsitte angesprochen werden: Wer kennt die Abkürzung „U. A. w. g."? Sie steht auf manchen Einladungen. Aber wer die Abkürzung nicht kennt, ist nicht eingeladen, sondern ausgeladen, denn sie heißt „Um Antwort wird gebeten". – Nur wer „antwortet", also sich anmeldet, wird in der Gästeliste geführt und erhält bei der Veranstaltung auch Zutritt. Wer dann versucht, nur mit Hilfe der Einladung teilnehmen zu können, wird abgewiesen: „Tut uns leid, Sie sind nicht auf unserer Liste." – Auch die Thematisierung dieser Usancen ist ein wichtiger Beitrag zur Allgemeinbildung, allerdings sicher erst ab einem Lebensalter von 14 Jahren aufwärts... – Was aber Allgemeingut – auch schon bei Lernenden werden sollte: Man verwende keine Abkürzungen, die nicht von jedermann eindeutig verstanden werden: So ist nämlich für den einen KW eine Abkürzung für Kilowatt, für den anderen ein Kürzel für Kalenderwoche, wieder andere verstehen darunter Kraftwagen. Nicht allgemein bekannte oder mehrdeutige Abkürzungen sind out! Abkürzungen, die die Kommunikation erleichtern sind in Ordnung. Abkürzungen, die „Nichtwissende" ausgrenzen, sind es nicht.

Ganz wichtige Aufgabe der Schule muss es daher sein, hier ein fundiertes lebens-praktisches Grundwissen zu vermitteln, das die Sicht der Realität wieder zurechtrückt und zugleich Berufstauglichkeit vermittelt.

Zunächst zur grundsätzlichen Klärung: Wer vor dem Bildschirm und der Tastatur sitzt, unterscheide bewusst, ob er nun eine private oder eine geschäftliche Nachricht verfasst. Im privaten Bereich ist alles erlaubt, was der Empfänger akzeptiert. Mails im beruf-lichen Bereich hingegen sind nichts anderes als offizielle „Geschäftsbriefe". Auf der Mailplattform ändert sich nicht die Sache, sondern nur der Beförderungsweg. Inhaltlich wie formal bleibt also das Grundmuster „Geschäftsbrief" (Nr. 52 und 53)[70] auch in Mails aufrecht. Daher sollte eine Klasse bereits vorher mit diesem Grund-muster bestens vertraut gemacht worden sein.

Unterschiede im Vergleich zum Geschäftsbrief gibt es nur im Kopfbereich, weil dessen Gestaltung vom System vorgegeben wird, und im Grußblock, weil das Einfügen einer echten Unterschrift in der sog. HTML-Plattform (= Mail-Übertragungssystem) technisch nicht vorgesehen ist.[71]

Noch etwas vorweg: Die einzig richtige Schreibweise dieser Textsorte lautet E-Mail. Alle anderen Schreibvarianten (e-mail, Email, eMail) sind nach den derzeit gültigen Orthographieregeln falsch. Das lernt jeder ganz schnell zu behalten, wenn man sich einprägt: E-Mail schreibt man genauso wie E-Herd oder E-Lok. – Der Kurzmerkspruch dazu: E-Mail wie E-Herd!

Schwieriger wird es schon bei der Frage nach dem richtigen Artikel. – Heißt es „die" oder „das"? Die Antwort: Beides ist richtig, aber in verschiedenen Regionen des deutschen Sprachraums sind unterschiedliche Gewohnheiten entstanden. In Deutschland sagt man fast ausschließlich „die E-Mail", in Österreich fast überall „das E-Mail".[72]

---

[70] Siehe Seite 190 ff..

[71] Mails sind daher – im Gegensatz zum Fax – noch nicht als rechtlich anerkannte Schriftstücke zu werten. Die Entwicklung geht jedoch in Richtung „elektronischer Signatur". Wo dieses System bereits angewendet wird, ist auch im juristischen Sinn die Rechtssicherheit gegeben, dass ein Schriftstück authentisch ist.

[72] Allerdings ist zu registrieren, dass auch in Österreich „**die** E-Mail" bereits im Vormarsch ist.

a. Wahl der E-Mail-Adresse

Wer sich eine eigene E-Mail-Adresse zulegt, ist meist vom Grundgedanken geleitet, damit endlich eine praktische und schnelle Basis für seine private Korrespondenz zu errichten. Eine 17-jährige „Sylvie" kommt in ihrem Freundeskreis als „Sylvie" zugegebenermaßen gut an. Aber wie kommt „Sylvie" an, wenn sie unter dieser Mailadresse eine Bestellung tätigt oder gar den Steuer-Jahresausgleich in die Wege leitet? – Hier kommt Sylvie nicht mehr gut an.

Daraus leitet sich ein erster Merksatz ab: Mailadressen müssen nicht nur fürs Privatleben, sondern auch für offizielle Anlässe taugen. Also verbieten sich Spitznamen oder Vornamen!

Fettnäpfchen 1 wäre damit aus dem Weg geschafft. Nun zu Fettnäpfchen 2: Wird unsere Sylvie nun „businesslike", dann wählt sie vielleicht als individuelle Kennung „s.berger" vor dem @-Zeichen [73]. Auch diese Schreibweise macht Probleme – nämlich für den Empfänger einer Nachricht von „s.berger". Die Antwort ist für jemanden, der „s.berger" nicht persönlich kennt, äußerst schwierig, vor allem dann, wenn auch als Unterzeichner nur „S. Berger" auftaucht. Wollte man das Problem korrekt lösen, müsste man eine Antwort auf so einen Brief etwa so beginnen:

„Sehr geehrte/r Frau/Herr Berger..." – Das Ergebnis ist unlesbar. – Wenn Sie es nicht glauben, machen Sie bitte eine Vorleseprobe von dieser Anrede! [74]

Dass diese Form der Anrede nicht nur unlesbar, sondern zugleich auch noch peinlich ist, sollte als Argument genügen, eine eindeutige E-Mail-Adresse zu wählen. In unserem Fall würde „sylvia.berger" das Problem der korrekten Anrede ebenso lösen, wie die Frage der Adressierung bei einem traditionellen Poststück, wo ja Vorname und Familienname als Namensangabe stehen sollten.

---

[73] Übrigens: Dieses Zeichen wird manchmal noch als „Klammeraffe" bezeichnet. Der heute allgemein übliche Ausdruck lautet *(engl.)* „at", was sinngemäß „unter der Adresse von" oder „per Adresse" bedeutet. Auch diese Sprechweise «ät» für das „At-Zeichen" sollte im Unterricht vermittelt werden.

[74] Wer noch immer nicht überzeugt ist, dass die Gender-Schreibweise pure Sprach- und Leseverstümmelung ist, der/die lese bitte hier weiter: Wie jede/r weiß, ist die/der Absender/in in ihrer/seiner korrekten Namensform anzugeben. Wer das nicht beachtet, die/der wird auch bei/m der/dem Empänger/in Unklarheit hinterlassen. – Alles klar? – Nichts für ungut, aber alle Gender-Vorschriften bringen auf Schritt und Tritt nur sprachlichen Wahnsinn hervor!

Zusammenfassung:
Personalisierte E-Mail-Adressen sollten aus vollem Vornamen plus Zunamen bestehen.

b. E-Mail-„Netiquette"

Es wurde schon ein erstes Mal klar: Auch bei E-Mails gibt es einen Anstandskodex. Kids von heute verstehen das besser, wenn man von „Don'ts" und „To-do's" spricht.

Weil jede offizielle Korrespondenz auch auf der Mailplattform als Geschäftsbrief anzusehen ist, lautet die Grundregel: **Alle Anstandsregeln des Geschäftsbriefs gelten auch im Bereich der E-Mails.**

Es gibt also **kein Duzen** der angeschriebenen Personen und **keine** saloppe **Kleinschreibung**.

Es ist ebenso ungehörig, sich mit **Abkürzungen** das E-Mail-Leben bequem zu machen, aber dadurch den Empfänger zu beleidigen. Die Anrede „Sg. Fr. Stuck" ist keine freundliche Anrede, sondern eine Beleidigung. Im Klartext heißt das etwa: Frau Stuck, Sie sind mir nicht einmal mehr die Zeit wert, die das Schreiben der Anrede „Sehr geehrte Frau Stuck" verschlingt. Entweder Sie nehmen mit meinen Kürzeln vorlieb, oder Sie können mich gleich vergessen…

Nun können Sie parallel dazu Ihre Schüler übersetzen lassen, was die Botschaft „MfG" als Grußformel besagt. Sie ist in gleicher Weise eine Missachtung der „gegrüßten" Person und darf daher in dieser Form nie vorkommen.

Daraus folgt: Abkürzungen aller Art, bis hin zu **Emoticons** wie Smilys u. Ä. sind im Privatbereich o.k., aber im offiziellen Gebrauch der E-Mail-Plattform nicht angebracht. Also kein „fyi" (for your information), sondern „Zu Ihrer Information", kein „asap" (as soon as possible), sondern „Bitte möglichst rasch erledigen!"

Die **Umlaute** und das **scharfe ß** (in Deutschland „Eszett" genannt) sind in Mails ein Problem. In Schriftstücken an unbekannte Empfänger oder an Empfänger in anderen Ländern sollte auf beides verzichtet werden, d. h. Umlaute aufloesen als ae, oe und ue, das scharfe ß als ss schreiben. Die Umlaute werden über kurz oder lang in den standardisierten „Europäischen Zeichensatz" aufgenommen sein, weil auch viele andere europäische Sprachen Umlaute haben (Finnisch, Ungarisch, Spanisch, Türkisch…). Das scharfe ß hingegen als reine deutschsprachige Marotte ist natürlich nicht dabei. Daran erkennt man, dass die Rechtschreibreform eine große Chance verpasst hat: Die Abschaffung dieses Relikts aus Frakturschriftzeiten wäre besser gewesen als seine künstliche Wiederbelebung.

Aus dem Faktum, dass für die Mailplattform Buchstabenumwandlungen notwendig sind, sollten sich gezielte **Übungsfolgen** ergeben: 1. Wörter umwandeln (Größe → Groesse; ebenso: Füße, Künstler, schließen, Stöcke...); 2. Wortgruppen mit Buchstabenauflösungen schreiben: Freundliche Grüße → Freundliche Gruesse usw.; 3. kurze Texte mit Buchstabenauflösungen schreiben...

Hervorhebungen sind in der HTML-Plattform ein Problem. Andererseits bietet HTML die größtmögliche Übertragungssicherheit, vor allem wenn man den sehr spartanischen Modus „Nur Text" wählt. In diesem Modus steht nicht einmal Fettschreibung zur Verfügung. Wer also nicht aus dem Textverarbeitungsprogramm heraus (z. B. „Word") E-Mails erstellen will, muss in Kauf nehmen, bei Hervorhebungen stark eingeschränkt zu werden. Die Möglichkeiten beschränken sich dann im Wesentlichen auf *Markierung* durch Sterne oder durch

Freistellung,

d. h. den hervorzuhebenden Teil in eine eigene Zeile zu stellen, und den Hervorhebungseffekt durch vorher und nachher gesetzte Leerzeilen zu verstärken.

Zeilenschaltungen sollte man im fortlaufenden Text dem System selbst überlassen, weil die Bildschirmdarstellung beim Empfänger mit ganz anderen Zeilenlängen erfolgen kann als beim Absender. – Bei manuell gesetzten Zeilenschaltungen macht das Empfängersystem seine eigene Einteilung und übernimmt zusätzlich die vorgegebenen Zeilenschaltungen. Die Folge: Der Text wird zerrissen!

„**Verschönerungen**" wie farbige Schrift oder Hintergrundgestaltung sollten ebenfalls in Business-Nachrichten unterbleiben. Sachlich bleiben heißt, etwas schwarz auf weiß schreiben.

Die **Unterschrift** im Grußblock wird in E-Mails durch die Namensnennung ersetzt. Dabei muss der Vorname und der Zuname ausgeschrieben werden. Alles Wissen zum Thema „Unterschrift" (Textsorte Nr. 93) muss zu diesem Zeitpunkt bereits Selbstverständlichkeit sein. Wo der Familienname formgleich mit einem Vornamen ist, sollte der Familienname in Blockbuchstaben ausgeführt werden, damit keine peinlichen Anreden mit dem Vornamen daraus werden.

Peter FRITZ   → „Herr Fritz"
Fritz PETER   → „Herr Peter"
Heike ERNST → „Frau Ernst"

Man sollte Lernende auf eine weitere, ihnen noch fremde Welt aufmerksam machen, bei der sie aber ebenfalls leicht in ein „Fettnäpfchen" tappen könnten: Menschen, die in ihrer Unterschrift den akademischen **Titel** anführen (z. B. Mag. Petra Müller), legen wahrscheinlich großen Wert darauf, das er immer angeführt wird. Daher sollte der Titel bei solchen Menschen in der Anrede nicht fehlen: „Sehr geehrte Frau Mag. Müller,"... Wer ohne Titel in der Unterschrift seinen Namen angibt, kann in der Anrede ebenso ohne Titel angeschrieben werden: „Sehr geehrte Frau Müller,"...

Umfangreiche Attachments haben im Geschäftsbereich ebenso nichts verloren. Einen kompletten farbigen Katalog einzuscannen und als Attachment mitzuschicken, ergibt gigantische Datenmengen und damit entsprechend lange Übertragungs- und Wartezeiten = verlorene Arbeitszeit! Wenn es dennoch unvermeidlich ist, vorher eine günstige Übertragungszeit vereinbaren. Private Bildersammlungen vom Arbeitsplatz aus zu verschicken und damit den Firmenserver längere Zeit zu blockieren, ist absolut unangebracht! Daher Lerntext für die Schüler als Merksatz im „Textsortenheft":

Keine privaten Bildersammlungen vom Firmen-PC aus versenden!

c. Signatur

Jede Mailnachricht, die nicht von privat an privat geht, ist mit einer sog. Signatur zu versehen. **Signatur** heißt normalerweise Unterschrift (vgl. „handsigniert" bei Kunstwerken), hier bei den E-Mails versteht man darunter den **Absenderblock**. Er wird wie beim Geschäftsbrief komplett angeführt, nur der Standort im Text ist geändert: Die Signatur folgt unterhalb des Grußblocks.

Beispiel:

Hans Müller, Schüler
Sterngasse 17, 1080 Wien, Österreich/Austria
Tel.: +43 1 210 22 76
Fax: +43 1 210 22 77
Mobil: +43 676 50 11 208
E-Mail: hans.mueller@webpoint.at

Die „Signatur" kann sehr einfach als vorgefertigter Textteil eingerichtet werden. Im System Microsoft Outlook-Express z. B. kann man über die Menüleiste die Option aktivieren, dass jeder Nachricht automatisch die vorgefertigte „Signatur" hinzugefügt wird. Wer es am Arbeitsplatz gerne besonders ökonomisch hat, nimmt zur automatischen Signatur gleich auch den Grußblock vorneweg dazu, das erspart „Viel-Mailern" viel Arbeit.

Erstellen und Ändern der „Signatur", z. B. in Outlook-Express:

Menü Extras → Optionen → Registerkarte Signaturen : Im Feld „Bearbeiten" Signatur eingeben oder ändern; Option „Allen ausgehenden Nachrichten Signatur hinzufügen" anklicken; abschließend auf „Übernehmen" und „OK" klicken.

Von nun an wird im eigenen Mailsystem bei jeder neuen Nachricht oder jeder Antwort automatisch die Signatur am Ende dazugestellt.

Was also Schüler lernen müssen: E-Mails gibt es im privaten Bereich und im offiziellen. Was im privaten Bereich passt oder nicht, ist privat zu regeln, also zwischen den privaten Korrespondenzpartnern. Der offizielle Korrespondenzbereich jedoch ist allgemein geregelt. Die wichtigsten Punkte dazu enthält die Geschäftskorrespondenznorm. [75]

Auf der gegenüberliegenden Seite finden Sie als Zusammenfassung dessen, was sich gehört und was nicht, eine Liste. Sie sollte zum Allgemeingut der Lernenden werden und daher auch als Prüfungsstoff dienen.

Man kann aus dieser Zusammenstellung entnehmen, dass E-Mails ein so weites Lernfeld darstellen, dass ganze Leistungstests damit bestritten werden können.

Es lohnt sich daher, das gesammelte Wissen im „Textsortenheft" zu dokumentieren. Die Sammlung könnte von den Lernenden selbst in Form von Quizfragen (Textsorte Nr. 105) aufbereitet werden.

Diese Liste ist als Downloadvorlage 2 im Internet verfügbar. [76]

---

[75] In Österreich ist dies die ÖNORM A 1080, in Deutschland die DIN 5008.

[76] Nähere Angaben siehe Seite 16.

Merkblatt: Was bei E-Mails zu beachten ist

„Business"-Mails sind nicht zu verwechseln mit privaten E-Mails!

Betreffzeile kurz und informativ

Text kurz, knapp und klar formulieren

Gleiche Spielregeln für „du" und „Sie" wie im Brief

Die Groß- und Kleinschreibung wie im Brief einhalten

Bei unbekanntem Empfänger auf Umlaute und „ß" verzichten

Abkürzungen vermeiden

Smileys u. a. in Business-E-Mails vermeiden

Hervorhebungen besonders sparsam einsetzen

Keine händischen Zeilenschaltungen, nur Absatzschaltungen

Text nicht in Farbe verschicken (gelb und hellgrün sind fast unleserlich)

Keine Hintergrundbilder oder Logos direkt in den E-Mail-Text stellen

Umfangreiche Attachments (Bilder, Logos) nur nach Absprache schicken

Absenderangabe in einer „Signatur" fix einrichten

Achtung bei unbekannten Attachments, die z. B. auf .exe enden → Virus?

Jede einlangende Mail innerhalb von 24 Stunden beantworten!

26. Entschuldigung

Die Entschuldigung sollte als immer wieder vorkommende Textsorte des Schulbereichs formal und inhaltlich gemeinsam erarbeitet werden. Am Beginn könnte eine Auflistung aller Punkte zusammengestellt werden, die eine Enschuldigung enthalten muss:

1. Überschrift
2. Name
3. Klasse
4. Abwesenheitstag(e)
5. Zahl der versäumten Stunden
6. Grund der Abwesenheit
7. Bitte um Entschuldigung
8. Datum
9. Unterschrift

Diese Punkteliste sollte ins „Textsortenheft" übertragen werden, damit jeder den „9-Punkte-Plan" für Entschuldigungen jederzeit als Lernstoff nachschlagebereit hat.

Als nächster Schritt könnte eine fertige Entschuldigung als Muster vorgegeben werden, z. B.:

Entschuldigung

Claudia Berger, Schülerin der 3. C, konnte vom 12. bis zum

15. November 2008 nicht am Unterricht teilnehmen.

    Grund: schwere Erkältung und Fieber

    Zahl der versäumten Unterrichtsstunden: 21

Bitte das Fernbleiben zu entschuldigen.

16. 11. 2008   < Unterschrift des Erziehungsberechtigten >

Aufgabenstellung 1 lautet nun: Ordne die Nummern von 1 bis 9 den einzelnen Teilen der Entschuldigung zu.

Auch das Muster mit der Nummernzuordnung sollte im „Textsortenheft" einen Platz finden.

In einem Zwischenschritt überlegen wir, welches Papierformat für diese Textsorte am besten geeignet ist. Als optimal stellt sich das Format „A5 – quer" [77] heraus, sowohl bei der handgeschriebenen als auch bei der am PC angelegten Variante.

Aufgabenstellung 2: Fertige diese Entschuldigung selbst an, ersetze aber alle persönlichen Angaben durch deine eigenen Daten.

Das vorhergehende Modell ist eine Entschuldigung im Krankheitsfall. Für Enschuldigungen wegen Abwesenheit aus anderen Gründen kann eine leicht modifizierte Variante erarbeitet werden, z. B.

Entschuldigung

Claudia Berger, Schülerin der 3. C, konnte am
12. November 2008 aus familiären Gründen nicht
am Unterricht teilnehmen.

      Zahl der versäumten Unterrichtsstunden: 5

Bitte das Fernbleiben zu entschuldigen.

13. 11. 2008   < Unterschrift des Erziehungsberechtigten >

---

[77] Zum Grundwissen über Papierformate siehe Seite 249 ff.

Mit Ausnahme der Unterschrift des Erziehungsberechtigten sollte von nun an jede für die Schule erforderliche Entschuldigung von den Schülern selbst ausgefertigt werden, evtl. auch mit Hilfe einer selbst angelegten Vorlage am PC. Mit dem Erlernen dieser Textsorte gehört das Mitbringen einer tadellosen Entschuldigung nach Abwesenheit zum Pflichtenrahmen des Schülers. Schon in einer 4. Schulstufe gilt also die beliebte Ausrede „Meine Mama hat mir keine mitgegeben" nicht mehr. Denn die einzig richtige Antwort darauf lautet: „Nein, d u hast deine Aufgabe nicht gemacht. Du warst krank, nicht deine Mama. Du hast die Entschuldigung nicht geschrieben, das ist deine Arbeit, nicht die deiner Mama."

Eine Entschuldigung ganz anderer Art sollen die Schüler ca. von der 6. Schulstufe an ebenfalls kennen lernen – eine Entschuldigung, mit deren Hilfe es möglich wird, etwas wieder ins Lot zu bringen, was schief gelaufen ist. Ein Beispiel: Claudia überreicht stumm ihrer Deutschlehrerin einen kurzen Brief und entfernt sich gleich wieder. Dieses Detail ist entscheidend, wie sich gleich zeigen wird.

> Sehr geehrte Frau Fachlehrer Lechle,
>
> auf Ihre Frage gestern nach der Deutschstunde habe ich Ihnen eine sehr freche Antwort gegeben und bin einfach davongerannt. Das war nicht richtig von mir. Bitte entschuldigen Sie meine dumme Reaktion. Ich war einfach nicht gut drauf – aber verärgern wollte ich Sie bestimmt nicht.
>
> Können wir die Sache in einem Gespräch in Ordnung bringen? –Bitte!
>
> 12. November 2008   Claudia Berger

Diese Entschuldigung ist als Downloadvorlage 3 im Internet verfügbar.[78]

---

[78] Näheres dazu siehe Seite 16.

Bei dieser Art der Entschuldigung handelt es sich um die gezielte Anwendung eines Mittels aus der Kommunikationslehre. Ein Forschungsgebiet, das wir Lehrer in der Regel nur vom Hörensagen kennen – leider. Denn die eigentlichen Hauptziele des Deutschunterrichts sollten in der Vermittlung fundierten Grundlagenwissens über die Bedingungen reibungsloser Kommunikation liegen und von gezieltem Kommunikationstraining begleitet sein. Diese Perspektive wird im Detail Gegenstand des Bandes 4 dieser Didaktik-Reihe sein.

Das hier angewandte Mittel aus der Kommunikationslehre ist die Technik des Ebenenwechsels: Ein kommunikativer Fehler auf der verbalen Ebene kann nur schwer auf derselben Ebene wieder gutgemacht werden. Ein Wechsel auf die Ebene des Schriftlichen erleichtert dies hingegen sehr. Man kann das Kindern ab 12 Jahren leicht plausibel machen: Der kommunikative Wirkungskreis im Mündlichen ist durch die von Claudia geschaffene Situation gestört. Würde sie zu Frau Lechle gehen und den Fall z. B. mit den Worten „Frau Fachlehrer, können wir über das von gestern noch einmal reden?" zur Sprache bringen, wäre die Spontanreaktion normalerweise Ablehnung. Das ist ganz natürlich, denn die schlechte Erfahrung auf der mündlichen Ebene macht Frau Lechle wenig Lust, sich noch einmal auf eine ähnliche Situation einzulassen. Deshalb neigt jeder Mensch in solchen Situationen dazu, spontan ablehnend zu reagieren, womit eine Lösung des Problems nur schwer möglich ist.

Beim schriftlichen Problemlösungsversuch ist zwar im ersten Augenblick die gleiche Reaktion da, die beim mündlichen das Hindernis wurde, aber ein entscheidender Faktor läuft anders: Beim mündlichen Kontakt wird Claudia unterbrochen und kann somit gar nicht ihren Entschuldigungsversuch fertig vorbringen. Dadurch schlägt der gut gemeinte Versuch nicht nur fehl, sondern der beiderseitige Ärger wird sogar noch gesteigert, weil die eine Seite denkt „Jetzt kommt die schon wieder und ärgert mich" und die andere Seite denkt „Sie ist so unfair, sie hört mir nicht einmal zu." Hier kommt zur Steigerung des Ärgers noch das Gefühl der Kränkung dazu. Kommt die Entschuldigung hingegen schriftlich, wird die Botschaft trotz wieder aufflammenden Ärgers zu Ende gelesen. Eine Spontanreaktion entfällt, weil die Kommunikationspartnerin nicht mehr direkt gegenüber steht. In so einem Fall reagiert unser Kopf anders: Man denkt nochmals über das Gelesene nach, liest vielleicht sogar ein zweites Mal – und plötzlich wird die Gedankenwelt milde, weil klar wird, dass Claudia wirklich reuig ist und dass sie ehrlich einen Fehler gutmachen will. Das Schriftliche ist weiters ein Beweis, dass Claudia in die Vorbereitung zur Problemlösung viel Zeit investiert hat. Auch damit punktet sie zusätzlich. Die Wende ist geschafft. Noch etwas ergibt sich daraus: Nun wird die Lehrerin Claudia ansprechen, und damit ist jeder auf den anderen ein Stück zugegangen – die beste Voraussetzung, dass die Welt zwischen beiden durch ein Gespräch wieder in Ordnung kommt, weil jeder von beiden in versöhnlicher Stimmung das Gespräch beginnt. Das alles sollte Schritt für Schritt den Lernenden klargemacht werden, jedes Rädchen des Wirkungskreises sollen sie verstehen, damit sie daraus für ihr eigenes Handeln lernen.

Ein winziger Ausschnitt aus einem Unterrichtskapitel namens „Kommunikationsblockaden beseitigen" wurde sichtbar. Das lässt erahnen, wie viel an unverzichtbarem Lernstoff in der Schule thematisiert werden müsste, damit profundes Wissen an die Stelle kommunikativer Ahnungslosigkeit und Hilflosigkeit tritt. Aber zu diesem Kernbereich des Deutschunterrichts – der Vermittlung kommunikativer Kompetenz – gibt es leider noch nicht einmal Lehrpläne.

Wenigstens diese „Entschuldigung der dritten Art" sollte den Lernenden also nun einmal geläufig werden. Im „Textsortenheft" sollte daher der Eintrag nicht fehlen:

Arten der Entschuldigung

1. Entschuldigung für Abwesenheit wegen Krankheit
2. Entschuldigung für Abwesenheit aus familiären Gründen[79]
3. Entschuldigungen der besonderen Art

Damit ist ein systematisches Wissen in diesem Bereich grundgelegt, ein Wissen, das sogar ebenso Prüfungsstoff werden kann wie die Bestandteile der Entschuldigung, die zu Beginn dieses Kapitels genannt wurden.

Ein letztes entscheidendes Detail: Der Grad der Sorgfalt, mit der ein Schriftstück erstellt wurde, entscheidet sehr stark mit, wie es ankommt. Daraus folgt: Tadelloses Blatt Papier, sauber geschrieben, keine Rechtschreibfehler, freundlicher Ton. – Merksatz dazu: **Was ankommen soll, muss angenehm wirken!**

---

[79] Was solche familiären Gründe sind, sollte an dieser Stelle natürlich auch thematisiert werden.

27. Ergebnislisten

Ergebnislisten aller Art klären Verhältnisse und intensivieren die Beschäftigung mit einem bestimmten Bereich. Sie sind so gesehen auch bereichernd für die mündliche Kommunikationskompetenz des Reflektierens und Argumentierens. Wenn man z. B. Schüler dazu anleitet, die Prüfungsergebnisse zu allen Prüfungen in der Klasse zusammenzustellen, ergeben sich daraus nach vielerlei Richtungen Diskussionsstoff und Ansatzpunkte für Veränderungen.

Die Schüler lernen zugleich auch einfachste Statistiken zu „lesen", also zu interpretieren. Sind wir eine lernfaule Klasse? – Nein, dazu sind die Noten 1 und 2 zu dominant. – Warum ist aber dann Geografie so schlecht ausgefallen? Zu schwere Fragen? Nicht ausreichend erklärt? Nicht Durchgenommenes gefragt? – Was ist in Physik los? War hier der Testschlüssel zu streng? ...

Prüfungsergebnisse im 1. Halbjahr					
Gegenstand	N o t e n ------------→				
	1	**2**	**3**	**4**	**5**
Biologie	12	7	4	2	--
Geografie	1	3	12	5	4
Geschichte	8	8	7	2	--
Musik	10	9	6	--	--
Physik	6	13	4	1	1

Zahlen und Fakten bringen Gedanken auf Trab, man macht sich ein ganz anderes Bild von der Eigenleistung, wenn man seinen Platz im Gesamtstand der Klasse kennt. Zahlen und Fakten überzeugen auch als Argumente im Gespräch mit den Lehrkräften. Als Physiklehrer müsste ich angesichts der Tabelle nachdenklich werden und den Schülern Recht geben, dass mein Schlüssel vielleicht zu streng war. Ich sollte mir die Sache jedenfalls nochmals genau anschauen. Eventuell gibt es dann eine feierliche Revision bei einem Teil der Ergebnisse, und einige Schüler rücken um einen Notengrad auf. Ich habe mir als Lehrer damit nichts vergeben, im Gegenteil, die Achtung, die die Kinder mir entgegenbringen, wird eher steigen. – Die Schüler lernen dadurch viel: Einsatz lohnt sich, Lehrer wollen nicht ungerecht sein, als Schüler ist man nicht machtlos ausgeliefert, aktives Hinterfragen klärt auf beiden Seiten vieles. Und noch eines: Wer durch Vorbilder erlebt hat, dass gerecht sein auch heißt, andere Meinungen zu berücksichtigen, dem wird es leichter fallen, selbst eines Tages ebenso zu handeln ...

Ein wichtiges Ziel der Schule kommt in Sichtweite: Hell wache, engagierte, kritische, selbstkritische, mündige Menschen heranzubilden – Menschen mit eigener Meinung und der Fähigkeit, diese Meinung auch zu revidieren, wenn stärkere Argumente die Sichtweise verändern. [80]

Ergebnislisten sollten so oft wie möglich entstehen, z. B. auch nach jeder Art von Abstimmung, selbst wenn dann nichts anderes zu sehen ist als:

     JA   – 12 Stimmen
     NEIN – 13 Stimmen

Bei so knappen Abstimmungergebnissen führt ein weiteres Verfahren oft zu spannenden neuen Perspektiven: Die JA-Stimmen erhalten ein weißes Kärtchen, die NEIN-Stimmen ein rosarotes. Jeder muss sein Hauptargument nennen, das ihn zu seinem Urteil veranlasst hat. Die Kärtchen werden gruppiert und besprochen. Kärtchen, die keine Sachargumente liefern („Ich bin dagegen, weil es blöd ist" oder „Ja, weil es super ist!"), werden für ungültig erklärt und durchgestrichen. – Die Folge wird sein, dass nie wieder jemand solche Aussagen als „Argumentation" für den eigenen Standpunkt ins Treffen führen wird. Eine Kampfansage gegen Oberflächlichkeit und Gedankenlosigkeit. [81] – Stellt sich dann heraus, dass es z. B. 5 verschiedene gute Gründe für eine JA-Entscheidung gibt, aber alle NEIN-Stimmen mit demselben Argument gestimmt haben, wird zu hinterfragen sein, ob nicht 5 Gründe stärker sein müssten als einer. Wir sagen eine Nachdenkpause an. Am nächsten Tag kann vielleicht der eine oder andere PRO- oder KONTRA-Grund hinzugefügt werden, und auch das wird wieder besprochen. Nun soll jeder nochmals im Stillen seine Entscheidung überdenken. Wir versuchen, im zweiten Abstimmungsdurchgang zu einem klareren Ergebnis zu gelangen...

---

[80] Das setzt allerdings ein Weiteres unabdingbar voraus: Man muss endlich aufhören, Lehrer zu entmündigen, wenn man erreichen will, dass sie ihrerseits mündige Menschen aus den Schulen entlassen. In Österreich müssten daher behördliche Versuche zur methodischen Gleichschaltung, wie sie in manchen Schulbezirken immer wieder gestartet werden, schnellstens unterbleiben. In Deutschland dürfte es keine Vorschriften mehr geben, nach welchen Verfahren zu unterrichten ist. Lehrer sind dort zu reinen Marionetten degradiert, weil nur die Obrigkeit zu wissen glaubt, was gut und richtig ist. Die Ausführenden haben sich an die Befehle von oben zu halten. Für den Außenstehenden ergeben sich grauenvolle historische Erinnerungen angesichts solcher Vorgangsweisen. Auch in der Schweiz müssten dirigistische Maßnahmen (z. B. wilkürliche Einschränkung auf drei zugelassene Lehrmittel) dringend fallen. Alle diese obrigkeitsstaatlichen Züge verhindern eine Genesung des Schulwesens, weil nicht die Suche nach den besten Lernverfahren und Lehrinhalten, sondern das bloße Befolgen von Befehlen das Sinnen und Trachten der Lehrkräfte zu sein hat. Dieser beklagenswerte Zustand verhindert eine Wende zum Besseren.

[81] Die beiden Beispiele müssen für die Schüler „enttarnt" werden. Wenn etwas für mich „blöd" ist, bin ich dagegen. Die Gleichung heißt also „nein = nein". Da fehlt das Argument!

Was wir weiters Stück um Stück lernen: Nicht lautes, unqualifiziertes Buh-Rufen ändert etwas an unbefriedigenden Situationen, sondern sachliches Argumentieren und Überzeugen. Das Restproblem, das bei Abstimmungen bleibt, ist ein Stück gelebte Demokratiekultur: Geht eine Abstimmung mehrheitlich gegen meine persönliche Position aus, muss ich das respektieren und mich an das Mehrheitsergebnis halten. [82]

Wer an dieser Stelle denken sollte „Ist ja alles gut und schön, aber ich habe nicht die Zeit dafür, schließlich müssen in Deutsch doch auch viele andere wichtige Dinge gelernt werden, z. B. die Unterscheidung von Zeit-, Orts- Art- und Begründungsergänzung oder die Zuordnung von Perfekt und Plusquamperfekt...", dem gebe ich zu bedenken: Wichtig ist sicher vieles, aber Vorrang hat letztlich immer das, was lebenspraktisch von Bedeutung ist, aber noch nicht beherrscht wird. Wir sind wieder beim Motiv von der „Pflicht" und der „Kür" [83]...

28. Exzerpt

Das Exzerpt führt bereits deutlich in Richtung höherer Ziele, weil es dabei darum geht, komplexe Sachverhalte verdichtet zu strukturieren, indem umfangreiche Gedankengänge nachvollzogen, aber inhaltlich unverändert dargestellt werden. Das erfordert bereits sehr differenzierte Fertigkeiten und ein hohes Konzentrationsvermögen. Hauptanwendungsgebiet des Exzerpts ist es, sich aus der Lektüre eines Fachartikels oder gar eines ganzen Buches selbst die Informationen so zu komprimieren, dass diese verdichtete Form die Basis für den Lernvorgang der Wissensspeicherung abgeben kann. Die Grundlagen dafür zu erwerben, ist trotzdem sicher als Teil der Allgemeinbildung zu werten, weil auch Menschen in handwerklichen oder Dienstleistungsberufen Fachliteratur sachgerecht aufnehmen und verarbeiten können müssen.

Vorausgesetzt werden muss zunächst die Technik, mit Stichwortnotizen (Textsorte Nr. 14) zu arbeiten, wobei hier die Variante des Stichwort-Markierens zum Tragen kommt.

---

[82] Vielleicht können Demokratieübungen dieser Art eines Tages bewirken, dass Erwachsene von morgen nicht mehr auf die Straße gehen, um gegen eine Regierungskonstellation zu demonstrieren, die nach den Spielregeln der Demokartie gebildet wurde, nur eben einigen Menschen vom persönlichen Standpunkt aus missfällt. Gegen legal Zustandegekommenes zu protestieren heißt doch, die demokratische Ordnung nicht mehr zu respektieren, oder? – Wehret den Anfängen!

[83] Siehe Seite 95 ff.

Überfliegt man die eigenen Hervorhebungen nochmals vom Anfang bis zum Ende, sollte im Geiste so etwas wie ein roter Faden des Gelesenen sichtbar werden.

Weiters sollte die Kunst der Zusammenfassung (Textsorte Nr. 51) bereits beherrscht werden. Ähnlich wie dort, sollte den Lernenden klargemacht werden, dass sie den Text so oft lesen müssen, bis sie alles verstanden haben. Ist ein ganzes Fachbuch zu exzerpieren, sollte man die Technik des Mehrmals-Lesens kapitelweise betreiben. Wer Kapitel 1 eines Buches 2- bis 3-mal gelesen hat, muss wahrscheinlich das nächste Kapitel schon nur noch 1- bis 2-mal lesen, um alles zu verstehen.

Anders als die Zusammenfassung sollte das Exzerpt Problemstellungen, Argumentationen oder Untersuchungsergebnisse im Einzelnen nachvollziehbar machen.

Daher wird das Exzerpt notwendigerweise länger ausfallen als eine Zusammenfassung. Ein Fachartikel sollte im Exzerpt etwa auf 1/3 bis 1/4 des Gesamtumfangs schrumpfen. Ein Buchexzerpt sollte möglichst 10 % des Buchumfangs nicht übersteigen.

Auch das Exzerpt enthält keinerlei Wertungen, gibt also nur das Gelesene in stark verdichteter Form wieder.

29. Faxnachrichten

Diese Textsorte sollte erst nach der Erarbeitung des Geschäftsbriefs (Nr. 52 - 53) an die Reihe kommen, aber noch vor der Textsorte „E-Mail" (Nr. 25).

Das Fax bietet für Firmen – anders als die E-Mail-Nachricht – rechtliche Sicherheit, weil das Sendeprotokoll als Beweismittel gilt. Trotzdem wird kaum noch vom Fax Gebrauch gemacht; Bescheid wissen sollte man aber dennoch über Grundlegendes:

Es gibt Faxsendungen mit und ohne Deckblatt.

Faxsendungen ohne Deckblatt sind 1 : 1 wie ein normaler Brief zu erstellen, nur in der Adressfeldzeile, die für den Beförderungsvermerk vorgesehen ist, wird eingefügt:

Per Fax an +43 732 ...

Die Fettschreibung dieses Vermerks ist zu empfehlen, weil er sich dadurch von der übrigen Adresse besser abhebt.

Faxsendungen mit Deckblatt haben als erste Seite am besten stets ein fixes Formular. Man kann es selbst entwerfen – oder es gibt in der Firma eine Vorlage dafür. Das Deckblatt muss einen Kopfbereich aufweisen, aus dem alle Absender- und alle Empfängerdaten hervorgehen. Dieses Deckblatt kann gleichzeitig als Kurzbrief eingesetzt werden, deshalb ist Platz für eine Mitteilung eingeplant.

Bei dieser Version ist es besonders wichtig, gleich auf dem Deckblatt die Gesamtanzahl der übertragenen Seiten anzugeben. Erfährt der Empfänger das nicht, kann es im Fall von unvollständigen Übertragungen zu Problemen kommen, weil für den Empfänger nicht ersichtlich ist, ob er alles bekommen hat oder nicht.

Auf der nächsten Seite finden Sie ein Beispiel für ein Faxdeckblatt.

Weil die Übertragungsqualität beim Fax insgesamt nicht sehr gut ist, sollte allgemein (also auch beim Fax ohne Deckblatt!) die **Schriftgröße** erhöht werden. – Minimum sind 10 pt, das Optimum liegt bei 12 pt. Kleinere Schriftgrößen, wie sie meist in Absenderangaben von Firmen vorkommen, führen dazu, dass sie vom Empfänger oft nicht mehr eindeutig gelesen werden können. Die Ziffern 8 und 3 oder 7 und 1 können dann z. B. leicht verwechselt werden. Dasselbe gilt für zu kleine Buchstaben: Heißt es Walterstraße oder Wattenstraße? Geht es um fremdländische Bezeichnungen, tappt man mitunter völlig im Dunklen.

Allgemein gilt für Faxsendungen, dass alles schwarz-weiß sein muss. Farben oder gar dunkler Hintergrund machen Faxe unleserlich und fressen beim Empfänger Unmengen des (teuren!) Toners.

Eine sehr heikle Art von Faxnachricht sei noch erwähnt, damit jeder gewappnet ist, wenn er damit einmal zu tun bekommt, **das vertrauliche Fax**. Bei diesem Sonderfall muss sichergestellt werden, dass kein Unbefugter am anderen Ende der Leitung dieses Blatt zu sehen bekommt. Daher ruft man zuerst den Empfänger persönlich an und bittet ihn, sich zum Faxgerät zu begeben. Dann wird die Frage geklärt, ob man die Sendung losschicken kann. Wenn die Übertragung gelaufen ist, wird sofort neuerlich Kontakt aufgenommen, damit man sich vergewissert, dass das Fax in Sicherheit ist. – Am besten wäre es, während der gesamten Übertragungszeit in Kontakt zu bleiben.

Johanna Müller

Lichtenbergstraße 123, 1190 Wien, Österreich / Austria
Tel.: +43 1 301 92 77-2 • Fax: +43 1 301 92 77-4
E-Mail: johanna.mueller@hello.at • Web: www.jomüll.at

Faxnachricht

Empfänger:

Datum: _____

Anzahl der Seiten: _____

Mitteilung:

Beispiel für Faxdeckblatt

Anschließend unbedingt auf dem Original, das man ja meistens im Auftrag der Chefin oder des Chefs verschickt hat, den Vermerk anbringen: Vom Empfänger persönlich übernommen; telefonisch bestätigt am ... um ... / Unterschrift des Notierenden.

Schließlich sollte man wissen: Wenn ein Fax aus vielen Seiten besteht (z. B. Ausschreibungsunterlagen mit vielen Detailskizzen), sollte vorher telefonisch ein Übertragungszeitpunkt vereinbart werden. Das erspart Ärger, denn ein Firmenfaxgerät darf während der Geschäftsstunden nie sehr lange blockiert werden. 60 Seiten können aber bis zu einer Stunde Übertragungszeit benötigen! Dazu kommt, dass beim Empfänger Papier oder Toner ausgehen könnten. Vorherige Vereinbarung erspart also späteren Ärger.

30. Flugblätter

Flugblätter haben ihren Namen daher, dass sie früher von Flugzeugen aus verstreut wurden, also wirklich von oben heruntergeflogen kamen.

Flugblätter sind je nach vorgesehenem Verwendungszweck und je nach Altersstufe, die sie anfertigt, völlig frei gestaltbar. In den niedrigeren Schulstufen wird die liebevolle Ausgestaltung im Vordergrund stehen, in späteren Jahren die optimale Vermittlung von Sachbotschaften. Flugblätter sollten aber, damit sie Ihren Zweck erfüllen, in jedem Fall bestimmte Eigenschaften haben:

- auffällig, nicht aufdringlich
- übersichtlich, nicht überladen
- sauber, nicht schlampig

Flugblätter sind enge Verwandte des Plakats (Nr. 66), nur eben kleiner, meist im Format A4 oder A5, manchmal sogar nur A6. Es kann daher gut sein, beides parallel zu entwickeln, weil Ähnlichkeit den „Werbe-Effekt" verstärkt.

Besser als eine meist kostspielige Gestaltung mit mehreren Farben ist bei Flugblättern eher eine Gestaltung in Schwarz-Weiß, aber der Druck oder die Kopie sollte auf einem auffälligen Farbpapier erfolgen.

Flugblätter sollten in jedem Fall ein sog. „Impressum" haben. So heißt beim Flugblatt und beim Plakat die „Absenderangabe". Wie man auf einem Brief den Absender angibt, schreibt man beim Flugblatt ganz unten das Impressum (dieses Wort gehört mit dazu!), z. B.

Impressum: Hans-Sachs-Schule, Hauptplatz 3, 3460 Silz, Österreich/Austria

Eine weitere Angabe gehört daruntergestellt, nämlich, wer die Verantwortung für den Text übernimmt. Öffentliche Verantwortung kann nur ein Erwachsener übernehmen, daher muss hier die Lehrkraft einspringen, z. B.

Für den Inhalt verantwortlich: 4. C-Klasse, Klassenlehrerin Magda Schneider.

Wer Flugblätter anfertigt, sollte sich noch etwas überlegen, nämlich, was sie kosten. Flugblätter sind ja schließlich Massenware, also mit Prospekten vergleichbar.

Lassen Sie die Kinder selbst kalkulieren: Wir wollen 1 000 Flugblätter verteilen, damit möglichst viele Besucher zu unserem Schultheater kommen. Was kosten 1 000 Blatt kopiert auf farbigem A4-Papier? (Kräftige Farben sind teurer!) – Wo ist der nächste Copy-Shop? – Fragen wir dort telefonisch, schriftlich oder persönlich an? - Wenn wir nur A5-Flugblätter machen, brauchen wir nur 500 Blatt A4; was das für die Kosten bedeutet, können wir schon selbst ausrechnen. Doch halt, wer schneidet die Blätter auseinander? – Im Copyshop gibt es dafür eine Maschine, aber das kostet auch wieder etwas... – Können wir uns den Spaß erlauben, einige Flugblätter beim Klassenfenster hinauszuwerfen, wenn viele Eltern vor der Schule stehen? – Wenn wir sie händisch verteilen, wie viele Zettel muss jeder austeilen, damit 1 000 Blatt unter die Leute kommen? – Wo verteilen wir sie am besten? – Wie teilen wir es uns ein, dass nicht zu viele von uns zugleich am selben Ort sind? usw. usf.

Aus einer anfänglichen Kleinigkeit kann ein Projekt für sich werden. Die Frage ist nur: Organisieren wir selbst alles und präsentieren den Kindern dann unsere tollen Vorarbeiten – oder lassen wir die Kinder selbst Erfahrungen sammeln? Bedenken wir: Was immer Heranwachsende an Erfahrungen in diesen Bereichen sammeln, wird ihre Routine steigern. Gleichzeitig sind sie mit Feuereifer bei der Sache, weil Arbeit in der Schule plötzlich sinnerfüllt ist.

31. Gebrauchsanleitungen

Mit dieser Textsorte ist es ein bisschen ein Kreuz. Sie lässt sich schwer als echte lebenspraktische Textsorte argumentieren. Man schreibt selbst im normalen Leben kaum jemals eine Gebrauchsanleitung. Andererseits benötigt man sie relativ häufig, aber stets nur von der Anwenderseite. Da hat wohl jeder schon die Erfahrung gemacht, dass Gebrauchsanleitungen oft sehr mangelhaft sind. Daher scheint eine andere Art der Beschäftigung mit dieser Textsorte durchaus lohnend. Wenn wir uns kritisch damit auseinandersetzen, können wir wenigstens das beruhigende Gefühl vermitteln, dass die Dummheit oder das Unverständnis meist nicht auf der Seite des Lesers liegen, sondern auf der Seite des Verfassers. Und wer weiß, vielleicht wird so mancher Schüler in seinem Berufsleben einmal zum Verfasser einer Gebrauchsanleitung – dann ist textsortenbezogenes Wissen eine prima Voraussetzung.

Wir verlegen uns bei dieser Textsorte zunächst aufs Analysieren. Die Schüler bringen Beispiele aus ihrem Erfahrungsbereich oder dem ihrer Eltern mit und beschreiben, wo in einer konkreten Anleitung das Problem lag. Wir versuchen gemeinsam auf den Punkt zu bringen, was daran misslungen ist.

„Wenn Sie die Puffe mit dem Header switchen wollen, haben sie drei Moglichkeiten dafur: ..."

Dieses Satzstück aus einer Anleitung zeigt viele häufige Fehler auf. Die häufigsten Kategorien sind:

- schlechte Übersetzung, oft bis ins Unverständliche verstümmelt (Puffe, Moglichkeiten, dafur...)
- Begriffe nicht erklärt (Puffe? Header? switchen?)
- Funktion nicht erklärt (Woher soll ich wissen, ob ich den Header switchen will – und wenn ja, was bewirkt das, wenn ich es tue? Was passiert, wenn ich es nicht will / nicht tue?)
- zu kompliziert (fürs Kennenlernen reicht e i n e Möglichkeit; die beiden anderen Möglichkeiten könnten in einer Fußnote erwähnt werden)

Anhand mitgebrachter Beispiele können wir noch Aufbaufehler ermitteln, Fehler bei den Bildhinweisen (da sind oft Bezugszahlen falsch oder nicht vorhanden) u. Ä. Vielleicht bringt jemand auch eine Anleitung mit, bei der mehrere Gerätetypen auf einmal beschrieben werden. Auch ein schönes Ratespiel, bei einem neu angeschafften

Gerät, das man noch nicht kennt (sonst würde man ja keine Anleitung benötigen) ständig überprüfen zu müssen, ob dieser oder jener Bauteil überhaupt vorhanden ist.

Auch den Umfang von Gebrauchsanleitungen könnte man thematisieren. Oft hält man ein 200-seitiges Handbuch in Händen, aber nur 16 Seiten davon sind auf Deutsch. Da drängen sich Gedanken von Globalisierung bis Materialvergeudung auf...

Man ahnt schon, hier gibt es ein weites Betätigungsfeld. Wenn wir auch selbst keine Gebrauchsanleitungen verfassen, so analysieren und korrigieren wir sie doch, ja eventuell schreiben wir sogar an eine Erzeugerfirma – Textsorten „Anregung" (Nr. 54) bzw. „Reklamation" (Nr. 56).

32. Geheimbotschaften

Diese Textsorte zählt eher zu den spielerischen Beschäftigungen mit Sprache. Trotzdem ist es lohnend, mit verschiedenen Möglichkeiten der Verschlüsselung zu experimentieren. Das ideale Alter dafür sind etwa die Schulstufen 4 bis 6. Verschlüsselungen haben den Zusatznutzen, das Alphabet zu festigen. Der geläufige Umgang damit sollte sich ja spätestens in dieser Altersgruppe einstellen. Gleichzeitig wird der Umgang mit Tabellen bzw. Übersichten trainiert, was auch eine wichtige lebenspraktische Fertigkeit darstellt.

Verschlüsselt werden sollten am besten Merksätze oder sonstiger Wissensstoff aus dem Deutschunterricht. Auch der aktuelle Rechtschreib-Lernwortschatz eignet sich bestens dafür.[84]

Das Alphabet in Zahlen umgewandelt (A=1, B=2 usw.) oder buchstabenverschobenes Schreiben (für A steht B, für B steht C usw.) wären die einfachsten Grundmodelle. Das buchstabenverschobene Schreiben lässt sich sogar soweit perfektionieren, dass es aus dem Kopf heraus funktioniert, also ohne Schlüssel als Vorlage.

---

[84] Vgl. dazu auch Band 2 dieser Reihe, *Neue Wege in der Rechtschreibdidaktik,* Übungsform Nr. 34, Seite 204.

33. Inhaltsangaben

Diese Textsorte hat Artverwandtes in ihrem Umfeld, nämlich Stichwortnotizen (Nr. 14), Exzerpt (Nr. 28), Rezension (Nr. 40) und Zusammenfassung (Nr. 51). Mit Ausnahme der Stichwortnotizen zählen alle diese Textsorten zu den eher schwierigen Aufgabenbereichen. Für leistungsschwächere Schüler wird es daher genügen, die Grundlagen dafür zu erlernen, aber dabei in einfacheren Bereichen zu bleiben. Schüler, die höhere Bildungsziele anstreben, sollten bis zu komplexen Aufgabenstellungen vordringen.

Zur klareren Unterscheidung sei hier kurz charakterisiert: Zusammenfassungen betreffen meist Sachtexte, bei denen durch den knappen Überblick ein praktisch nutzbarer Informationswert oder die Erschließung neuer Wissensbereiche gegeben ist. Inhaltsangaben hingegen sind in erster Linie für literarische Texte gedacht. Sie liefern den „Plot" einer Erzählung oder eines Romans. Inhaltsangaben lassen bei jedem, der dieses Werk einmal gelesen hat, auch nach längerer Zeit inhaltliche Details und Zusammenhänge wieder vor dem geistigen Auge erscheinen. [85] Wer das Werk noch nicht kennt, kann durch die Inhaltsangabe einschätzen, ob es der persönlichen Interessenslage entspricht und eine Lektüre lohnend erscheint. Inhaltsangaben enthalten im Gegensatz zur Rezension keine Wertungen, also keine persönlichen Urteile über den Text.

Ausgangspunkt für das Erlernen dieser Textsorte sollten zunächst allgemein bekannte Texte sein (Märchen und Sagen, später auch Fabeln). Hier bleibt einerseits der Umfang gering, andererseits können alle Lernenden, weil jeder die komplette Geschichte kennt, aus dem Vergleich verschiedener Textierungen für die Perfektionierung der eigenen Fertigkeit profitieren.

Im Rahmen der Zusammenfassung allseits bekannter Texte sollte man auch erproben, wie weit sich Stoffe verdichten lassen. – Wer schafft es, „Hänsel und Gretel" in einem Satz zusammenzufassen? [86] – Im Vergleich erkennen wir, dass Unterschiede im Umfang auch sehr unterschiedliche Informationswerte ergeben.

---

[85] Da es im Bereich der höheren Bildung häufig üblich ist, dass ein Pflichtlektüre-Rahmen festgesetzt wird, kann für Schüler eine frühzeitig begonnene Sammlung gelesener Literatur sehr bald von Nutzen sein.

[86] Z. B.: Zwei Geschwister werden von ihren Eltern fortgeschickt, geraten in die Gefangenschaft einer bösen Hexe, können sich aber dann doch befreien, indem sie diese im Ofen verbrennen.

Bei umfangreicheren Märchen (z. B. „Tischlein, deck dich") kristallisiert sich bald heraus, dass man pro Einzelepisode jeweils einen eigenen Absatz vorsehen sollte. Das könnte dann auf größere Werke übertragen werden, indem man versucht, jedes Kapitel in einem Absatz zusammenzufassen.

Eine wichtige Spielregel für die Inhaltsangabe lautet: Die spannendsten Stellen werden nur angedeutet, aber nicht im Detail verraten!

34. Inserate

Schon in der 4. Schulstufe kann auf einfachster Basis die Kleinanzeige erprobt werden, z. B. in Form von Suchanzeigen (Nr. 69) oder Tauschanzeigen (Nr. 70), die in der Klassenzeitung/Wandzeitung (Nr.77) platziert werden. Diese ersten Formen sollte man zunächst ganz frei gestalten lassen. Sie sind nur das „Propädeutikum" für das nun Folgende.

In einem zweiten Schritt informieren wir uns über echte Zeitungsinserate. [87] Auch die Anzeigenpreise interessieren uns jetzt. Wir suchen in Zeitungen die entsprechenden Preislisten und den Kupon zum Ausfüllen von Privatanzeigen. Vielleicht finden wir verschiedene Verrechnungssysteme: Manche Zeitungsverlage verrechnen nach Zeichen, andere nach Wörtern, wobei dann die Wortlänge limitiert ist. Wir erkennen jedenfalls, dass längere Texte zu einem teuren Spaß werden. Nun versuchen wir die vielen Abkürzungen in Inseraten zu enträtseln, wissen aber jetzt, warum abgekürzt geschrieben wird. Schließlich beschäftigt uns die Frage, wie ein Interessent mit einem Anbieter Kontakt aufnehmen kann. Wir entdecken, dass es dafür zwei Varianten gibt: Entweder ist die Telefonnummer angegeben oder ein Kennwort (z. B. „Zuschr. unter ALEX an den Verlag"), manchmal auch eine Chiffre [88] (z. B. „Zuschr. unter 9A-18p an den Verlag").

Nun versuchen wir, unsere eigenen Inserate von vorher auf eine vorgegebene Zahl von Zeichen zu beschränken und wählen zugleich sorgfältig aus, was wir fett gedruckt an

---

[87] Dabei sollte man ein wachsames Auge haben, weil viele Inserate in Tageszeitungen nicht unter die Rubrik jugendfrei fallen.

[88] Auf die Aussprache aufmerksam machen: >*schiffr*< . Die Chiffre, also ein bestimmter Code, wird meist von der Inseratenredaktion vergeben.

den Anfang stellen wollen. Wir lernen, dass auch Leerschritte und Satzzeichen genauso wie Buchstaben als Zeichen gerechnet werden. Wo überall Leerschritte in einem Text zu setzen sind, haben wir schon zu einem früheren Zeitpunkt gelernt (Textsorte Nr. 83). Damit wir die Zahl der Zeichen einhalten können, machen wir uns einen Hilfsraster auf kariertem Papier, z. B. 20 x 10 Kästchen, die wir nun – probeweise mit Bleistift – Kästchen für Kästchen mit dem geplanten Inseratentext füllen. Wenn der Text zu lang ausgefallen ist, heißt es so lange kürzen und künsteln, bis er passt. Wer spezielle Abkürzungen erfindet, macht die Probe, ob sie auch für die anderen verständlich sind.

Eine Zeit lang wird sich die Such- und Tauschbörse als Rubrik auf der Wandzeitung aktiv halten, dann flacht die Interessenskurve ab, und die Aktion wird wieder beendet.

Zu einem späteren Zeitpunkt kann man das Inseratenmotiv wieder aufgreifen, evtl. diesmal mit witzig-unsinnigen Inhalten, z. B.

Sonderangebot: 3 abgebrochene Buntstiftstummel zum Preis von einem!
Kennwort: Selbstabholer.

35. Kurzmitteilungen

Bevor hier eine schulbezogene Ausformung dieser Textsorte entwickelt wird, soll zunächst beleuchtet werden, wie Kurzmitteilungen im beruflichen Bereich aussehen und wie sie eingesetzt werden.

Beispiel:

Gemeindeamt ❋ Sternheim ❋	Kurzmitteilung
Von: _____	Datum: _____
Tel.: _____	**Bitte um:**
	☐ Kenntnisnahme ☐ Unterschrift/Rücksendung
	☐ Rücksprache/-ruf ☐ Erledigung
	☐ Weiterleitung an: _____
	☐ _____
	_____

Dieses Muster steht im Internet als Downloadvorlage 4 zur Verfügung. Näheres siehe Seite 16.

Anhand dieses Musters wird geklärt, was in der Berufswelt der Einsatzbereich der Kurzmitteilung sein könnte. Die Lösung: Kurzmitteilungen dienen als rasche Routine-Information. Schon das Format (meist 1/3 A4, selten A5) und die Rubriken zum Ankreuzen zeigen, dass hier nur ganz wenig mitgeteilt wird, und auch das in stets gleichbleibender Form. Sie sind fast immer ein Anhängsel (eine „Allonge") an andere Schriftstücke und informieren, was mit diesem Schriftstück geschehen soll.

Kurzmitteilungen laufen nur dann reibungslos, wenn genau ersichtlich ist, von wem das Schriftstück kommt und an wen es gerichtet ist.

Wir versuchen nun Punkt für Punkt zu verbalisieren, was zu tun ist, wenn in einem Büro ein Schriftstück mit angehefteter Kurzmitteilung einlangt, und es ist angekreuzt

	☒	Bitte um Kenntnisnahme
oder		
	☒	Bitte um Unterschrift/Rücksendung
oder		
	☒	Rücksprache/Rückruf
oder		
	☒	Bitte um Weiterleitung an …
oder		
	☒	Sonstiges:

Bitte nur die Angaben in der Tabelle auf Seite 2 prüfen. Danke!

Hier sind die Antworten:

Bei „Bitte um Kenntnisnahme" genügt es, das Schriftstück zu lesen und es dann abzulegen. – Man soll also über eine Sache nur Bescheid wissen, hat aber sonst nichts damit zu tun.

„Bitte um Unterschrift/Rücksendung" heißt – siehe Textsorte Nr. 93 – nicht nur, dass man unterschreiben soll, sondern dass man durch die Unterschrift sein Einverständnis erklärt und Verantwortung mitübernimmt! Das Wort „Rücksendung" besagt: Der

Absender verlässt sich darauf, dass das Schriftstück nach der Unterschriftleistung wieder an ihn zurückgeschickt wird.

„Bitte um Rücksprache/Rückruf" heißt, dass man sich mit dem Inhalt des Schriftstücks auseinandersetzen und nötigenfalls Änderungsvorschläge vorbereiten soll. Hat man alles fertig beisammen, nimmt man mit dem Absender Kontakt auf.

„Bitte um Weiterleitung" ist ein komplizierterer Fall. Bei dieser Rubrik steht im Adressfeld fast immer „An alle" oder „Abteilung xy", z. B. „Rechnungswesen". Das System funktioniert nur, wenn jeder aus dem Empfängerkreis Bescheid weiß, wer für ihn der Nächste ist, dem er das Schriftstück weiterleiten muss. Der Unterschied zur Rubrik „Zur Information" besteht also nur darin, dass das Schriftstück nach dem Lesen nicht abgelegt, sondern weitergeleitet wird. Ideal ist es, wenn jeder durch seine Paraphe zu erkennen gibt, dass das Schriftstück bereits bei ihm war.

All das sollte in den Wissensbestand der Lernenden übergehen. Daher ist folgende Merkregel für das „Textsortenheft" zu empfehlen:

Merkregel für die Kurzmitteilung:

- → **Von** wem?
- → **An** wen?
- → **Was** ist zu tun?

Man könnte im Anschluss daran für die Klasse ein geeignetes Kurzmitteilungs-Formular entwerfen und es in verschiedenen Situationen erproben. Als Spielregel für die Rubrik „Bitte um Weiterleitung" wird vereinbart, die alphabetische Reihenfolge einzuhalten. Möglicher Probelauf: Ein Zettel mit folgender Information:

Achtung!

Die Anwesenheitszeiten der Schulärztin haben sich geändert. Neue Zeiten ab kommender Woche:

Montag, 10:00 – 12:00 Uhr, und
Donnerstag, 08:00 – 10:00 Uhr.

Die Direktion

Dieser Zettel bekommt eine Allonge angeheftet: Kurzmitteilung, deklariert als „An alle" mit angekreuzter Rubrik „Bitte um Weiterleitung". Der erste im Alphabet sollte dieses Rundschreiben ausgehändigt bekommen und zu handeln beginnen. Die Schulstunde nimmt ihren ganz normalen Lauf, trotzdem sollte – mit möglichst geringem Störfaktor – nach einiger Zeit der letzte im Alphabet die von allen paraphierte Mitteilung wieder zum Lehrertisch bringen.

36. Lageskizzen

Diese Textsorte sollte in allen Situationen aktiviert werden, wo Planung von raumbezogenen Abläufen oder Orientierungsinformation durch zeichnerische Elemente erleichtert werden kann.

Beginnpunkt dieser Aktivität kann bereits in der 3., spätestens in der 4. Schulstufe sein. Die erste Aufgabenstellung könnte lauten, eine Skizze vom eigenen Zimmer zu Hause anzufertigen. In Partnerarbeit erläutert jeder dem anderen seine Skizze. Jeder der beiden muss nun vor der Klasse vom Zimmer seines Partners berichten. Wenn der Bericht fehlerhaft ist, springt der Partner korrigierend ein.

Ein weiteres sehr lehrreiches und meist auch lustiges Spiel ergibt sich, wenn einer aus der Klasse mit einer Skizze in der Hand allen anderen diktiert, was für einen Plan sie zeichnen sollen. Das klingt dann ungefähr so:

„Ich stelle euch jetzt mein Zimmer vor. Zeichnet einen rechteckigen Raum, etwas doppelt so lang wie breit. Ihr habt nun ein Zimmer mit zwei langen und zwei kurzen Seiten vor euch. An der einen kurzen Seite ist in der Mitte die Zimmertür, sie geht nach innen auf. An der gegenüberliegenden Seite ist in der Mitte ein Fenster. Links von der Zimmertür..."

Übungen dieser Art schulen nicht nur das sprachliche Ausdrucksvermögen, sie fördern auch die Konzentration der Zuhörer ungemein. Diese sind zugleich Wächter über die sprachliche Präzision der Erklärungen. Dass bei dieser Prozedur nicht nur das Raumvorstellungsvermögen gefördert wird, sondern auch die Fähigkeit, sachgerechte Skizzen anzufertigen, sollte nicht unterschätzt werden.

Wenig später kann z. B. versucht werden, die Anordnung der Waren im nächstgelegenen Supermarkt in einer Skizze festzuhalten. Am besten kombiniert man diese Aufgabe mit dem Einkaufszettel (Textsorte Nr. 4), weil durch das Wissen um die Anordnung der Waren eine vorstrukturierte Einkaufsliste entstehen kann.

In höheren Schulstufen sollte das Anfertigen von Lageskizzen für den Bereich der Raumorganisation angewandt werden. Beispiele:

a. Buffet bei Theateraufführung

Im Rahmen einer Theateraufführung soll ein Buffet arrangiert werden. Eine Lageskizze des Theatersaals und der umliegenden Räumlichkeiten sollte als Vorausgrundlage dienen. Welche Nebenräume sind geeignet? – Die Maße aller Räumlichkeiten werden in die Skizze übertragen.

Nun werden die Rahmenbedingungen geklärt: Pro 100 Veranstaltungsteilnehmern benötigt man ca. 5 lfm Buffet-Theke mit je 5 Personen als Servicepersonal. Mindestmaß für eine Theke sind 80 cm Tiefe, als Mindestraum für das Servicepersonal ist ebenfalls 80 cm zwischen Wand und Theke vorzusehen. Der Raum vor der Theke sollte so groß wie möglich sein, das Minimum liegt hier bei ca. 3 m.

Mit diesen Vorgaben ausgestattet, arbeitet nun jeder ein Konzept aus, wo und in welcher Anordnung das Pausenbuffet arrangiert werden könnte. Eine anschließende Debatte in der Klasse sollte eine machbare Lösung nach sich ziehen.

b. Patzeinteilung beim Schulschlussfest

In der Aula, in den Gängen des Erdgeschoßes und im Schulhof soll das Fest stattfinden. Die Menge der einzelnen Stände – eine Mischung aus Ereignisstationen und Labestationen – wurde bereits vorher festgelegt (vgl. dazu Textsorte Nr. 11, Planungsnotizen, Seite 118). Nun geht es darum, in Form von Lageskizzen Vorschläge zur räumlichen Anordnung auszuarbeiten.

c. Räumlichkeiten und Stationszuordnung für die Präsentation eines Projekts

Wenn ein Unterrichtsprojekt sich der Fertigstellung nähert, lässt sich auch der Platzbedarf für die Präsentation einschätzen. Eine klare Lageskizze mit Zuordnung der einzelnen Stationen inkl. Kennzeichung des vorgesehenen Weges für einen Rundgang kann hier als Strukturierungshilfe eingesetzt werden. Diese Skizze kann auch als Grundlage für einen „Führer durch die Ausstellung" verwendet werden.

37. Lebenslauf

Die moderne Form des Lebenslaufs ist grundsätzlich die tabellarische Ausführung. Der Zwang, alles und jedes in ein Geschichtchen zu pressen – auch das, was sich dafür gar nicht wirklich eignet –, sollte für immer der Vergangenheit angehören. Die krampfartigen Zustände, die sich in früheren Zeiten eingestellt hatten, wenn ein Lebenslauf abzufassen war, rührten einzig und allein daher, eine „Geschichte" schreiben zu sollen, z. B. „Ich wurde am 1. 1. 1950 als drittes Kind von Hans und Henriette Müller in Wien geboren..."

Das Thema Lebenslauf eignet sich jedoch nicht für eine „Geschichte": Die beste Präsentationsform ist eine tabellarische Zusammenstellung. Sobald man die Bauform auf diese sinnvolle Ebene holt, ist der Krampf weg. Man sammelt alle erforderlichen Daten und stellt sie systematisch zusammen – unangenehme Empfindungen stellen sich nicht mehr ein.

Auf der folgenden Seite finden Sie ein Beispiel für einen tabellarischen Lebenslauf. Er steht bewusst nicht im Downloadbereich zur Verfügung, weil die Lernenden nicht einfach nur ein Modell im „Textsortenheft" ablegen, sondern sich selbst in verschiedenen Schulstufen immer wieder aktiv damit auseinandersetzen sollen.

Die Aufbaustruktur des Lebenslaufs sollte curricular im Laufe der Schuljahre erweitert werden. Beginnen kann man damit bereits in der Grundschule, auch wenn die Kinder zu diesem Zeitpunkt nur die persönlichen Daten bereitstellen können und einige wenige Angaben zur Schullaufbahn. Doch von einer soliden Grundlage ausgehend, ist es in späteren Jahren nicht mehr schwer, die dazugekommenen Fakten zu ergänzen. Nur das, was immer wieder geübt und erweitert wird, kann eines Tages problemlose Routine werden – und das sollte ja das Ziel sein.

Wenn im Rahmen einer Stellenausschreibung ausdrücklich auf einen „ausführlichen, handgeschriebenen Lebenslauf" Wert gelegt wird, kann die tabellarische Version eine wertvolle Hilfe bei dessen Abfassung sein. In so einem Fall sollte man sich aber nicht scheuen, trotzdem zusätzlich den tabellarischen Lebenslauf beizufügen. – Er ist und bleibt sachgerechter und informativer! Das wird auch der zukünftige Chef erkennen, wenn er beide Versionen miteinander vergleicht.

Lebenslauf

Persönliche Daten

Name:	Thomas Winter
Wohnadresse:	Kaiser-Josef-Platz 4 4600 Wels
Geburtsdatum:	14. Juli 1993
Geburtsort:	Götzis, Vorarlberg
Eltern:	Ing. Viktor Winter, Bahnbediensteter Claudia Winter, geb. Klett, kfm. Angestellte
Geschwister:	1 Schwester (geb. 1994)
Familienstand:	ledig

Schulausbildung

Grundschule:	1999 – 2001 in Götzis, Vorarlberg 2001 – 2003 in Wels, Oberösterreich
Hauptschule:	2003 – 2007 in Wels, 4. Klasse mit ausgezeichnetem Erfolg
Polytechnische Schule:	2007 – 2008 in Wels, (Abschluss am 4. 7.)

Zusatzausbildungen

Maschinschreiben:	2004 – 2005 an der Hauptschule 3 in Wels
2-jähriger Informatikkurs:	2005 – 2007 an der Hauptschule 3 in Wels
Rot-Kreuz-Helfer-Ausbildung:	derzeit im ersten Ausbildungsjahr

Thomas Winter

Wels, 26. 3. 2008 Thomas Winter

Besonderes Augenmerk sollte schon von der 6. Schulstufe an den Zusatzqualifikationen gelten. Sie sind oft der entscheidende Punkt für bessere Chancen, bei einer Bewerbung zum Zug zu kommen. Egal ob jemand seine Mitgliedschaft bei der Juniorengruppe der örtlichen Blasmusik oder sein Engagement beim Roten Kreuz oder der Feuerwehr anführt, jeder dieser Punkte zeigt dem zukünftigen Lehrherrn, dass er es hier mit einem engagierten, eigeninitiativen, teamfähigen Menschen zu tun hat, der von sich aus mehr tut als das, was ihm anschafft wird. – Man kann in der Schule gar nicht früh genug den Heranwachsenden klarmachen, dass sie sich mehr und mehr zu eigenintitativen Menschen entwickeln müssen, wenn sie Chancen im Berufsleben eingeräumt bekommen wollen.

Beobachtungen zum Zeitgeschehen: Auch die inhaltlichen Rubriken des Lebenslaufs sind dem Zeitgeist unterworfen. So ist zu beobachten, dass vielfach bei den persönlichen Daten Angaben zur Staatsbürgerschaft gewünscht werden. Dass dies auch für diskriminierende Zwecke eingesetzt werden kann, liegt auf der Hand. Ein anderer Bereich entpuppt sich ebenfalls als zunehmend problematisch: die Angabe der Eltern. Die Lebensformen haben sich so sehr geändert, dass manche Heranwachsenden ihren leiblichen Vater noch nie gesehen haben, ja es gibt Fälle, in denen Kinder den Namen ihres Vaters nicht einmal kennen. Es gibt daher Tendenzen, diese Rubrik gänzlich entfallen zu lassen, weil für manche Menschen damit Peinlichkeiten verbunden sein könnten.

Ein Wort noch zum **„Europäischen Lebenslauf"**, der eine Zeitlang als Hoffnungsschimmer für die Vereinheitlichung der Gestaltung dieser Textsorte angesehen wurde. Wenn Sie dieses Formular in Händen haben [89], werden Sie meine Ansicht wahrscheinlich schnell teilen: Dieses Formular wurde offenbar für Menschen geschaffen, die mindestens 3 Sprachen in Wort und Schrift beherrschen, die weiters möglichst ein normales sowie ein Post-Graduate-Studium hinter sich haben und die mindestens 5 beeindruckende „Kernkompetenzen" vorweisen können. Das Formular wirkt wie geschaffen für Menschen, die das Dasein als europäischer Normalbürger satt haben und sich in Brüssel um einen lukrativen Job bewerben wollen. Als Teil der Allgemeinbildung ist dieses Lebenslauf-Formular wohl auszuschließen.

---

[89] Tippen Sie das Stichwort „Europäischer Lebenslauf" in Ihre Internet-Suchmaschine, und Sie werden auf die entsprechende Website geleitet.

38. Personenbeschreibung

Bei dieser Textsorte geht es nicht darum, einen besonders nahestehenden Menschen wie die eigene Mama in allen Facetten zu schildern (kann am besten Spaghetti kochen, ihre Lieblingsfarbe ist Rot, sie ist sehr lieb zu mir usw.), wie es im Grundschulbereich oft anzutreffen ist. Das ist eher eine Personencharakteristik, nicht eine Personenbeschreibung.

Im Gegensatz dazu zielt die Personenbeschreibung – ähnlich wie der Steckbrief (Textsorte Nr. 44) – auf Merkmale, die zur Auffindung einer Person führen können.

Während beim Steckbrief aber in der Regel eine allseits bekannte Person gesucht wird, liegt bei der Personenbeschreibung das Hauptproblem in der vorangegangenen Beobachtung einer unbekannten Person und der möglichst sicheren Detailerinnerung bei der sofort im Anschluss daran erfolgenden Aufzeichnung.

Diese Textsorte hat also einen sehr ernsten Hintergrund. Sie zielt letztlich auf die Fähigkeit, im Falle der unmittelbaren Beobachtung einer Straftat über das Wissen und das Verantwortungsbewusstsein zu verfügen, staatsbürgerlich richtig zu handeln, also die eigenen Beobachtungen sofort festzuhalten und sie den Behörden als Mittel zur Aufklärung zur Verfügung zu stellen. Hier geht es also auch im weitesten Sinne um staatsbürgerliche Erziehung. Mündigkeit umschließt ja auch das Bewusstsein der Verantwortung für die Gesellschaft. Wir sind wieder mitten in überaus wichtigen Aufgaben der Allgemeinbildung. Wer in solchen Kategorien denken lernt, wird beim Gedanken an den unter dem Aspekt der Allgemeinbildung wertlosen Aufsatz nur noch den Kopf schütteln.

Trotzdem zeigt sich bei der Personenbeschreibung ein kleines Dilemma. Wir haben uns ja bei allen Textsorten als Ziele gesetzt, dass sie nicht nur lebensbezogen, sondern in der Schreibsituation auch möglichst echt, also unmittelbar relevant sein sollen. Da bekommt man ein Problem, denn ich kann weder darauf warten, dass sich eine Echtsituation ergibt, noch will ich mit Worten ein schauriges Horrorszenario entwerfen, bei dem die Lernenden zwar dann wissen, worauf es ankommt, aber ein echter „Täter" fehlt mir für den wesentlichen Teil noch immer.

Dermaßen ratlos, sucht man Hilfe im Schulbuch – und findet sich auch dort verlassen. Auf der Suche nach lebendigen Ideen durchsuchte ich viele verschiedene Sprachbücher zum Thema Personenbeschreibung, doch nichts war zu finden. In einem einzigen Buch jedoch führte mich der Lernzielekatalog auf eine Buchseite, wo es um dieses Thema gehen sollte.

Hier kurz der Aufbau dieser Seite: Als Übung 1 stand zu lesen: „Hier ist viel Platz für dich gelassen. Zeichne hierher einen Schneemann." (Ich denke mir, Schneemann und Personenbeschreibung? Wie passt das zusammen? Die Personenbeschreibung zielt doch darauf, die individuelle Charakteristik eines Menschen zu erfassen. Schneemänner sind aber Massenware mit weitestgehend gleichen Merkmalen. Wenn das nur gutgeht; aber die Buchseite lässt keinen Zweifel, die Fußnote bestätigt mir als Lernziel „Personenbeschreibung".) – Es folgt Übung 2: „Beschreibe..." (Ich denke, aha, jetzt kommt's!) – „Beschreibe deinem Sitznachbarn, wie dein Schneemann aussieht." – Große Pleite. Der Sitznachbar interessiert sich nicht für meinen Schneemann, er hat selber einen – und der sieht obendrein noch fast gleich aus.

Schulbücher erweisen sich wieder einmal als hilflose Medien, die für die Kinder zusätzlich noch reizlos sind, weil eine Kette von Anweisungen, von denen jede einzelne meist viel Arbeit bedeutet, Lustlosigkeit auslöst.

Zurück ins Leben, zurück in die Klasse. Was kann man tun? Hier eine Anregung, die sich in 4. Schulstufen bewährt hat und neben einem gewissen spannungsgeladenen Knistern auch Spaß macht.

Ich bitte eines schönen Tages eine Kollegin (Werklehrerin oder Relgionslehrerin sind meine beliebtesten Opfer) in einer ihrer „Fensterstunden" mir einen Gefallen zu tun. Ich erläutere ihr meinen Plan, und wenn alles geklärt ist, kommt ein sekundengenauer Zeitvergleich. Wir vereinbaren: Punkt 9:00 Uhr steigt die Aktion. Etwa eine halbe Minute vor 9:00 Uhr passiert mir irgendwo in der Klasse, aber relativ weit weg von Klassentür und Lehrertisch ein Missgeschick. Mir rutscht z. B. ein Heftstoß aus der Hand oder mein Schüttelpennal entleert sich. Mein Kopf ist um 9:00 Uhr in Bodennähe und ohne jede Aufmerksamkeit für irgendein sonstiges Geschehen. Und jetzt passiert es: Eine sichtlich verkleidete Gestalt stürzt lautstark bei der Tür herein, schreit „Das ist ein Überfall!", läuft zu meinem Lehrertisch, wo an vereinbarter Stelle meine Geldbörse liegt, schnappt sie und ist wieder draußen.

Achtung, an dieser Stelle ein Erfahrungsbericht: Die Kinder reagieren nach einer Schrecksekunde stets gleich. Sie rufen „Das war die Religionslehrerin" und versuchen ihr nachzulaufen. Auf beides muss ich reagieren, auf das Nachlaufen sogar blitzartig, sonst geht mein Plan schief. Die Kunst liegt also darin, genau die Schrecksekunde zu nützen, um sich schnellstens zur Tür zu bewegen und den Weg zu versperren. Den Ruf der Kinder „Das war die Religionslehrerin" weise ich entrüstet zurück und verbitte mir solche Schuldzuweisungen. („Das würde mir die Religionslehrerin nie antun, ihr wisst doch wie gut ich mich mit ihr verstehe!") Alle Kinder sollen sich wieder auf die Plätze begeben. Ich erkläre ihnen, selbst gar nichts mitbekommen zu haben, ich sehe nur, dass meine Geldbörse jetzt weg ist. Ich lasse mir von den Kindern die Situation schildern und bitte sie, mir zu helfen, dass wir den Täter oder die Täterin stellen.

Wir klären Punkt für Punkt wichtige Fragen:

- War es ein Mann oder eine Frau?
- Ungefähre Körpergröße: groß, mittel oder klein?
- Körperbau: schlank oder rundlich?
- Haare lang mittel oder kurz?
- Haarfarbe?
- Hautfarbe?
- Augenfarbe?
- Kleidung?
- Schuhe?
- Sonstige Merkmale und Auffälligkeiten: Brille? Ohrringe oder anderer Schmuck? Muttermal, Bart? Tasche, Rucksack?

Während wir versuchen, möglichst viele Merkmale zu klären, wollen die Rufe „Das war die Religionslehrerin" nicht verstummen. Ich werde nachdenklicher und nachgiebiger, gebe zu, dass mir das eine oder andere Merkmal auch verdächtig vorkommt. Aber fest steht, wir können sie nur überführen, wenn möglichst alle unsere Merkmale auf sie auch wirklich zutreffen. Bei der Kleidung können mich die Kinder überzeugen, dass es Kleidungsstücke aus der Lehrergarderobe waren, denn sie schwören Stein und Bein, dass mein Hut auch mit dabei war. Das verstärkt auch meinen Verdacht, dass es jemand von der Schule gewesen sein muss.

Wir haben nun alles beisammen, was den Kindern eingefallen ist. Wir schreiben ein „Täterprofil" – jeder hat seinen kleinen Handzettel mit allen Angaben. Ich schlage vor, dass wir gemeinsam ins Lehrerzimmer gehen. Ich erkläre den Kindern, dass die

Religionslehrerin jetzt gerade dort sitzt, weil sie eine Freistunde hat. Wir vereinbaren nur, möglichst unauffällig zu bleiben und nur heimlich die Merkmale zu überprüfen, damit die Religionslehrerin keinen Verdacht schöpft. Wir machen aus, dass wir offiziell nur ein Suchtrupp sind, der mein dunkelgrünes Brillenetui sucht, das ich wahrscheinlich irgendwo im Lehrerzimmer verlegt habe. Gesagt getan, wir begeben uns an den Ort höchster Spannung.

Die Kinder suchen pro forma nach dem Etui, vergleichen währenddessen aber ständig Merkmal um Merkmal. Nach kurzer Zeit ist kein Halten mehr. Immer mehr Kinder flüstern mir zu: „Sie ist es!" – Ohne das Etui gefunden zu haben, verlassen wir das Lehrerzimmer.

Die Kinder stürmen auf mich ein und meinen, ich müsse nun die Religionslehrerin zu Rede stellen. Ich aber versichere den Kindern, dass nur sie das tun können, ich selbst habe ja kein einziges der Merkmale mit eigenen Augen gesehen. Ich muss mich ja darauf verlassen, dass ihre Beobachtungen richtig sind. Eines der Kinder soll sich ein Herz nehmen, und die Sache klarstellen. Das Herzklopfen der Kinder steigert sich nochmals, aber irgendeines erklärt sich dann doch bereit, die Konfrontation der Anschuldigung auf sich zu nehmen.

Alle stehen wir nun neuerlich im Lehrerzimmer und umringen die Religionslehrerin. Der Indizienbeweis wird vorgetragen, die Beweislage ist erdrückend. – Daraufhin nimmt die Religonslehrerin lächelnd meine Geldbörse aus ihrer Handtasche und gibt sie mir zurück. Sie sagt dabei: „Ihr habt gute Arbeit geleistet, euer Lehrer und ich haben die Sache nämlich vorher so ausgemacht!" Ich stoße ins gleiche Horn und klopfe der Kollegin auf die Schultern und sage laut und deutlich, dass es alle meine Kinder hören können: „Danke, liebe Brigitte, du hast deine Sache auch gut gemacht!" Und mit einem Augenzwinkern ergänze ich: „Du hast die Kinder prima hineingelegt!"

Diese Klärung der Sachlage vor allen Kindern ist wichtig, sonst steht am nächsten Tag in einer Lokalzeitung die Horrormeldung „Religionslehrerin bestiehlt Klassenlehrer". Ganz ideal wäre als Stundenplankonstellation, wenn in der nächsten Unterrichtsstunde in meiner Klasse Religionsunterricht am Programm steht, weil dann die Religionslehrerin die Aufregung dieser Stunde nochmals abfangen und aufarbeiten kann.

In den letzten Minuten vor der Pause mache ich den Kindern klar, dass ich sie zwar hereingelegt habe (sie schwören mir deshalb auch Rache!), aber dass wir doch etwas sehr Wichtiges fürs Leben gelernt haben: Wenn es brenzlig wird, sollte man den Verstand bewahren und genau beobachten. Wir wissen nun, worauf es ankommt.

Im Nachfeld dieser spannenden Stunde füllen wir unser „Textsortenheft" mit der neuen Rubrik „Personenbeschreibung". Wir haben gelernt, dass es keine Lösung ist, einfach jemanden als Täter zu beschuldigen, auch wenn unsere Vermutungen richtig sein sollten. Zuerst gilt es, handfeste Beweise zu sammeln. Wir notieren alle Gesichtspunkte, auf die es ankommt (siehe oben). Ein neuer lebenspraktischer Prüfungsstoff zum Thema Allgemeinbildung hat Gestalt angenommen. Die Intensität der Erfahrung lässt auf eine hohe Behaltensquote schließen...

39. Protokoll

Diese Textsorte ist – bezogen auf die zukünftige Berufspraxis – ein ähnlich absolutes Muss wie die Kenntnis von Geschäftsbrief (Nr. 52 – 56) und E-Mail (Nr. 25). Spätestens von der 5. Schulstufe an sollte diese Textform daher so oft wie möglich eingesetzt werden.

Im Rahmen von Projekten [90] gibt es in gleicher Weise Gelegenheit dazu wie beim Klassen- bzw. Schulforum. Vor allem die wöchentliche „Klassenvorstandsstunde" kann wegen ihrer Regelmäßigkeit eine gewisse Protokollroutine entstehen lassen, die der Berufspraxis späterer Jahre schon sehr nahekommt.

Was man gleich mitberücksichtigen sollte: Diese Textsorte, bietet zusätzliche Anlässe für den Einsatz der „Kurzmitteilung" (Seite 163).

Das Protokoll hat einen mehr oder minder fixen Aufbau, nur die Inhalte der einzelnen Tagesordnungspunkte variieren je nach Problemstellung.

Das Grundmodell wird auf der Folgeseite beschrieben und durch ein Beispiel konkretisiert. Dieses Muster sollte am besten ins „Textsortenheft" eingeklebt werden und so als Vorlage für alle selbst erstellten Protokolle dienen.

---

[90] Näheres dazu siehe Seite 105.

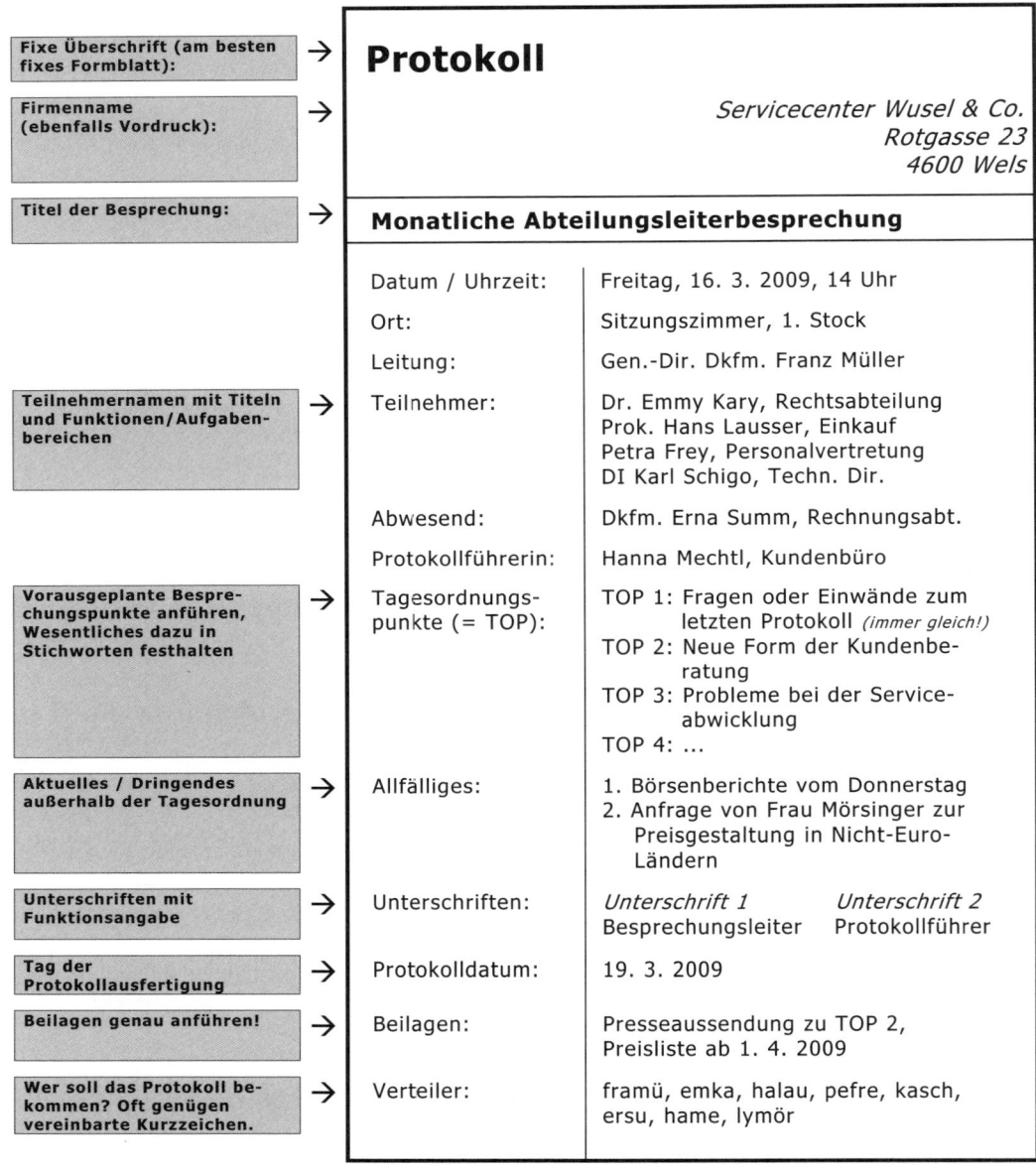

Fixe Überschrift (am besten fixes Formblatt): →	**Protokoll**

Servicecenter Wusel & Co.
Rotgasse 23
4600 Wels

Firmenname (ebenfalls Vordruck): →	

Titel der Besprechung: →	**Monatliche Abteilungsleiterbesprechung**

	Datum / Uhrzeit:	Freitag, 16. 3. 2009, 14 Uhr
	Ort:	Sitzungszimmer, 1. Stock
	Leitung:	Gen.-Dir. Dkfm. Franz Müller
Teilnehmernamen mit Titeln und Funktionen/Aufgabenbereichen →	Teilnehmer:	Dr. Emmy Kary, Rechtsabteilung Prok. Hans Lausser, Einkauf Petra Frey, Personalvertretung DI Karl Schigo, Techn. Dir.
	Abwesend:	Dkfm. Erna Summ, Rechnungsabt.
	Protokollführerin:	Hanna Mechtl, Kundenbüro
Vorausgeplante Besprechungspunkte anführen, Wesentliches dazu in Stichworten festhalten →	Tagesordnungspunkte (= TOP):	TOP 1: Fragen oder Einwände zum letzten Protokoll *(immer gleich!)* TOP 2: Neue Form der Kundenberatung TOP 3: Probleme bei der Serviceabwicklung TOP 4: ...
Aktuelles / Dringendes außerhalb der Tagesordnung →	Allfälliges:	1. Börsenberichte vom Donnerstag 2. Anfrage von Frau Mörsinger zur Preisgestaltung in Nicht-Euro-Ländern
Unterschriften mit Funktionsangabe →	Unterschriften:	*Unterschrift 1* *Unterschrift 2* Besprechungsleiter Protokollführer
Tag der Protokollausfertigung →	Protokolldatum:	19. 3. 2009
Beilagen genau anführen! →	Beilagen:	Presseaussendung zu TOP 2, Preisliste ab 1. 4. 2009
Wer soll das Protokoll bekommen? Oft genügen vereinbarte Kurzzeichen. →	Verteiler:	framü, emka, halau, pefre, kasch, ersu, hame, lymör

Dieses Muster ist als Downloadvorlage 5 im Internet verfügbar. [91]

---

[91] Näheres dazu siehe Seite 16.

40. Rezension

Die Rezension ist eng verwandt mit der Inhaltsangabe (Textsorte Nr. 33) und der Zusammenfassung (Textsorte Nr. 51) . Beide sollten schon vorher thematisiert und erprobt worden sein. In der Rezension erfolgt neben einer Inhaltsangabe zugleich eine Wertung. Es wird beurteilt, was an dem gelesenen Werk besonders bemerkenswert ist oder – auch das ist möglich – warum der Interessent nichts versäumt hat, wenn er auf die Lektüre verzichtet.

Die Rezension setzt ein hohes Maß an Lektüreerfahrung und damit an Vergleichsmöglichkeiten voraus. Ohne diese Vorkenntnisse ist eine kompetente Bewertung nicht wirklich möglich. Daher zählt die Rezension eindeutig bereits zu den höheren Schreibkompetenzen und kann bestenfalls gegen Ende der allgemeinbildenden Schulzeit erarbeitet werden, also im 8. oder 9. Schuljahr. Doch selbst dann ist diese Textsorte realistischerweise eher dem „Indikatorwert für höhere Ziele" (IHZ) [92] zuzuordnen.

In ganz einfacher Form bewährt sich jedoch bereits ab der 3. Schulstufe eine Kleinform der Rezension, nämlich die **Kurzrezension**. Sie sollte deshalb so früh wie möglich zur allgegenwärtigen Textsorte werden, weil sie das Lektüreleben einer Klasse ungemein beleben helfen kann. Die Kurzrezension lässt die Inhaltsangabe aus und konzentriert sich nur auf die persönliche Bewertung. Jeder, der ein Buch gelesen hat, fügt in einer ganz hinten im Buch eingeklebten Allonge seine persönliche Stellungnahme hinzu, die er dann auch unterschreibt oder paraphiert. Ziel ist dabei, dass Kinder platte Zuordnungen wie „cool" oder „fad" überwinden und sich differenzierter auszudrücken lernen[93], weil sie ihre Meinung begründen sollen.

41. Sachverhaltsdarstellung

Die Sachverhaltsdarstellung unterscheidet sich von der artgleichen Zeugenaussage (Textsorte Nr. 50) nur durch den Umstand des persönlichen Beteiligt-Seins an dem

---

[92] Siehe dazu Seite 382.

[93] Entsprechende Vorarbeiten im Mündlichen sind dafür unerlässlich. Näheres findet sich in Band 4, *Didaktik des Sprechens*.

berichteten Geschehen. Hier geht es also auch um die klare und detaillierte Darstellung einer Ereignisabfolge. Besonderes Augenmerk ist aber dabei darauf zu richten, welche Handlungen man innerhalb dieser Abfolge selbst gesetzt hat. Diese Handlungsweisen sollte man auch Schritt für Schritt begründen, ohne dabei ins Emotionale abzuleiten. Persönliche Schuldzuweisungen haben in dieser Textsorte nichts verloren.

Der Anwendung dieser Textsorte sollte nicht nur die schriftliche Zeugenaussage vorangehen, sondern auch profunde Kenntnisse aus dem Lernbereich Sprechen, nämlich die klare Unterscheidung von Sachebene und Beziehungsebene.[94]

Als Kurzcharakteristik könnten im „Textsortenheft" folgende Kriterien festgehalten werden:

- ähnlich der Textsorte „Zeugenaussage"
- wahrheitsgemäß nur Tatsachen berichten
- klar trennen , was man selbst getan hat und was andere getan haben
- sachlich bleiben
- keine Schuldzuweisungen aussprechen

42. SMS-Nachrichten

Diese Textsorte ist eines der typischesten Beispiele, wie die Schule moderne, allseits verwendete Bereiche des Schreibens hartnäckig negiert, obwohl diese Textform nicht nur privat, sondern auch in verschiedenen Berufsgruppen bereits zur alltäglichen Selbstverständlichkeit zählt. Daraus erwächst für die Schule der klare Auftrag, spätestens von der 5. Schulstufe an, das Wissen rund um den SMS-Bereich systematisch auszubauen. Kernpunkt ist – ähnlich wie bei E-Mails – die trennscharfe Unterscheidung zwischen privat und beruflich.

Doch zunächst zu den sprachlichen Problemen mit diesem modernen Kommunikationsmittel. SMS steht als Abkürzung für „short message service". Hätten wir uns im Deutschen die Mühe gemacht, den Begriff zu übersetzen, hieße das schlicht und einfach

---

[94] Näheres dazu findet sich in Band 4, *Didaktik des Sprechens.*

(außerdem für alle unmittelbar verständlich) „Kurzmitteilungsdienst". SMS ist also ein Dienst, der uns über das Mobilnetz zur Verfügung steht.

Sagt jemand „Ich schick' dir eine SMS", dann spricht er eigentlich Unsinn, denn „Ich schick' dir eine Kurzmitteilungsdienst" heißt nichts. Richtig wäre „Ich schick' dir eine SM (= eine Kurzmitteilung)" – aber so sagt es nun einmal niemand. Meint hingegen jemand „Ich halte dich per SMS auf dem Laufenden" ist es wieder richtig, denn das heißt vollständig ins Deutsche übersetzt „Ich halte dich auf dem Weg über den Kurzmitteilungsdienst auf dem Laufenden". Das Englisch-Kauderwelsch in unserer Sprache hat eben seine Tücken.

Wir schreiben uns als erstes einmal einige Formulierungen auf, übersetzen jeden Satz zur Probe ins Deutsche und vergeben selbst die Beurteilungen:

Ich schick' dir eine SMS.	falsch
Ich halte dich per SMS auf dem Laufenden	**richtig**
Schick' mir das als SMS.	falsch
Hast du meine SMS bekommen?	falsch
Wir verständigen uns über SMS.	**richtig**
Ich melde mich per SMS.	**richtig**
Sie sendet es als SMS-Nachricht an alle.	**richtig**

Jetzt wissen wir einmal in diesem Punkt genau Bescheid. Wir merken uns: Überall, wo SMS alleine falsch ist, können wir uns mit der Formulierung „SMS-Nachricht" helfen. Eine goldene Regel: „... per SMS ..." ist immer richtig und passt auch fast immer. Das letzte Satzbeispiel könnte also einfacher lauten „Sie sendet es per SMS an alle". Nur in einem der obigen Beispiele (Beispiel 4) geht es ausschließlich über den Umweg mit „SMS-Nachricht." [95]

---

[95] Mit Lernmaßnahmen dieser Art wirken wir endlich gezielt der aktuellen sprachlichen Unkenntnis entgegen. Der Gedanke ist zugegebenermaßen ein wenig gewöhnungsbedürftig. Wir Lehrkräfte jammern zwar meist nach Kräften über den schrecklichen Sprachverfall, erwarten aber anscheinend, dass irgendjemand anderer die Erlösung von diesem Übel zu bringen hätte. Nur: Wir selbst sind es, die etwas ändern müssen! Im Unterricht das tun, was notwendig ist, und nicht an Althergebrachtem kleben, ungeachtet der Frage nach der Aktualität. Was Erwachsene von heute nicht können, haben sie als Schüler nicht gelernt. Das ist die bittere Wahrheit. Daher: Schluss mit Jammern; Handeln ist angesagt.

Bei Tätigkeiten ist unsere Sprache aber immer auch auf der Suche nach einem Verb, das diese Tätigkeit beschreibt. So ist zum Telefon sehr bald das Wort telefonieren entstanden, zum Fax das Wort faxen, zum E-Mail das Wort mailen (nicht: E-mailen!). Die Parallelbildung bei SMS ließ auch nicht lange auf sich warten, nämlich „SMSen" oder „esemessen" oder „SM-essen". Aber: Eine SM kann man doch gar nicht essen, oder? – Bei diesem Wort steht also fest, man kann es nur noch sprechen, aber nicht mehr schreiben. Darum ist seit einiger Zeit ein neues Wort im Umlauf, aber es setzt sich nur langsam durch: „simsen". Man wird sehen, wohin die Entwicklung geht...

Der nächste Punkt zum Thema SMS sollte ein Anknüpfen an den „Handy-Knigge" sein, den die Schüler bereits vorher im Bereich Sprechen kennen gelernt und als Prüfungswissen(!) im Kopf haben sollten. [96] Wir rekapitulieren, bei welchen Gelegenheiten man den Empfang auf lautlos stellt – auch für SMS-Nachrichten! – und wo man am besten sein Mobiltelefon gänzlich ausschaltet.

Nun stellen wir alle Informationen und Wissensdetails zusammen, die wir über SMS haben:

- Zahl der pro Nachricht verfügbaren Zeichen? (Auch hier zählen – wie beim Inserat – die Leerschritte ebenfalls als Zeichen!)

- Kosten pro Nachricht? – Tarifvergleiche sind lohnend (und lebenspraktisch!)

- Die verschiedenen Schreibmodi – Buchstabe für Buchstabe tippen oder mit Wörterbuchfunktion schreiben? – Wie stellt man diese ein und wie geht man damit um? – Wir erkennen, dass verschiedene Mobiltelefonhersteller für gleiche Funktionen unterschiedliche Menüführungen haben, und fragen uns, ob dieser Zustand praktisch ist? [97]

- Wie schaltet man das Mobiltelefon auch im SMS-Bereich auf lautlos?

---

[96] Näheres dazu enthält der 4. Band der Reihe, *Didaktik des Sprechens.*

[97] Vielleicht sollte man im Zuge der europaweiten EU-Schulprojekte auch so handfeste Dinge wie konzertierte Zuschriften an Handy-Hersteller ins Auge fassen. Wenn Herstellerfirmen z. B. massiv und überzeugend aus ganz Europa den Wunsch übermittelt bekommen, sie mögen die Ladegeräteanschlüsse vereinheitlichen und von winzigen Steckern mit bestimmter Einsteckrichtung Abstand nehmen u. a. m, wer weiß, vielleicht könnte der Konsument dadurch eines Tages doch wieder an der Welt der Produkte etwas in seinem Sinn verbessern?

- Welche Abürzungen oder Spezialwortschreibungen sind allgemein üblich? (Kleines Lexikon erstellen von „hdl" bis „mfg", von *ggg* bis „4u"; was wir nicht wissen, wissen die Kinder![98])

- Unterschiede beim Abfassen privater oder geschäftlicher SMS-Nachrichten: Geschäftlich gilt die reguläre Rechtschreibung, privat ist Kleinschreibung üblich. Geschäftlich möglichst keine Abkürzungen verwenden, privat ist alles erlaubt. Geschäftlich keine Emoticons wie ☺ oder ☹ verwenden, privat ist das kein Problem. – Einzige Ausnahme: Im Kollegenkreis können spezielle Kürzel verwendet werden, z. B. „asap" (Näheres siehe bei Textsorte Nr. 25, Seite 141).

All die obigen Fragen ziehen Übersichten, Listen, Vergleichstabellen und viele andere Schreibaktivitäten nach sich. Das „Textsortenheft" füllt sich mehr und mehr. Arbeit für viele Tage, und am Ende steht klares Wissen...

Musterbeispiele von geschäftlichen SMS-Nachrichten:

```
Sehr geehrte Frau Müller,
wir erwarten Sie ab 15:45
Uhr am Infopoint in der
Bahnhofshalle.
Gute Reise wünscht
Team 24
```

```
18.3., Nachricht 1 v. 3:
GRABMAIR Heinrich,
Pol.-Nr. 877569/04,
44.Geburtstag,
0658/ 345 67 89
```

Diese Muster stehen als Downloadvorlage 6 im Internet zur Verfügung.[99]

Die Schüler sollen erraten, aus welchen beruflichen Bereichen diese Nachrichten stammen könnten. Während die erste nahezu selbsterklärend ist und rasch sinnvolle Interpretationen zulässt, muss man für die zweite wissen: Ein Außendienstmitarbeiter einer Versicherung bekommt täglich aus der Zentrale sog. „Anruf-Erinnerungen". Er weiß, dass er mit den genannten Personen heute Kontakt aufnehmen soll – darum ist die Telefonnummer gleich mit dabei! Gleichzeitig soll er fragen, ob alles in Ordnung ist,

---

[98] Es gibt übrigens tatsächlich bereits Wörterbücher zur SMS-Sprache, z. B. Andy Haller, SMS-Messages, Falken Verlag, Niedernhausen 2000. – Um wenigstens bei den vier Beispielen niemand im Stich zu lassen, hier die „Übersetzungen": „Hab dich lieb", „Mit freundlichen Grüßen", „grins-grins-grins"= höchster Ausdruck von Schadenfreude; „for you = für dich".

[99] Näheres siehe Seite 16.

ob er in nächster Zeit zu einer Beratung (= Anbahnung eines weiteren Geschäftsfeldes für die Versicherung) vorbeikommen soll usw. Unter der angegebenen Polizzen-Nummer findet der Außendienstmitarbeiter sofort per Mausklick auf seinem Laptop alle Unterlagen, durch die er top-informiert ist für das Telefongespräch. Diese Erinnerungs-SMS-Nachrichten sind landesweit für alle Außendienstmitarbeiter von der Zentrale voll automatisiert eingerichtet. Fällt ein Kunde weg oder kommt ein neuer dazu, wird die SMS-Datenbank sofort aktualisiert.

Kurze Zwischenfrage: Wie weit weg sind wir derzeit vom Aufsatz?...

43. Spielregeln

Ähnlich wie bei Gebrauchsanleitungen wird man nur relativ selten in die Situation kommen, selbst Spielregeln schriftlich verfassen zu müssen. Wo aber Spielregeln immer wieder eine große Rolle spielen, ist im Bereich des Mündlichen. Wo immer jemandem ein (neues) Spiel erklärt werden soll, das andere schon kennen, wird es eine spannende Frage, wie man die Regeln auf den Punkt bringen kann.

Unterstützend empfiehlt es ich daher, aus einem konkreten Anlass heraus solche aktuellen Spielregel-Einzelheiten schriftlich festzuhalten, weil die Schriftlichkeit die Erklärungsstruktur stärker hervorhebt und auch eine deutlichere Spur im Gedächtnis hinterlässt.

Eine andere Art der Auseinandersetzung mit Spielregeln ist die Frage nach der Verständlichkeit vorhandener Erläuterungen. Auch Kritik und Verbesserungsversuche sind wertvolle Lernprozesse. Es ist also durchaus einen Versuch wert, eine unserer Ansicht nach mangelhafte Spielregel umzuformulieren.

44. Steckbrief

FORM: plakatartige Gestaltung ; Fixpunkte: Überschrift „GESUCHT" oder „WANTED" plus zweite Überschrift mit Grundangaben, z. B. Name und Alter der gesuchten Person oder nur „Frau, ca. 30 Jahre alt" o. Ä.; stichwortartiges Schreiben, evtl. nach vorher erarbeiteten Kriterien in Listenform angeordnet; fixer Schlussteil: Hinweise an: ... Belohnung: .... [100] ; wenn vorhanden: Foto des Gesuchten oder Zeichnung.

ERARBEITUNG: Nach mitgebrachten Vorbildern (am besten aus Comics z. B. Lucky Luke, Kater Carlo – oder aus bekannten Kinderbüchern, z. B. Räuber Hotzenplotz, Harry Potter o. Ä.) die Textsorte entdecken und Gestaltungskriterien erarbeiten. Liste von Einzelmerkmalen erarbeiten, die dann als Handzettel verfügbar ist, wenn die Kinder selbst einen Steckbrief verfassen: Größe (ungefähr), Augenfarbe, Haarfarbe, Hautfarbe, Körperbau, bevorzugte Kleidung, sonstige Merkmale (Brille, Muttermal...)

DURCHFÜHRUNG als Ratespiel: Wir sitzen in einem möglichst großem Kreis. Jeder schaut immer in der ganzen Runde umher, sammelt aber in Wirklichkeit möglichst unauffällig nur Merkmale von einem der Mitschüler und macht dazu Stichwortnotizen auf einem Zettel. Die Frage der Körpergröße wurde vorher im Turnsaal (Aufstellen nach der Größe) oder in Mathematik (Messen, Vergleichen, Schätzen) bewusstgemacht.

45. Unfallbericht

Weil für Unfallberichte fast immer ein Formular vorgesehen ist, das die jeweilige Versicherungsgesellschaft vorgibt, sollten die Begriffswelt der Formulare sowie der Aufbau und Umgang mit Formularen schon im Vorfeld geklärt und ausgiebig erarbeitet worden sein (Textsorten Nr. 83 – 87).

Wenn man die Dramatik ausschaltet, mit der Unfallgeschehen stets verbunden ist, kann man bereits in der 3. Schulstufe mit dieser Textsorte beginnen: Wir denken uns, unser Klassenmaskottchen, Bärli Hupf, hätte sich ein Bein gebrochen, weil es aus zu großer Höhe von der Sprossenwand hinuntergesprungen ist. Wir füllen einen Unfallbericht aus und bedienen uns dabei des schuleigenen Formulars.

Ein Jahr später versetzt sich jeder in die Situation, er/sie wäre bei einem Radausflug durch die Unachtsamkeit einer fremden Person zum Sturz gekommen und hätte sich dabei leicht verletzt. Wir denken uns einen konkreten Ort, ein konkretes Datum und

---

[100] In der Klasse könnte es eine eigene Währung geben, z. B. den „Glückstaler"; eine solche Klassenwährung hat vielfältige Einsatzmöglichkeiten, wie sich vor allem im Band 4 zeigen wird.

eine konkrete Verletzung aus – und los kann es gehen. Unsere eigenen Personalien haben wir im Kopf, Formulare auszufüllen bereitet uns ebenfalls kein Kopfzerbrechen mehr. Die einzige echte Herausforderung liegt in der Schilderung des Unfallhergangs.

Eine solche Leistungsanforderung kann ohne weiteres auch als Schularbeit gegeben werden. Lebenspraxis pur wird dabei abgefragt!

Das Anforderungsprofil rund um den Unfallbericht kann also immer wieder gesteigert werden. Um das 8. oder 9. Schuljahr sollte jeder mit dem „Europäischen Unfallbericht"[101] vertraut sein. Den (selbstdurchschreibenden) Bericht im Original auszufüllen, ist einer Kopie auf jeden Fall vorzuziehen, weil auch die sachgerechte Handhabung des Schreibgeräts beim Durchschreibeverfahren als Lernprozess inkludiert ist. So ist etwa bei solchen Formularen die von der Schule stark favorisierte Füllfeder schlecht bis gar nicht geeignet. Auch das ist ein kleines Stück Lebenserfahrung.

46. Veranstaltungsprogramme

Mitgebrachte oder vorher gesammelte Veranstaltungsprogramme, z. B. von Theateraufführungen o. Ä. sollten als Modell dienen.

Jede schulische Veranstaltung wie Sportfest, Theateraufführung, Weihnachtsfeier, Schulschlussfest etc. wird für die konkrete Gestaltung dieser Textsorte genützt.

Veranstaltungsprogramme sollten gestalterisch mit den Plakaten und Einladungen abgestimmt werden und mindestens folgende Angaben enthalten:

- Titel, Ort sowie Beginnzeit und Ende der Veranstaltung
- Mitwirkende
- Einzelne Programmpunkte als nummerierte Aufzählung oder durch Uhrzeitangaben gegliedert
- Pausenangabe, die beiden Veranstaltungsteile deutlich gliedernd (vorher und nachher Leerzeile)

---

[101] Der Europäische Unfallbericht ist jederzeit bei den Autofahrerklubs erhältlich.

- Umrahmende Teile, z. B. Motto oder passender Spruch einleitend rechts oben; Abschlussworte wie „Wir wünschen gute Unterhaltung" oder "Der Reinerlös kommt dem SOS-Kinderdorf in … zugute."

Schulbezogene Veranstaltungsanlässe gibt es alle Jahre wieder, daher kann diese Textsorte – mit unterschiedlichem Anspruchsniveau und in wachsender Gestaltungskompetenz – jährlich mindestens ein- bis zweimal konkretisiert werden.

47. Verlaufsplanung

Der Verlauf von Wandertagen, Lehrausgängen o. Ä. wird im Unterricht gemeinsam erarbeitet, parallel dazu läuft meist auch die Textsorte „Ausrüstungsliste" (Nr. 20).

Vom Aufbau her sind solche Planungen dem „Veranstaltungsprogramm" (Nr. 46) sehr ähnlich, nur die Ausführung ist rein funktionell und somit bescheidener. Auch inhaltlich gibt es je nach Veranstaltung Unterschiede. Außerdem werden Planungen generell nur ca.-Angaben enthalten können. Bei Wanderungen sollten auch die jeweiligen Zeitdauerangaben berechnet werden (45 Minuten Aufstieg – 10 Minuten Rast – 30 Minuten Höhenweg – 25 Minuten Anstieg bis zum Gipfel – 30 Minuten Gipfelrast – 70 Minuten Abstieg …). Wenn die Klasse durch diese Strukturierung des Tages im Vorhinein auf das Kommende eingestimmt ist, wird der Genuss für alle merklich größer, und auch das Jammern („Wie weit ist es noch?") hält sich dann eher in Grenzen.

Verlaufsplanungen können von der 3. bis zur 9. Schulstufe immer wieder zum Gegenstand der Textsortenarbeit werden. Im Laufe der Jahre wird kaum noch Hilfestellung durch die Lehrkraft nötig sein.

48. Verlaufsprotokoll

Das Verlaufsprotokoll sollte zur Gänze den allseits verhassten Aufsatz vom Schulausflug ersetzen.[102]

---

[102] Man vergleiche dazu die früheren Überlegungen, siehe Seite 90 ff.

Dieses Protokoll ist eine Parallelform zur vorhergehenden Planung. Es hält den tatsächlichen Verlauf des Tages fest und kommentiert eventuell die entstandenen Abweichungen. Interessant für Schüler ist – wenn schon einige Routine bei beiden Textsorten besteht – eine gestaltungstechnische Spielerei, indem beide Textsorten auf einem Blatt angelegt werden. In diesem Fall könnte die Planung so angelegt werden, dass daneben oder dazwischen entsprechend Platz freigelassen wird, um den tatsächlichen Verlauf an Ort und Stelle in einer anderen Farbe gegenüberstellen zu können. Lassen wir getrost die Kinder selbst Modelle entwerfen. Wir schalten uns erst bei der gemeinsamen Vorstellung, Besprechung und Bewertung der einzelnen Varianten wieder mit ein.

Ein zusätzliches Detail sollte beim Verlaufsprotokoll aber keinesfalls fehlen: ein fixer Platz im letzten Teil des Blattes, der eventuell auch optisch durch einen Rahmen absticht. Dieser letzte Teil erhält z. B. den Titel „Erzählfoto" – diese Formulierung hat sich im Grundschulalter als passend herausgestellt – oder später z. B. „Schnappschuss-Situationen". Von der Sache her geht es bei beiden Titeln um dasselbe. Jeder erlebt auf einer gemeinsamen Wanderung oder sonstigen Veranstaltung irgendetwas, das ihn besonders beeindruckt: ein besonders schöner Moment, ein überraschendes oder lustiges Ereignis, eine besondere Tierbegegnung, eine Entdeckung, durchaus aber auch eine enttäuschende oder ärgerliche Situation, eine Panne und, und, und...

Ich versuche die Kinder dazu zu motivieren, solche ganz persönlichen Eindrücke als Erinnerung an diesen Tag aufzuschreiben. Wir werden uns dessen bewusst, dass wir diesen Tag in dieser Konstellation mit diesen Einzelereignissen nie wieder erleben werden. Wenn wir etwas davon für immer aufheben wollen, geht das meist nur durch Fotos oder Erinnerungstexte. [103] Inhaltlich geht diese Textform in Richtung „Tagebuch-notizen" (Nr. 109). Formal sind diese Texte ganz frei. Die Ketten des Formalzwangs in Einleitung – Hauptteil – Schluss sind gesprengt und möglichst für immer vergessen. Die von den Kindern selbst gewählte Gestaltungsart ist am ehesten als Kurzgeschichte zu bezeichnen. Die einzige von mir kommende Einschränkung: Stichwortnotizen sind hier nicht passend.

Wichtig ist in diesem Zusammenhang noch etwas: Niemand aus der Klasse soll sich zu diesem Kurztext gezwungen fühlen. Nur was aus freien Stücken entsteht, kann den Schreiber zu einem motivierten Text führen. Die Schreibmotivation in der Klasse sollte

---

[103] Vgl. dazu Seite 94.

eher über den Ansteckungseffekt laufen. Stellt man etwa die verschiedenen kurzen Texte in der Klassenzeitung zur Schau, findet sich der eine oder andere Nachzügler, der dann besonders strahlt, weil er von mir ein Extralob einheimst.

Bei notorisch Schreibfaulen kommt es natürlich schon einmal vor, dass ich nachfrage: „Du hast wirklich nichts an dem ganzen langen Tag erlebt, wo du dir denkst, das war besonders schön? Nichts, was du dir aufheben willst? " – Meist kommt dann doch eine verbale Schilderung heraus. Doch die Umsetzung ins Schriftliche empfehle ich nur, erzwinge sie aber nicht. Nur intrinsische Motivation ermöglicht gute Qualität des Geschriebenen.

49. Wegbeschreibung

Artverwandt und kombinierbar mit der Lageskizze (Nr. 36). Die Art der Textgestaltung sollte möglichst funktionell sein. Sie kann in wohlgeformten Sätzen erfolgen, aber ebenso stichwortartig eine Skizze verdeutlichen.

Ein Beispiel für eine ausformulierte Version:

Wie ihr unser Blockhaus im Wald findet?

... Nach der Ortsdurchfahrt durch Mausern ca. 2 km weiterfahren. Im nun folgenden Waldstück in der ersten scharfen Rechtskurve links auf einen Waldweg abbiegen. Achtung: Weder hier, noch im weiteren Straßenverlauf gibt es Wegweiser! Der Waldweg gabelt sich immer wieder. 3 x jeweils die linke Abzweigung nehmen, bei der 4. Gabelung rechts fahren. Orientierungshilfe zur Sicherheit: Ca. 100 m nach dieser Gabelung sieht man links im Wald eine große Wild-Futterstelle (Krippe und kleine Holzhütte). Von hier sind es nur noch ca. 500 m bis zur nächsten Waldlichtung. Dort steht unser Blockhaus. – Ihr seid am Ziel.

Nicht vergessen: Trinkwasser und Taschenlampen mitnehmen! Kerzen und Nutzwasser sind vorhanden.

Wir freuen uns schon auf euch!

Dieses Beispiel steht im Internet als Downloadvorlage 7 zur Verfügung.[104]

---

[104] Näheres siehe Seite 16.

Man könnte diese Beschreibung in Partnerarbeit in eine Lageskizze mit stichwort-artigen Hinweisen umarbeiten lassen. Ein anschließender Vergleich der verschiedenen Umsetzungen wird aufschlussreich sein.

Das Thema Wegbeschreibung sollte zuvor im mündlichen Bereich in verschiedenen Schwierigkeitsgraden abgehandelt worden sein.[105] Die schriftliche Bearbeitung des Themas sollte von der 3. Schulstufe an jährlich immer wiederkehren und vom Einfachen zum Komplexeren weiterentwickelt werden. Das obige Beispiel ist etwa in einer 5. oder 6. Schulstufe anzusiedeln.

50. Zeugenaussage

Bevor eine Zeugenaussage schriftlich entsteht, muss die mündliche Version geläufig sein. – Das geschieht im Lernbereich Sprechen.[106] Von dort her sind die Kriterien dieser Textsorte bekannt.

Die 5 W-Fragen müssen beantwortet sein

- Wer?
- Was?
- Wie?
- Wann?
- Wo?

Das „Was?" und vor allem das „Wie" sind die Kernpunkte der Zeugenaussage.

Wir sind uns weiters bewusst, dass jede Zeugenaussage nur

- die sicher wahrgenommenen Beobachtungen
- keine Vermutungen und
- keine Schuldzuweisungen

enthalten darf. Also nicht „Der Kerl war total betrunken, er hat sich schon nicht mehr auf den Beinen halten können. Da ist es ja kein Wunder, dass er vom Gerüst fällt!",

---

[105] Näheres dazu findet man im Band 4, *Didaktik des Sprechens*.

[106] Näheres dazu siehe Band 4, *Didaktik des Sprechens*.

sondern: „Ich habe gesehen, wie der Mann 3 – 5 Sekunden lang auf dem Gerüstbrett geschwankt hat. Plötzlich ist er zur Seite gekippt und vom Gerüst abgestürzt."

Sachliche Darstellung in jedem Detail ist in der Zeugenaussage verpflichtend. Ebenso verpflichtend ist, dass die Darstellung wahrheitsgemäß sein muss. Die Schuldfrage zu ermitteln ist nicht unsere Angelegenheit, sondern Sache des Gerichts. Das soll schon die Schule als Grundwissen vermitteln.

Zur Schulung des Blicks für Sachlichkeit sollte man einige verschiedene Beispiele analysieren und bewerten lassen. Das schärft den Blick für das Wesentliche.

51. Zusammenfassung

Wer mit Stichwortnotizen (Textsorte Nr. 14) bereits umgehen kann, sollte sich die Fertigkeit erobern, sachbezogene Texte zusammenzufassen. Dabei kann es sich sowohl um fremde als auch um eigene Texte handeln.

Als „Abstract" zählt die Zusammenfassung einer eigenen Arbeit zwar dann bereits zu höheren Zielen, dennoch ist die Fertigkeit im grundlegenden Sinn zur Allgemein-bildung zu zählen. Jeder Berufstätige sollte imstande sein, den Inhalt einer mehr oder weniger umfangreichen Darstellung zu einem Sachthema (Fachartikel, Zeitungsartikel, Fachbuch) mit knappen Worten wiederzugeben und das Wesentliche dabei heraus-zuarbeiten.

Die Annäherung an diese Arbeitstechnik sollte in wachsenden Teilstufen erfolgen. Beginnend beim berichtenden Zeitungsartikel im Lokal- oder Sportteil, sollte über Kolumnenartikel bis hin zu umfangreicheren Reports oder Recherchen die Komplexität der Themenstellung Stück um Stück gesteigert werden. Vorausgesetzt ist dabei immer, dass man einen Artikel nicht nur mit Hervorhebungen versehen, sondern ihn auch mindestens 2- bis 3-mal aufmerksam durchgelesen hat. Das Minimum lautet: So oft lesen, bis man alles verstanden hat.

Inhaltlich sollte eine Zusammenfassung immer so knapp wie möglich gehalten werden. Ihre Bestandteile sind:
- Angabe des Autors und Wortlaut des Artikels/Buches
- Grundlegende Fakten/Grundgedanken/Argumente
- Schlussfolgerung des Autors

Der letzte Teil (Schlussfolgerung) entfällt bei Zusammenfassungen von Berichten aus Sport- oder Lokalteil noch, aber bereits bei Kommentaren zu Lokal- oder Sportereignissen kommt er zum Tragen.

Die Darlegung der Fakten oder Argumente sollte hier – anders als beim Exzerpt (Textsorte Nr. 28) – so knapp wie möglich gehalten und auf das Wesentliche beschränkt werden. Wichtig ist dabei, dass keine persönliche Meinung eingeflochten werden darf, sondern nur der Inhalt des Gelesenen wiederzugeben ist.

Als Faustregel für den Umfang der Zusammenfassung kann gelten, dass sie – entsprechend der obigen Punktation – aus drei Absätzen besteht. Allerdings kann es natürlich bei komplexeren Zusammenhängen erforderlich werden, den Mittelteil auf mehrere Absätze auszuweiten.

Appellierende Texte

WICHTIGSTE SPEZIELLE UNTERGRUPPE
„Geschäftsbrief" oder "förmlicher Brief":

52. Geschäftsbrief – vereinfachte Version

Die hier vorgeschlagene vereinfachte Version für den Geschäftsbrief ist für Schüler der Schulstufen 4 bis 6 gedacht, sozusagen als Propädeutikum für die später folgende Vollversion.

Weil immer wieder die Ansicht geäußert wird, Geschäftsbriefe seien im Grundschulalter verfrüht, soll schon an dieser Stelle klargestellt werden: Das Gegenteil ist der Fall. Es gibt auch im Leben von Grundschulaltrigen genügend Gelegenheiten, sich schriftlich zu Wort zu melden. Näheres dazu findet man weiter unten bei den Textsorten Nr. 54 (Anfrage/Anregung) und Nr. 56 (Reklamation/ Beschwerde), aber auch bei Textsorte Nr. 64 (Leserbrief).

Die Kenntnis der richtigen Form des Geschäftsbriefs ist nicht nur lebensnotwendiges Wissen, sie ist auch – anders als der Aufsatz – weitgehend lernbar.

Aufbau eines „Geschäftsbriefs"

(Vereinfachte Form für die 4. – 6- Schulstufe)

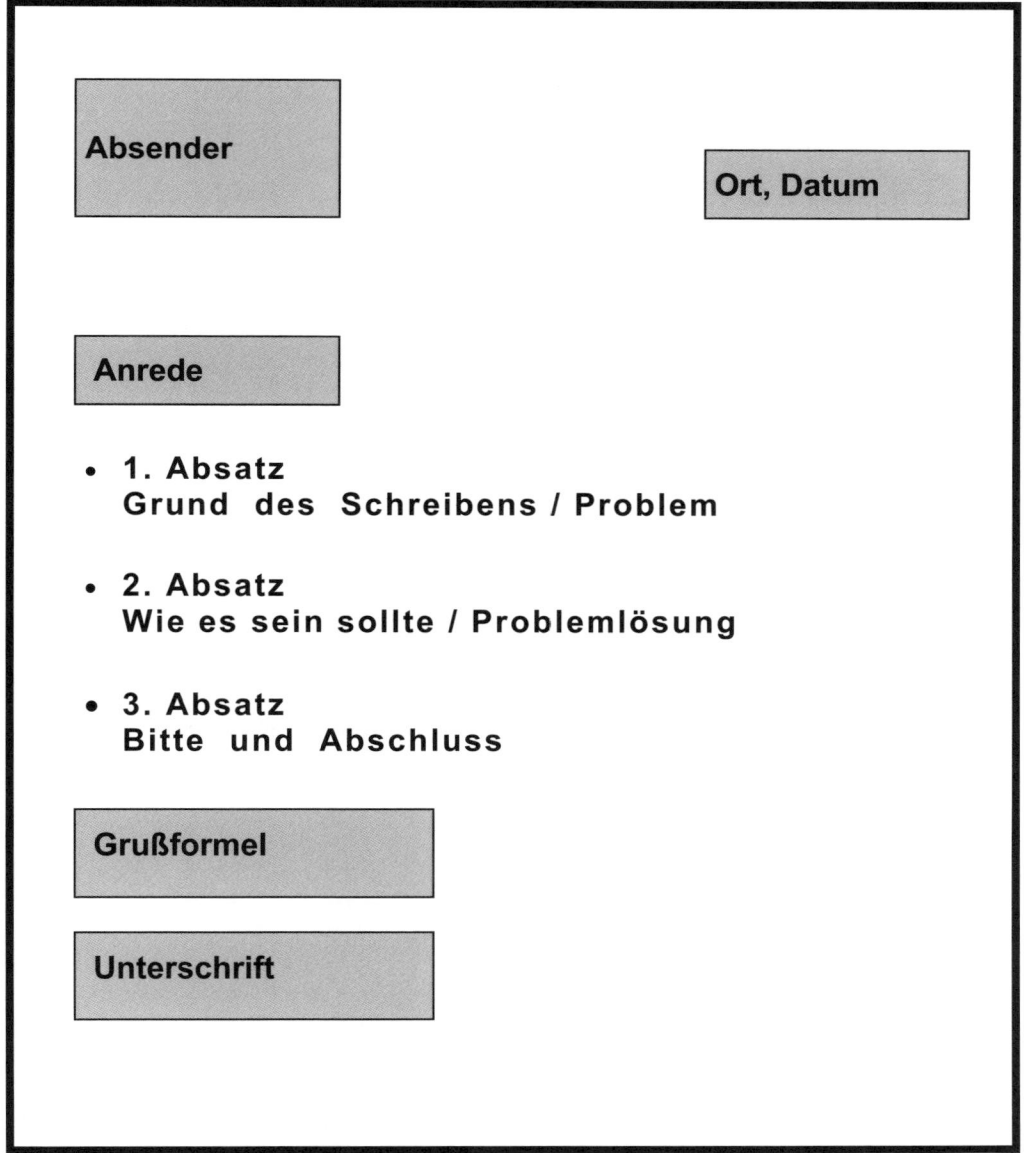

Dieses Schema steht im Internet als Downloadvorlage 8 zur Verfügung. Näheres siehe Seite 16.

Die fünf grau unterlegten Teile im Brief sind formelhaft und daher für alle lernbar:

Absenderangabe fürs Erste immer in standardisierter Form, also analog zur Adresse. Details dazu siehe Textsorte Nr. 79.

Datum immer alphanumerisch mit ausgeschriebener Jahreszahl. Details dazu siehe Textsorte Nr. 82.

Anrede immer „Sehr geehrte Frau X...", „Sehr geehrter Herr Y..." oder „Sehr geehrte Damen und Herren, ..." Details dazu siehe Textsorte Nr. 82.

Grußformel am besten „Mit freundlichen Grüßen" (ohne schließendes Satzzeichen) Details dazu siehe Textsorte Nr. 82.

Unterschrift immer gleich: zuerst Vorname, dann Zuname; beide ausgeschrieben in individuellem Namenszug usw. Details dazu siehe Textsorte Nr. 93.

Die drei Absätze des Brieftextes sind zumindest inhaltlich vorstrukturiert und insofern auch wenigstens zum Teil für alle lernbar. Natürlich werden sich sprachgewandtere Kinder ungleich besser ausdrücken als sprachlich weniger entwickelte. Trotzdem können auch Schwächere von der Sache und von der Form her Leistungen in guter bis zufriedenstellender Form erbringen.

Die Einhaltung der Form (= Abfolge der Teile) ist ebenfalls lernbar. Hier sollten auch gleich zwei weitere Wissensbestandteile Gestalt annehmen:

- Möglichst keine Wörter trennen, also nur im Notfall abteilen (vgl. Textsorte Nr. 83) und

- Absatzgliederung einhalten: Ein neuer Absatz wird durch eine Leerzeile ersichtlich gemacht.

Wer sich dieses Wissen angeeignet und durch mehrmalige Anwendung erprobt hat, wird ohne größere Umstellschwierigkeiten von der 7. Schulstufe an auch die „Vollversion" des Geschäftsbriefs schaffen, die hier nun im Detail vorgestellt wird.

53. Geschäftsbrief – Vollversion

Diese Art des Geschäftsbriefes sollte möglichst nur noch über die Tastatur erstellt werden, denn die gesamte Aufbaustruktur ist beim vollwertigen Geschäftsbrief auf die Größenordnungen maschineller Textverarbeitung abgestellt. Im Vergleich zur vereinfachten Version treten folgende Elemente hinzu:

Nach der Absenderangabe oder dem Briefkopf folgt – in genau definierter Position – die **Empfängeradresse**. Diese wird nun im Vergleich zum bereits erarbeiteten Wissen aus der Textsorte Nr. 79 „Adressen und Kuvertbeschriftung" nochmals erweitert, weil bei **Firmenadressen** zusätzliche Gesichtspunkte hinzutreten:

Das Adressfeld für die Empfängeradresse umfasst 6 Zeilen. Dazu kommt, durch eine Leerzeile getrennt, ganz oben eine fallweise einsetzbare „Zeile Null". In der schematischen Übersicht samt Beispiel wird das klarer:

Gestaltung:		*Beispiel:*
0	**Beförderungsvermerk** (fallweise)	**Einschreiben**
--		
1	**Firmenname**	Schuhfabrik Lederle OHG
2	**Abteilung** (wenn bekannt)	Rechnungswesen
3	**Person** (wenn bekannt)	Frau Margit Seifert
4	**Straße + Hausnummer**	Industriezeile 51-55
5	**Postleitzahl + ORT**	1100 WIEN
6	**LAND** (nur, wenn Ausland)	

Die Zeile für den Beförderungsvermerk wird eher nur selten auszufüllen sein. Mögliche Vermerke sind z. B. „Einschreiben", „Priority" oder „Vertraulich". Der Beförderungsvermerk kann zur Verdeutlichung fett geschrieben werden.

Firmennamen müssen buchstabengetreu übernommen werden. Wer im obigen Beispiel nur an die „Schuhfabrik Lederle" schreibt und auf den Zusatz „OHG" vergisst, darf sich nicht wundern, dass z. B. seine Rechung trotz Mahnung wieder nicht bezahlt wird. [107]

---

[107] Der Hintergrund dafür ist, dass es gesetzliche Pflichtangaben für Rechnungen gibt. Dazu zählt auch die korrekte Narmensangabe der belasteten Firma.

Die angeschriebene Person innerhalb der Firma wird – im Unterschied zur Privatadresse – mit allen Anredeteilen **einzeilig** angeführt. Das gilt auch, wenn Titel [108] hinzutreten, also z. B.

Frau Direktor Dr. Margit Seifert

In dieser Zeile war es lange Zeit üblich „z. Hd.", also „zu Handen" dazuzuschreiben. Auf diesen Vermerk verzichtet man heute längst, weil der Brief auch dann bei Frau Direktor Seifert landet, wenn nur ihr Name dabeisteht und nicht zusätzlich der Wortlaut „zu Handen". Das heißt: Der Vermerk „zu Handen" ändert nichts, daher ist er überflüssig.

Die Ortsangabe, die im obigen Beispiel in VERSALIEN angeführt ist, kann zwar im Inlands-Postverkehr auch in gewöhnlicher Druckschrift geschrieben werden. Aber Firmen, die alle Kontaktadressen (inländische und ausländische) in einer Adress-datenbank gespeichert haben, sind gut beraten, ihre Adressen nach einem gleichbleibenden Schema anzulegen. Da ist die generelle Großschreibung ein praktisches gemeinsames Prinzip. Auslandsadressen sind dann nur um die Zeile mit der Landesangabe erweitert.

Das **Datum** wird in die nächste Zeile nach der Empfängeranschrift gestellt, aber rechtsbündig angesetzt.

Das nächste Element der Vollversion des Geschäftsbriefes ist die sog. **Betreffzeile.** In dieser Zeile steht – in der Art einer Schlagzeile – kurz gefasst, worum es im Brief geht. Das Wort Betreff selbst wird nicht geschrieben. Die Betreffzeile sollte sich aber deutlich abheben und wird daher am besten durch **Fettschrift** hervor-gehoben.

Die **Briefanrede** und der nun folgende **Brieftext** sind im Prinzip bereits durch das Vorwissen bewältigbar. Einziger Unterschied: Der Geschäftsbrief in der Berufs-welt ist im Normalfall eine Reaktion auf ein vorangegangenes Korrespondenzstück. Daher wird im ersten Teil des Textes ein Bezug zu diesem Brief hergestellt werden müssen. Somit ergibt sich im Normalfall folgender Textaufbau:

1. Bezug auf den vorangegangenen Brief (meist Dank oder Entschuldigung)
2. nächste Schritte als Folge daraus
3. Schlussteil

---

[108] Näheres dazu siehe unter Textsorte Nr. 79, Seite 236 ff.

Der letzte markante Unterschied im Vergleich zur vereinfachten Version des Geschäftsbriefs ist der **Grußblock.** Er sollte nie mit dem letzten Satz des Textes zusammengehängt werden, also nicht:

> ~~Wir hoffen, dass Sie mit dieser Lösung einverstanden sind, und verbleiben~~
>
> ~~mit freundlichen Grüßen~~

sondern:

> Wir hoffen, dass Sie mit dieser Lösung einverstanden sind.
>
> Mit freundlichen Grüßen

Der Grußblock hat im Firmenbereich folgenden Aufbau:

- Grußzeile („Mit freundlichen Grüßen...")
- Leerzeile
- Firmenangabe
- Leerzeilen (mindestens 3, damit Platz für die Unterschrift bleibt)
- Name des Unterschreibenden, nicht in Klammern!
- Funktion des Unterschreibenden, ebenfalls nicht eingeklammert!

Beispiel für den Grußblock:

Mit freundlichen Grüßen

AbfallverwertungsAG

Manfred Theiner

Manfred Theiner
Geschäftsführer

Aus praktischen Gründen wird der Grußblock normalerweise linksbündig gestellt. Er könnte aber auch mittig stehen oder nach rechts gerückt werden – doch das bringt keinerlei Vorteile, sondern bedeutet nur mehr Arbeit.

Was Schulabgänger zumindest andeutungsweise im Zusammenhang mit der Unterschrift bei Firmenbriefen wissen sollten: W e r in der Firma w a s unterschreiben darf, ist meist in einer **Unterschriftenordnung** geregelt. Im Zweifelsfall sollte man daher auf jeden Fall fragen, wer ein Schriftstück unterschreibt oder unterschreiben darf!

Blatteinteilung

Nach diesem Überblick soll es um die Detailfrage der Positionierung der einzelnen Textteile gehen.

Der linke Schreibrand sollte 2 bis 2,5 cm breit sein, damit der Brief später gelocht und abgelegt werden kann. Auch für das Adressfenster des Kuverts ist ein ausreichender Seitenabstand wichtig.

Der **Briefkopf** bzw. die Absenderangabe kann – gemessen vom oberen Blattrand – bis zu 4,5 cm Platz beanspruchen.

Die **Empfängeradresse** muss auf dem Blatt einen bestimmten Standort haben, damit sie dann im Kuvertfenster vollständig zu sehen ist: Vom oberen Blattrand gemessen muss sie zwischen 5,5 und 8,5 cm zu stehen kommen. Wer nun meint, das sei verrückt, wenn man bei jedem Brief zuerst einen Probeausdruck machen, ein Lineal zücken und nachmessen müsste, der irrt, denn die Sache ist einfacher als man denkt.

Setzen Sie sich an Ihren PC und öffnen Sie irgendein Dokument in Ihrem Textverarbeitungsprogramm. Wenn Sie mit Word arbeiten, finden Sie im Word-Fenster im unteren Randbereich eine sog. Task-Leiste mit verschiedenen Angaben. Die vierte Angabe von links gibt nach dem Wort „Bei" einen Wert in cm an. Dieser Wert weist aus, wo der Cursor – gemessen vom oberen Blattrand – steht. Wandern Sie Zeile für Zeile mit dem Cursor nach unten, und Sie werden sehen, wie sich der cm-Wert jeweils um 4-5 mm verändert. Damit haben Sie für die Orientierung im senkrechten Blattverlauf ein praktisches Hilfsmittel zur Verfügung.

Sobald Sie in einem Brief die Empfängeradresse eingesetzt haben, checken Sie die erste und die letzte Zeile des Adressblocks. Die „Bei"-Angabe sollte zwischen 5,5 und 8,5 cm liegen. Ist das nicht der Fall, kann das nun rasch und punktgenau erledigt werden, indem man oberhalb des Adressfeldes Leerzeilen einfügt oder löscht, bis die Positionen stimmen. – Beim dritten Brief, den Sie mit gleichbleibendem Briefkopf schreiben, wissen Sie schon, wie viele Zeilenschaltungen von dort aus nötig sind, damit alles passt.

Wenn die Empfängeradresse fertig positioniert ist, schreibt man in der nächsten Zeile rechtsbündig das Datum. Von hier an kann folgende Routine (jeweils linksbündig geschrieben) ihren Lauf nehmen:

4 x schalten (ergibt 3 Leerzeilen) → Betreff schreiben (in Fettschrift)
3 x schalten (ergibt 2 Leerzeilen) → Briefanrede schreiben
2 x schalten (ergibt 1 Leerzeile) → Brieftext beginnen

Kurz-Merkregel für die Zeilenschaltungen vom Datum an: 4 – 3 – 2

Weil es wichtig ist, den Sinn von Festlegungen zu verstehen: Nur wer das **Adressfeld** am richtigen Platz hat, kann mit der „4x-schalten-Regel" nach dem Datum die Betreffzeile am richtigen Ort platzieren. Sie darf nämlich keinesfalls im Kuvertfenster aufscheinen, man würde sonst selbst das Briefgeheimnis verletzen. Der Betreff beschreibt ja den Inhalt des Briefes, und der geht niemand anderen etwas an als den Empfänger.

Die nachfolgenden Leerschaltungen ergeben funktionelle, optisch ansprechende Abstände.

Innerhalb des Brieftextes sollte deutlich in einzelne Absätze gegliedert werden.
- Inhaltliche Faustregel: neues Thema = neuer Absatz.
- Formale Regel: neuer Absatz = 2 Zeilenschaltungen = 1 Leerzeile.

Alles Weitere entnehmen Sie bitte dem nachfolgenden Muster. Es ist hier im Vergleich zum Original zwar relativ schlecht lesbar, aber das Original ist als *Downloadvorlage 9* im Internet für Sie verfügbar. [109]

---

[109] Näheres siehe Seite 16.

Aufbau eines Geschäftsbriefs / Vollversion

← *Firmenkopfbereich (bis 4,5 cm von oben) frei gestaltbar, die Angaben sollten aber normgerecht sein* →

Kuddel + Muddel OEG
Dr.-Karl-Renner-Allee 3, 1010 Wien, Österreich/Austria
Tel.: +43 1 333 33 33, Fax: +43 1 333 33 34
E-Mail: kuddelmuddel@web.at

Priority
¶   ← *Beförderungsvermerk, z. B. „Priority", „Einschreiben"oder „Per Fax an ..."*

Weitblick Ges. m. b. H. ← *Das Wort „Firma" unterbleibt, wenn eindeutig ist, dass es sich um eine Firmenangabe handelt*
Frau Dkfm. Elisabeth Kügerl ← *kein „zu Handen" – die Bezugsperson innerhalb des Unternehmens ist auch so erkennbar!*
Lautgasse 12   ← *Adressfeld-Kernbereich zwischen 6 cm und 8 cm vom oberen Blattrand gemessen; max. 5,5 - 8,5 cm*
1280 Wien   ← *kein Landeskennzeichen vor der Plz.; bei Sendungen ins Ausland: Landesangabe eigener Zeile*

Datum rechtsbündig 1-3 Zeilen nach der Anschrift; Jahreszahl ausschreiben →   Wien, 16. April 2008
¶
¶   ← *nach der Datumzeile ca. drei Leerzeilen = 4x schalten, sodass die Betreffzeile ca. 11 cm von oben*
¶   *gemessen beginnt*
Lieferproblem   ← *Wort „Betreff" nicht schreiben; keine Unterstreichung, nur fett; inhaltliche Aussage zum Brief!*
¶
¶   ← *zwei Leerzeilen = 3x schalten (Fixabstand)*
Sehr geehrte Frau Diplomkaufmann Kügerl, ← *Titel ausgeschrieben (Grade evtl. abgekürzt) plus Zuname, Anrede*
¶   *eher mit Beistrich schließen; 1 Leerzeile (fix), Text beginnt klein:*
danke für Ihre Bestellung, mit der wir leider ein kleines Problem haben. Unser Zulieferer
aus Übersee hat uns irrtümlich Waren geliefert, die nach australischen Normen hergestellt
sind. Daher ist es uns derzeit nicht möglich, Ihren Bestellwunsch zu erfüllen. Wir bitten
Sie um Ihr Verständnis.
¶   ← *Absatz = eine Leerzeile = 2x schalten (fix); der Zwischenraum kann bei Bedarf verringert werden*
Die Ersatzlieferung wird in frühestens zwei Monaten eintreffen. Dürfen wir trotzdem damit
rechnen, dass Ihre Bestellung aufrecht bleibt?
¶
Es tut uns leid, dass wir Ihnen nichts Erfreulicheres mitteilen konnten, hoffen aber doch,
dass Sie uns als Kundin treu bleiben.
¶
Mit freundlichen Grüßen
¶
Kuddel + Muddel OEG
¶   ← *mindestens drei Leerzeilen für die Unterschrift freilassen = 4x schalten*
¶
Martha Muddel   ← *Namensangabe, wenn nicht mit Absender identisch: (Titel) + Vorname + Zuname, nicht einklammern*
Geschäftsführerin   ← *Funktion oder Abteilung*
¶
¶   ← *„angemessener Abstand", am besten drei Leerzeilen = 4x schalten*
¶
Kleinteilekatalog ← *Fettschreibung empfohlen; bei mehreren Beilagen das Wort „Beilagen:" als Überschrift wählen und*
                       darunter alle einzeln anführen; bei Platzmangel können diese Angaben rechts vom Unterschriftenblock stehen
Verteiler: Dr. Rotter, Fertigung, Expedit, Zentralablage   ← *Internes: linksbündig in der letzten beschreibbaren Zeile, möglichst klein*

Stand: ÖNORM A 1080 vom 1. März 2007   **© Dr. Horst Fröhler, Wien 9.**

54. Anfrage und Anregung

Bei einer **Anfrage** erbittet man auf schriftlichem Weg eine Auskunft. Die **Anregung** hingegen enthält einen Vorschlag oder eine Bitte, eine ungünstige Situation zu verbessern. Beide Textsorten folgen vom Aufbau her der dreiteiligen Inhaltsstruktur, die bei Textsorte Nr. 52 vorgestellt wurde. Ebenfalls gemeinsam ist beiden Textsorten, dass bei ihnen im Vergleich zu Reklamation und Beschwerde (Nr. 56) keine Gefahr besteht, dass die Formulierungen zu emotional geraten.

Man mache sich mit der Klasse auf die Suche, welche Anlässe es für beide Sorten im Schul- oder Klassenleben gibt. Gelegenheiten für schriftliche Anfragen wären z. B. der Erscheinungstermin eines lange erwarteten Bestsellers oder die Frage, ob man eine Neuerscheinung vorreservieren lassen kann. Auch die Frage, ob dieses oder jenes (Computer-)Spiel lagernd ist, und was es kostet, wäre ein mögliches Anfragethema. Bei allen Anfrageanlässen sollte vorher überlegt werden, ob eine mündliche, meist telefonische [110], oder eine schriftliche Anfrage besser wäre. Die telefonische Anfrage führt schneller zur gewünschten Information, aber diese Information ist natürlich gänzlich unverbindlich. Bei der schriftlichen Anfrage hingegen hat man mit der schriftlichen Antwort „etwas in der Hand".

Zahlreiche Gelegenheiten für Anfragen gibt es immer wieder bei Unterrichts-projekten und gemeinsamer Planung von Veranstaltungen: Informationen ein-holen, aber auch um Sponsoring-Beiträge bitten, bis hin zu Sachspenden für die Tombola beim Schulschlussfest – die Ideen werden nicht so schnell ausgehen, wenn man in solchen Kategorien denken gelernt hat.

Gelegenheiten für Anregungen aller Art ergeben sich meist schon im Umfeld der Schule. Man mache sich auch da mit der Klasse auf die Suche: Fahrplanver-besserungen bei Bus und Bahn für Fahrschüler; Schutzbügel auf dem Gehweg vor dem Schultor; Zebrastreifen/Fußgängerampel/Polizeieinsatz an neuralgischen Punkten in Schulnähe; Wartehäuschen an Umsteigestellen im öffentlichen Verkehr; kinderfreundliche Ausgestaltung des Parks in der Nähe der Schule; Schulstraße für Durchzugsverkehr sperren; Wunsch an die Gemeinde: Errichtung einer großen Schulsportanlage auf der freien Wiese in Schulnähe usw.

---

[110] Dieser Bereich wird in Band 4, *Didaktik des Sprechens*, näher beleuchtet.

All diese Aktivitäten zeigen – ebenso wie die Schreibanlässe, die bei Textsorte Nr. 56 (Reklamation und Beschwerde) oder Nr. 64 (Leserbrief) thematisiert werden – dass Kinder zwar an Körpergröße noch kleiner sind als Erwachsene, aber dass sie sich in absolut gleicher Weise Gehör verschaffen können und ein Anrecht darauf haben, ernst genommen zu werden. Ein enorm wichtiger Beitrag zur Entwicklung eines gesunden Selbstwertgefühls und Selbstbewusstseins, aber auch eines gesellschaftlichen Engagements. Nur aus solchen Haltungen und Einstellungen heraus können aus Kindern durch die Allgemeinbildungsleistung der Schule mündige Bürgerinnen und Bürger werden. Mit dem Aufsatz-Schreiben allein ist das nie und nimmer erzielbar.

55. Ansuchen

Diese Textsorte ist im Schulbereich relativ selten. Auch im Erwachsenenleben kommt sie nicht sehr häufig vor. Trotzdem sollte man grundsätzlich Bescheid wissen, worauf es bei einem Ansuchen ankommt. In den höheren Klassen der Pflichtschulzeit (7., 8. oder 9. Schulstufe) sollte daher das Formulieren eines Ansuchens zumindest einmal erprobt werden.

Der formale Aufbau entspricht grundsätzlich dem Geschäftsbrief (Vollversion). Auch die Briefanrede wird – entgegen einer weit verbreiteten Ansicht – wie üblich gestaltet, also in der Form „Sehr geehrte Damen und Herren,..."

Inhaltlich sollte der Grund des Ansuchens gut dargestellt und die damit verbundene Bitte überzeugend argumentiert werden. Auch das Gebot der Höflichkeit gilt hier in besonderer Weise, denn wer eine Bitte erfüllt bekommen will, hat die besseren Chancen, wenn er sie freundlich vorbringt.

Schulbezogene Anlässe für ein Ansuchen könnten sein:

- Ansuchen um Befreiung vom Turnunterricht (z. B. wegen akuter Verletzung) → gerichtet an die Direktion der Schule

- Ansuchen um finanzielle Unterstützung für den Schulschikurs → gerichtet an den Elternverein der Schule

- Ansuchen um außerordentliche Freistellung vom Unterricht (z. B. wegen der Teilnahme an einer 3-tägigen internationalen Amateurmeisterschaft) → gerichtet an die Schulleitung

Das erste und das letzte Thema könnten zur Not auch als fiktive Schriftstücke erprobt werden, aber die beste Möglichkeit ist stets ein konkreter Anlass.

56. Reklamation und Beschwerde

Reklamationen betreffen Einwände, meist bezogen auf eine Ware (z. B. Nichtfunktionieren eines neuen Gerätes). **Beschwerden** hingegen richten sich gegen ein persönlich als ungerecht oder unrichtig empfundenes Verhalten eines Menschen oder einer Behörde.

Beide Arten solcher Geschäftsbriefe lassen sich inhaltlich dem Dreischritt, wie in Textsorte Nr. 52 (Seite 191) dargestellt, zuordnen.

Das Besondere an Reklamation und Beschwerde ist die persönliche Betroffenheit beim Abfassen des Schriftstücks. Man ist über irgendetwas verärgert oder zumindest enttäuscht. Das verleitet zu heftiger Wortwahl, ja vielleicht sogar zu Unfreundlichkeiten. Daher ist es hier besonders wichtig, spezielle Spielregeln zu beachten:

- Bei der Darstellung der Probleme betont sachlich bleiben. Wörter wie „enttäuscht" oder „verwundert" sollten das Äußerste sein, mit dem man seine eigene Stimmung durchblicken lässt.

- Man sollte einen Appell an die Gegenseite richten, sie möge bestätigen, dass der Fall so nicht in Ordnung ist.

- Letzter Schritt ist, die Gegenseite um Lösungsvorschläge zu bitten oder selbst Lösungsvorschläge zu formulieren. Entschließt man sich zu Letzterem, muss man allerdings auf Enttäuschungen gefasst sein. (Leider können wir Ihrem Wunsch nicht entsprechen...)

- Oberstes Gebot bei allem – freundlich bleiben, auch wenn es noch so schwerfällt!

Man wird vielleicht von Lernenden den Einwand hören: „Warum soll ich mir das gefallen lassen? Die sollen sich doch ärgern! – Sie haben ja auch mich geärgert."

Dazu ein paar Antworten: Das mit dem Gefallen-Lassen ist schon kein Thema mehr. Eine Reklamation oder eine Beschwerde ist ja ein Zeichen, dass man sich nicht alles gefallen lässt. Dass man hingegen nichts dabei findet, die Gegenseite zu verärgern, hat einen Haken: Das wäre bestenfalls dann gerechtfertigt, wenn der Ärger absichtlich herbeigeführt worden wäre. Man muss an dieser Stelle eine konkrete Gegenfrage an die Schüler richten: Glaubt ihr, dass jemand eine Ware absichtlich schlecht produziert, damit er alle seine Kunden damit so richtig verärgern kann? – Natürlich nicht!

Schließlich kommt noch etwas dazu: Wenn ich reklamiere, wünsche ich mir im Anschluss daran eine bestmögliche Lösung oder Wiedergutmachung. Wenn ich aber in meinem Brief für Ärger sorge, wird die Gegenseite nicht Wiedergutmachung im Sinn haben – sondern wird nur zurückärgern wollen! – War das der Sinn meiner Reklamation?

Man sieht: Es geht neben dem formalen und inhaltlichen Wissen auch um eine Einstellungsänderung.

Was unbedingt bei Reklamation und Beschwerde dazugehört: Wenn die Gegenseite mehr als 14 Tage nicht reagiert, nachfassen!

Didaktisch sei noch angemerkt: Weder Reklamation noch Beschwerde sollte rein zu Übungszwecken abgefasst werden, sonst sind wir wieder bei der Geisteshaltung der Aufsatztradition, dem sinnleeren Schreiben. Es wäre gut, die Kinder zur Wachsamkeit anzuhalten, zur Gesinnung, sich eben nicht alles gefallen zu lassen, aber dann richtig zu reagieren. Wo immer Kinder Anlassfälle für eine Reklamation wittern, sollte die Gelegenheit dazu wahrgenommen werden.

Ein Beispiel aus einer meiner Klassen: Als wir in einer 4. Schulstufe über Konsumverhalten, Einkaufen, Preisvergleiche u. Ä. sprachen, kam auch das Thema auf sog. „Mogelpackungen", also Verpackungen, die mehr Inhalt vortäuschen als sie tatsächlich enthalten. Ich ermunterte meine Kinder, solche Packungen in die Schule mitzubringen. Der beste Fund war schließlich eine Bonbonniere eines österreichischen Süßwarenherstellers, der auf die Produktion von Schichtennougat in Würfelform spezialisiert ist. Die prächtig anzusehende „Muttertagspackung" von respektablem Format enthielt in ihrem Inneren auf einer goldglänzenden Blistereinlage weiträumig verteilt sage und schreibe 9 Stück besagter Nougatwürfel. Von der Größe der Verpackung her könnte man – verglichen mit der Größe der Würfel – rund 40 Stück Inhalt darin vermuten. Das gleiche Produkt gibt es auch in einer 16-Stück-Packung, Würfel an Würfel dicht geblockt in einem – natürlich schlichter ausgefallenen – Überkarton. Der Gipfel unseres Erstaunens war schließlich erreicht, als wir die Preise beider Packungen verglichen: Die 16-Stück-Packung war erheblich billiger(!) als die 9-Stück-Bonbonniere. Wir berechneten überschlagsmäßig, ausgehend von der kleineren „großen" Packung, was die größere „kleine" Packung ungefähr kosten dürfte. Ergebnis: ungefähr die Hälfte, plus einem Aufschlag für die aufwendigere Verpackung. Unsere Berechnung führte immer noch zu einem Preis, der unter dem Preis für die 16 Stück lag. – Wir überlegten weiter: Wer sind die häufigsten Käufer von Muttertagsbonbonnieren? – Die Kinder errieten es schnell: Kinder!

Als wir an dieser Stelle der Erkenntnisse angelegt waren, ging eine Welle der Empörung durch die Klasse: „Gemeinheit! – Die wollen uns reinlegen! – Die locken uns das sauer ersparte Taschengeld aus der Tasche..."

Eine ideale Konstellation für eine Reklamation bzw. Beschwerde, die aber nur dann zielführend verlaufen kann, wenn die oben genannten Formulierungsgrundsätze bekannt sind und auch eingehalten werden. – Wir machten uns an die Arbeit und schrieben besagter Firma über unsere Erkenntnisse und unsere Meinung dazu.

Als die Antwort kam, interessierten sich die Kinder meiner Klasse für den Antwortbrief mäßig, denn dort wurde der hohe Preis damit begründet, dass noble Verpackungen kostspielig und transportempfindlich seien, und dass kurzlebige „Saisonware" grundsätzlich teurer sein müsse. All das beeindruckte die Kinder wenig. Weitaus interessanter fanden sie das dem Brief beigefügte riesige Paket, das so viele Süßigkeiten enthielt, dass man damit locker eine ganze Schulklasse über-zeugen konnte. – Verständlich, dass meine Klasse auch wirklich schnell überzeugt war: Reklamationen lohnen sich. Die Schattenseite: Die Kinder wurden regelrecht reklamationssüchtig. Aber so dicht gesät sind die realen Anlässe glücklicherweise auch wieder nicht...

WEITERE APPELLIERENDE TEXTE:

57. Arbeitsaufträge

Schon im Grundschulalter gibt es Gelegenheiten, diese Textsorte zu erproben, die im Berufsleben fast unvermeidlich auf jeden zukommt.

Ansatzpunkt dafür könnte – vom sachkundlichen Thema „Heimtiere" ausgehend – eine Anleitung zur Fütterung und Pflege von Tieren sein. Viele Kinder einer Klasse haben zu Hause selbst ein Tier, andere wieder hätten gerne eines; kaum ein Kind hat nicht irgendeine reale oder erhoffte Beziehung zu Tieren. Dieser Umstand könnte dazu genützt werden, Pflegeanleitungen für Hund, Katze, Hamster, Meerschweinchen, Kaninchen, Ratte, Tanzmaus, Fische usw. entstehen zu lassen. Leitmotiv kann dabei sein, dass die Kinder sich die Situation vorstellen sollen, sie müssten wegen einer Urlaubsreise ihr Tier bei Freunden, bei der Oma, bei einem Onkel oder anderen Bekannten oder Verwandten unterbringen. Zu diesem Zweck wird eine Pflegeanleitung als „Arbeitsauftrag" verfasst. Als Struktur bieten sich drei Absätze an, die je nach Tier entsprechend zu adaptieren sein können: Fütterung – Käfigpflege – Sonstiges.

Im Berufsleben wird es immer wieder vorkommen, dass man eine Arbeit an jemand anderen weitergeben („delegieren") muss, z. B. weil man vor dem Urlaubsantritt nicht mehr alles erledigen konnte oder weil man am nächsten Arbeitstag außer Haus ist usw. Oft sind dann schriftlich hinterlegte Nachrichten der einzig mögliche Weg, dass die Arbeiten durch eine Kollegin oder einen Kollegen weiterbetreut werden können. Von der 6. Schulstufe an sollte daher diese Textsorte ins Bewusstsein der Lernenden gerückt werden.

Schriftliche Arbeitsaufträge sind kurze persönliche Briefe. Sie sollten daher alle Höflichkeitsmerkmale eines Briefes aufweisen. Auch Abkürzungen sind als Zeichen von Zeitnot und Unfreundlichkeit absolut zu vermeiden. [111]

Zwei Beispiele zum Vergleich:

---

[111] Hier gelten also dieselben Grundsätze wie bei E-Mails (Nr. 25), siehe Seite 138 ff.

He Marion!

Mach, dass die 200 Briefe bis 10 Uhr auf der Post sind, sonst ist die Chefin sauer.

MfG

Anita

PS: Hihi, viel Spaß!

Hallo Marion,

ich hab' am Freitag nicht mehr alle Briefe geschafft. Mir ist zu viel dazwischengekommen. Bitte schau, dass du alles bis 10 Uhr auf der Post hast. (Vorgabe von der Chefin!)

Danke dir! Mach's gut!

Liebe Grüße

Anita

Wir analysieren, warum eine der beiden Nachrichten schroff bis boshaft wirkt, was den Geist der Zusammenarbeit nicht gerade stärkt. Wir stellen auch fest, woran es liegt, dass die andere Nachricht freundlich wirkt. Zugleich sollte der Wirkungskreislauf klargemacht werden: Wer eine boshafte Nachricht erhält, schickt beim nächsten Mal selbst auch eine boshafte Nachricht zurück[112]. Das Klima wird dadurch nicht besser.

Als Verhaltensregel ergibt sich daraus: Sei selbst zu allen freundlich, dann kannst du am ehesten mit der Freundlichkeit der anderen rechnen.

58. Baderegeln

Wir stellen gemeinsam wichtige Regeln für das Verhalten im Schwimmbad oder an einem Badestrand auf. Anlass für die Regel-Erstellung sind gemeinsame Grunderfahrungen, also etwa der aktuelle gemeinsame Schwimmkurs. Das wird z. B. in einer 4. oder 5. Schulstufe der Fall sein. Anschließend vergleichen wir unsere Entwürfe mit

---

[112] In Klassen, in denen Sprichwörter eine geläufige Größenordnung sind, ist der Spruch „Wie man in den Wald hineinruft, so hallt es zurück" in diesem Zusammenhang eine wertvolle Bereicherung.

vorhandenen Reglements (Badeordnungen in Schwimmbädern, Hinweise in Strandbädern).

In einem zweiten Schritt versuchen wir für jede Regel eine kurze Begründung zu finden. Eventuell kann beides (Regel und Begründung) in zweispaltiger Anordnung gegenübergestellt werden.

59. Bewerbung

Das Bewerbungsschreiben ist zweifellos die wichtigste Textsorte auf dem Weg ins Berufsleben. Das bedeutet, dass ihr im Rahmen der schulischen Ausbildung höchste Aufmerksamkeit zu widmen ist.

Das Bewerbungsschreiben ist der zentrale Bestandteil der Bewerbungsunterlagen.

Bewerbungsunterlagen sollten insgesamt Folgendes umfassen:
1. Bewerbungsschreiben
2. Lebenslauf (Textsorte Nr. 37)
3. Foto
4. Zeugnisse (in Kopie)
   Weitere Schriftstücke (in Kopie): Nachweise über zusätzliche Qualifikationen; Mitgliedsausweise gemeinnütziger Organisationen wie Feuerwehr oder Rotes Kreuz; Empfehlungsschreiben (Letzteres möglichst im Original)

Aus der Sorgfalt, mit der diese Unterlagen zusammengestellt sind, schließt der eventuelle zukünftige Arbeitgeber auf die zu erwartende Sorgfalt, Gründlichkeit und Zuverlässigkeit am Arbeitsplatz. Wer also bei einer Bewerbung punkten will, muss äußerste Perfektion seiner Unterlagen anstreben.

Bei **Bewerbungsschreiben** ist zwischen zwei Arten zu unterscheiden: Bewerbung auf Grund einer Stellenausschreibung (Aushang oder Annonce) und Bewerbung auf gut Glück. Beide Arten sollten intensiv trainiert werden.

Eine Bewerbung sollte möglichst auf dem PC erstellt werden und nicht handschriftlich erfolgen. Der Form nach ist sie wie ein Geschäftsbrief auszufertigen; vgl. dazu Textsorte

Nr. 53, Geschäftsbrief-Vollversion[113]. Zu dieser Geschäftsbriefform zählt auch die Tatsache, dass ausschließlich schwarzer Druck auf weißem Papier in Frage kommt. Die Schrifttype sollte gut leserlich sein (z. B. Arial oder Tahoma), die Schriftgröße der Üblichkeit in der Geschäftskorrespondenz entsprechen (etwa 11 Punkt).

Hier einige inhaltliche Detailhinweise:

- Bei der **Absenderangabe** ist zu empfehlen, auch die Telefon- und/oder Mobilnetz-Nummer mit anzuführen, ebenso – wenn vorhanden – die eigene E-Mail-Adresse. Die allgemeinen Grundsätze der Absendergestaltung sind in Textsorte Nr. 79 (Seite 236) angeführt und gelten auch hier sinngemäß.

- In der **Empfängeradresse** ist der Name der Bezugsperson anzuführen, die in der Ausschreibung angeführt ist.

- Das **Briefdatum** sollte dem tatsächlichen Aufgabedatum entsprechen. Daher sollte man nicht heute ein Bewerbungsschreiben fertigstellen und ausdrucken, aber erst drei Tage später die gesammelten Unterlagen abschicken.

- Für die **Briefanrede** gilt dasselbe wie für die Empfängeradresse: Ist eine Bezugsperson im Unternehmen genannt, muss das auch in der Anrede berücksichtigt werden. Heißt es also im Inserat „Senden Sie Ihre Bewerbung an Frau Petra Müller" ist das nicht nur in der Adresse zu berücksichtigen, sondern auch in der Anrede: „Sehr geehrte Frau Müller, ...". Ansonsten schreibt man die allgemeine Anredeform „Sehr geehrte Damen und Herren,..."

- **Aufbau** des Bewerbungsschreibens:
  <u>Einleitung:</u> Auf die Stellenanzeige (Inserat oder Aushang) Bezug nehmen (z. B. „In Ihrer Filiale in ... habe ich eine Stellenausschreibung gelesen, die mich sehr stark angesprochen hat. Ich möchte mich daher gerne um diese Stelle / eine der ausgeschriebenen Lehrstellen bewerben.")
  <u>Hauptteil:</u> Hier geht es darum, möglichst überzeugende Argumente zu finden, warum man glaubt, ein geeigneter Kandidat zu sein. Kann man mehr als nur ein einziges Argument dafür anführen, wird man voraussichtlich besser punkten.

---

[113] Siehe Seite 193ff.

Schluss: Hier sollte man den Wunsch äußern, zu einem Bewerbungsgespräch oder zu einem Schnupper-Tag eingeladen zu werden.

- Werden in der Stellenausschreibung **Fragen** gestellt (z. B. „Liegt Ihnen der Umgang mit Tieren?" – „Ist Ihnen die Pflege von Pferden vertraut?" u. Ä.), sind diese lückenlos und wahrheitsgemäß zu beantworten. Fehlt eine gewünschte Qualifikation (z. B. der Umgang mit Pferden), sollten überzeugende Argumente das Manko wettmachen, z. B.: „Auch wenn ich noch keine Erfahrung in der Pferdepflege habe, bin ich sicher, das schnell zu erlernen, weil..."

- Der **Inhalt** des Bewerbungsschreibens ist zwar ansonsten frei gestaltbar, man sollte aber bedenken: Alles Besondere wirkt positiv, aber allzu Aufdringliches negativ. Es geht also um das Kunststück, aufzufallen, ohne dabei unangenehm aufzufallen!

- Bei der **Unterschrift** ist zu beachten: Alles bei Textsorte Nr. 93 Gesagte[114] gilt auch hier vollinhaltlich. Dazu kommt noch: Besonders schwungvolle Linien gefallen vielleicht mir selbst, doch wichtiger ist, wie die Unterschrift auf andere wirkt. Weil die Unterschrift gewissermaßen ein Bild von der Persönlichkeit wiedergibt, hier ein paar Hinweise, wie die Art der Ausführung einer Unterschrift meistens interpretiert wird:
  - große Schrift und hohe bzw. tiefe Schwünge → geltungssüchtig, angeberisch
  - kleine Schrift → wenig selbstbewusst
  - gut leserlich → offener, unkomplizierter Charakter
  - schlecht leserlich oder krakelig → schwieriger, komplizierter, unordentlicher Typ

- Alle dem Bewerbungsschreiben beigefügten Unterlagen sollten im Normalfall in der Rubrik „Beilagen/Anlagen" aufgelistet werden. Eine andere Möglichkeit ist weiter unten erwähnt.

- Ganz allgemein ist selbstverständlich: Äußere Form, Inhalt und Rechtschreibung müssen tipp-topp sein, sonst ist man chancenlos! (Diese Fakten kann man Lernenden gar nicht nachdrücklich genug einschärfen.)

---

[114] Siehe Seite 287 f.

Die Textsorte Bewerbungsschreiben sollte im Laufe der Schullaufbahn eine sehr zentrale Rolle spielen. Ihre Erarbeitung benötigt eine umfangreiche Vorausplanung, da im Vorfeld folgende Textsorten bereits geläufig sein müssen:

Nr. 79 – Adressen und Kuvertbeschriftung
Nr. 82 – Formelhafte Briefteile
Nr. 83 – Formelhafte Schreibweisen
Nr. 93 – Unterschrift und Paraphe
Nr. 53 – Geschäftsbrief – Vollversion
Nr. 37 – Lebenslauf

Alle in diesem Kapitel angeführten Einzelheiten sollten in der Klasse gemeinsam erarbeitet und im „Textsortenheft" festgehalten werden. Keinesfalls sinnvoll ist es, aus den obigen Angaben eine Übersicht zusammenzustellen und das fertige Produkt den Lernenden auszuhändigen. Der Effekt, den man damit erzielen würde, entspräche dem, was weiter oben zum Stichwort „Volle Schulbücher – leere Schülerhirne" gesagt wurde.[115]

Die drei Teile des Bewerbungsschreibens Einleitung – Hauptteil – Schluss[116] sollten einzeln behandelt werden, indem unterschiedliche Formulierungsvorschläge erarbeitet und ins „Textsortenheft" eingetragen werden. Hier nur einige Beispiele für Formulierungselemente im Hauptteil:

> ... gute Begabung für die geforderten Fertigkeiten [*konkrete Angaben*]
> ... bereit, viel Neues dazuzulernen ...
> ... bemühe mich immer, alle Aufgaben bestmöglich zu erledigen ...
> ... bin gewissenhaft und ausdauernd ...
> ... bringe hohe Motivation, viel Lernwillen und maximale Einsatzbereitschaft mit ...

Oder mögliche Bausteine für den Schlussteil:

> ... möchte meine Leistungsbereitschaft und meine Leistungsfähigkeit beweisen
> ... würde mich freuen, wenn Sie mich zu einem Vorstellungsgespräch einladen

---

[115] Siehe Seite 25.
[116] Hier handelt es sich um ein überaus sinnvolles, um nicht zu sagen unverzichtbares Gliederungsmuster – im Gegensatz zu gleichartigen Vorgaben bei Erlebniserzählungen!

> ... Gibt es die Möglichkeit zu Schnuppertagen in Ihrem Unternehmen? – Ich würde gerne einmal einen Tag nach Kräften „zupacken" und Ihnen Gelegenheit geben, sich von meiner Einsatzbereitschaft zu überzeugen...

Wenn auf diese Weise alle Voraussetzungen geschaffen sind, sollten möglichst viele Gelegenheiten wahrgenommen werden, probeweise Bewerbungsschreiben zu verfassen. Bei Supermarkt- oder Fastfood-Ketten gibt es oft Plakate oder Prospekte mit Stellenausschreibungen. Auch Zeitungen sind eine Fundgrube, die man regelmäßig nützen kann. Macht man Bewerbungen in unterschiedlichsten Berufszweigen zu Modellen im Unterricht, ergibt sich für die Lernenden im Laufe der Zeit nicht nur ein breites Spektrum an Vorerfahrungen. Das bewusste Auseinandersetzen mit verschiedenen Branchen erhöht auch die Selbsteinschätzung, welche berufliche Richtung einem eher liegt, und welche gar nicht. Auch das ist ein wertvoller Beitrag für den künftigen Berufsweg.

Für die **„Bewerbung auf gut Glück"** sollte ebenfalls mit schulischem Wissen vorgesorgt werden: In Berufszweigen, für die man selbst höchstes Interesse verspürt, kann man sich auch auf gut Glück bewerben. Dabei muss man sich aber im Klaren sein, dass nur eine breite Streuung und sehr viel Geduld Aussicht auf Erfolg bringen können. Die Ermittlung passender Adressen steht hier nun an erster Stelle. Am ehesten findet man in Branchenverzeichnissen zusammengestellt, welche Unternehmen für den eigenen Bewerbungsplan in Frage kommen. Wer etwa in einer Großstadt davon träumt, eine Bäckerlehre zu absolvieren, kann alle einschlägigen Unternehmen der Stadt anschreiben.

Der Vorteil dieser Bewerbung auf gut Glück: Man kann lauter gleichlautende Bewerbungsschreiben verschicken, nur die Adressen sind jeweils unterschiedlich einzusetzen. Der Nachteil: Hoher Material- und Zeitaufwand bei gleichzeitiger Ungewissheit, überhaupt Antwort zu bekommen. Um die Chancen bei diesem Bewerbungsweg zu erhöhen, sollte man einen zweiten Schritt gleich mit einplanen: das sog. „Nachfassen". Näheres dazu siehe weiter unten. Jetzt soll der Blickwinkel aber zunächst noch dem eigentlichen Bewerbungsvorgang gewidmet bleiben:

Das Zusammenstellen aller Unterlagen ist ein nächster entscheidender Schritt.

Den **Lebenslauf** dem Bewerbungsschreiben hinzuzufügen sollte inzwischen kein Problem mehr darstellen, zählt er doch zu den vorausgehend erworbenen Fertigkeiten.

Das **Foto** kann wahlweise entweder dem Bewerbungsschreiben oder dem Lebenslauf beigefügt werden. Am besten bringt man es im Freiraum rechts oben auf dem Blatt an. Wird es aufgeklebt, sollte man sicherheitshalber auf der Rückseite den Namen (Vorname und Familienname) vermerken, damit es wieder zugeordnet werden kann, wenn es sich einmal ablösen sollte. Wer über eine entsprechend komfortable Ausrüstung und die dazugehörenden Spezialkenntnisse verfügt, kann das Foto natürlich auch einscannen und auf dem Schriftstück gleich mitdrucken. Wenn das Bild im Ausdruck nur in Schwarz-Weiß wiedergegeben werden kann, ist bei Farbfotos zu bedenken, dass sich dadurch ein Qualitätsverlust ergibt.

Die **Zeugnisse** sind in Form sauberer Kopien oder Scans beizufügen, ebenso Nachweise über **Zusatzqualifikationen**, Mitgliedsausweise oder **Empfehlungsschreiben**.

Wer in besonderer Weise vom Start weg einen bleibenden angenehmen Eindruck machen möchte, sollte seinen Bewerbungsunterlagen ein unverwechselbares, besonderes „Outfit" geben. Eine Möglichkeit dafür wäre Folgendes: Man stellt seinen Bewerbungunterlagen ein **Deckblatt** voran, das eine auffällige, aber doch dezente Machart hat. Am ehesten kommen dafür schwerere[117] marmorierte Papiere, „Pergament"-Papier oder die sog. „Elefantenhaut" in Frage. Im Papierfachhandel kann man sich nicht nur beraten lassen, man erhält diese Spezialpapiere dort auch stückweise. Wer sich für ein Papier entschieden hat, sollte gleich ein zweites Stück als hinteres Deckblatt vorsehen. Anstelle des Schmuckpapiers kann als Abschluss aber ebenso ein A4-Karton eingesetzt werden, z. B. ein Tusche-Karton. Nun besorgt man noch ein Blatt Transparent-Folie als Schmutzschoner für das Deckblatt und eine farblich passende Klemmschiene – alles ist ebenfalls im Fachhandel stückweise erhältlich. Auch wenn damit einiges an Kosten verbunden ist, diese Investition sollte sich lohnen.

Das Deckblatt kann besonders schön gestaltet werden, also durchaus mit Hilfe von Schmuckschriften. Vorsicht aber vor allzu verspielten Entwürfen – maximal 2 verschiedene Schriftarten verwenden! Gefällig, ins Auge stechend, aber doch leicht lesbar sollte es sein und alle Informationen enthalten, die auf dem nachfolgenden Musterbeispiel ersichtlich sind:

---

[117] Zum Vergleich, was „schwerere" Papiere sind: Das Standard-Briefpapier hat normalerweise die Gewichtsbezeichnung 80 g (gemeint ist damit das Gewicht eines Quadratmeters dieser Sorte). Schwere Qualitäten beginnen etwa bei 120 g, können aber bis zu ca. 300 g hinaufgehen.

Bewerbungsunterlagen

für

Bäckerei Wamperl

Frau Michaela Müller

Bewerberin:

Gisela Hopfinger

Inhalt:

Bewerbungsschreiben
Lebenslauf mit Foto
2 Zeugnisse
Rot-Kreuz-Helfer-Ausweis
Empfehlungsschreiben

୫ი

Graz, 11. November 2009

Ist das Deckblatt fertig, kann es in die Endrunde gehen:

Alles wird nun in folgender Reihenfolge zusammenlegt:

Folie
Deckblatt
Bewerbungsschreiben
Lebenslauf
Zeugnis 1 (= das letzte oder das wichtigste)
Zeugnis 2 (z. B. vorletztes Schuljahr)
Ausweis
Empfehlungsschreiben
Abschluss-Deckblatt

Links wird noch fein säuberlich die Klemmschiene aufgeschoben, eventuelle Fingerabdrücke von der Folie weggewischt – und fertig ist eine angenehm auffallende Zusammenstellung aller Bewerbungsunterlagen.

Wenn diese Unterlagen per Post verschickt werden – was der Normalfall sein wird – sollte als Versandtasche unbedingt eine Kartontasche besorgt werden. Sie ist ebenfalls stückweise im Papierfachhandel erhältlich.

Erst wer auf diese Weise schon häufig Erfahrung beim Verfassen von Bewerbungsschreiben und beim Zusammenstellen der Unterlagen gesammelt hat, verfügt dann über die nötige Souveränität, wenn aus der Probe der „Ernstfall" wird.

Ein letzter Punkt, der die Chancen bei einer gezielten Bewerbung in der Regel erhöht, sei hier noch angeführt, das sog. „**Nachfassen**": 3-5 Werktage nach dem Abschicken der Bewerbungsunterlagen sollte telefonisch oder schriftlich (dann am besten per E-Mail) nachgefragt werden. Dabei ist einem wirklich perfekt vorbereiteten kurzen Anruf der Vorzug zu geben. Inhaltlich sollte das Gespräch etwa so verlaufen:

Beispiel für ein Telefongespräch zum „Nachfassen":

Gruß und Namensnennung	„Guten Morgen, Frau Müller,
Vorstellung als einer der Bewerber	mein Name ist Gisela Hopfinger. Ich habe mich vor einigen Tagen bei Ihnen um eine Lehrlingsstelle beworben. –
Frage, ob Unterlagen eingetroffen sind	Ich wollte nur nachfragen, ob meine Unterlagen bei Ihnen eingetroffen sind und alles in Ordnung ist. –
Angebot, Fehlendes rasch nachzuliefern	Wenn etwas fehlt oder geändert werden soll, würde ich das gerne gleich nachholen. –
Bestärkung des Interesses am ausgeschriebenen Arbeitsplatz	Es würde mich freuen, wenn ich Sie persönlich kennen lernen dürfte. Ich möchte nämlich wirklich gerne in Ihrem Unternehmen arbeiten, weil... –
Frage nach einem konkreten Termin	Wann darf ich mit einer Nachricht von Ihnen rechnen? –
Freundlicher Schlusssatz	Danke, und entschuldigen Sie bitte die Störung, ich wünsche Ihnen noch einen angenehmen Tag! –
Verabschiedungsgruß	Auf Wiederhören!"

Dieses Musterbeispiel steht im Internet als Downloadvorlage 10 zur Verfügung; Näheres siehe Seite 16.

Der Tonfall sollte freundlich, locker und unaufdringlich sein. Gezielte, aber nicht zu lange Pausen müssen bewusst eingehalten werden, um dem Gegenüber auch Gelegenheit zu einer Reaktion zu geben. Das Sprechtempo darf andererseits dem Gesprächspartner nicht das Gefühl geben, zu lange aufgehalten zu werden.

Durch das Telefonat verbindet nun die Gegenseite auch bereits eine bestimmte Stimme und einen bestimmten Tonfall mit einer der Bewerbungen. Dieser Faktor und die Tatsache, dass man sich nochmals aktiv eingeschaltet hat, bewirkt zusätzliche „Pluspunkte". Man weckt damit mit ziemlicher Sicherheit die Neugier der anderen Seite und kann eher mit einer Einladung zu einem persönlichen Gespräch rechnen.

Als Alternative zum telefonischen „Nachfassen" wäre es möglich, dasselbe per E-Mail zu tun. In der Wirkung wird es jedoch nicht an die telefonische Initiative heran-kommen. Man sollte daher zu diesem Mitel nur dann greifen, wenn der telefonische Weg nicht möglich ist.

Bei einer Bewerbung auf gut Glück muss man mit dem Nachfassen vorsichtiger umgehen. Schon der Zeitpunkt des Nachfassens sollte anders gewählt werden, nämlich erst etwa 10 bis 14 Tage nach der ersten Zusendung. Hier sollte im Vordergrund der kurzen Anfrage stehen, ob man eine Chance hat, in die Bewerbungsevidenz aufge-nommen zu werden und wie die Aussichten auf eine Aufnahme in die engere Wahl in der nächsten Zeit zu sehen sind. Bei der Bewerbung auf gut Glück ist in jedem Fall auch dem schriftlichen Nachfassen der Vorzug zu geben, weil eine telefonische Urgenz bei einer ungebetenen Bewerbung eher als Belästigung empfunden würde.

Was sich an dieser Stelle für jeden Leser überzeugend ergeben sollte: Allein die Textsorte „Bewerbungsschreiben" benötigt mit seinem ganzen „Drumherum" einen sehr langen Erarbeitungszeitraum, damit die Lernenden durch oftmalige Erfahrung und Erprobung in diese Art des Schreibens hineinwachsen. Die inhaltliche und gestalterische Perfektion muss von der 7. Schulstufe an also immer wieder auf der Tagesordnung des Unterrichts stehen. – Die genannten 6 weiteren Textsorten, die Voraussetzung dafür sind, benötigen ihrerseits wieder viel Zeit, bis alles wirklich sitzt.

Das Bewerbungsschreiben ist die zentrale zu vermittelnde Textkompetenz im Pflichtschulbereich. Wer diese Textsorte nicht beherrscht, dürfte nicht mit positiver

Beurteilung in Deutsch aus den Pflichtschuljahren entlassen werden. Einmal mehr zeigt sich, dass die Kernfrage der Allgemeinbildung im Bereich der 10- bis 15-Jährigen untrennbar mit der Frage des Schulsystems verbunden ist, denn in der derzeitigen AHS-Unterstufe ist das „Bewerbungsschreiben" in der Regel kein Thema.

60. Geburtsanzeige

Diese Textsorte ist zwar in den Pflichtschuljahren nicht Lernstoff im eigentlichen Sinn, aber zumindest mit dem Aussehen, den Inhalten und der Gestaltung sollten sich die Lernenden ab dem 6. Schuljahr auseinandersetzen. Irgendwo im Familien- oder Bekanntenkreis gibt es sicher im Laufe eines Schuljahres ein „freudiges Ereignis", das dann einen konkreten Betrachtungsanlass abgibt.

Empfehlenswert wäre es, wenn eine echte Geburtsanzeige ins „Textsortenheft" eingeklebt werden könnte, z. B. in Form einer Kopie. Dazu sollten die „Mindestangaben" festgehalten werden:

- Name des Kindes
- Tag und Ort der Geburt
- Größe bei der Geburt
- Gewicht bei der Geburt

Zum Abschluss werden die Namen der glücklichen Eltern genannt.

Wer eine Geburtsanzeige erhält, sollte unbedingt mit einem Glückwunsch reagieren (vgl. Textsorte Nr. 101).

61. Hausordnung

In vielen Wohnhäusern gibt es eine „Hausordnung". Wir sammeln solche Hausordnungen und vergleichen sie miteinander. Wir stellen auch fest, in welchen Punkten sie der Schulordnung (Textsorte Nr. 68) ähnlich sind, und wo sie sich unterscheiden. Wir hinterfragen schließlich den Sinn solcher Hausordnungen und suchen für jede Vorschrift Begründungen.

Weil die meisten Hausordnungen altmodisch abgefasst sind, versuchen wir gemeinsam, eine moderne Fassung auszuarbeiten.

62. Hinweisschilder

Wir suchen gemeinsam nach Anlässen für Hinweisschilder in der Klasse und im Schulhaus. Wir fertigen einige solcher Schilder an, z. B. Hinweispfeile „Zum Festsaal" oder „WC im 1. Stock". In der Klasse können an verschiedenen Stellen Hinweisschilder nützlich sein: „Bitte die Abfälle trennen in Papier, Biomüll und Restmüll" oder „Wasserhahn nur wenig aufdrehen!"

Nach kurzer Zeit haben die Kinder mehr Einfälle als uns lieb ist. Das ist das sichere Zeichen, dass diese Textsorte bereits ausreichend bearbeitet wurde.

63. Klassenordnung

Weil ein funktionierender Ordnungsrahmen das Um und Auf in einer Gemeinschaft ist, kann mit dem Gedanken einer Klassenordnung gar nicht früh genug begonnen werden. In den ersten beiden Schuljahren wird das Reglement zunächst eher noch auf mündlichen Vereinbarungen beruhen müssen. Je mehr aber schon in dieser Altersstufe Regelungs- und Lösungsvorschläge von den Kindern selbst kommen, desto höher wird das Maß der Einsicht sein. Im Bereich der mündlichen Kommunikation sollte daher das Thema Konfliktquellen und Konfliktlösungen intensiv behandelt worden sein [118], bevor man später auf die Schriftlichkeit einer Klassenordnung übergeht.

Spätestens von der 3. Schulstufe an sollte die Klassenordnung jährlich gemeinsam schriftlich festgelegt werden. Weil man die Klassenordnung am besten in Paragrafen einteilt, und dazu dieses Zeichen bereits bekannt sein sollte, ist zu empfehlen, die Textsorte „Formelhafte Sonderzeichen" (Nr. 84) vorher zu erarbeiten. Die Klassenordnung wird bei gegebenen Anlässen ergänzt oder geändert und stellt ein Stück gelebte Demokratie in der Schule dar.

---

[118] Das Thema Konfliktquellen und Konfliktlösungen, das in den ersten Schulstufen als „Wann gibt es Streit, wann gibt es Ärger? – Wie kann man das lösen?" behandelt wird, wird im Band 4 dieser Reihe, *Didaktik des Sprechens*, ausführlich dargestellt.

Die Klassenordnung ist nicht nur eine vordergründige Formsache, sie ist Grundlage für ein möglichst reibungsloses Miteinander in der Klasse und daher für jeden verbindlich. Das wird allein schon dadurch zum Ausdruck gebracht, dass unterhalb der Paragrafenliste der Passus geschrieben steht: „Ich bin mit dieser Klassenordnung einverstanden und gelobe, mich daran zu halten:"

Darunter setzt jeder aus der Klasse seine Unterschrift. Zu diesem Zeitpunkt wissen die Kinder bereits, wie eine Unterschrift aussieht und dass sie nicht nur Einverständnis bedeutet, sondern auch: „Ich übernehme die Verantwortung". Dieses Wissen sollte durch die vorher behandelte Textsorte Nr. 93 erarbeitet und gesichert sein. Die Unterschriften werden von der Datumsangabe abgeschlossen. Mit der Fertigstellung dieses „Dokuments" wird die Klassenordnung zum verbindlichen „Gesetz".[119]

Die Klassenordnung hängt nicht nur groß in der Klasse, sie wird auch wortwörtlich in das „Textsortenheft" übertragen und auch dort – zumindest vom Heftbesitzer – unterschrieben. Wer will, kann sich auch die Unterschriften oder Paraphen der Kameraden in sein Heft holen. Weil Eltern auch manchmal in die Hefte ihrer Sprösslinge schauen, wird ihnen durch den Eintrag klar, dass ihre Kinder in der Schule einen Ordnungsrahmen einzuhalten haben.

In jeder nachfolgenden Schulstufe wird die Klassenordnung des Vorjahres von Neuem thematisiert und entweder übernommen oder geändert.

Weil die Klassenordnung unsere gemeinsam festgesetzten Verhaltensregeln sind, kann nun jeder aus der Klasse mit Fug und Recht jeden anderen, der sich außerhalb dieser Ordnung stellt, zur Ordnung rufen. Die schnippische Bemerkung „Du hast mir gar nichts anzuschaffen!" hat ausgedient. Ausreden für Fehlverhalten gibt es nicht mehr. Jeder weiß, wo es lang geht.

Wir sind aber mit der Klasse noch nicht ganz am Ziel. Wir hinterfragen, wie in der Welt der Erwachsenen mit Menschen umgegangen wird, die sich nicht an die Gesetze halten. Wir erkennen: Dort gibt es für jedes Vergehen einen bestimmten Strafrahmen. Nur das kann einigermaßen eine Ordnung zwischen den Menschen sicherstellen.

---

[119] Das Gleiche gilt auch für die Schulordnung (Nr. 68). Sie ist ebenso für alle verbindlich, sobald sie mit allseitigem Einverständnis verabschiedet wurde; d. h. , auch hier ist eine kritische Auseinandersetzung mit der Sinnhaftigkeit eines jeden Paragrafen angesagt.

Seit sich die Jurisprudenz der Schule angenommen hat, darf keine Lehrkraft mehr Strafen verhängen. So sehr zu begrüßen ist, dass dadurch einer etwaigen Willkür und Maßlosigkeit ein Riegel vorgeschoben ist, so schlecht hat sich das insgesamt auf die Moral mancher Schüler ausgewirkt: Sie handeln aus dem vollen Bewusstsein, dass sie sich alles erlauben können, weil Lehrer letztlich machtlos sind. Was die Jurisprudenz der Schule nicht mitgeteilt hat, ist, wie sie notorische Störenfriede und Ordnungs- verweigerer in Schach halten kann. Wenn die Justiz im Großen mit Strafmaßnahmen arbeitet, muss es Analoges in der kleinen Welt der Schule geben, die doch fürs Leben vorbereiten soll und muss. Wer clever und zügellos als „enfant terrible" Jahre in der Schule verbringt, macht nicht nur den Gleichaltrigen und den Lehrern das Leben sauer, er wird dieselben Einstellungen auch ins zukünftige Leben mitnehmen. Die der Schule verordnete Zahnlosigkeit ist demnach falsch und dringend reparaturbedürftig.

Die Klassenordnung (und ebenso die Schulordnung) verschafft dazu doch einiger- maßen wirkungsvoll Gelegenheit. Denn wenn sich die Schüler einer Klasse gemeinsam auf einen Ordnungsrahmen einigen können, ist genauso eine Einigung über den Sanktionsrahmen bei Verstößen möglich. Zu jedem Paragrafen sollte also eine ange- messene Wiedergutmachung im Falle eines Verstoßes festgelegt werden. Dabei wird sich zeigen, dass die Schüler selbst weit rigorosere Strafmaßnahmen festlegen würden, wenn wir Lehrkräfte nicht auf die Bremse stiegen. In jedem Fall vereinbaren wir, dass ein Abmahnen in Form eines Ordnungsrufs immer die erste Maßnahme ist. Wer dann sofort Vernunft annimmt und sich entschuldigt, bleibt straffrei.

Im „Textsortenheft" steht am besten nicht nur die Klassenordnung, sondern auch der Strafrahmen. Wenn Eltern sich darüber beschweren kommen – kein Problem. Sie werden von mir eingeladen, der Klasse, die diese Beschlüsse gefasst hat, ihren Standpunkt zu erläutern. Wenn die Klasse dann einen anderen Strafrahmen festlegt – einverstanden, ich habe als Lehrkraft kein Problem damit.

64. Leserbrief

Diese Textsorte sollte von der 4. Schulstufe an sehr aktiv im Bewusstein der Lernenden gehalten werden, weil es wichtig ist, dass sich Heranwachsende auch in diesem Bereich des kommunikativen Geschehens mitbeteiligen. Der Leserbrief ist inhaltlich mit Meinungsäußerungen in den Chatrooms des Internet vergleichbar. Formal allerdings folgt er den traditionellen Wegen, wird also auf Papier geschrieben oder per E-Mail verschickt.

Vor allem in höheren Klassen (6. Schulstufe aufwärts) muss den Lernenden immer wieder klargemacht werden, dass nach wie vor die Printmedien (Zeitungen und Zeitschriften) und das Fernsehen die vorwiegenden Meinungsmacher sind. In den Chats gibt es zwar hochspezialisierte Nischen der Diskussion und Meinungsbildung, aber Printmedien und Fernsehen haben die Überschaubarkeit und damit die Übersichtlichkeit dem Internet voraus. Sie liefern nun einmal einen besseren Überblick über das Gegenwartsgeschehen. Die Uferlosigkeit des Internets ist somit Vor- und Nachteil zugleich. Daher wird es noch lange so bleiben, dass über Printmedien und Fernsehen der Hauptstrom der Information und damit der öffentichen Meinungsbildung läuft. Es gilt in diesen Schuljahren in ganz besonderem Maße, der pubertären Verengung der Wahrnehmungsperspektive massiv entgegenzuwirken.[120] Deshalb kommt dem Leserbrief hier eine enorm wichtige Rolle zu: Er hält die Anteilnahme an a l l e n Bereichen des Lebens aufrecht und zeigt zugleich, dass eine aktive Teilnahme am Meinungsbildungsprozess möglich ist.

In der 4. Schulstufe wird der Leserbrief wohl noch handgeschrieben erstellt werden. Daher muss vorher die vereinfachte Form des Geschäftsbriefs [121] eingeführt worden sein, denn auch der Leserbrief hat dieser Form zu folgen. Er sollte dann aber bereits mit einer Art „Betreff" gekennzeichnet werden, weil man nur auf diese Weise den Bezug zum Zeitungsartikel herstellen kann.

Von der 5. Schulstufe an kann dann die E-Mail-Form als Alternative hinzutreten, wieder unter der Voraussetzung, dass der sachgerechte Einsatz dieser Plattform (im Gegensatz zum privaten Gebrauch!) bereits erarbeitet wurde (Textsorte Nr. 25).

In der 6. oder 7. Schulstufe wird die Textsorte Geschäftsbrief auf die Vollform erweitert [122]. Von da an gilt auch für den Leserbrief diese Gestaltungsweise.

Auch inhaltlich weist der Leserbrief eine ähnliche Struktur wie der Geschäftsbrief auf. Diese könnte im „Textsortenheft" etwa folgendermaßen charakterisiert werden:

---

[120] Für Jugendliche dieses Alters gibt es plötzlich nur noch e i n e Schuhmarke, e i n e Jeansmarke, e i n e Popgruppe, e i n e Fußballmannschaft usw. Es ist diese Altersstufe mit seiner Wahrnehmungsverengung daher auch das kritische Alter für Radikalisierung. Vgl. dazu das Projekt Freizeitgestaltung bei Textsorte Nr. 19.

[121] Siehe Seite 190ff.

[122] Siehe Seite 193 ff.

1. Grund des Schreibens	→ Nenne den Beitrag (Artikel, Zuschrift, Sendung), auf den du dich beziehst.
	→ Nenne die Punkte, die dich gestört haben.
2. Gegenstandpunkt oder Ergänzungen	→ Bring deine Gegenargumente oder deine ergänzenden Punkte klar zur Sprache. Bleib dabei sachlich!
3. Schlussteil	→ Appelliere an die Leser, deinen Standpunkt zu berücksichtigen, oder an das Medium, auch über deine Ergänzungen zu berichten.

Strukurell weist der Leserbrief den höchsten Verwandtschaftsgrad mit dem klassischen „Aufsatz" auf, nur dass er ihm hinsichtlich Echtheit haushoch überlegen ist, weil eine konkrete Funktion und ein konkreter Adressat das Schreibverhalten in Gang setzen und in Gang halten. Und noch einiges andere unterscheidet den Leserbrief vom Aufsatz: Er ist weder ein thematischer „Überraschungsangriff" noch ein Schreiben auf Kommando. Im gedanklichen Vordergrund steht weniger die Angst vor eventuellen Fehlern als die Sorge, ob die Argumente überzeugend genug formuliert sind.

In den höheren Schulstufen sollte die Argumentationsweise in Richtung **Fünfsatz-Technik** ausgebaut werden. Diese Art des Argumentierens ist sowohl in der Rhetorik (etwa für Redeübungen oder Redewettbewerbe)[123] als auch im Leserbrief oder später in Erörterungen anwendbar.

Grundmuster der Fünfsatz-Technik

Diskussionsthema/Streitfrage = „Überschrift"

1. Standpunkte der Gegner nennen
2. Würdigung der gegnerischen Argumente (teilweise Recht geben) und Kritik (Schwachpunkte darstellen)
3. Eigene Standpunkte darlegen
4. Begründungen für die eigenen Standpunkte anführen
5. Schlussplädoyer / Zusammenfassung

---

[123] Die Technik wird in Band 4, *Didaktik des Sprechens*, speziell für den mündlichen Bereich aufbereitet.

Diese Methode zwingt zu genauer Auseinandersetzung mit beiden Seiten eines kontroversiellen Themas. Schon bei der stichwortartigen Gegenüberstellung zeigen sich eventuelle Schwächen in der eigenen Argumentationsführung und schärfen die gedankliche Auseinandersetzung. Die Abwägung zwischen Fremdargumenten und Eigenargumenten erhöht den Grad der Überzeugungskraft, sofern man zuletzt wirklich die stärkeren Argumente auf der eigenen Seite hat.

65. Pistenregeln

Wir stellen gemeinsam wichtige Regeln für das Verhalten beim Schifahren auf und vergleichen anschließend unsere Entwürfe mit vorhandenen Reglements aus der Tourismuswelt. Der Anlass dafür sollte möglichst konkret gewählt werden, z. B. vor einem Schikurs oder Schi-Nachmittag, vor den Semesterferien o. Ä.

Unmittelbar nach einer Phase konkreter Eigenerfahrungen werden sich wahrscheinlich viele neue Gedanken und Ergänzungen zu den im Voraus erstellten Regeln ergeben.

Wie bei allen Regeln sollte hier wieder das Paragrafzeichen von den Kindern angewendet werden. [124]

66. Plakate

Diese Textsorte sollte spätestens von der 3. Schulstufe an bis zum Schulaustritt mindestens 2x jährlich situationsbezogen, also als echte Gebrauchsform angefertigt werden. In Klassen mit vielen Projektaktivitäten wird es ebensowenig an Gelegenheiten fehlen wie in Klassen, in denen Theater gespielt wird. [125] Wenn sich einmal gar nichts zu ergeben scheint, kann in einer Grundschulklasse z. B. ein Plakat anlässlich des bevorstehenden Klassenfaschings angefertigt werden. Dieses Plakat ist – anders als sonst – nicht für die Öffentlichkeit bestimmt, sondern nur für uns selbst. Weil es aber Ausdruck der Vorfreude auf einen besonders lustigen und schönen Schultag ist, wird es an Einsatzbereitschaft beim Gestalten nicht fehlen.

---

[124] Dieses und andere formelhafte Zeichen werden in Textsorte Nr. 84 systematisch erarbeitet, siehe Seite 267.

[125] Näheres zu diesem dringenden schulischen Anliegen folgt in Band 4, *Didaktik des Sprechens*.

Formal wie inhaltlich sind Plakate eine Mischung aus Einladung und Veranstaltungs-programm. Die besondere Herausforderung liegt beim Plakat in der Raumaufteilung und in der dem Zweck angepassten Schriftgröße. Auch die Stärke der Lettern muss der Größe entsprechen. Zarte Hilfslinien als Zeilenführung, aber auch eine senkrechte Hilfslinie als Symmetrieachse, damit die Anordnung schön zentriert erfolgt, sollten zum Know-how gehören. Weil große Überschriften fast immer in Blockbuchstaben ausgeführt werden, ist auch die Überlegung lohnend, wie man das mittig hinbekommt. Wer z. B. AUSSTELLUNG als Überschrift braucht, überlegt zuerst, bei welchem Buchstaben die Wortmitte liegt – es ist das E.

Wenn alle inhaltlichen Details beisammen sind, die wir auf dem akutellen Plakat unterbringen wollen, machen wir uns in kleinem Maßstab z. B. auf A4 längs oder quer eine Raumaufteilungsskizze. Wird das Blatt längs und quer gefaltet, haben wir durch zwei Symmetrieachsen eine Groborientierung für die Übertragung ins Großformat.

Neben den vorgesehenen Schriften und Inhalten sollte zugleich überlegt werden, welche Bildmotive wohin platziert werden könnten. Mit solchen Arbeiten eignen sich die Lernenden Grunderfahrungen im Zusammenspiel von inhaltlicher und optischer Gestaltung an.

Gleich mit eingeplant werden sollten – am besten am unteren Rand des Plakats – die Pflichtangaben, nämlich
- das sog. „Impressum" und die Rubrik
- „Für den Inhalt verantwortlich".

Näheres dazu findet man bei der Textsorte Nr. 30. [126] Diese Angaben können bei Be-darf auch ganz klein gedruckt werden, dürfen aber nicht fehlen. [127]

Plakate werden meist in mehreren Exemplaren benötigt, sollen aber trotzdem möglichst gleich oder zumindest einander sehr ähnlich sein. Dadurch ergibt sich für die Klasse stets eine ideale Konstellation, in Gruppen intensiv zusammenzuarbeiten und zugleich die eigene Arbeit mit allen anderen Gruppen zu koordinieren. Ein Beispiel: Die Gruppen vereinbaren gleiche Letterngröße und -farbe, gleiche Raumaufteilung und

---

[126] Siehe Seite 158.

[127] Kinder in der 3. bis 6. Schulstufe machen sich gerne auch als Detektive auf den Weg. Sie erkunden, wo auf aktuellen Plakaten das Impressum steht und was dort zu lesen ist.

gleiche Inhalte, aber unterschiedliche Bild- oder Fotomotive. Die bildlichen Teile werden aber insofern wieder koordiniert, als dass sie auf jedem Plakat den gleichen Standort haben. Auf diese Weise ergibt sich jede erdenkliche Menge an Planungs- gesprächen und -notizen (Textsorte Nr. 11), an Koordinationsbesprechungen, Vor- schlagspräsentationen samt Stellungnahmen und Abstimmung. Die Abstimmung führt wiederum zur Anwendung von Ergebnislisten (Textsorte Nr. 27).

Sobald reale Aufgaben in der Klasse Einzug halten, ergibt sich wie von selbst ein bunter Mix verbaler und schriftlicher Kommunikationskompetenzen, interaktiv und intrinsisch motiviert. Man sollte an dieser Stelle den vergleichenden Quergedanken zum lustlosen und sinnleeren Aufsatz nicht scheuen, um sich einmal mehr klarzumachen, wie wenig dieser vergleichseise zur kommunikativen Kompetenz und zur allgemeinen Lebenstüchtigkeit Heranwachsender beiträgt.

67. Prospekte

Anders als bei der vorhergehenden Textsorte „Plakat" ist der Prospekt ein Streuartikel, der wie das Flugblatt (Nr. 30) in größeren Mengen herzustellen sein wird. Die Gelegenheiten dafür sind daher sicher seltener, weil kostspieliger. Trotzdem sollten Aufbau und Funktion dieser Textsorte behandelt werden. Die tatsächliche Realisierung wird eher nur vereinzelt möglich sein.

Prospekte vermitteln vorwiegend Inhalte. Stellen wir z. B. unser Projekt „Biotop im Schulgarten" vor, wird die Titelseite des Prospekts den Projektnamen und ein prägnantes Übersichtsfoto enthalten. Ebenso gehört auf diese Seite die Schulangabe, die ausführende Klasse und das Schuljahr. Im Inneren werden Punkt für Punkt Details des Herstellungsablaufs, aber auch Details der Gesamtanlage in Bild und Wort beschrieben.

Wie bei Plakat und Flugblatt gibt es auch für den Prospekt Pflichtangaben, nämlich
- das sog. „Impressum" und die Rubrik
- „Für den Inhalt verantwortlich".

Näheres dazu findet man bei Textsorte Nr. 30. Diese Angaben werden auf die letzte Seite des Prospekts gestellt. Dort sollten auch z. B. die Lage auf dem Schulgelände, Besuchsmöglichkeiten/„Öffnungszeiten", Anmeldung zu Führungen, Kontaktadresse und Telefonnummer angegeben werden.

Formal sind Prospekte häufig als Folder oder Leporello ausgefertigt. Ein A4-Blatt[128] wird dabei in der Regel im Querformat gedrittelt. Dadurch entstehen auf beiden Seiten des Blattes je drei Spalten. Spannend wird für die Lernenden, wo nun bei dieser Anfertigungstechnik die einzelnen – später aufeinander folgenden – Seiten zu platzieren sind.

Hier das Muster dazu; die grau unterlegten Teile sind die späteren „Außenseiten" des Prospekts:

„Außenseite"   „Innenseite"

Seite 5	Seite 6	Seite 1
Details, Fort- setzung	Lageplan Öffnungs- zeiten... Impressum	„Titel- seite"

Seite 2	Seite 3	Seite 4
Das Biotop entsteht...	Fort- setzung...	Details zu unserem Biotop

Am besten lässt man die Kinder diese Anordnung selbst erproben. Dabei gibt es allein für die Falttechnik lehrreiche Erkenntnisse.
- Faltet man „freihändig", wird es nicht präzise.
- Faltet man jeden Teil genau gleich groß (gemessene je 9,9 cm) , wird es zwar präzise, aber nicht allzu praktisch, weil sich das rechte Drittel nur widerspenstig zum Innenteil machen lässt.
- Teilt man die Faltungen hingegen so ein, dass „Seite 5" 9,8 cm breit wird, „Seite 6" 9,9 cm und „Seite 1" 10 cm, ist es zwar nicht mehr präzise gleich, aber dafür sehr praktisch.

Die Kinder sollen selbst „am lebenden Objekt" vergleichen und Erklärungen suchen, warum die letzte Version die praktischeste ist.

---

[128] Zu den Papierformaten siehe Seite 249.

Bei anderen Prospektthemen wird sich natürlich eine ganz andere Seiteneinteilung ergeben als hier beim Modell vom Schulbiotop. Die „Innenseiten" (2, 3, 4) können z. B. komplett für einen Lageplan verwendet werden, die Seiten 5 und 6 für Beschreibungstexte. Je nach Funktion ist also die Aufteilung unterschiedlich.

Um vielleicht doch größeres Interesse für diese relativ aufwendige und kostspielige Textsorte zu wecken: Orts- oder regionsbezogen gibt es sicher viele Möglichkeiten, ganz konkrete Prospekt-Aktivitäten zu setzen.

Hier ein paar Anregungen:

- ❖ Kleine Sehenswürdigkeiten im Ort
- ❖ Unsere Schule
- ❖ Schöne Wanderziele für Kinder
- ❖ Unser Schwimmbad – Lageplan und Kurzbeschreibung
- ❖ Der Tierpark – Lageplan und Kurzführer
- ❖ Von Brückerln und Bacherln und anderen Sacherln
- ❖ Spielplätze und Spielwiesen im Ort und in der Umgebung
- ❖ Rundwanderweg Bildstöcke und Wegkreuze
- ❖ Rätselrallye (für Kinder, die im Ort auf Urlaub sind)

Jede Prospekt-Entwicklung dieser Art ist ein Projekt für sich. Für solche Projekte könnte es sogar gelingen, Sponsoren zu finden (Stadtgemeinde, Fremdenverkehrsbüro, Sparkasse). Eine Zusammenarbeit mit der Parallelklasse kann die Sache noch zusätzlich bereichern.

68. Schulordnung

Ähnlich wie die Klassenordnung, die zeitlich gesehen bereits vor der Schulordnung entstanden sein sollte, ist hier eine Gelegenheit zur Anwendung des Paragrafzeichens gegeben.[129]

---

[129] Die speziellen Zeichen, die außerhalb des Alphabets liegen und daher von der Schule traditionell nicht vermittelt werden, sind in dieser Sammlung als eigene Textsorte geführt (Nr. 84, Formelhafte Sonderzeichen), siehe Seite 267.

Wo schon eine Schulordnung besteht, setzen wir uns mit den einzelnen Punkten auseinander und besprechen Sinn und Notwendigkeit der Regelungen. Was würden wir anders formulieren, was ergänzen, was streichen? – Wir begründen jeden unserer Änderungswünsche kurz schriftlich.

Wo noch keine Schulordnung besteht, kann analog zu oben vorgegangen werden, nur dass die regelungsbedürftigen Punkte selbst ausgearbeitet werden.

Haben alle anderen Klassen denselben Arbeitsprozess hinter sich, kann man in einer Diskussion die Vorschläge koordinieren und diese gemeinsame Version der Schulleitung vorlegen. Die Schulordnung sollte daraufhin in einem geeigneten Rahmen als für alle verbindlich beschlossen werden, entweder im Rahmen einer Klassensprecherversammlung oder im Schulforum.

Inhaltlicher Kernpunkt der Schulordnung sollten die zwei tragenden Leitsätze sein:

„Jeder Schüler hat das Recht, ungestört zu lernen."
„Jeder Lehrer hat das Recht, ungestört zu unterrichten." [130]

69. Suchanzeigen

Die Suchanzeige sollte als erste naive, prototypische Form für das spätere Inserat (Nr. 34) fungieren. Kinder der 3. oder 4. Schulstufe erproben im Rahmen der Klassenzeitung (Nr. 77) die Art der Textgestaltung und die Wirkung. Ideal ist es, wenn diese Anzeigen auch in den Nachbarklassen als Einschaltung in die Klassenzeitungen aufgenommen werden. Ist dies nicht möglich, kann die eigene „Klassenzeitung" auf den Gangwänden platziert werden, sodass alle Kinder der Schule den „Hilferuf" lesen können.

Ein Beispiel:

---

[130] Diese Leitsätze sind die Erfindung einer ehemaligen „Problemschule" in Berlin-Kreuzberg. Seit der Einführung dieser Prinzipien hat sich in dieser Schule das Klima zum Besseren gewandelt. – Allerdings sind dort für markante Verstöße gegen diese Prinzipien – im Einvernehmen mit den Eltern – Sanktionen vereinbart: Der Delinquent wird in einem „Kreativraum" isoliert untergebracht. Er hat dort Zeit, Ideen auszuarbeiten, wie er seinen Fehler wieder gutmachen und in Zukunft vermeiden wird. – Das in der Zwischenzeit versäumte Unterrichtsgeschehen muss er in Eigeninitiative nachholen.

> *Dringend gesucht!*
>
> *Mein grauer Plüschteddy mit roter Halskrause, Größe ca. 25 cm, ist irgendwo in der Schule verschwunden. Wenn du ihn gefunden hast, bring ihn mir bitte zurück!*
>
> Hannes, 3.B-Klasse.
>
> *Finderlohn: 1 Eisschlecker nach freier Wahl!*

Dieses Beispiel steht im Internet als Downloadvorlage 11 zur Verfügung. [131]

Anhand der Vorlage können erste vage inhaltliche Anhaltspunkte für die Textsorte Inserat bewusstgemacht werden. Die Kinder sollen bei einem konkreten Anlass auf dieses Muster zurückgreifen. Es ist auch dafür geeignet, zu erarbeiten, welche inhaltlichen **Merkmale** in einer Suchanzeige gegeben sein müssen: 1. verlorener Gegenstand – 2. möglichst genaue Beschreibung des Gegenstands – 3. Verlustort und -datum (wenn bekannt) – 4. Erreichbarkeit des Eigentümers – 5. Finderlohn.

Die Merkmale und das Muster sollten im „Textsortenheft" festgehalten werden.

70. Tauschanzeigen

Ähnlich wie bei der vorhergehenden Textsorte geht es auch hier nur um erste Erfahrungen mit dem Metier „Anzeige". Sie sollte z. B. in der Klassenzeitung (Nr. 77) erstmals erprobt werden.

Ein Beispiel:

> *Wer tauscht mit mir 5-Freunde-Bände? Ich habe sehr viele, aber leider nicht alle!*
>
> *Ramona, 4.A-Klasse*

---

[131] Näheres siehe Seite 16.

71. Todesanzeige

Diese Textsorte ist zwar in den Pflichtschuljahren nicht Lernstoff im eigentlichen Sinn, aber zumindest mit dem Aussehen, den Inhalten und der Gestaltung sollten sich Schüler ab dem 6. Schuljahr auseinandersetzen. Dabei wäre zu bevorzugen, dass Todesanzeigen von Menschen herangezogen werden, die allen in der Klasse fremd sind.

Die Kenntnis dieser Textsorte ist Voraussetzung, dass man ein Beileidschreiben (Nr. 95) verfassen kann, was 14- bis 15-jährige Heranwachsende schon gelernt haben sollten.

72. Transparente

Eine relativ seltene, weil sehr spezifische Textsorte, die aber doch vereinzelt bereits ab der 4. Schulstufe in Frage kommt. Ein schöner Wortlaut für ein Dauertransparent im Eingangsbereich der Schule wäre z. B. „An unserer Schule wird gegrüßt" oder „Herzlich willkommen".

Die Mindest-Buchstabengröße von 30 cm bedingt auch eine dicke Linienstärke der Lettern – da bedarf es einiger Vorplanung und Experimente hinsichtlich der Platzeinteilung, bevor ein Transparent Gestalt annimmt.

73. Verhaltensregeln

Im Gefahrenfall, z. B. bei Feueralarm, ist es wichtig, nicht die Nerven zu verlieren. Dazu sollte man das richtige Verhalten „abrufbereit" im Kopf haben. Das setzt voraus, dass sich jeder rechtzeitig die entsprechenden Regeln intensiv aneignet. Die intensivste Form ist gegeben, wenn mögliche auftretende Situationen zunächst gemeinsam mündlich besprochen bzw. geklärt und anschließend vernunftbestimmte Verhaltensregeln dafür entworfen werden. Die Intensität des Behaltens dieser Regeln wird durch schriftliche Fixierung nochmals gesteigert. Als Allgemeinwissen sollten die Lernenden erfahren: Am leichtesten behält man etwas im Kopf, das man nicht nur gehört oder gelesen, sondern auch selbst geschrieben hat. Da steckt ein gehöriges Stück Lerntechnik mit drinnen; man vergleiche mit Schwindelzettel (Nr. 13) und Exzerpt (Nr. 28).

Wenn all diese Dinge ein bis zwei Wochen vor einem periodisch stattfindenden Feueralarm behandelt werden, wird die Probe zu einer Routineangelegenheit geraten.

Parallel dazu sollte das Thema Gebrauchsanleitung (Nr. 31), hier speziell bezogen auf den Gebrauch eines Feuerlöschers mit hereingenommen werden. Idealfall: Die Schüler begeben sich nach und nach (das kann auch innerhalb einiger Pausen sein) zu einem der Feuerlöscher in der Schule und schreiben die Benützung in Stichworten ab. Wenn alle soweit sind, dass sie über Stichwortnotizen verfügen, wird das Verhalten im Brandfall unter Benützung eines Feuerlöschers durchexerziert. Auch das kann als Mischung aus Verhaltensregel und Gebrauchsanweisung schriftlich angelegt werden.

Nach vier Wochen sollte man den Schülern eine Selbsterfahrung gönnen. Wir fragen sie unvermittelt nach dem richtigen Einsatz des Feuerlöschers. – Die Folge wird meist ein unsicheres Stottern sein. Die Klasse wird es schließlich gemeinsam doch schaffen, alles richtig auf die Reihe zu bekommen. – Wieder einige Wochen später lassen Sie die schriftlichen Aufzeichnungen durchlesen. Im Anschluss daran wird das mündliche Referieren über den sachrichtigen Einsatz ziemlich reibungslos funktionieren. Was lernen wir daraus? – Wiederholung stärkt das Wissen!

Wer dieser überaus lebenspraktischen Arbeit an und mit Textsorten noch die Krone aufsetzen will, könnte einen Lehrausgang zur Feuerwehr planen. Abgesehen von den vielen spannenden und wissenswerten Informationen ergibt sich dadurch Gelegenheit für weitere Textsorten, nämlich das Verlaufsprotokoll (Seite 185) und für eine Fotodukumentation, zu der Fotokommentare (Seite 303) verfasst werden können.

Durch vernetztes Denken und Handeln wurden hier mehrere Textsorten miteinander wirksam. Gleichzeitig sammelten wir Selbsterfahrungen zu vielen Sachverhalten und Gesetzmäßigkeiten rund um das Lernen und Behalten.

74. Verkehrsregeln

Wir besprechen in der Klasse, welche Verkehrsregeln – auch im Zusammenhang mit Verkehrszeichen – wir schon kennen. Von der 3. Schulstufe an sind sicher alle bereits über das Niveau „Bei Rot bleib stehen, bei Grün darfst gehen, bei Gelb gib Acht, so wird's gemacht" hinaus. Trotzdem ist das eine der ersten und einprägsamsten Grundregeln. Die nächste Regel sollte die „Links-rechts-links-Regel" für das Überqueren einer Straße auf dem Zebrastreifen sein.

In weiterer Folge sollten alle sonstigen den Schülern bereits geläufigen Regeln selbst formuliert und zu Papier gebracht werden. Bei manchen Regeln wird eine verdeutlichende Skizze hilfreich sein, z. B. beim Verkehrszeichen „Vorrang geben", dem auf die Spitze gestellten Dreieck.

Der Nutzwert solcher Übungen liegt auf der Hand: Jeder Verkehrsteilnehmer schützt sein eigenes Leben durch Kenntnis der Verkehrsregeln. Als Vorbereitung für die Radfahrerprüfung oder den Mopedführerschein ist jede schon langfristig geläufige Regel enorm wichtig.

75. Warnhinweise

Wir experimentieren – je nach Anlassfall – mit Warnhinweisen im Schulbereich, z. B. „Achtung, Stufe!" oder „Vorsicht! – Rutschiger Boden!" oder „Achtung! – Zuerst Kaltwasser aufdrehen, dann Heißwasser! – Verbrühungsgefahr!" oder „VORSICHT! – AUTOMATISCHES TOR" u. Ä.

Was beim Anfertigen solcher oder ähnlicher Warnhinweise gelernt werden soll, ist der Zusammenhang zwischen Gestaltungsweise und Wirkung. Wir stellen anhand verschiedener Warnhinweise fest, dass gelbe Schilder oder weiße mit rotem Rand am auffälligsten sind und am ehesten beachtet werden. Der Rand kann auch rot-weiß gestreift sein. Die Schrift sollte groß und dick sein, evtl. auch in Blockbuchstaben ausgefertigt.

Wir erproben verschiedene Macharten und vergleichen ihre Wirkung. In höheren Schulstufen kann die Gestaltung auch über den PC vorgenommen werden.

76. Werbeslogans

Von der 4. Schulstufe an sollte immer wieder intensiv das Thema Werbung auf der Tagesordnung stehen. Dabei versuchen wir, uns über grundlegende Sachverhalte in der Werbung klar zu werden:

- Werbung will dazu verführen, etwas zu kaufen, das man nicht wirklich braucht – sonst hätte man es ja schon!

- Werbung will andere Produkte verdrängen: „Wir sind die Besten!" – „Wir sind am billigsten!" – So soll erreicht werden, dass man nicht mehr das Produkt A, sondern das Produkt B kauft, oder dass man nicht mehr bei A&P, sondern bei K&L kaufen soll.
- Werbung kann manchmal auch informieren: Neuentwicklungen, Neuerscheinungen, Produktverbesserungen...

Wir erfinden selbst Werbesprüche – entweder in Anlehnung an gängige Sprüche oder gänzlich frei gestaltet. Besonders gefragt sind witzige Einfälle, z. B.:

Bleistiftstummel - täglich frisch!
Angebot der Woche: **2** zum Preis von **3**!

Strumpfhosenlöcher
in allen Größen lagernd!
Bei Abnahme von 10 Stück
gibt es eines gratis dazu!

Sie suchen Verlässlichkeit für viele Jahre?
Kaufen Sie unseren Wasserhahn Marke „Immertropf".
Er tropft und tropft und tropft.

Wir vergleichen und prämieren die Wirkung unserer Eigenkreationen: Die ausgestellten Werbesprüche erhalten je eine fortlaufende Nummer. Wir erarbeiten einen „Stimmzettel", auf dem nur die Nummern der Werbesprüche stehen. Wer alle Werbesprüche studiert hat, vergibt auf seinem Stimmzettel für die drei besten die Rangplätze I, II und III. – Wir fassen das Endergebnis in einer Liste zusammen und versuchen zu begründen, was die Sieger so erfolgreich gemacht hat.

Das Erfinden von Werbeslogans ist einerseits eine kreative Beschäftigung mit Sprache, andererseits kann diese Tätigkeit mithelfen, ein wenig kritische Distanz zur Werbung aufzubauen.

77. Zeitung

Die Textsorte „Zeitung" ist – wie viele andere auch – durchaus curricular anzulegen. Am Beginn steht schon ab dem 3. Schuljahr eine „Wandzeitung", vom 6. Schuljahr aufwärts kann daraus eine veritable eigene **Klassenzeitung** entstehen. Die Rubrik Wandzeitung – es handelt sich einfach um eine Pinnwand in der Klasse, die für diesen

Zweck freigemacht wird – ist eine erste Gelegenheit, die Textsorte „Transparent" (Nr. 72) auszuprobieren, denn die Pinnwand erhält in großen, auffälligen Lettern die Aufschrift KLASSENZEITUNG.

Zu Beginn wird die **Wandzeitung** ungeordnet alles enthalten, was Kinder für mitteilenswert erachten. Suchanzeigen und Tauschanzeigen (Nr. 69 und 70) – die ersten naiven „Inserate" – werden da ebenso eine Rolle spielen wie Witze (Nr. 111). Spontan entsteht oft eine Art der Mitteilungen unter dem Motto „Wisst ihr schon das Neueste?" – Ich lasse die Kinder zunächst frei gewähren, führe aber, sobald Leben in die Landschaft kommt, ein bestimmtes Reglement ein.

Die Grundregeln lauten von da an:
1. Alles muss handgeschrieben und mit dem Namen (Paraphe) gekennzeichnet sein.
2. Alles muss richtig geschrieben sein.
3. Kein Text darf unanständig oder beleidigend sein.
4. Jeder Aushang muss „genehmigt" werden.

Die Prinzipien sollten einleuchten:

- Punkt 1 stellt die Eigenleistung an Schreibtätigkeit in den Vordergrund.
- Punkt 2 sollte in der Schule selbstverständlich sein.
- Punkt 3 sollte für die Lernenden zu einem wichtigen Grundsatz für gute Kommunikation werden.
- Punkt 4 stellt sicher, dass die Punkte 1 – 3 eingehalten werden. Er sorgt zudem dafür, dass die Landschaft der Beiträge immer in Bewegung bleibt. Davon soll nun die Rede sein.

Zu Beginn der Einführung des Reglements werden alle Zeitungsbeiträge von mir selbst durchgesehen. Was den Punkten 1 bis 3 entspricht, bekommt einen „Genehmigungs-stempel". Nur Beiträge mit diesem Stempel kommen an die Pinnwand. Wenn die Sache in diesem Sinn im Laufen ist, werden zwei Kinder als „Chefredakteure" beauftragt. Sie sind von nun an die Hüter des Stempels, tragen aber auch die Verantwortung dafür, dass alle vereinbarten Punkte eingehalten werden. Lese ich nun an der Pinnwand einen fehlerhaften Beitrag, müssen alle Beteiligten eine Verbesserung machen, der Schreiber der Zeilen ebenso wie die zwei Chefredakteure, die einen Fehler übersehen haben. Fast überflüssig zu erwähnen, dass die Chefredkteure alle 1-2 Wochen neu bestellt werden, damit möglichst viele Kinder aus der Klasse an die Reihe kommen.

Der Stempel erhält bald eine zweite Funktion: Wenn wöchentlich das Stempelmotiv wechselt, lassen sich alte Beiträge rasch ermitteln und entsprechend ausscheiden. Durch das Verschwinden alter Beiträge wird an der Zeitungswand wieder Platz geschaffen – eine stumme Aufforderung, neue Beiträge zu liefern.

Nach ca. 2 Monaten beginnt die Zeitung an Reiz zu verlieren. Bald darauf wird sie daher eingestellt – die Pinnwand wird für andere Zwecke benötigt. Ein halbes Jahr später sind alle wieder eine Zeitlang mit Eifer dabei, wenn die Klassenzeitung neu eröffnet wird. Und das ist ja schließlich das vordringliche Ziel: Freude am sinnvoll erlebten Schreiben zu entwickeln.

Ein noch stärkerer Motivationseffekt ergibt sich, wenn die Klassenzeitung nicht in der Klasse, sondern vor der Klasse hängt. Das erhöht den Leserkreis, steckt andere Klassen an und führt bald zu einem friedlichen Wettstreit, der allseits den Einsatz steigert.

Die Klassenzeitung entwickelt sich im Laufe der Zeit natürlich weiter. Sehr bald schon ergibt sich eine grobe Strukturierung nach den Rubriken Aktuelles – Unterhaltung – Inserate. Von der 5. oder 6. Schulstufe an wird aus der Pinnwandzeitung allmählich eine richtige Zeitung mit einer fixen Seiteneinteilung und einem ganzen Redaktionsteam, das unter 2 Chefredakteuren arbeitet. Diese nächste Stufe könnte z. B. folgende Seitenzuordnung aufweisen: Neues aus der Schule – Berichte aus der Klasse – Interessantes aus aller Welt – Inserate – Unterhaltsames (Witze, Rätsel, ...) – Sport...

Die Chefredakteure koordinieren den Ablauf. Mit allen Mitarbeitern wird ein verbindlicher Zeitplan erstellt. Beim Umbruch der vorgesehenen Seiten gibt es redaktionelle Arbeiten wie in einer echten Zeitungsredaktion: Fotos oder Zeichungen einbauen, Artikel kürzen oder um ein paar Zeilen länger machen. Korrekturlesen, passende Schlagzeilen kreieren, evtl. einen „Aufhänger" dazu formulieren, der mit 1 oder 2 einleitenden Textzeilen den nachfolgenden Bericht noch lesenswerter erscheinen lässt.

In einer Schule, in der Einsatzgeist und Kooperation zur Selbstverständlichkeit gehören, wird vielleicht sogar eine „**Schulzeitung**" entstehen, bei der die „Größeren" die „Kleineren" beraten und sie auf diese Weise in das „Redaktionsleben" einführen...

Jedenfalls sollte die skizzenhafte Schilderung möglicher Aktivitäten rund um das Thema Zeitung die Überzeugung genährt haben, dass sinnvolles Arbeiten bei den Lernenden überaus aktive Anteilnahme und damit wertvolle Lernprozesse auslösen kann.

Formelhaftes Schreiben

78. Abkürzungen

Im Laufe der Lernjahre tauchen immer wieder verschiedene Abkürzungen auf, deren Kenntnis dann stets als „selbstverständlich" vorausgesetzt wird. Fakt ist jedoch, dass die häufigsten Abkürzungen in ihrer korrekten Schreibform und in ihrer langschriftlichen Bedeutung im Rahmen des Unterrichts klargemacht werden sollten. Auch wenn es sich um keine Textsorte im eigentlichen Sinn handelt, ist mit ihrer Erarbeitung doch ein Rüstzeug für sachgerechte schriftliche Anwendung gegeben.

Auf der nächsten Seite ist ein Beispiel für ein Arbeitsblatt, das keinen Anspruch auf Vollständigkeit erheben will, aber die häufigsten Abkürzungen enthält.

Das Blatt ist folgendermaßen konzipiert: Mit der ersten Faltung wird die rechte noch leere Hälfte zunächst nach hinten geklappt. Die beiden linken Spalten werden Punkt für Punkt durchgegangen. Die Bedeutung der Begriffe wird ebenso besprochen wie die Merkmale der abgekürzten Schreibweisen: Abkürzungspunkte, Groß-/Kleinschreibung, Zwischenräume (= Leerschritte). Bei „z. B." etwa ist für jedes Wort ein Abkürzungspunkt vorzusehen, zwischen den beiden Teilen befindet sich ein Leerschritt. Die punktlose Ausführung „zB", die eine Zeit lang üblich war, ist laut „Amtlichem Regelwerk" für die neue Rechtschreibung nicht mehr vorgesehen. Dasselbe gilt für die frühere Form „dh.", die seit 1996 wieder nur als „d. h." (mit Leerschritt) richtig gilt.

Sobald die zweite und dritte Faltung durchgeführt wurden, wird als erstes Lernziel aus der langschriftlichen Fassung der 2. Spalte (= „Bedeutung/ausgeschrieben") die korrekte Abkürzungsform abgeleitet und in die 3. Spalte geschrieben. Ist dieser Schritt erledigt, kommt die erste Faltung wieder zur Geltung. Diesmal soll allerdings nur die rechte Hälfte der Seite zu sehen sein. In der letzten Spalte wird nun die langschriftliche Form aus der Abkürzung abgeleitet.

Das „Faltblatt Abkürzungen" steht als Downloadvorlage 12 im Internet zur Verfügung; die Spalten 3 und 4 sind allerdings dort nicht ausgefüllt, sodass ein Einsatz als echtes Arbeitsblatt sichergestellt ist.[132]

---

[132] Näheres siehe Seite 16.

Faltblatt Abkürzungen

Ausgefüllte Version

	zweite Faltung ⇩		erste Faltung ⇩	dritte Faltung ⇩

Abkürzung	Bedeutung/ausgeschrieben	Abkürzung	Bedeutung/ausgeschrieben
Abs.:	Absender: ...	*Abs.:*	*Absender: ...*
ca.	zirka (= ungefähr)	*ca.*	*zirka (= ungefähr)*
d. h.	das heißt	*d. h.*	*das heißt*
Dir.	Direktor	*Dir.*	*Direktor*
Dr.	Doktor	*Dr.*	*Doktor*
geb. am: ...	geboren am: ...	*geb. am: ...*	*geboren am: ...*
Hauptpl.	Hauptplatz	*Hauptpl.*	*Hauptplatz*
Hauptstr.	Hauptstraße	*Hauptstr.*	*Hauptstraße*
Mag.	Magister	*Mag.*	*Magister*
Marktg.	Marktgasse	*Marktg.*	*Marktgasse*
Nr.	Nummer	*Nr.*	*Nummer*
Prof.	Professor	*Prof.*	*Professor*
Tel.: ...	Telefon: ...	*Tel.: ...*	*Telefon: ...*
u. a.	und anderes	*u. a.*	*und anderes*
usw.	und so weiter	*usw.*	*und so weiter*
z. B.	zum Beispiel	*z. B.*	*zum Beispiel*

Natürlich kann man diese Sammlung nach eigenen Erfahrungswerten ergänzen. Vor allem in den Schulstufen 6 bis 9 werden sich einige weitere Abkürzungen als lernnotwendig ergeben, etwa:

d. i.	→ das ist	vgl.	→ vergleiche
DI	→ Diplomingenieur	s.	→ siehe
u. Ä.	→ und Ähnliches	Jh.	→ Jahrhundert
	MA	→ Mittelalter...	

Eine Liste im „Textsortenheft", die erweiterbar ist und alle bisher gelernten Abkürzungen enthält, wäre zu empfehlen.

79. Adressen und Kuvertbeschriftung

Vorausgesetztes Wissen ist beim Adressenschreiben – gleichgültig ob es sich um eine Empfänger- oder eine Absenderangabe handelt –, dass der **Vorname** zuerst anzuführen ist. Näheres dazu ist bei Textsorte Nr. 93, „Unterschrift" zu entnehmen.

a. Einfache Absenderangabe

Die einfache Absenderangabe besteht aus 3 Zeilen:

Beispiel:

Vorname + Familienname	Karin Moser
Straße + Hausnummer	Hauptstraße 42
Postleitzahl + Ort	4531 Dorfhausen

Sind in einem Ort keine Straßennamen sondern nur Hausnummern vorhanden, sollen sowohl die Absenderangabe also auch die Adresse nach den Wünschen der Post nicht zweizeilig ausgefertigt werden, sondern ebenso dreizeilig, und zwar in folgender Form[133]:

---

[133] Die Post und die öffentliche Verwaltung bitten seit Jahren alle betroffenen Gemeinden, den archaischen Zustand der reinen Hausnummernangabe abzustellen. Diese Art der „Ordnung" innerhalb einer Siedlung ist als Orientierungsprinzip ungeeignet, gibt es doch nur eine vage historische Auskunft, welches Haus das älteste, welche das zweitälteste usw. ist. In jedem auch noch so kleinen Ort sollten daher Straßennamen mit geordneten Hausnummern vergeben werden. Nur so ist für die Post, für Reisende aller Art, aber auch für die Erstellung von Navigationssystemen Orientierung möglich. – Bitte weitersagen!

nicht:

Karin Moser
Dorfhausen 42
4531 Dorfhausen

~~Karin Moser~~
~~4531 Dorfhausen 42~~

Die Absenderangabe steht auf jedem Geschäftsbrief an erster Stelle, bei der vereinfachten Version (Textsorte Nr. 52) linksbündig und dreizeilig. Wer solche Briefe bereits über den PC erstellt, kann sich selbst einen persönlich gestalteten Briefkopf anfertigen. Hier gilt: Erlaubt ist, was gefällt. Der Briefkopf ist also vollkommen frei gestaltbar, sollte aber inhaltlich den Normvorgaben[134] entsprechen.

Eine der wichtigsten Normvorgaben betrifft die **Postleitzahl**. Sie hat **ohne jedes Nationalitätenzeichen** vor der Ortsangabe zu stehen. Näheres siehe unter Punkt b.

In der frei gestalteten Absenderangabe können auch zusätzliche Angaben enthalten sein, z. B. Telefonnummer und Mailadresse. Näheres zur korrekten Schreibweise der Telefonnummer siehe ebenfalls Punkt b.

Beispiele für den einfachen Briefkopf:

Karin Moser
Hauptstraße 42, 4531 Dorfhausen • Tel.: 03131 457 12 • E-Mail: karin.moser@dorfmail.com

oder:

Karin Moser

Hauptstraße 42
4531 Dorfhausen

Die Korrektheit der Absenderangabe ist deshalb so wichtig, weil sich jeder Briefschreiber in seiner Antwort der vorhandenen Absenderangabe bedient und diese ohne jede Änderung übernimmt.

---

[134] Mit „Norm" ist hier – wie schon beim Geschäftsbrief selbst (siehe Textsorten Nr. 52 und 53) – immer die ÖNORM A 1080, „Richtlinien für die Textgestaltung" gemeint.

Diese einfachen Formen der Absenderangabe sind sozusagen Bestandteil des „Startpakets" für die Geschäftskorrespondenz. Sie sollten nur in der Anfangszeit, also in den Schulstufen 4, 5 und 6 angewandt werden. Von der 6. Schulstufe an, spätestens aber ab der 7. Stufe, sollte im Zuge der Umstellung auf die Vollversion des Geschäftsbriefs (Textsorte Nr. 53) auch nur noch die internationalisierte Absender- und Empfängeradresse eingesetzt werden.

b. Internationalisierte Absenderangabe

Sie unterscheidet sich von der einfachen Version durch das Hinzutreten der Landesangabe und – sofern die Telefonnummer ebenfalls angegeben wird – durch eine internationalisierte Nummernangabe.

Für den Postverkehr über die Landesgrenzen hinweg sollte die Absenderangabe folgendermaßen gestaltet sein:

Beispiel:

Vorname + Familienname	Karin Moser
Straße + Hausnummer	Hauptstraße 42
Postleitzahl + ORT	4531 DORFHAUSEN
Landesangabe	Österreich/Austria

Aus diesem ersten Beispiel ergeben sich folgende Details: Vor der **Postleitzahl** steht **keinesfalls** mehr ein **Länderkennzeichen**. Das gilt nicht nur innerhalb Österreichs, es gilt auch für Auslandspostsendungen. Der Grund liegt darin, dass die elektronischen Sortiersysteme, die mittlerweile europaweit eingesetzt werden, auf das Auffinden der Postleitzahl an einem Zeilenbeginn innerhalb eines Textblocks eingestellt sind. Ist anstelle einer Ziffernfolge am Zeilenbeginn A- zu lesen, scheidet das Poststück aus der automatischen Sortierung aus (keine Postleitzahl gefunden). Die Beförderung wird dadurch erheblich verzögert, weil jede manuelle Nachbearbeitung einen Zeitverlust bedeutet.

Anstelle der früheren Länderkennzeichen wird in einer vierten Zeile der Landesname angeführt. Weil aber „Österreich" nicht international verstanden wird, gehört als

Alternativangabe „Austria" dazugestellt. [135] Das ist europaweit durchaus kein Einzelfall. Wer einen Brief aus Finnland bekommt, wird in der Regel „Suomi / Finland" als Absenderland vorfinden, aus Polen „Polska/Poland" usw. [136]

Die Großschreibung des Ortsnamens ist in der internationalisierten Absenderangabe zwar nicht verpflichtend, aber zu empfehlen, weil sie in der internationalen Empfängeradresse (siehe Punkt d) verpflichtend ist.

Die Gestaltung der Absenderangabe in Form eines Briefkopfes ist auch bei der internationalisierten Form möglich:

Beispiele für den internationalisierten Briefkopf:

Karin Moser

Hauptstraße 42, 4531 Dorfhausen, Österreich / Austria

Tel.: +43 3131 457 12 • E-Mail: karin.moser@dorfmail.com

oder:

Karin Moser	**Hauptstraße 42** **4531 DORFHAUSEN** **Österreich/Austria**

Aus dem ersten der beiden Beispiele geht indirekt noch eine massive Änderung hervor: Die internationalisierte Schreibweise von Telefonnummern. Um auch hier vollständige

---

[135] Es wäre natürlich durchaus nicht falsch, nur „Austria" anzugeben, aber warum sollten wir den Namen unseres Landes, wie es wirklich heißt, verstecken? Schließlich steht ja auch in unsererm Reisepass nicht „Republik Austria" sondern „Republik Österreich". Nichts einzuwenden ist jedoch gegen die umgekehrte Abfolge, nämlich Austria/Österreich.

[136] Dem aufmerksamen Beobachter wird vielleicht daraus ein weiterer Sachverhalt auffallen: Die europäische Postsprache war früher Französisch; wir haben daher „Autriche" oder „PAR AVION" noch im Ohr. Durch die Globalisierung hat sich auch hier eine Umstellung ergeben. Gemäß den Regelungen des „Weltpostvereins" ist die internationale Leitsprache im Postwesen Englisch. Daher erfolgen internationalisierte Landesangaben nur noch in dieser Sprache. Die ÖNORM A 1080 hält sich an diese Richtlinie.

Klarheit zu erzielen, erfolgt nun in einem Exkurs eine Darlegung der aktuellen Normenlage.

Exkurs 7:
Die internationalisierte Telefonnummern-Schreibweise

Internationalisierte Telefonnummernangaben müssen den Vorgaben der ITU (International Telecommunication Union) entsprechen, sollen sie tatsächlich international lesbar und weiterverarbeitbar sein.

Hier die korrekte Gestaltung in einem Überblick:

Landeskennzahl mit vorangestelltem +
↓
↓   **Ortsvorwahl** ungegliedert
↓   ↓
↓   ↓   **Teilnehmer-Nr.,** gruppiert 3-2-2 oder 2-2-2
↓   ↓   ↓
↓   ↓   ↓   **Durchwahl** ungegliedert, vorher Bindestrich
↓   ↓   ↓   ↓
+43   512   543 28 13-4711

Was wohl als erstes auffällt: Telefonnummern enthalten keinerlei Klammern oder Schrägstriche mehr. Auch der Bindestrich ist nur in einem einzigen Fall gegeben, nämlich vor der Durchwahlnummer.

Die **Landeskennzahl** *wird ohne vorangestellte Nullen angegeben, stattdessen wird ein Pluszeichen gesetzt. (Achtung, kein ++!) Das Zeichen „+" steht dabei als Code für die im jeweiligen Land erforderlichen Nummern, die zu wählen sind, um ins internationale Netz zu gelangen. Das ist zwar in Europa meistens „00" , aber nicht überall – und schon gar nicht weltweit gesehen. Wer von Japan aus nach Österreich telefonieren will, muss „001" vor der eigentlichen Landes-Einwahlnummmer „43" wählen. Wer von Ottawa (Kanada) aus nach Österreich wählen will, muss zunächst „011" wählen; wer* sich in Moskau (Russland) befindet, kommt nur mit den Vorwahlnummern „810" ins internationale Netz. Das Pluszeichen wird weltweit jeweils in die landesgültige Ziffernkombination umgewandelt.

Das bleibt für unseren eigenen Alltag nicht ohne Folgen. Denn wer in Wien zu Hause ist, hält sich vielleicht morgen schon in Bratislava auf, ein andermal in Sopron, wieder ein andermal in Prag usw. Im Ausland werden aber alle am eigenen Mobiltelefon eingespeicherten österreichischen Telefonnummern schlagartig für die automatische Anwahl wertlos, wenn sie nicht internationalisiert, also mit vorangestelltem „+43" eingespeichert sind.

Wir Erwachsenen mögen durchaus im Ausland einmal die Dummen sein, damit wir am eigenen Leib zu spüren bekommen, wie weltfremd unsere schulische Ausbildung war. Aber dass wir als Lehrkräfte dann daran festhalten, weiterhin für Weltfremdheit in der Schule zu sorgen, geht entschieden zu weit. Wenn man schon uns nichts Dergleichen beigebracht hat, sollen wenigstens die Kids von heute für ihre Zukunft Sinnvolles lernen. Also: Ihr Kids, speichert alle eure Telefonnummern im Mobiltelefon mit vorangestelltem +43, dann könnt ihr von überall in der Welt aus sofort euer „Hotel Mama" erreichen. – Diese „Message" wird wirken. Wer das Hintergrundwissen dazugeliefert bekommt, merkt sich die Sache sogar sein Leben lang.

Einziger kleiner Haken an dieser praktischen Lösung: Wer aus dem Ausland über das **Festnetz** telefoniert, muss die konkreten Einwahlnummern kennen. Mit „+" hat man in den Festnetzen weltweit keine Chance, dafür aber in allen **Mobilnetzen**.

Ein letzter Verdacht soll noch aus dem Weg geräumt werden: Viele Menschen glauben, dass sie, wenn sie ein Ortsgespräch über das Mobiltelefon führen und die Nummer über „+43..." anwählen, dann erhöhte Auslands-Gesprächsgebühren zu bezahlen hätten. Falsch geraten. Der Mobilnetzbetreiber erkennt den Aufenthaltsort beider Teilnehmer und rechnet dementsprechend korrekt ab, nämlich als Inlandsgespräch.

Bei der **Ortsvorwahl** entfällt – wenn +43 gewählt wurde – die im Inlandsfestnetz zu wählende vorangestellte Null. Sie wird überhaupt nicht

mehr angegeben, auch nicht in Klammern. Ortsvorwahlnummern werden
ungegliedert geschrieben, also als geschlossener Ziffernblock, gleichgültig wie
viele Stellen die Nummer hat. Dasselbe gilt auch für die **Mobilnetz-
Vorwahl**.

Die **Teilnehmernummer** ist – zumindest im Festnetz – in der oben
angegebenen Form gegliedert zu schreiben. Weil viele – vor allem
Jugendliche – denken mögen: „Ist doch völlig egal, wie ich die Nummer
schreibe, Hauptsache die Ziffernfolge stimmt!", sei auf einen Sachverhalt
aufmerksam gemacht: Weil die Schreibform festgelegt ist, wird man sie in
jedem Verzeichnis (z. B. im Telefonbuch) in dieser Form vorfinden. Gibt man
sie selbst abweichend an, sorgt das für Irritation, denn niemand hält die
Nummer 328 41 02 (gesprochen oder gelesen: dreihundertachtundzwanzig –
einundvierzig – nullzwo[137]) und die Nummer 32 84 10 2 (gesprochen oder
gelesen: zwounddreißig – vierundachtzig – zehn – zwo) auf den ersten Blick
für identisch.

Lassen wir solche Detailfragen unsere Klasse am eigenen Leib erleben: Wir
sagen die oben angeführte Nummer zuerst in der ersten unterstrichenen
Sprechform, dann in der zweiten. Nun haben die Schüler selbst die Irritation
erlebt, und jetzt ist ihnen nichts mehr „egal". Wir merken uns: Bei Telefonnummern muss die **Sprechform** mit der **Schreibform** übereinstimmen. –
Das ist durchaus wieder ein Merksatz für das „Textsortenheft", in dem auch
die Gesamtübersicht zur Telefonnummerngliederung (Seite 240) nicht
schaden kann.

Bei Mobilnummern ist die Gliederung nicht gebunden, aber auch da gilt die
Regel „Sprechform = Schreibform = Leseform". Mobilnummern gliedert man
meistens nach ästhetischen Gesichtspunkten („nach der Schönheit") oder nach
der Behaltbarkeit. Die Nummer 24 789 24 wäre als 247 89 24 weit weniger
einprägsam. Als „vierungzwanzig – sieben-acht-neun – vierundzwanzig"
merkt man sie sich leicht.

---

[137] Die Sprechform „zwo" für „zwei" empfiehlt sich bei allen mündlich übermittelten Zahlen, weil damit eine
Verwechslung von „zwei" und „drei" ausgeschlossen werden kann. – Auch ein Stück Lernstoff für
Heranwachsende.

Noch ein Tipp am Rande:

*Wer bei Nummern die Anfälligkeit für Hörfehler, Schreibfehler oder Wähl-
fehler minimieren will, sollte die ungünstige Sprechgewohnheit im Deutschen
ausschalten, die Zehner- und Einerstellen zu vertauschen. Wir sagen
„vierundzwanzig", schreiben aber „zwanzigvier". Alle, aber wirklich alle,
haben mit dieser Marotte unserer Sprache Probleme: Kinder mit Migrationshintergrund, Gäste aus fremden Ländern – und nicht zu vergessen, wir selbst.*

*Wir sprechen Telefonnummern daher am günstigsten, indem wir sie Ziffer für
Ziffer nennen, in unserem letzten Beispiel also als „zwo-vier – sieben-acht-
neun – zwo-vier". Die Gruppierungen kommen nur noch durch die Sprech-
pausen zum Ausdruck.*

Wenn eine **Durchwahlnummer** *schriftlich angegeben wird, ist diese nach
einem Bindestrich unmittelbar anzufügen.*

*Zwischen den einzelnen Bestandteilen der internationalisierten Telefon-
nummer werden im Schriftlichen jeweils Leerschritte gesetzt. Zur Steigerung
der* **Übersichtlichkeit** *können zwischen Landes- und Ortsvorwahl bzw.
zwischen Ortsvorwahl und Teilnehmernummer jeweils zwei Leerschritte
gesetzt werden. Nochmals: keine Bindestriche, keine Schrägstriche, keine
Klammern, ausschließlich Leerschritte. Warum dieses? – Weil eine noch
neuere Kommunikationstechnologie rasant im Vormarsch ist, die Internet-
Telefonie. Sie ist so kostengünstig, dass sich selbst der billigste Mobilnetz-
anbieter bereits davor fürchtet. Internet-Telefonie kostet bei vorhandenem
Internetanschluss so gut wie nichts, egal ob Sie mit Tokyo, Canberra,
Wladiwostok oder Sao Paulo telefonieren. Weil der Computer ähnlich dem
Mobiltelefon auch noch das Wählen übernimmt, müssen Telefonnummern
wähltauglich für Computer gestaltet sein. Und dann dürfen außer Leer-
schritten keine anderen Zeichen im Nummernblock enthalten sein. Wer nun
mit Recht fragt, warum bei der Durchwahlnummer doch ein Bindestrich im
Spiel ist, hat den kleinen letzten Pferdefuß der Regelung entdeckt. Aber, alle
hier gegebenen Angaben entsprechen der weltweit einheitlichen Regelung. Bei
Computereinwahl kann trotzdem nicht viel passieren, denn beim Teilnehmer
landet das automatische Wählsystem in jedem Fall, zumindest in der Vermitt-*

lung. Von dort aus kann man sich ja in aller Ruhe weiterverbinden lassen – es kostet ja nichts mehr...

Alle diese Details fallen unter die Rubrik „Wissen aktuell". – Und Hand aufs Herz, hätten Sie all das gewusst? – Wenigstens die nächsten Generationen sollen weltgewandt und lebenstüchtig werden, indem sie von der Schule brauchbares Wissen vermittelt bekommen!

Was das alles mit dem Unterrichtsgegenstand „Deutsch" zu tun hat? – Deutsch ist die Sprache, in der wir kommunizieren. Alles, was die Kommunikation betrifft – auch die mündlichen Bereiche[138] – ist ureigenster Kernstoff des Schriftsprach-Unterrichts. Wer sich die riesigen Dimensionen des in diesem Gegenstand zu Lernenden vergegenwärtigt, dem wird einmal mehr klar, dass die Schule es sich nicht leisten kann, die knapp bemessene Lernzeit der Kinder an den Aufsatz zu verschwenden.

c. Einfache Empfängeradresse

Die einfache Empfängeradresse ist nur für Schriftstücke geeignet, die im **Inland** bleiben. Sie folgt in der Gestaltung der Grundform der einfachen Absenderangabe (Punkt a), doch aus den 3 Zeilen werden hier nun 4:

Beispiel:

Frau / Herr**n**	Frau
Vorname + Familienname	Karin Moser
Straße + Hausnummer	Hauptstraße 42
Postleitzahl + Ort	4531 Dorfhausen

Bei der Empfängeradresse gibt es – im Gegensatz zum Absender, der als Briefkopf frei gestaltbar ist – keinen Gestaltungsspielraum. Sie muss als Textblock ausgeführt werden, damit die elektronischen Sortieranlagen die Postleitzahl finden können.

---

[138] Siehe dazu Band 4, *Didaktik des Sprechens*.

Bei dieser einfachen Adressgestaltung, die wohl am häufigsten im privaten Inlandspostverkehr auftreten wird, gibt es mit den Begriffen „Frau" oder „Herrn" ein Problem, wenn das **Schriftstück an ein Kind** geht. Für ein 9-jähriges Mädchen ist die Anrede „Frau" gänzlich unpassend. Hier gilt es zu erwägen: Lasse ich in der Adresse das Wort „Frau" einfach weg, sieht die Adressangabe wie ein Absender aus. Daher ist das mit Sicherheit keine gute Lösung. Somit bietet sich als einzige Notlösung an, anstelle von „Frau" oder „Herrn" das Wort „An" zu setzen. Wer das tut, muss aber unbedingt gleichzeitig Folgendes mitlernen: Spätestens Jugendliche ab dem vollendeten 14. Lebensjahr sind wie Erwachsene anzuschreiben, ja schon ab dem vollendenten 12. Lebensjahr ist eine Anrede mit „Frau" oder „Herrn" nicht mehr als unpassend zu bezeichnen. Man wird also irgendwann zwischen 12 und 14 Jahren die Adressform wechseln.

Beispiel:

Empfängeradresse **für Karin, 9 Jahre alt** ⇩	**Empfängeradresse** **für Karin, 3 Jahre später (12 Jahre alt)** ⇩
An Karin Moser Hauptstraße 42 4531 Dorfhausen	Frau Karin Moser Hauptstraße 42 4531 Dorfhausen

Kinder vom 4. bis zum 6. Schuljahr sollten daher in ihrem „Textsortenheft" beim Thema Empfängeradresse etwa folgenden Eintrag stehen haben:

Freundinnen/Freunde **unter 12 Jahren** (= Kinder):

An Karin Moser	An Peter Müller

Freundinnen/Freunde **über 12 Jahren** (= „Jugendliche"):

Frau Karin Moser	Herrn Peter Müller

d. Empfängeradresse im Auslandspostverkehr

Hier gilt alles unverändert wie bei Punkt c. Dazu kommen zwei Details:

1. die Verpflichtung, die **Ortsangabe** in BLOCKSCHRIFT (mit vorangestellter Postleitzahl, jedoch ohne internationales Kennzeichen) auszufertigen und

2. die **Landesangabe** ebenfalls in BLOCKSCHRIFT darunterzusetzen.

Beispiel:

Herrn
Thilo Schröder
Am Kohldamm 3
44291 MERKELBACH
DEUTSCHLAND

So mancher wird nun den Kopf schütteln und sich fragen: Warum kann man nicht Merkelbach und Deutschland ganz normal schreiben? – Man kann es doch so auch lesen.

Für eine Adresse in Deutschland stimmt das. Aber schon wenn jemand eine Brieffreundin in Thessaloniki in Griechenland hat oder gar eine Urlaubsbekanntschaft aus Taiwan, ist es in den genannten Ländern mit der Lesbarkeit unserer Druckbuchstaben schlecht bestellt. Was man aber weltweit lesen kann, egal ob in Indien, Japan oder Arabien, sind unsere BLOCKBUCHSTABEN. Schreibe ich also einen Brief nach Tokyo, wären japanische Schriftzeichen am besten, aber die kann i c h nicht schreiben. Wähle ich unsere Druckbuchstaben, kann man sie in Japan nicht lesen. Schreibe ich aber in Blockschrift TOKYO, kann ich es schreiben und in Japan kann man lesen, in welche Stadt der Brief gehört.

Geübt werden sollte das alles am besten nicht langweilig, sondern mit sog. „Quatschadressen", z. B.

An   An
Susi Schreihals   Rudi Rollmops
Schreigasse 4   An der Rollbahn 7
11111 SCHREIHAUSEN   4568 MOPSINGEN
DEUTSCHLAND   SCHWEIZ

Wer sich zwischendurch einmal schon bis zur Textsorte 105, „Quizfragen", verirrt hat, wird jetzt vielleicht auch in folgenden Quiz-Kategorien (= Prüfungsfragen) denken:

- Warum schreibt man bei Auslandsadressen den Ortsnamen in BLOCKSCHRIFT?

- Bei Jugendlichen und Erwachsenen schreibt man als erstes in der Adresse „Frau" oder „Herrn". – Was schreibt man bei Kindern, also bei Menschen unter 12 Jahren an dieser Stelle?

Allein mit dem bisher Dazugelernten lassen sich unzählige Quizfragen zusammenstellen.

Obwohl nicht mehr zu diesem „Grundkurs" im Adressenschreiben gehörend, soll nun doch noch auf den **Umgang mit Titeln** eingegangen werden. Lernende bis zum 12. Lebensjahr benötigen zu diesem Wissensbereich nur in den seltensten Fällen nähere Informationen, aber als Erwachsener sollte man Bescheid wissen. Hier die wichtigsten Grundregeln:

1. In der **Empfängeradresse** müssen alle Titel angeführt werden, die eine Person trägt. In der **Briefanrede** hingegen („Sehr geehrte...") wird dann allerdings nur der höchste Titel zum Namen gestellt, also
   „Sehr geehrte Frau Dr. Meier,..."

2. Verliehene Titel (z. B. Direktor oder Prokurist) stehen in der ersten Zeile, also neben „Frau" oder „Herrn". Sie sollten womöglich ausgeschrieben werden.

3. Erworbene Titel (= akademische Grade wie Mag., DI, Dr.) stehen in der Namenszeile. Sie werden immer abgekürzt geschrieben

4. Beim Vorliegen mehrerer Titel werden diese aufsteigend gereiht. Der höchste steht als letzter unmittelbar vor dem Namen, also z. B.
   Mag. Dr. Ursula Sterk

5. Angaben akademischer Grade in der Form Mag^{ra} oder Dr^{in} sind falsch. Die Abkürzungen akademischer Grade sind gesetzlich geregelt. Laut Gesetz sind hier z. B. nur Mag. und Dr. vorgesehen – für beiderlei Geschlechter. [139]

---

[139] In Österreich ist dies im *Universitätsgesetz 2002* geregelt.

6. Die anglo-amerikanischen Graduierungen werden dem Namen nachgestellt, z. B.

> *Wilfried Winkler, MBA*

7. Standesbezeichnungen wie Ing. oder Univ.-Prof. sind verliehen und erworben zugleich. Sie werden in der Namenszeile angeführt, stehen aber vor den akademischen Graden, z. B.

> *Univ.-Prof. Mag. Dr. Christine Radinger*
> *Ing. Manfred Primosch*

Beispiele für das Anführen von Titeln in Empfängeradressen:

Privatadresse	**Firmenadresse**
Frau Direktor	AbfallverwertungsAG
Mag. Dr. Ursula Sterk	Herrn Prokurist DI Helmut Seidl
Brückenstraße 27	Waldstraße 21
4359 Walchhofen	2458 Asbach

e. Kuvertbeschriftung

Die letzte Frage im Zusammenhang mit Absender und Adresse ist die Kuvertbeschriftung.

Im späteren Berufsleben wird es kaum mehr eine händische Kuvertbeschriftung geben, weil der Geschäftsbrief in seiner Vollversion (Textsorte Nr. 53) so angelegt ist, dass die Empfängeradresse nur einmal geschrieben werden muss und anschließend durch das Fenster im Kuvert zu sehen ist.

Im Schulleben und im späteren Privatleben mit seinen persönlichen Briefen (Textsorte Nr. 96) oder Leserbriefen (Textsorte Nr. 64) wird aber stets das händisch beschriftete Kuvert vorherrschen.

Bevor man jedoch ein Kuvert beschriften und befüllen kann, sollte man sich über die verschiedenen Papier- und Kuvertformate im Klaren sein. Hier eine möglichst einfach gehaltene Übersicht:

Exkurs 8:
Die wichtigsten Papier- und Kuvertformate

Die **Normalgröße** *von Schreibpapier ist das Format* **A4**. *Von diesem Format sollte man die Maße im Kopf haben: Höhe x Breite =* 29,7 cm x 21 cm.

Alle anderen Formate ergeben sich aus A4:
A5 = *quer halbiertes* A4-*Blatt*
A6 = *quer halbiertes* A5-*Blatt* (= *Postkartenformat*)
A7= *quer halbiertes* A6-*Blatt*

Durch Verdoppelung erhält man größere Formate:
A3 = *Größe von* 2 x A4
A2 = *Größe von* 2 x A3
A1 = *Größe von* 2 x A2
A0 = *Größe von* 2 x A1

In der 4. Schulstufe sollten diese Maßverhältnisse anschaulich erarbeitet werden. Am besten geht das mit gebrauchtem, aber nur einseitig bedrucktem Kopierpapier. Jeder in der Klasse erhält 2 Blatt A4-Papier. Das eine bleibt ganz, das andere wird geteilt[140] *in ein A5-, ein A6- und ein A7-Blatt. Wer will, kann das A7-Blatt nochmals zu einem A8 Blatt verkleinern. Jede Größe wird fein säuberlich beschriftet.*

Spaßvögel werden natürlich die Reste bis auf Konfettigröße herunterholen. Spätestens bei A14 wird der Papierschnitzelsalat unübersichtlich, aber Spaß hat es doch gemacht.

---

[140] Das Teilen kann recht sauber durch bloßes Reißen erfolgen. Schon das Falten erfordert Geduld und Präzision – Ecke auf Ecke genau gelegt, am gegenüberliegenden Bug eine Faltkante daraus machen. 2x verpatzen und 1x richtig machen, muss bei gebrauchtem Papier problemlos drin sein. Wer eine genaue Faltkante erzielt hat, macht sie mit einem Fingernagel schärfer, wendet die Faltung und macht die Kante nach dieser Seite schärfer. Nach nochmaligem Wenden und Nachschärfen sollte ein vorsichtiges Reißen zu einer ziemlich glatten Trennung führen. Eine andere Methode erfordert einige Übung, ist aber für viele Kinder eine interessante Geschicklichkeitsherausforderung: Man drückt ein Lineal an der Trennkante fest auf das Papier, während man die sichtbare Hälfte des Blattes in leicht schrägem Winkel nach oben wegreißt. – Probieren lassen! → Wer es heraußen hat, ist Lehrmeister und führt seine Kunst anderen vor, bis sie es auch können.

Nun sollte man die Klasse auf Papierformate konditionieren: Formate von A3 bis A7 sollten durch bloßes Vorzeigen klar benannt werden können. – Das funktioniert übrigens erstaunlich schnell.

Wir können noch eine Beobachtung verbalisieren, die die Kinder faszinieren wird: Je größer die Formatzahl, desto kleiner ist das Papier, je kleiner die Formatzahl, desto größer ist das Papier.[141]

Die **Kuvertformate** *sind nun keine Hexerei mehr. So wie Papierformate den Kennbuchstaben A haben, ist der Kennbuchstabe für die häufigsten Kuvertformate C.*
In ein C4-Kuvert passen ungefaltete A4 Blätter.
In ein C5-Kuvert passen ungefaltete ...
In ein C6-Kuvert... (Die Kinder können längst im Chor mitsprechen.)[142]

Etwas komplizierter wird es beim sog. **Langkuvert**, *das vor allem als Fensterkuvert im Handel ist und dann die Bezeichnung C5/6 trägt.*[143] *Es ist für die Leporello- oder Wickelfaltung von A4-Blättern mit je 2 Querfaltungen vorgesehen. Die Bezeichnung C5/6 rührt daher, dass die lange Seite wie das C5- Kuvert ausgeführt ist, die kurze Seite wie das C6-Kuvert.*

Sucht man für ein A4-Blatt ein passendes Kuvert zur händischen Beschriftung, wird man fast nie ein C4- oder C5-Kuvert wählen, sondern so gut wie immer ein C6-Kuvert. Der Brief kommt ja in der Regel 2 x gefaltet in den Umschlag.

---

[141] Des Rätsels Lösung liegt darin, dass das eigentliche Ausgangsformat A0 ist. Mit A0 wird der ungefaltete Papierbogen bezeichnet. Wird dieser einmal gefaltet, entsteht das Format A1, wird dieses wieder gefaltet, entsteht – durch eine zweite Faltung - Format A2. Die dritte Faltung ergibt A3 usw.
Für die ganz Wissbegierigen: Das Format A0 ergibt genau 1 m^2 Papierfläche; die Seitenkanten haben zueinander ein Maßverhältnis von 1: $\sqrt{2}$, d. i. der sog. „Goldene Schnitt".

[142] Es soll hier genügen, vereinfachend nur den Begriff „Kuvert" zu verwenden. Richtig wäre es eigentlich, zwischen „Kuverts" und „Versandtaschen" zu unterscheiden. Beim Kuvert befindet sich die Verschlussklappe auf einer der langen Seiten; die Versandtasche hat die Klappe auf einer der kurzen Seiten.

[143] Auch die umgekehrte Bezeichnung C 6/5 ist gebräuchlich; es handelt sich dabei jedoch jeweils um das gleiche Produkt.

*Zur richtigen **Faltung** sollte auch ein Trick bekanntgemacht werden: Ein Brief soll den Leser erfreuen. Wenn er ihm aber beim Lesen ständig zuklappt, wird er damit keine Freude haben. – Wir probieren das (wieder mit gebrauchtem Kopierpapier) selbst aus: Wir halbieren ein A4-Blatt mit der beschrifteten Seite nach innen zuerst quer, dann noch einmal quer. Wenn wir jetzt den Brief lesen wollten, klappt er uns immer zu. – Wir probieren mit einem anderen Blatt eine andere Technik: Wir halbieren das A4-Blatt – wieder mit der beschrifteten Seite nach innen – diesmal aber zuerst der Länge nach, und diesen langen Teil dann quer. Jetzt öffnen wir, als wollten wir den Text lesen, und wir bemerken: Der Brief bleibt offen! – Der Aha-Effekt bewirkt bleibendes Wissen...*

Bei einem Geschäftsbrief, der in der Regel für ein Fensterkuvert vorgesehen ist, sieht die Sache mit der Faltung anders aus. Hier kommt es darauf an, dass das Adressfeld richtig im Fenster zu stehen kommt – und das hängt neben der richtigen Positionierung der Adresse auch mit der richtigen Faltung zusammen: Das erste „Drittel" (es ist in Wahrheit etwas mehr als 1/3) muss eine Höhe von ca. 10,5 cm haben. Daher erfolgt die erste Faltung im Normalfall knapp oberhalb der Betreffzeile. Dadurch ist die Adresse sicher vor einem Verrutschen im Fenster und zugleich ist – wie schon auf Seite 196f. beschrieben – das Briefgeheimnis gewahrt. Die nächsten beiden „Drittel" werden jedenfalls etwas kürzer ausfallen. Ob man sie als Leporello faltet (=Zick-zack-Faltung) oder als Wickelfaltung (2x eingeschlagen), ist Geschmackssache.

Wer inzwischen schon zum gedanklichen Quizfragenprofi geworden ist, wird die Kinder nun auffordern, dazu Fragen zusammenzustellen:

- *Wie faltet man ein A4-Blatt richtig, wenn es für ein C6-Kuvert gefaltet werden soll?*

- *Wie faltet man ein A4-Blatt richtig für ein C5/6-Kuvert?*

- *Wird ein Brief nach außen oder nach innen gefaltet? (Achtung! – Zwei Lösungen!)*

- *Was ist größer: A3 oder A4? Um wie viel ist das eine größer als das andere?*

• *Was passt in ein C6-Kuvert?   ... und, und, und...*

Nun kann es losgehen: Wir beschriften ein C6-Kuvert für den Postversand. Die **Absenderangabe** erfolgt in der Regel auf der **Vorderseite** links oben.

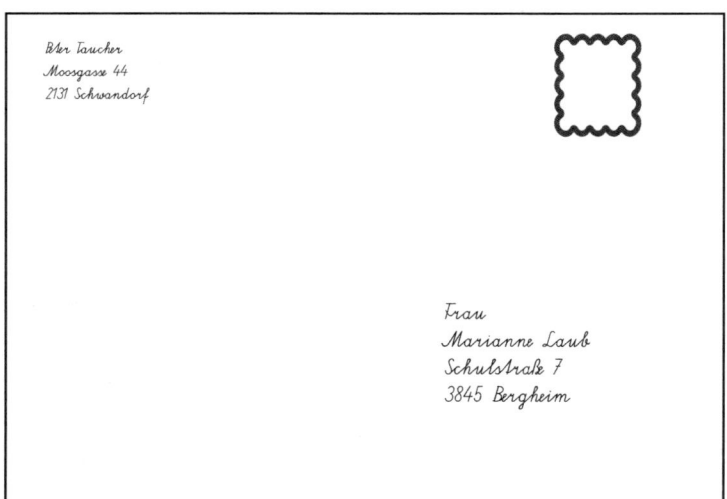

Beim privaten Absender ist die Angabe auf dem Inlandsbrief dreizeilig, beim Auslandsbrief vierzeilig (mit Landesangabe) auszuführen. Außerdem sollte der Absender möglichst in kleinerer Schrift aufscheinen als die Empfängeranschrift.

Der Absender kann aber auch auf der Verschlussklappe der **Rückseite** des Briefes angeführt werden.

In diesem Fall sind die Angaben auch einzeilig möglich; es sollte aber die Abkürzung „Abs.:" für „Absender" vorangestellt werden.

80. Beschriftungen

Ausgehend von der Heftbeschriftung, die in jedem Jahr zu Schulbeginn zentrales Thema ist, sollten allgemeine Prinzipien für die Zweckmäßigkeit von Beschriftungen abgeleitet werden.

Bei der Heftbeschriftung sind die Angaben

> Familienname + Vorname
>
> Art des Heftes
>
> Klasse und Schuljahr

als allgemeingültige Eckdaten anzusehen. Varianten im Detail sind natürlich üblich und auch möglich. Warum aber hier der Familienname an erster Stelle steht, sollte den Lernenden mittlerweile klar sein: Wo nach Namen geordnet wird, ist der Familienname das Ordnungsprinzip. [144]

Wo immer sich im Schulbereich sonst noch Gelegenheiten für Beschriftungen ergben, sollten sie möglichst von klein auf von den Kindern selbst vorgenommen werden, z. B. an den fix eingeteilten Haken für das Turnzeug, auf dem Turnbeutel selbst usw. [145]

Beschriftungen als Orientierungs- und Ordnungshelfer sind in vielen anderen Bereichen nützlich: Im Werkzeugkasten, bei Schubladen, auf Ordnern usw.

Im „Textsortenheft" könnte zum Thema Beschriftungen eingetragen werden:

---

[144] Vgl. dazu aber die umgekehrten Situationen; sie sind beim Thema „Unterschrift" (Textsorte Nr. 93) zusammengefasst.

[145] Als Lehrkraft neigt man dazu, selbst fleißig zu sein und alles in Eigenregie perfekt zu erledigen. Als Lohn erhofft man sich dann die Bewunderung der Kinder. Wir sollten jedoch bei jedem Handgriff überlegen: Können die Kinder das nicht selbst? – Die Schule ist dazu da, dass die Lernenden fleißig werden sollen und wir Lehrkräfte sie für Ihren Fleiß bewundern. Haben wir diesen Einstellungswandel einmal geschafft, sollten wir die Eltern im gleichen Sinn informieren: Mit jeder Arbeit, die wir als Elternteil für das Kind erledigen, rauben wir dem Kind ein Stück Eigenerfahrung. Vgl. dazu auch die Überlegungen bei der Textsorte Nr. 26, „Entschuldigung", siehe Seite 146.

Beschriftungen sollen die Orientierung erleichtern, daher muss man folgende Punkte beachten:

- Beschriftungen sind sauber und übersichtlich anzulegen.
- Gleichartiges muss gleichartig beschriftet werden.
- Händisch Beschriftetes sollte möglichst in Blockschrift oder Druckschrift ausgefertigt werden.
- Das unterscheidende Merkmal auf einem Schild ist hervorzuheben, z. B. durch Farbe oder Schriftgröße.

Ein unmittelbarer Vergleich gut gelungener mit schlecht angelegter Beschriftung schafft klaren Blick für das Wesentliche. Mit Hilfe konkreter Vergleichsmöglichkeiten gelingt es wahrscheinlich sogar, die oben genannten Gesichtspunkte selbst zu erarbeiten und zu versprachlichen:

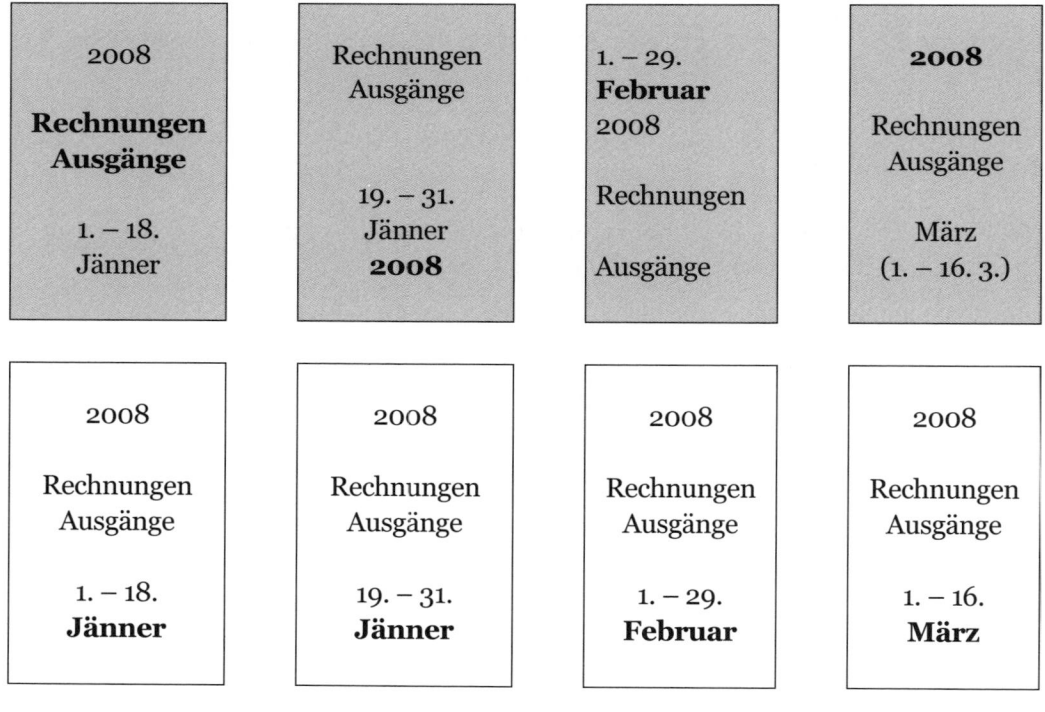

Diese Beschriftungsmuster sind als Downloadvorlage 13 aus dem Internet abrufbar.[146]

---

[146] Näheres siehe Seite 16.

Einmal mehr soll an dieser Stelle hervorgehoben werden, dass die Fähigkeit, Textsorten charakterisieren zu können, Lernstoff ist. Was lernbar ist, kann im „Textsortenheft" schriftlich festgehalten und dementsprechend abgefragt werden.

Man stelle sich vor, dass in jeder Stunde 1 – 2 Schüler eine mündliche Kurzprüfung zum Wissensbereich rund um die Textsorten zu absolvieren haben, z. B.
1. Bei welchen Gelegenheiten schreibt man den Vornamen zuerst? [147]
2. Wie ist ein Kochrezept aufgebaut? [148]
3. Was ist bei Beschriftungen zu beachten?

Besteht in der Klasse bereits eine Quizfragensammlung (Textsorte Nr. 105), und sind diese Quizfragen nach Könnensbereichen rubriziert, schöpft man ohnehin täglich aus dem Vollen.

Die erbrachten Leistungen berühren gleich zwei Teilbereiche des Deutschunterrichts, nämlich Wissensstoff für das Schriftliche und verbale Kompetenz, also die Steigerung der Fähigkeit, sich mündlich in der Schriftsprache ausdrücken zu können.

81. Erlagscheine

Wer einen Geldbetrag auf ein Bankkonto einzahlen will, benötigt dazu entweder einen Erlagschein oder einen Zugang zum Internet-Banking.

Es gibt verschiedene Typen von Erlagscheinen, aber allen ist gemeinsam, dass sie aus einem **Zahlschein** (= Überweisungsschein) und einem **Empfangschein** (= Auftragsbestätigung) bestehen. Beide Teile müssen gleichlautend ausgefüllt werden; das wird meist schon mit Durchschreibemöglichkeit vereinfacht. Der Zahlschein bleibt beim Geldinstitut, der von der Bank bestätigte Empfangschein beim Einzahler.

Auszufüllen sind folgende Rubriken des Erlagscheins:

- Kontonummer des Empfängers
- Bankleitzahl und Name der Empfängerbank
- Empfängername sowie Postleitzahl und Ort

---

[147] Diese Frage wird bei der Textsorte „Unterschrift" (Nr. 93) geklärt.

[148] Das Kochrezept findet sich als Textsorte Nr. 10.

- Einzahlungsbetrag (Die Stelle vor dem Betrag sollte durch eine Wellenlinie oder ein Ist-gleich-Zeichen entwertet werden.)
- Verwendungszweck: Rechnungsnummer und –datum oder sonstiger Zahlungsgrund
- Auftraggeber-Angaben (Name und Anschrift komplett)
- Bei Verwendung als Überweisungsauftrag (= von Konto zu Konto) muss der Auftraggeber zusätzlich unterschreiben und seine Bankdaten angeben

Zahlscheine sind in den Foyers der Geldinstitute jederzeit in größeren Mengen frei erhältlich. Der beste Lerneffekt ist durch konkretes Training-on-the-Job gegeben.[149]

Was Kinder wissen sollten: Bareinzahlungen sind im Unterschied zu Überweisungen teuer. Die Kinder sollen erheben, wie viel bei verschiedenen Sparkassen, Banken oder bei der Post für eine Schaltereinzahlung verlangt wird.

82. Formelhafte Briefteile

Beim vereinfachten Grundmodell für den Geschäftsbrief (Textsorte Nr. 52) wurden die 5 lernbaren Teile, die mehr oder minder formelhaft immer wiederkehren, eigens hervorgehoben. Hier soll es nun im Einzelnen darum gehen, diese Teile genauer kennen zu lernen und sie schließlich formal, sprachlich und orthographisch richtig anwenden zu können.

Alle diese Details werden am besten im „Textsortenheft" festgehalten.

1 – ABSENDERANGABE

Beim handgeschriebenen Brief wird die Absenderangabe links oben positioniert. Dabei sollte oben und links ein freier Papierrand von ca. 2 cm bleiben.

Der Absender wird im Normalfall 3-zeilig angegeben:
      Vorname + Familienname
      Straße + Hausnummer
      Postleitzahl + Ort

---

[149] Das können Kinder genauso gut tun wie wir. Wenn Kinder in Geldinstituten um Blanko-Zahlscheine bitten, lernen sie lebenspraktisch dazu, wie man solche Situationen meistert. Wenn wir selbst die Scheine holen, lernen die Kinder nichts dazu. Unser Job als Lehrer ist es, Kinder zum Arbeiten zu bingen!

Beim computergeschriebenen Brief kann man einen eigens gestalteten Briefkopf einsetzen, der dann aber gleich korrekt, also normgerecht ausgeführt werden sollte.

Weitere Details sind bei Textsorte Nr. 79, „Adressen" beschrieben.

2 – DATUM

Im Brief sollte das Datum so geschrieben werden, dass es vom Empfänger direkt gelesen werden kann. Das ist dann der Fall, wenn es so geschrieben ist, wie man es spricht.

Weil niemand sagt, „Heute ist der Null-Dritte Null-Vierte Null-neun", schreibt man auch im Briefdatum nicht „03.04.09", sondern „3. April 2009". Man nennt diese Schreibweise die „alphanumerische Schreibweise". Diesen Begriff sollten Lernende ab 12 Jahren verstehen und anwenden lernen.

Die korrekte Schreibform der Datumsangabe, die man rechtsbündig anführt, lautet z. B.:

Wien, 3. April 2009

Also: **Ortsangabe** mit Beistrich – **Monatstag**, ohne „führende Null", aber mit Schlusspunkt – **Monatsname** – **Jahreszahl** 4-stellig. Zwischen allen Teilen sind Leerschritte zu setzen.

Als Merkregel im „Textsortenheft" genügt unterhalb eines entsprechenden Beispiels der Wortlaut:

> Datum im Brief:
>
> Schreibform = Sprechform!

Die genaue Position des Briefdatums ist in Textsorte Nr. 53 (Geschäftsbrief – Vollversion) beschrieben.

3 - BRIEFANREDE

Die Anredeform im Geschäftsbrief ist leider noch immer ziemlich altmodisch und sperrig. Somit bleibt nur eine geringe Auswahl:

Sehr geehrte Frau Berger,	**falsch:** ~~Sehr geehrte Frau Karin Berger,~~
Sehr geehrter Herr Müller,	**falsch:** ~~Sehr geehrter Herr Peter Müller,~~
Sehr geehrte Frau Dr. Kunze,	
Sehr geehrte Damen und Herren,	

Diese Anredeformen sollte jeder sachgerecht anwenden können und orthographisch beherrschen. Die allgemeine Form ohne Namen wird nur verwendet, wenn man sich an eine Stelle wendet, bei der man keine konkreten Personen kennt.

Erst wenn man mit einer Person in einer Firma schon relativ oft Kontakt hatte – eventuell auch telefonisch – , kann man es riskieren, eine etwas weniger förmliche Anredeform zu wählen, z. B.

Liebe Frau Berger,

Hallo Herr Müller,

Was man wissen sollte: Die Hallo-Anrede wird von Menschen über 40 meist eher nicht geschätzt.[150] Beide Formen, also sowohl das „Hallo…" als auch „Liebe…" haben das Problem an sich, dass sie aus der vertraulichen Sphäre kommen („Hallo Papa," oder „Liebe Oma,") und daher ins Geschäftliche nicht so recht passen.

Die **Anredezeile** sollte mit einem **Beistrich** beendet werden. Das Rufzeichen an dieser Stelle gilt als veraltet. – Durch den Beistrich ergibt es sich, dass der Brieftext mit kleinem Anfangsbuchstaben begonnen wird. (Vgl. dazu den Musterbrief, Seite 198.)

4 - GRUSSFORMEL

Die Standard-Grußformel, die in jedem Geschäftsbrief unverfänglich ist, lautet:

Mit freundlichen Grüßen

Nach dieser Formel folgt kein Satzzeichen, sondern nur die Unterschrift. Diese wird unter die Grußformel gesetzt und bleibt ebenfalls punktlos.

---

[150] Man muss bedenken: Diese Altersgruppe ist für gewöhnlich die Generation der Chefinnen und Chefs.

Neben dieser Grußformel gibt es weitere Möglichkeiten, die vielleicht etwas weniger abgedroschen und etwas weniger förmlich wirken:

	Kommentar dazu:
Freundliche Grüße	*<gute Alternative>*
Beste Grüße	*<gute Alternative>*
Es grüßt Sie freundlich	*<gewagt>*
Liebe Grüße	*<vertraute Form>*
Herzlichen Gruß	*<vertraute Form>*

5 – UNTERSCHRIFT

Sie ist wie in Textsorte Nr. 93 beschrieben zu erlernen.

Resümee:

Fünf Teile des Geschäftsbriefs sind erlernbar. Nur die drei inhaltlich zu gestalteten Teile sind Begabungssache, weil hier Formulierungstalent gefragt ist. Wer aber von 8 Teilen eines Briefes 5 tadellos beherrscht, und bei 3 Teilen zwar etwas ungeschickt formuliert, aber inhaltlich richtig liegt, hat in Summe doch gewonnen. Lernbarer Schulstoff führt alle zum Erfolg, ist also Allgemeinbildung im besten Sinn.

83. Formelhafte Schreibweisen

Die in der Folge behandelten Einzelheiten sind keine Textsorte im eigentlichen Sinn. Es handelt sich vielmehr um Elemente, die in Schriftstücken oft benötigt werden und daher unentbehrliches Grundwissen darstellen.

Es geht bei diesem Punkt in erster Linie einmal darum, dass wir als Lehrkräfte über alle Details selbst genau Bescheid wissen, sie uns aneignen und gegebenenfalls auch in dieser Form praktizieren. So lernen Schüler von Anfang an alle Einzelheiten jeweils gleich in der richtigen Form. Das erspart den Lernenden spätere Irritationen und das mühsame Umlernen. Von Anfang an das Richtige zu lernen ist ökonomischer und effizienter. Vor allem: Wer als Berufseinsteiger in vielen Details mit solidem Wissen und Können brillieren kann, punktet zusätzlich.

Alle in der Folge angeführten Regelungen stammen aus der neuen ÖNORM A 1080 „Richtlinien für den Schriftverkehr". [151] Die Festsetzungen in dieser Norm sind abgestimmt mit einschlägigen europäischen und weltweiten Normen, können also als zukunftsweisend bezeichnet werden. Zum Teil werden in der Folge auch Einzelheiten genannt, die nicht Gegenstand der Schriftverkehrsnorm sind, aber üblicherweise im Wirtschaftsbereich so gehandhabt werden.

Worttrennung am Zeilenende (= Abteilen)

Wichtiges Grundwissen: MÖGLICHST **NICHTS** TRENNEN!

Die Folgerung aus dieser Regel: Alles im „Flattersatz" schreiben, also mit ungleich langen Zeilen. Das erspart Worttrennungen, die das Lesen ohnehin nicht gerade einfacher machen.

Dieses Prinzip hat aber schwerwiegende Folgen für den Unterricht: Was die Lernenden nicht tun sollen, nämlich abzuteilen, soll man gar nicht erst unterrichten! Das Vermitteln der Trennregeln bewirkt das Gegenteil dessen, was anzustreben ist. Denn wenn Kinder das Trennen gelernt haben, wollen sie zeigen, dass sie es können. Die Konsequenz daher: Abteilregeln weder unterrichten noch üben!

Betonen Sie immer wieder: Wenn ein Wort in einer Zeile nicht mehr Platz hat, schreibt man es als Ganzes in die nächste Zeile.

Wenn eine Worttrennung unvermeidlich erscheint, weil die Lücke sehr groß würde (z. B. fast eine halbe Zeile), dann gilt: Sinnstörende Worttrennungen sind zu vermeiden, und die Trennung sollte möglichst an den Zusammensetzungsgrenzen erfolgen. Also nicht „Altbauer-haltung", sondern „Altbau-erhaltung", nicht „Spitalsex-perte", sondern „Spitals-experte".

---

[151] Die ÖNORM A 1080 ist per 1. März 2007 neu erschienen. Sie ist erhältlich im Österreichischen Normungsinstitut, Heinestraße 38, 1021 Wien. – Normen werden von Experten-Komitees erarbeitet. Das Komitee für Bürowesen ist mit Vertretern aus der Wirtschaft, dem Postwesen und der Personalentwicklung (z. B. Unternehmensberater) besetzt und arbeitet in internationaler Kooperation und Koordination. Als einer der federführenden Mitarbeiter im Komitee für Bürowesen kann sich der Autor dieses Buches für die Richtigkeit aller Angaben persönlich verbürgen.

Wenn ein Wort getrennt wird, dann bitte ausnahmslos mit dem Bindestrich als Trenn-zeichen. Das Ist-gleich-Zeichen ist ein Relikt aus der Fraktur- und Kurrentschriftzeit. Wer gleich das richtige Trennzeichen lernt, muss später nicht umlernen.

Grundwissen rund um die Zeichensetzung

Vor einem Satzzeichen wird kein Leerschritt gesetzt, nach jedem Satzzeichen folgt ein Leerschritt Das gilt für Punkt, Beistrich (= Komma; diesen Alternativausdruck durch Verwendung ab der 6. Schulstufe vertraut machen), Rufzeichen, Fragezeichen, Doppelpunkt, Strichpunkt („Semikolon" – Dieser sperrige Ausdruck ist nur in Deutschland gebräuchlich, sollte aber wie „Komma" auch in Österreich verstanden werden).

Ausnahme zu dieser Regel ist das öffnende Anführungszeichen.

Nach einem Doppelpunkt gilt Großschreibung, wenn ein ganzer Satz folgt, aber Kleinschreibung, wenn eine Aufzählung folgt.

> *Die Regel lautet: Ein ganzer Satz wird groß begonnen.*
> *Unsere Zahlungsbedingungen: kein Skonto, kein Mengenrabatt...*

Doppelpunkt – spezielle Anwendungen

Uhrzeitangaben ohne Leerzeichen vor- und nachher: *14:30 Uhr*

Match-Ergebnisse mit Leerzeichen: *Das Spiel England – Brasilien endete 2 : 1.*

Maßstabsangaben mit Leerzeichen: *Maßstab 1 : 100*[152]

---

[152] Bei Maßstabsangaben sollte den Lernenden gleichzeitig bewusst sein, wie die Verhältniszahlen zu interpretieren sind, hier z. B.: 1 cm auf dem Plan entspricht 100 cm in der Wirklichkeit.

Bindestrich (= kurzer Mittelstrich)

Kennzeichen: vorher und nachher kein Leerschritt!

Einzig richtiges **Abteilungszeichen** ist der Bindestrich! Kein „Ist-gleich-Zeichen" (=)!

Ziffer-Wort- und Buchstabe-Wort-**Kombinationen**: *A4-Blatt; T-Shirt*

Doppelhausnummern: *Schillerplatz 7-9*

Zusammengesetzte **Wortgruppen**: *ein Kopf-an-Kopf-Rennen; es ist zum Aus-der-Haut-Fahren...*

Gedankenstrich (= langer Mittelstrich)

Kennzeichen: vorher und nachher Leerschritt!

Die meisten Textverarbeitungssysteme, z. B. Word, stellen den Bindestrich, der ja auf der Tastatur nur als „kurzer Bindestrich" gegeben ist, automatisch auf lang um, wenn vorher und nachher ein Leerschritt gesetzt wird.

EINSATZBEREICHE:

von-bis-Angaben:

> *geöffnet Mo. – Fr., 14:00 – 19:00 Uhr*

Anmerkung: Wird bei von-bis-Angaben das Wort „von" eingesetzt, muss auch „bis" als Wort gewählt werden.

> *geöffnet von Mo. bis Fr., 14:00 – 19:00 Uhr*

Einschübe:

> *Das war – wir konnten es gar nicht glauben – bereits unser dritter Sieg in Folge.*

Aufzählungszeichen:

Wir haben Folgendes vereinbart:
– freundlicher Umgangston
– kein Schimpfen
– Hilfsbereitschaft
– Zusammenarbeit

ACHTUNG:
Aufzählungszeichen ersetzen
Satzzeichen!

Steckenangaben:

Flugdauer
Wien – Innsbruck ca. 1 ½ Std.
Wien – Rom ca. 3 St.
Wien – Athen ca. 4 Std.

Schrägstrich

Zeichen für pro:

Ein guter Radfahrer fährt 20 km/h.
Ein Profi-Rennfahrer fährt bis zu 45 km/h.
Halbpension: 350 Euro/Woche.

Trennungszeichen zwischen zusammengehörenden Angaben:

Schillerplatz 9/2/5   → Lernstoff: Die drei Ziffernangaben stehen für
Hausnummer/Stockwerk/Türnummer

Gender-Trennzeichen:

Der Schrägstrich als Gender-Trennzeichen sollte besser ganz vermieden werden! Der Grund: Bei manchen dieser Schreibweisen entsteht eine Verstümmelung der männlichen Formen, z. B. bei *Kolleg/innen.*

In solchen Fällen bleibt für den Schrägstrich nur die Schreibweise als alternative Ganzwörter, also *Kolleginnen/Kollegen.* Dann ist es aber gleich besser, die *Kolleginnen und Kollegen* in voller Form anzuführen. Das wirkt freundlicher und persönlicher, somit auch überzeugender.

In der Rechtschreibung grundsätzlich n i c h t vorgesehen sind Schreibformen wie *KollegInnen*. Der Grund: **Großbuchstaben im Wortinneren gibt es nicht!**

Entgegen den überzogenen Gender-Regeln sollte wieder dem germanistischen Standpunkt zum Durchbruch verholfen werden: Aus Gründen der Lesbarkeit und Sprechbarkeit von Texten sollte überall dort, wo klar ist, dass beide Geschlechter gemeint sind, der eingeschlechtlichen Formulierung (z. B. „Die Besucher werden gebeten…") der Vorzug gegeben werden. [153] Sprachliche Korrektheit verstößt nicht gegen den Gedanken der Gleichberechtigung.

Auslassungszeichen

Vorsicht, die Apostrophitis geht um!
- Falsch sind Auslassungszeichen z. B. bei PKW's oder LKW's, denn die Mehrzahl von „der Lastkraftwagen" heißt „die Lastkraftwagen" – woher sollte das angehängte -s kommen?
- Falsch ist weiters „das ist Peter's Jacke"; wir sitzen ja auch nicht „im Schatten eines Baume's"!
- Gipfel des Unfugs sind Geschäftsschilder wie „Foto's & more". Fehlt nur noch, dass irgendwo „Büro's" zu vermieten sind.
- Achtung: *ins, aufs, fürs* haben k e i n Auslassungszeichen, ebensowenig *beim!*

Richtig ist das Auslassungszeichen aber z. B. bei: *Das war's für heute.* – Anders als bei den Beispielen oben ist hier wirklich etwas ausgelassen (war's = war es).

Adjektiv-Ableitungen auf -sche

das Ohm'sche Gesetz
das ohmsche Gesetz

Beide hier angegebenen Schreibweisen sind richtig. Das Auslassungszeichen wird hier allerdings für einen Fall angewendet, wo gar nichts ausgelassen wird. Es fungiert hier nur als Trennzeichen zwischen dem Namen „Ohm" und der adjektivischen Fortsetzung.

---

[153] Vgl. dazu Seite 140, Fußnote 74

Sonstige Zeichen

Gradangaben:

Winkelgrade werden anders geschrieben als Temperaturangaben!

Ein rechter Winkel hat 90°. → Das Gradzeichen steht unmittelbar nach der letzten Ziffer.

Temperaturen bis 31 °C. → ACHTUNG! Leerschritt zwischen Zahl und „Grad Celsius". Der Grund: Hier liegt eine technisch-physikalische Maßeinheit vor. Solche Einheiten werden von der Zahlenangabe getrennt geschrieben.

Prozentangaben:

Bei dieser Sparform gibt es 5 % Zinsen. → ACHTUNG! Leerschritt zwischen Ziffer und %-Zeichen.

Zollzeichen:

ein 19"-Bildschirm → Das Zollzeichen steht unmittelbar an der letzten Ziffer. (Achtung: Hier liegt ein Sonderfall im Bereich der technischen Maßbezeichnungen vor!)

Ziffern und Zahlen

„1 – 12 in Worten?"

Man unterscheide folgende verschiedene textliche Gegebenheiten:

Drei Personen wurden bei diesem Unfall leicht verletzt, vier weitere kamen mit dem Schrecken davon.

Die Tour ist an einem Tag zu schaffen: Der Aufstieg dauert 4 Stunden, die Kammquerung inkl. einem Gipfelabstecher 2 Stunden, der Abstieg 2 ½ Stunden.

Im ersten Fall geht es in erster Linie um die Bilanz eines Geschehens, weniger im Vordergrund stehen „Mengenangaben". Im zweiten Beispiel hingegen sind die Zahlenangaben eine sehr wichtige Information. Die rein formalistische Regel „Zahlen von 1 – 12 schreibt man in Worten, Zahlen ab 13 in Ziffern" ist daher falsch. [154] Welche Schreibweise man wählt, richtet sich vielmehr nach der inhaltlichen Intention.

Zahlengliederung

Dezimalzeichen ist das Komma!
Normalfall der Gliederung: Dreiergruppen, durch Leerschritt getrennt, egal ob vor oder nach dem Komma.

Beispiele:
Die Sammlung erbrachte 4 326,30 Euro.
$\pi = 3,141\ 592\ 653\ ...$

Spezialfall: Bei Geldbeträgen ist es auch üblich, zwischen Hunderter- und Tausenderstelle anstatt des Leerschrittes einen Punkt zu setzen.

Ein Problem sollte beachtet werden: Das Internet-Banking lässt keine Gliederungen zu, daher sind dort Zahlen ungegliedert zu schreiben. Die Kommastelle ist dort in der Regel fix vorgegeben.

Währungsangaben bei Geldbeträgen

Die Währungsbezeichnung € oder EUR kann vor oder nach dem Geldbetrag angeführt werden.

15,00 €   oder   € 15,00

Im Fließtext sollte man die Währungsangabe nachstellen, weil das der Leseform gleichkommt:

Er musste 50,00 Euro/ EUR/ € Strafe zahlen.

---

[154] Die Regel hat ihre Wurzel im sog. „Schriftsetzerduden", der zu Beginn des 20. Jahrhunderts entstanden war und für Schriftsetzer jede erdenkliche Nuance der Zeichenanwendung regelte. Allerdings war diese Regel nur für den literarischen Schriftsatz gedacht.

Datumsschreibweise

Nicht o. k.: 08-03-09

Alphanumerische Datumschreibweise:

Sie ist der Normalfall und wird ohne führende Nullen geschrieben!
Wien, 9. Februar 2009

Numerische Datumsschreibweise:

Numerisch sollte das Datum nur in Vordrucken, Übersichten, Tabellen und bei der Datenspeicherung angeführt werden.

Die internationale Regelung für Europa legt folgende Anordnung fest:

CCYY-MM-DD [155]
2009-02-09

Zeitdauerangaben

Führende Nullen werden nur in tabellarischen Aufstellungen angeschrieben:

Abfahrt: *07:00 Uhr*
Ankunft: *14:00 Uhr*

In anderen Fällen schreibt man keine führenden Nullen:

Die Sportveranstaltung dauert voraussichtlich von 8:00 bis 17:00 Uhr.

84. Formelhafte Sonderzeichen

Es gibt spezielle Schriftzeichen im heutigen Alltagsleben, die man im Grunde genommen genauso wie die Buchstaben des Alphabets erlernen sollte. Hier eine Zusammenstellung, die die Lernenden gleich in folgender Form in ihr „Textsortenheft" übertragen könnten:

---

[155] In dieser Buchstabenangabe steht C für century, Y für year, M für month und D für day.

€	Euro-Zeichen
@	„at-Zeichen" (at = engl. für „unter der Adresse von ...")
§	Paragraf [156] (in Gesetzen, Hausordnungen, Schulordnung...)
%	Prozent-Zeichen
&	und (aus dem lat. Wort für „und", et , entstanden)

Diese Zeichen sollten genauso geübt werden wie neu gelernte Buchstaben.

- Beim Paragrafzeichen gibt es eine Besonderheit, nämlich die Verdoppelung des Zeichens: §§ 3 – 7 heißt „Paragrafen 3 – 7".

- Das %-Zeichen kann – am Ende einer Seite angebracht – auch bedeuten „Bitte wenden!"

- Das &-Zeichen ist nur in Firmenangaben üblich.

In der 6. Schulstufe ist es lohnend, vorbereitend für die Winkelbezeichnungen in Mathematik, die griechischen Buchstaben α (Alpha), β (Beta) und γ (Gamma) zu üben; auch das π wird dann bald benötigt. Zusatzpunkt Fremdwortwissen: Das Wort „Alphabet" leitet sich von den beiden ersten griechischen Buchstaben her.

---

[156] Die Schreibweise des Wortes mit „f" ist seit der Rechtschreibreform von 1996 möglich, aber nicht verpflichtend. Die Schreibform „Paragraf" folgt der neuen generellen Möglichkeit, Wörter mit der Silbe „graph" auch mit f zu schreiben. Da einige dieser Wörter bereits nahezu ausnahmslos nur noch mit f vorkommen (z. B. Fotograf), ist für alle Wörter gleicher Herkunft „f" zu empfehlen. – Zu dieser Detailfrage aber auch zum Umgang mit Wahlformen in der Schule siehe *Horst Fröhler, Regelwerk und Spezialwörterbuch zur neuen Rechtschreibung*. Es ist dies das einzige Werk, in dem auch didaktische Hinweise zu allen Reformkapiteln gegeben werden, und in dem Sie Wahlformenempfehlungen für den Schulgebrauch finden. Näheres siehe Seite 399.

85. Formularsprache

In Formularen werden meist gleichbleibende Leitbegriffe als Wissen vorausgesetzt. Weil diese Begriffe aber kaum zur Alltagssprache gehören und z. T. sperriges Verwaltungsdeutsch sind, ist es in der Schule unumgänglich, ein entsprechendes Wissen grundzulegen. Nicht alle, aber viele der hier nun aufgelisteten Begriffe sind bereits in der Grundschule zu vermitteln. Der Rest hat Zeit in den nachfolgenden Schuljahren.

Begriff	Beispiele	Anmerkung
Staatszugehörigkeit/ Staatsbürgerschaft	Österreich Türkei Deutschland	Der vorherrschende Begriff ist heute „Staatszugehörigkeit". Auch dort, wo „Staatsbürgerschaft" verlangt wird, sollte der Landesname angeführt werden.
Geschlecht	männlich *oder* weiblich	Probleme könnten hier die Begriffe machen. Das Wort „Geschlecht" lässt sich für Kinder kaum anders erklären, als dass es angibt, ob jemand eine Frau oder ein Mann, ein Mädchen oder ein Bub ist. Bei „männlich" kann der Einwand von Kindern kommen „Ich bin ja kein Mann". Die Entgegnung „Aber du wirst einmal einer werden" löst möglicherweise auf der weiblichen Seite Protest aus: „Aber ich werde, wenn ich erwachsen bin, kein ‚Weib' sein." – Wieder ist Erklärungsbedarf gegeben, diesmal über den Bedeutungswandel des Wortes „Weib".

➢

Religionsbekenntnis	röm.-kath. / ev. AB / islam.	Diese Angabe wird immer seltener gefordert. Im Grundschulbereich muss sie daher eher nicht erarbeitet werden. Wo verschiedene Bekenntnisdeklarationen thematisiert werden, sollten die dazugehörigen Abkürzungen erklärt werden, z. B. „römisch-katholisch" im Gegensatz zu „altkatholisch". „Evangelisch – Augsburger Bekenntnis" im Gegensatz zum „Helvetischen Bekenntnis" (= ev. HB) usw.
Muttersprache	Deutsch Türkisch Kroatisch	Sogar dieser – uns selbstverständlich erscheinende – Begiff ist in mehrerlei Hinsicht fragwürdig. Einerseits ist er vor dem Hintergrund der Differenz zwischen Realsprache und Schriftsprache fraglich, was denn die tatsächliche Muttersprache[157] sei, andererseits haben Kinder vielfach das Problem, dass ihnen der Gegenbegriff „Vatersprache" fehlt.
Geburtsdatum und Geburtsort	geb. am: .... in:	Die Angaben in der Beipielsspalte ersetzen oft die Begriffe. Die Abkürzung „geb." muss verstanden werden.
Vorname – Nachname/ Familienname/ Zuname		Das Begriffspaar Vorname – Nachname erklärt die Reihenfolge der normalen Namensangabe.[158] – Zur Begriffs-Trias „Nachname – Familienname – Zuname" siehe auch den nachfolgenden Exkurs.

➢

---

[157] Vgl. dazu Seite 43

[158] Vgl. dazu die Angaben bei Textsorte Nr. 93, Unterschrift, Seite 287.

Familienstand	ledig / verheiratet / verwitwet / geschieden	Hier meinen Kinder oft, das wäre für ihr Lebensalter gar keine passende Fragestellung. Es gilt klarzustellen, dass Formulare Massenware sind, bei denen es meist nur um eine statistische Datenerfassung geht.
Beruf	Schülerin/ Schüler	Die häufigste Antwort von Lernenden: „Ich hab' noch keinen Beruf, ich weiß noch nicht einmal, welchen ich einmal lernen werde." – Hier muss man Kinder meist erst davon überzeugen, dass „Schülerin" oder „Schüler" einzusetzen ist.
Name der Eltern		Dieses Problem ist für Kinder schnell gelöst: „Mama" und „Papa". Sehr viel weiter reicht das Wissen oft tatsächlich nicht. Selbst 12-Jährige wissen manchmal die Titel ihrer Eltern nicht genau. („Meine Mama ist Apothekerin...")
Beruf der Eltern	Beispiele: Mutter: kaufmännische Angestellte (dzt. in Karenz) Vater: Bahnbediensteter	Auch das ist Kindern meist nicht ganz klar. In den überwiegenden Fälle bekommt man zwar Auskunft über die Arbeitsstelle bzw. Firma, nicht jedoch über die Berufsbezeichnung. – Weiters sollte über die Unterscheidung „ausgeübter Beruf" und „erlernter" Beruf gesprochen werden.
Ordentlicher Wohnsitz / Adresse / Wohnadresse / wohnhaft in:		Wie ratlos Kinder oft vor solchen Begriffen sind, zeigt sich an spontanen Kommentaren oder Fragen. Ein Wiener Kind meinte z. B.: „Bei uns zu Hause ist es nie ordentlich."

Exkurs 9:
Die Begriffs-Trias „Nachname – Familienname – Zuname"

Die Situation bezüglich dieser drei Begriffe ist reichlich kompliziert. Das Hauptproblem dabei ist: Kinder kommen zunächst nicht mit dem Sachverhalt klar, dass alle drei Begriffe dasselbe meinen. Zu ungewöhnlich ist es für die Logik von Kindern, dass verschiedene Begriffe nicht auch Verschiedenes bedeuten. Mehrfachbelegungen für ein und dieselbe Sache sind also nie günstig.

Das Wort „Nachname" wäre an sich ein sprechender Begriff. Er passt begriffslogisch am besten zu seinem Gegenstück „Vorname", was uns in der Schule dazu verleiten könnte, diesem Begriff den Vorzug zu geben. Unter dem Aspekt der Reihenfolge der Namensangaben[159] schiene diese Begriffswahl zunächst auch tatsächlich als die günstigste.

Der Begriff „Familienname" war in früheren Zeiten auf Grund der traditionellen Lebensform der Familie ebenfalls sprechend. Alle Mitglieder einer Familie, Mutter, Vater und Kinder trugen denselben Namen. Somit waren die Verhältnisse auch Kindern leicht transparent zu machen. Doch die heutigen Lebensformen sprechen eher gegen diesen Begriff, denn die klassische „Familie" ist heute durchaus nicht mehr der Normalfall. Die heutigen Gegebenheiten sind ein bunter Mix, der nicht in Regularitäten zu pressen ist. Kinder leben oft bei der alleinerziehenden Mutter und tragen dabei noch einen anderen „Familiennamen". Die Verhältnisse sind also komplizierter geworden.

Die dritte Alternative, der Begriff „Zuname" ist schon von der Wortbedeutung her eher dunkel. Am ehesten assoziiert man, dass es sich dabei um einen Beinamen zum eigentlichen Hauptnamen handeln würde – doch das ist nicht der Fall. Denn der „Zuname" ist der eigentliche Hauptname, wie sich in allen alphabetisch geordneten Listen zeigt.

Aus all dem heraus stellt sich die Frage, ob es nicht günstig wäre, in der Schule einen dieser drei Begriffe zu favorisieren – aber welchen?

Hier gibt nun die Lebensrealität einen anderen Takt vor, als man aus der Perspektive der Schule vermuten würde: Trotz – fast müsste man sagen ent-

---

[159] Siehe dazu Textsorte Nr. 93, Unterschrift

gegen – der dargestellten Situation ist der Begriff „Familienname" zu favorisieren, auch wenn das auf den ersten Blick widersinnig erscheinen mag. Bei der Erarbeitung einer „Formularnorm"[160], die im Österreichischen Normungsinstitut in Kooperation mit der öffentlichen Verwaltung (Bundeskanzleramt, Landesregierungen) entstanden ist, stellte sich ein frappanter Sachverhalt heraus: Die in Österreich immer größer werdende Zahl von Menschen aus anderen Ländern bringt auch das Gebiet der begrifflichen Sicherheit in der deutschen Sprache ins Wanken. Die Bezeichnungen „Nachname" und „Zuname" werden von Menschen mit geringen Deutschkenntnissen kaum jemals richtig gedeutet, während der Begriff „Familienname" für die Menschen aller Ethnien klar ist. Man muss dazu wissen, dass in manchen anderen Sprachen bzw. Kulturen der Vorname ausnahmslos an zweiter Stelle gereiht ist, also Familienname + Individualname.[161]

In der Formularnorm wurde daher „Familienname" als Leitbegriff ausgewählt.

Weil sich in den kommenden Jahren alle Formulare der öffentlichen Verwaltung auf die Vorgaben dieser „Formularnorm" umstellen werden, kann die Bevorzugung des Begriffs „Familienname" in der Schule als ein zukunftsorientierter Baustein zur Allgemeinbildung betrachtet werden.

86. Formulartypen

Bevor Lernende überhaupt das Ausfüllen von Formularen wagen können, müssen die Begriffe geklärt sein, die dort angewandt werden, d. h. Textsorte Nr. 85, „Formularsprache", muss bereits erledigt sein.

Nun soll gezeigt werden, dass es bei Formularen unterschiedliche Ausführungstypen gibt. Die beiden ersten Formulartypen haben eine Tücke gemeinsam: Man erkennt nicht an der ersten, sondern erst an der letzten Zeile, wie sie auszufüllen sind. Daher sollte im „Textsortenheft" zum Stichwort „Formulare" gleich zu Beginn als erster Merksatz eingetragen werden: „Verschaffe dir zuerst einen Überblick". – Fast jeder

---

[160] ÖNORM A 1021, erschienen am 1. 1. 2006

[161] Diese Namensfolge ist in vielen Dialektregionen des Deutschen ebenfalls üblich, z. B. die „Meier Kathi" und der „Huber Lois".

Erwachsene, der diese Regel nicht auf den Lebensweg mitbekommen hat, weil Formulare in der Schule nie ein Thema waren, kennt das Problem des Irrtums beim Ausfüllen von Formularen...

Um daher den Lernenden einprägsam und nachhaltig die Wichtigkeit dieser ersten Merkregel vor Augen zu führen, setze ich einen – im Prinzip weithin bekannten – üblen Trick ein. Ich übergebe ihnen, noch bevor der Merksatz zu Papier gebracht wird, ein Arbeitsblatt folgenden Inhalts:

ARBEITSBLATT _____

1. Lies zuerst alle 10 Punkte auf dieser Seite aufmerksam durch.

2. Schreib rechts oben deinen Namen.

3. Notiere den 2., 4., 7., 9., 12., 16., 19., 22. und 24. Buchstaben des Alphabets.

4. Schreib die Ergebnisse der Siebener-Reihe in umgekehrter Reihenfolge auf.

5. Berechne, wie viele Blätter dein Mathematikbuch hat. Bedenke, dass jedes Blatt zwei Seiten hat, nämlich eine Vorderseite und eine Rückseite.

6. Schreib deinen Familiennamen in Blockbuchstaben, aber in verkehrter Reihenfolge.

7. In einer Familie mit vier Kindern deckt immer das Kind den Tisch, das als erstes Hunger verspürt. Martin ist fast immer zur gleichen Zeit hungrig wie Pia. Claudia wird meist früher hungrig als Martin. Hans wird meistens später hungrig als Pia und Claudia. – Wer deckt am öftesten den Tisch?

8. Wie lange hat jemand geschlafen, der um 20 Uhr ins Bett geht, eine halbe Stunde lang nicht einschlafen kann, und beim Weckerläuten um 7 Uhr schon 15 Minuten lang wach ist?

9. Schreib den Satz „EIN ESEL LESE NIE!" in Blockschrift auf. Genau darunter schreib den Satz nochmals, aber diesmal von hinten nach vorne.

10. Wenn du bis hierher alles genau durchgelesen hast, erledige nur Punkt 2 und gib das Blatt ab.

Dieses „Arbeitsblatt" ist als Downloadvorlage 14 aus dem Internet abrufbar.[162]

Bei diesem „Arbeitsblatt" gibt es immer interessante Szenen in der Klasse. Während die einen schon eifrigst schreiben oder rechnen, sitzen die anderen immer noch seelenruhig lesend vor dem Blatt. Die vermeintlich Fleißigeren registrieren das mit einer Mischung aus Siegesgewissheit und Schadenfreude, weil sie sich weit im Vorsprung glauben. Doch plötzlich, zu einer Zeit, wo es unmöglich ist, alle Aufgaben fertig zu haben, rühren sich die Ersten und geben ab. Ich sage laut und vernehmlich: „Gut gemacht, alles richtig!" Die Stimmung kippt. So mancher bisher Siegesgewisse stößt ein „Das gibt's nicht!" hervor. Ich beschwichtige alle zunächst nur mit „Pst, nichts sagen! Nichts verraten!", doch bald ist kein Halten mehr, und der Fall wird geklärt. – Die Hereingefallenen schwören mir Rache.[163]

Die wichtige Merkregel vom „Überblick-Verschaffen" nimmt also nun im Heft Gestalt an. Kinder, die das so einprägsam gelernt haben, werden diesen wichtigen Punkt nicht so schnell wieder vergessen. Wir verschaffen uns auf dem Formulartypenblatt (siehe unten) den Überblick und erkennen:

Beim **Typ 1** soll man seine Angaben auf die Zeile setzen, der Leitbegriff steht pro Zeile unterhalb der Linie.

Beim **Typ 2** deutet der Doppelpunkt an, dass die eigenen Angaben daneben zu schreiben sind. Gut beraten ist man bei diesem Formulartyp, die Übersichtlichkeit zu erhöhen, indem man für alle Angaben eine gemeinsame „Fluchtlinie" wählt. Die Fluchtlinie richtet sich nach der längsten Vorgabe.

Typ 3 ist der übersichtlichste, weil hier klar umgrenzte Schreibfelder gegeben sind, in denen man jeweils links oben die Leitbegriffe vorfindet. Die Behörden in Österreich

---

[162] Näheres siehe Seite 16.

[163] Sie dürfen sich auch gerne bei mir „rächen", aber wir klären vorweg, dass ein „Rache-ist-süß-Gedanke" nie in Boshaftigkeit ausarten darf. Ich habe die Kinder mit einem lustigen Scherz hineingelegt, das Gleiche dürfen gerne auch sie probieren. – Das ist aus drei Gründen eine ganz wichtige Spielregel: 1. weil durch den „Rachegedanken" die Kinder nun auf fairen Schabernack aus sind, was sehr anregend für die Kinder ist und das Schulleben lustiger macht. 2. weil Kinder Grenzen kennen lernen und bald auch Lustiges vom Boshaften unterscheiden können. 3. weil Lernende die Erfahrung machen sollen, dass Erwachsene nicht mehr Rechte haben als Kinder.

werden in Zukunft ausschließlich diesen Formulartyp verwenden, und zwar in der Form, wie ihn die bereits erwähnte ÖNORM A 1021 vorgibt. [164]

Das Nächste, das gelernt sein muss: Man hat nicht immer alle Daten, die gefordert werden, bei der Hand. – Auch da hilft der Überblick, Fehlendes vor dem Ausfüllen zu beschaffen.

Schließlich gehört noch bewusstgemacht, dass das Einsetzen der Daten exakt so vorgenommen werden muss, wie es in den Leitbegriffen vorgegeben ist: Steht in den Leitbegriffen „Familienname, Vorname" dann hat man dementsprechend – mit eingefügtem Beistrich! – anzuführen: „Müller, Margit" . Findet man irgendwo als Angabe „Datum/Unterschrift" vor, dann ist das Datum anzugeben, danach ein Schrägstrich zu setzen und die Unterschrift danebenzustellen.

Nun können die Merkregeln im „Textsortenheft" komplettiert werden:

> ## Merkregeln fürs Formularausfüllen
>
> - Verschaffe dir zuerst einen Überblick
> - Hole alle Daten herbei, die du nicht im Kopf hast
> - Lies jeden Leitbegriff genau
> - Setz deine Daten so ein, wie es der Leitbegriff vorgibt

Bevor es ans Ausfüllen konkreter Formulare geht (siehe Textsorte Nr. 87), wird – sozusagen als „Training" – der Umgang mit den drei Formulartypen auf einfachster Basis erprobt:

Die drei Formulartypen sind als Downloadvorlage 15 aus dem Internet abrufbar. [165]

---

[164] Vgl. dazu Seite 273, Fußnote 160.

[165] Näheres siehe Seite 16.

Formulartyp 1:

Name

Adresse

Telefonnummer

Formulartyp 2:

Vor- und Zuname:

Wohnadresse:

Telefonnummer:

Formulartyp 3:

Familienname, Vorname

Adresse

Telefonnummer und E-Mail-Adresse

87. Formulare

Wenn die Textsortenrubriken Nr. 85 und Nr. 86 erarbeitet und restlos geklärt sind, sollte immer wieder das Ausfüllen konkreter Formulare auf dem Arbeitplan stehen. Dafür bietet sich neben dem Erlagschein (Nr. 81) und Unfallbericht (Nr. 45) vor allem jede Art von Personalbogen an.

Weitere Möglichkeiten: Meldezettel, Antrag auf Reisepass, Schülerfreifahrt-Formular...

Als Voraussetzung für das sachgerechte Ausfüllen von Formularen muss der geläufige Umgang mit Blockschrift und Druckschrift angesehen werden.

Exkurs 10:
Die 3 Schriftarten Blockschrift, Druckschrift und Schreibschrift im Visier der Didaktik

Alles und jedes, was in der Schule gelehrt wird, muss zuerst einmal eine Einstufung in „Pflicht" oder „Kür"[166] über sich ergehen lassen. Pflichtziele haben Vorrang und sind daher auch didaktisch besonders sorgfältig zu berücksichtigen.

Die Schriftartenfrage zählt unter dem Aspekt der Lebenspraxis zweifellos zum Pflichtteil. Im Detail betrachtet, stellt sich nämlich, wie schon in Band 1 dieser Reihe angeführt [167], schnell heraus: Die lebenslang dominierende Leseschrift ist die Druckschrift. Bei näherem Hinsehen ist die Druckschrift jedoch sogar auch die lebenslang dominierende Schreibschrift, denn der Mensch von heute schreibt als Erwachsener kaum mehr etwas mit der Hand. Was handschriftlich bleibt, ist marginal: die Unterschrift, Texte auf Grußkarten u. Ä. und kleinere Notizen verschiedener Art. Alle umfangreicheren Textsorten werden in der Regel über eine Tastatur erstellt; das Endprodukt ist dann ein Druckschrift-Text. Aus dieser Perspektive ist das Erlernen einer Geläufigkeit in der Druckschrift ein höherrangiges Ziel, als der Schreibschrifterwerb.

---

[166] Näheres dazu siehe Seite 95.

[167] Band 1, *Elementardidaktik auf Erfolgskurs*, Seite 71f.

Zusätzlich ist zu bedenken, dass in sehr vielen Textsorten Blockschrift und/oder Druckschrift als handschriftliche gestaltungstechnische Fertigkeit gefordert sind. Man denke nur an Formulare, Plakate, Transparente, Einladungen, Hinweisschilder, Beschriftungen aller Art, Erlagscheine, Fragebögen etc. In der Berufswelt kommen dann – je nach Branche – weitere Textsorten hinzu, die ebenfalls eher Block- oder Druckschrift erfordern als die Schreibschrift: Artikelbeschriftungen in Auslagen, Werbetafeln vom Friseurladen bis zur Gastronomie usw.

Ein letzter Aspekt ist noch zu berücksichtigen: Kinder mit Migrationshintergrund haben vielfach in ihrer Herkunftssprache keine Schreibschrift. An prominentester Stelle wäre hier das Türkische zu nennen. Meinen wir es also mit der Integration ernst, sollten all unsere Maßnahmen stets darauf bedacht sein, dass Integration erleichtert und nicht erschwert wird. Wer aber neben einer fremden Sprache, die er ohnehin gleich zweimal erlernen muss – einmal in der gesprochenen Version, einmal in der geschriebenen –, auch noch das Schreiben in zwei Versionen aufgebürdet bekommt, hat mehr Hürden zu meistern als notwendig ist. [168]

Im Lichte all dieser Überlegungen hat der Lernprozess des Lesens und Schreibens von der ersten Stunde an diesen Sachverhalten verpflichtet zu sein. Lesen und Schreiben sollten daher im Elementarunterricht ausnahmslos in der Druckschrift erfolgen. [169] *Der Zwang zur Umstellung auf die Schreibschrift sollte der Freiwilligkeit weichen. Nur wer will, beginnt mit dem Um-*

---

[168] Dasselbe gilt zusätzlich für den gesamten Bereich der Rechtschreibung. Wenn die Deutschsprechenden als die einzigen Menschen weltweit in ihrem Schriftsystem trotz Reform an einer zwangsverordneten Großschreibung bestimmter Wörter festhalten, demonstrieren sie Intergrationsunwilligkeit und -unfähigkeit. Wenn die „Nachbesserungen" der Reform schließlich das Prinzip der Wortbetonung in Rechtschreibfragen wieder ins Zentrum rücken, zeigen die sog. „Fachleute", die das ausgeheckt haben, ungeschminkt, wes Geistes Kind sie sind. Richtige Betonung ist ja nur dem *native speaker* gegeben, alle anderen bleiben a priori somit bei Rechtschreibentscheidungen ausgeschlossen. Bedenkt man dann, dass einer der führenden Köpfe, die dieses Betonungsprinzip wieder einforderten, *Univ.-Prof. Dr. Theodor Ickler*, einen Lehrstuhl für Deutsch als Zweitspache innehat, dann versteht man die Welt nicht mehr. Ausgrenzen statt integrieren als oberste Doktrin auf einem solchen Lehrstuhl? – Eine Fehlbesetzung, wie sie im Buche steht! – Näheres zu diesen Fragen der Rechtschreibreform(en) findet man in *Horst Fröhler, Regelwerk und Spezialwörterbuch zur Rechtschreibreform, Wien 2006.*

[169] Für diese Position gibt es noch andere massive Argumente. Näheres siehe im Band 1 dieser Reihe, *Elementardidaktik auf Erfolgskurs*, Seite 71 f.

lernen, wir haben ja keine wirkliche Eile mehr. Was ungleich wichtiger wäre als die Schreibschrift, ist die richtige Tastaturschreibtechnik. Mit ihr kann man gar nicht früh genug beginnen. [170] *Die Lehrpläne sollten daher schnellstens dahingehend adaptiert werden, dass Tastaturschreiben möglichst schon in jungen Jahren zum Pflichtfach wird. Wer nämlich z. B. als Volksschulkind schon seine eigenen Scheibtechniken entwickelt* [171]*, hat es später schwer, umzulernen.*

Gemessen an der Lebensrealität, sollte seit Jahrzehnten das Tastaturschreiben absolut zur Allgemeinbildung gehören. Unabhängig davon ist auch die Fertigkeit wichtig, eine gut leserliche Handschrift zu entwickeln, doch das kann ebensogut die Druckschrift anstelle der Schreibschrift sein.

88. Fragebögen

Fragebögen können ihre Tücken haben. Nicht nur, weil die angebotenen Antwortvorschläge oft nicht dem entsprechen, was man selbst als zutreffend bezeichnen würde. Die Probleme beginnen schon bei den Varianten der Kennzeichnung:

- Zutreffendes ankreuzen
- Nichtzutreffendes streichen
- Zutreffendes einkreisen

In jedem Fall gilt: Sehr genau schauen und lieber dreimal überlegen, bevor man etwas ausfüllt.

Am besten ist es, wenn man konkrete Fragebögen als Gelegenheiten für den Erfahrungsgewinn heranzieht.

Besonders interessant kann es werden, wenn man mit der Klasse gemeinsam einen Fragebogen zur Schul - oder Klassensituation ausarbeitet, in dem der Grad der Zu-

---

[170] Lernprogramme dafür existieren schon lange. Eines der bewährtesten ist das Tastaturschreibprogramm „Goldfinger-junior", das schon im Grundschulalter optimal eingesetzt werden kann. Das Problem: Lehrkräfte für die Schulstufen 1 bis 9 verfügen selbst nur in den seltensten Fällen über entsprechende Kenntnisse. Mein Vorschlag: Aneignen! – Je schneller, desto besser!

[171] Fast immer handelt es sich dabei um das Schreiben mit den beiden Zeigefingern, also ein ungeordnetes Zwei-Finger-System im Gegensatz zum Zehn-Finger-System.

friedenheit in verschiedenen Bereichen erhoben wird. (Gemeinschaftsgeist, Dauer der Pausen, Menge und Dauer der Hausübungen...)

Zufriedenheitsabstufungen sollten am besten vierstufig skaliert werden:
sehr zufrieden – zufrieden – weniger zufrieden – nicht zufrieden

Das Ausfüllen sollte anonym erfolgen. Wer eine negative Einschätzung vergibt, muss eine sachliche Begründung anführen, sonst wird die Einstufung aus der Wertung ausgeschlossen. Bei den positiven Einschätzungen kann eine Begründung gegeben werden, muss aber nicht.

Eine Zusammenstellung der Ergebnisse und der am häufigsten genannten Begründungen sind mit Sicherheit Anlass für sehr engagierte und heftige Diskussionen. [172] Eventuell könnte auch ein Maßnahmenkatalog daraus abgeleitet werden, der zur Grundlage für nachhaltige Veränderungen werden kann.

89. Karteien

Das Anlegen von Karteikartensammlungen wird schnell sinnvoll, wenn man Scherzfragen/Rätsel (Textsorte Nr. 106) und Witze (Textsorte Nr. 111) sammelt, auf einzelnen Karteikärtchen anlegt und nach selbst gewählten Gesichtspunkten ordnet. Pro Sachgruppe eine andere Farbe zu wählen, erweist sich dabei als sehr praktisch.

Auch wenn Quizfragen (Textsorte Nr. 105) sich zum beliebten Klassensport entwickelt haben, erweist sich das Karteikartensystem als die praktischeste Form der Fragenverwaltung. Jedes Wissensgebiet erhält eine andere Farbe. Wir haben bald eine riesige Sammlung von Fragen beisammen, die so gut wie alle unsere Wissensbereiche abdeckt, sozusagen ein klasseneigenes „Trivial Persuit".

In Karteiform angelegt, gewinnt auch unser Wortschatz in Rechtschreiben eine neue Dimension. Alle wöchentlich neu dazugelernten Wörter (wohlgemerkt, keine

---

[172] Solche Diskussionen mit hoher emotionaler Beteiligung sind ein idealer Prüfstein dafür, inwieweit die gemeinsam erarbeiteten Diskussionsregeln eingehalten werden. Siehe dazu Band 4, *Didaktik des Sprechens*.

Fehlerwörter!)[173] werden in unsere Lernwörterkartei eingereiht. Das ermöglicht aktive Sortierübungen in streng alphabetischer Reihenfolge.

Muster einer Karte aus der
Rechtschreibkartei

Die Rechtschreibkartei könnte etwa die hier abgebildete Struktur bekommen. Die Kärtchen sollten in jedem Fall von den Kindern selbst angefertigt werden.

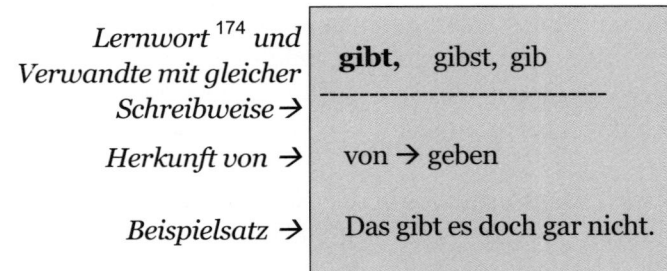

Lernwort [174] *und Verwandte mit gleicher Schreibweise* →

Herkunft von →

Beispielsatz →

gibt, gibt, gib

----

von → geben

Das gibt es doch gar nicht.

90. Kaufvertrag

Der Kaufvertrag ist eine spezielle Form einer rechtsgültigen **Vereinbarung**. Für eine gewöhnliche Vereinbarung benötigt man nicht mehr als einen – je nach Vereinbarungsinhalt – frei gewählten Wortlaut, die Angabe von Ort und Datum sowie die Unterschriften der Personen, zwischen denen die Vereinbarung gelten soll. Wenn es in einem Vertrag um größere Werte oder Summen geht, sollte man unbedingt jemand Rechtskundigen beiziehen, z. B. einen Rechtsanwalt oder einen Notar.

Die Textsorte **Kaufvertrag** hat sicher bis zur 8. oder 9. Schulstufe Zeit, wird dann aber durchaus wichtig für die Heranwachsenden, für die da und dort der Erwerb gebrauchter Waren interessant wird (Mopeds oder Motorscooter, Rennräder oder Paragliding-Ausrüstungen, Computer etc.). Damit sich dabei niemand auf Abenteuer einlässt, die kurz darauf bereut werden, sollte ein Grundwissen im Rahmen der Allgemeinbildung vermittelt werden.

---

[173] Näheres zu diesen wichtigen rechtschreibdidaktischen Fragen siehe Band 2, *Neue Wege in der Rechtschreibdidaktik*, Seite 185 ff.

[174] Die wichtigsten Lernwörter und die dazu passenden Satzbeispiele finden sich in der empirisch erhobenen Wortschatzsammlung *Horst Fröhler, Fernitzer Grundwortschatz 2007, Wien 2007.*

An dieser Stelle soll nur von Kaufverträgen zwischen Privatpersonen die Rede sein, denn Kaufverträge, die mit dem Handel oder dem Gewerbe abgeschlossen werden, unterliegen rechtlich festgelegten, vor allem konsumentenrechtlichen Rahmenbedingungen.

Der private Kaufvertrag ist immer vom Verkäufer aufzusetzen. Der Käufer sollte den Vorschlag des Verkäufers genau prüfen und nötigenfalls Änderungen oder Ergänzungen verlangen. Wichtige Grundregel: Erst unterschreiben, wenn man mit allen Vereinbarungsdetails einverstanden ist. Man sollte sich den Kaufvertragsentwurf aushändigen lassen, ihn in Ruhe zu Hause durchsehen und womöglich erst am nächsten Tag unterschreiben. Bei Kraftfahrzeugen (z. B. Moped) ist es hilfreich, wenn man sich Kaufvertragsformulare beschafft, die bei den Autofahrerklubs kostenlos erhältlich sind.

Ein Kaufvertrag sollte mindestens folgende 10 Angaben enthalten:

1. Überschrift „Kaufvertrag"
2. Name, Geburtsdatum und Adresse des Verkäufers
3. Name, Geburtsdatum und Adresse des Käufers
4. Kaufgegenstand mit möglichst genauer Beschreibung
5. Alter und Zustand des Kaufgegenstands, möglichst durch Prüfgutachten bestätigt oder durch Garantiezusagen gedeckt
6. Preis (auch in Worten) und Zahlungsbedingungen
7. Übergabebedingungen
8. Ort und Datum der Vereinbarung
9. Unterschrift des Verkäufers
10. Unterschrift des Käufers

Dieser 10-Punkte-Plan sollte im „Textsortenheft" einen fixen Platz finden, am besten mit zusätzlich eingeklebtem Muster.

Hier ein Muster eines solchen Vertrages zwischen Privatpersonen:

KAUFVERTRAG

Verkäuferin
Rosamunde Ringelspitz, geb. am 8. 8. 1988, Hofgasse 3, 2244 Stockberg

Käuferin
Petra Panagl, geb. am 11. 11. 1988, Brunnenweg 17, 2244 Stockberg

Kaufgegenstand
Damen-Rennrad 27", Alurahmen, blau metallic, mit LED-Lichtanlage, 21-Gänge (Schrimanko-Schaltung), Hydraulikbremsen vorne und hinten, Komfortsattel mit Gel-Einlage, Alufelgen ohne Kotschützer, diebstahlgesicherte Räder, inkl. Entsicherungs-schlüssel

Alter und Zustand des Kaufgegenstandes
3 Jahre alt, fast neuwertig – keine sichtbaren Beschädigungen.
Zustandsgutachten, ausgestellt am 25. 3. 2009, von BIKESHOP, Hauptstraße 3, 2244 Stockberg (Das Gutachten wird dem Käufer ausgehändigt.)

Preis
290,00 Euro (in Worten: zweihundertneunzig), fällig bei Übergabe

Übergabetermin und -ort
Samstag, 28. März 2009, 14:00 Uhr, in Stockberg, Hofgasse 3

Stockberg, 26. März 2009

_____   _____
(Unterschrift der Verkäuferin)   (Unterschrift der Käuferin)

Dieses Kaufvertrags-Muster ist als Downloadvorlage 16 aus dem Internet abrufbar.[175]

---

[175] Näheres dazu siehe Seite 16.

Wenn der Vertrag aus beiderseitiger Sicht perfekt ist, werden zwei gleichlautende Exemplare von beiden Seiten unterschrieben. Ein Exemplar behält der Verkäufer, das andere der Käufer.

91. Listen und Übersichten

Die erste und am häufigsten verwendete Liste in jeder Klasse ist die **Klassenliste**. Wie wäre es denn, wenn man Schülern Selbsterfahrung vergönnen würde und sie eine solche Liste zusammenstellen ließe? Das Verfahren dafür ist denkbar einfach: Jeder erhält eine Karteikarte und schreibt Familienname, Vorname und Geburtsdatum darauf. Bei dieser Gelegenheit wird zugleich wieder ins Bewusstsein zurückgeholt, was es mit der Reihenfolge der Namensangabe auf sich hat. Darauf sollte möglichst vorher schon im Rahmen der Kenntnis-Aneignung zum Thema Unterschrift (Textsorte Nr. 93) Bezug genommen worden sein.

Die Karten werden von den Schülern selbst eingesammelt und auf 4 Gruppen aufgeteilt: A – F, G – L, M – S, T – Z. Die 4 Gruppen ordnen ihre Kärtchen nach dem Alphabet, und los kann es gehen. Alle schreiben auf Diktat, die erste Gruppe beginnt mit A usw. Zweifel bei der richtigen Schreibweise werden sofort hinterfragt. So erfahren wenigstens alle aus der Klasse, wie sich jeder richtig schreibt. Ergebnis: Jeder in der Klasse hat eine komplette Klassenliste und eine Menge Erfahrung gesammelt.

Mit denselben Karteikärtchen kann ein anderes Mal eine zweite Runde starten: Diesmal werden die Kärtchen nach den Geburtsmonaten geordnet in 4 Gruppen geteilt: Jänner – März, … Nun werden die Kärtchen nach dem Datum aufsteigend geordnet. Nach Diktat durch die Schülergruppen selbst entsteht nun eine Geburtstagsliste, geordnet von Jänner bis Dezember oder von September bis August – ganz nach Wunsch der Kinder. Im Nu hat jeder aus der Klasse jetzt eine komplette **Geburtstagsliste** in Händen.

In einer guten Klassengemeinschaft ergibt sich daraus allerhand: Wir vergleichen den Schuljahreskalender (Textsorte Nr. 9) mit den Geburtstagsterminen. Wir beschließen: Jeder Geburtstag wird gefeiert, auch von denen, deren Geburtstag auf Feiertage oder in Ferienzeiten fallen. Wir legen für jeden den Tag fest, an dem wir seinen Geburtstag feiern. In jedem Monat gibt es einen „Ordnerdienst für Geburtstagsorganisation". Als

Geburtstagsgeschenk kann man jeweils einen „Obstkorb" vorsehen. Ein „Wandergeschenkkorb" wird zu jedem Geburtstag für das Geburtstagskind gefüllt. Jeder aus der Klasse bringt ein Stück frisches, schönes Obst mit. Wer kleine Früchte ausgewählt hat (Erdbeeren, Kirschen...), bringt davon ca. eine Handvoll in einem extra Schüsselchen mit. Dazu fügt jeder ein persönliches Glückwunschkärtchen (Textsorte Nr. 101). Kaum denkbar, dass sich jemand aus der Klasse nicht freut, wenn er einen ganzen Korb voll Birnen, Äpfeln, Bananen, Kiwi, Orangen, Ananas usw. und ebenso viele Glückwunschkarten bekommt. – Dass daraus eine gemeinsame Genuss-Obstjause wird, versteht sich fast von selbst.

Mit einer auf den ersten Blick vielleicht läppisch wirkenden Textsorte wurde sehr viel bewirkt: Selbständigkeit, Selbstorganisation, Planungskompetenz, soziales Gerechtigkeitsempfinden, Zusammenhalt, Gemeinschaftsgeist, freudvolle Erlebnisse im realen (nicht im virtuellen!) Leben...

Für weitere Listen und Übersichten ist sicher im Alltag der Schule viel zu holen: aktuelle Ordnerdienste, Abfahrtszeiten für Schülerbusse usw. usf.

92. Stundenplan

Einen Stundenplan anzufertigen, wird schon von der 2. Klasse an zur Routine. Trotzdem sollte man ein Augenmerk darauf haben, dass er möglichst übersichtlich und informativ angelegt wird. Dafür bedarf es vor allem einer sehr sauberen Ausführung.

Spannend wird es außerdem, wenn man ein und denselben Stundenplan in den zwei verschiedenen Anordnungsvarianten anlegen bzw. von der einen Variante in die andere übertragen lässt. Bei dieser Übertragung stellt sich schnell heraus, dass eine Kooperation zweier Partner die fehlerloseren und rascheren Ergebnisse bringt.

Die beiden Anordnungsvarianten:

1. Stundeneinteilung senkecht, Wochentage waagrecht
2. Wochentage senkrecht, Stundeneinteilung waagrecht

93. Unterschrift und Paraphe

Die persönliche Unterschrift scheint nach allgemeinem Verständnis etwas so Alltägliches und Selbstverständliches zu sein, dass wir nie an eine „Unterrichtseinheit" zu diesem Thema denken würden. – Und doch gibt es dazu jede Menge zu lernen.

Erster und wichtigster Punkt ist, dass bei der Unterschrift immer zuerst der Vorname, und dann der Familienname angeführt wird.[176] Dieses Faktum steht im Gegensatz zur Alltagserfahrung, in der man sich selbst immer nur nach dem Familiennamen eingeordnet in Listen wiederfindet.

Es gilt also zuerst einmal grundsätzlich zu unterscheiden:
* Immer wenn die Person im Vordergrund steht, wird der Vorname zuerst angegeben. Von daher rührt die Bezeichnung „Vorname" und das Gegenstück dazu, „Nachname"!
* In alphabetischen Listen hingegen ist eine Reihung nach Vornamen nicht sinnvoll, sondern ausschließlich nach dem Familiennamen.[177]

Daraus folgen die 6 wichtigsten Gelegenheiten, bei denen der Vorname an erster Stelle zu nennen ist:

1. Unterschrift
2. Adresse
3. Absenderangabe
4. Visitenkarten
5. Namensschilder (Tischkärtchen, Türschilder...)
6. Firmenschilder, wenn ein Personenname zum Firmennamen wird, z. B. „Spedition Franz Schmaler" – *nicht* Spedition Schmaler Franz!

---

[176] Ein Wissen, das auch in der Generation der Erwachsenen schon nicht mehr in dieser Klarheit vorhanden ist. Viele Erwachsene unterzeichnen in der Reihenfolge Familienname – Vorname und machen so den Vornamen zum Nachnamen und umgekehrt! – Das zeigt, wie lang die Schule es schon verabsäumt hat, lebenspraktisches Wissen zu vermitteln.

[177] Zur unseligen Begriffs-Trias Nachname = Familienname = Zuname siehe Textsorte Nr.85, „Formularsprache", Seite 272 f.

Diese 6 Gelegenheiten werden ins „Textsortenheft" eingetragen und von da an zum „Prüfungsstoff" erklärt, weil sie zum Grundwissen für lebenspraktische Textsorten zählen.

Das nächste Detail betrifft die Form der Unterschrift: Sie sollte möglichst leserlich, aber doch ganz persönlich und individuell sein, also nicht in wunderschöner „Schulschrift" erfolgen. Nur die persönliche Gestaltung sorgt dafür, dass nicht jeder den Schriftzug nachmachen kann.

Weiters ist zu klären, dass man zwar auch nur mit abgekürztem Vornamen oder ohne Vornamensangabe unterschreiben kann, aber dass dies weniger freundlich und daher unpersönlicher wirkt als eine vollständige Unterschrift. Wir sollten uns also eher angewöhnen, beide Namen anzuführen.

Beim Vornamen sollte man wissen, dass gekürzte Formen oder Koseformen bei offiziellen Anlässen der Namensangabe oder der Unterschrift fehl am Platz sind. Heißt ein Mädchen etwa Michaela Wimmer, ist aber gewohnt, immer nur „Michi" genannt zu werden, dann kann dieses Kind auf privaten Schriftstücken (z. B. persönlicher Brief, Grußkarten, Glückwunschkarten etc.) auch mit „Michi" unterschreiben. Auf offiziellen Schriftstücken hingegen sollte „Michaela Wimmer" in der Unterschrift stehen.

Schließlich zählt zum Grundwissen im Zusammenhang mit der Unterschrift, dass man für alles, was man unterschreibt, auch die Verantwortung übernimmt bzw. erklärt, damit einverstanden zu sein. Diese Sachverhalte kommen bei der Klassenordnung (Nr. 63) ebenso zum Tragen wie beim Geschäftsbrief (Nr. 52 – 56), beim Leserbrief (Nr. 64) oder auf Formularen.

Ein weiterer Punkt ist das Wissen um die sog. **Paraphe**. Sie ist eine Art „Kurz-Unterschrift" oder ein Kurzzeichen. Sie wird vor allem bei Routineangelegenheiten eingesetzt. Klassen, in denen der Rechtschreibunterricht schon auf erfolgsorientierte Verfahren umgestellt wurde, haben im Rahmen des „Rechtschreibfrühstücks" bereits vielfältige Alltagserfahrung mit der Paraphe gesammelt, weil dort grundsätzlich jede Korrekturarbeit vom korrigierenden Kind zu paraphieren ist.[178] Die Paraphe bedeutet in gleicher Weise Einverständnis bzw. Übernahme der Verantwortung wie bei der Unterschrift.

---

[178] Siehe Band 2 dieser Reihe, *Neue Wege in der Rechtschreibdidaktik*, Seite 242.

94. Verzeichnisse

Wo immer es sich im Schulbereich anbietet, sollten Verzeichnisse von den Schülern selbst angefertigt werden.

Ein Beispiel: Es könnte ein Verzeichnis der Klassen-Ordnerdienste angelegt werden. So entsteht übers ganze Jahr gesehen eine nachvollziehbare Übersicht, wer wann schon welche Dienste geleistet hat. Damit lässt sich auch jederzeit eine vermeintliche ungerechte Verteilung nachprüfen und argumentieren. Verzeichnisse dieser Art sollten von den Schülern möglichst in Selbstverwaltung erstellt und betreut werden.

Solche Aufgabenstellungen sind zugleich auch ein Lehrstück für uns selbst. Wir glauben immer, dass alles und jedes von uns betreut und gelenkt gehört. Unsere Aufgabe in der Schule wäre es aber, die Heranwachsenden zu Eigenverantwortung und Selbständigkeit zu erziehen. Dann müssen wir aber bereit sein, uns selbst zurückzunehmen und möglichst viele Aktivitäten auf die Schüler zu übertragen. Nur so kann eine Entwicklung der Schüler in die gewünschte Richtung stattfinden.

Weitere Möglichkeiten für das Anlegen von Verzeichnissen: Klasseninventar, Klassenbibliothek, Lehrmittelkasten, Sitzplan...

Expressive Texte
(d. s. Texte mit direkten oder indirekten Ich-Botschaften):

95. Beileidsschreiben

Diese Textsorte zählt mit Sicherheit zu den letzten, die im Rahmen der Schulpflichtjahre zu thematisieren sind, sie kommt also frühestens ab der 8. Schulstufe in Frage. Aber: Auch wenn das Thema schmerzlich-unangenehm berührt, und Jugendliche ihm am liebsten ausweichen würden, sollen sie dennoch als Wissen fürs Leben aus der Schule mitnehmen, wie man auf einen Todesfall im Verwandten- oder Bekanntenkreis in schriftlicher Form reagiert.

Beileidsschreiben werden immer an den oder die engsten Angehörigen gerichtet – in der Regel an den Absender der Todesanzeige (vgl. Textsorte Nr. 71) und sollten möglichst ungekünstelt sein, also von Herzen kommen. Trotzdem weichen viele Menschen in dieser schwierigen Situation verständlicherweise oft auf Floskeln aus.

Folgende Teile können ein passendes Beileidsschreiben ergeben:

- Wie man von der Nachricht erfahren hat, und was die erste persönliche Reaktion darauf war: entsetzt, traurig, bestürzt...

- Beileid aussprechen: „tiefes Mitgefühl für den schmerzlichen Verlust", „wir trauern mit Dir/Ihnen über den Verlust eines lieben Menschen", „herzliches Beileid", „wir fühlen und trauern mit Ihnen/Dir", „mitfühlende Anteilnahme"...

- Positive Erinnerungen an den Verstorbenen formulieren: „... war immer hilfsbereit" , „... hatte immer ein offenes Ohr für ...", „... war so offen und herzlich", „...war immer großzügig und liebevoll..."

- Trostworte aussprechen: „... wünsche dir/Ihnen viel Kraft in diesen schweren Zeiten...", „Bleib stark in diesen traurigen Tagen..."

- Grußworte vor der Unterschrift:

- „Freundliche Grüße" passen bei dieser Art des Schreibens nicht. Besser sollte man etwa folgende Worte wählen: „Wir trauern mit dir /Ihnen" – „Mit herzlicher Anteilnahme" – „In tiefem Mitgefühl" ...

- Bei der Unterschrift ist hier – anders als bei sonstigen Schriftstücken – ein „Dein(e)" oder „Ihr(e)" als Zeichen besonderer Verbundenheit angebracht.

Beispiel:

Sei meiner aufrichtigen Anteilnahme gewiss

Dein Manfred

Auch wenn man auf das Abfassen eines Beileidbriefes in der Klasse verzichtet, sollten zumindest diese Gestaltungsgesichtspunkte im „Textsortenheft" ihren Niederschlag finden.

96. Brief – privat

Der private Brief ist von den meisten Formvorgaben des Geschäftsbriefes befreit. Alle Briefkopfangaben können entfallen. Der Privatbrief sollte aber in jedem Fall rechts oben die Angabe von **Ort und Datum** enthalten und in einigem Abstand davon (z. B. eine Leerzeile) links mit der Briefanrede beginnen.

Die **Anrede** wird immer sehr persönlich gehalten sein, ja sogar Kosenamen dürfen hier im Spiel sein z. B.

> Liebe Sandra, …
> Hallo Pezi, …
> Liebes Omilein, …
> He Ralf, alter Kumpel, …

Der **Briefwortlaut** selbst ist ganz und gar dem Schreiber überlassen. Inhaltlich gibt es aber doch so etwas wie eine logische Abfolge. Daher ist ein privater Brief meist folgendermaßen aufgebaut:

1. Dank für den erhaltenen Brief und Antworten oder Kommentare zu den dortigen Inhalten
2. Eigene aktuelle Berichte
3. Eventuelle Fragen an den Briefpartner und Grüße

Aus dieser Grundstruktur sollte sich auch eine Absatzgliederung ergeben, die den Aufbau ersichtlich macht. Bei ausführlicheren Briefen können sich aber die Punkte 1 und 2 ihrerseits wieder in mehrere Absätze unterteilen.

Auch wenn es keine „Vorschriften" für die Gestaltung von Privatbriefen gibt, ist das Einhalten einer Ordnung doch für beide Seiten vorteilhaft: Der Schreiber kann sicher sein, nichts vergessen zu haben, wenn er sich an einen inneren „Plan" hält. Für den Leser ist es angenehm, Zusammengehörendes auch beisammenstehend vorzufinden.

Anhand der Lektüre eines schlecht strukturierten Briefes können die Kinder schon in einer 4. Schulstufe die unangenehm-verwirrende Wirkung an sich selbst erleben:

Liebe Oma,

ich bin noch immer oft traurig, dass meine liebe Poldi nicht mehr lebt. Du hast so viele Fragen an mich, dass ich gar nicht weiß, wo ich anfangen soll. Danke für deinen langen Brief. Die arme Poldi. Du weißt schon, mein Meerschweinchen. Ach ja, was ich dir erzählen wollte: Ich hab jetzt eine ganz liebe neue Freundin, Sabine! Die beiden Bücher, die du mir zum Geburtstag geschickt hast, habe ich schon ausgelesen. Stell dir vor, sie hat mich zum Ponyreiten eingeladen (Sabine!). Dein Extra-Taschengeld ist in der Sparbüchse, ich spare nämlich auf etwas ganz, ganz Großes. Wie wir den Käfig geputzt haben und in den Keller gestellt haben, sind mir wieder die Tränen gekommen. Worauf ich spare, das verrate ich dir erst das nächste Mal.

Bussi

Deine Michi

Dieser Brief ist als Downloadvorlage 17 im Internet verfügbar.[179]

Bei diesem Musterbrief könnte man die inhaltlich zusammengehörenden Teile jeweils mit gleicher Farbe markieren lassen. Die Kinder sollen anschließend versuchen, einen geordneten Briefaufbau zusammenzustellen.

---

[179] Näheres siehe Seite 16.

Da es beim Brief im Gegensatz zum gekünstelten „Aufsatz" immer einen konkreten Adressaten und einen ebenso konkreten Anlass gibt, kann dabei – bis auf die inhaltliche Struktur – eigentlich kaum etwas schiefgehen.

Die entscheidende Frage für die Schule ist eher, wie man das Bedürfnis, Briefe zu schreiben, in Kindern wecken kann. Hier helfen von der Grundschulzeit an verschiedene kleine Tricks.

Trick Nr. 1 könnte ein **Klassenbriefkasten** sein. Man hängt ihn eines schönen Tages, am besten bereits in einer 3. Schulstufe, in der Klasse auf, bestückt ihn selbst mit einigen kleinen Nachrichten, und schon ist das Interesse an dieser Kommunikationsform wachgeküsst. Bestimmt man dann noch einen neuen Ordnerdienst, die „Klassenbriefträger", und eine fixe Postkasten-Aushebezeit, geht ein Treiben los, das man sich bald nicht mehr intensiver wünschen kann.

Wir vereinbaren bald Spielregeln für diese Klassenpost: Wir lernen das „Briefgeheimnis" kennen. Es wird geklärt, dass man fremde Briefe nicht ohne Einverständnis des Empfängers lesen darf. Umgekehrt gilt, wer nicht haben will, dass ein Brief von anderen gelesen wird, muss ihn gut aufbewahren. Die Klassenbriefträger gehen mit gutem Beispiel voran, sie schauen nicht neugierig in die nur notdürftig verschlossenen Briefe. Ach ja, wie sehen die kleinen Briefchen denn aus? – Es sind meist nur kleine Zettel, Format A6, eventuell auch A5. Der Text wird nach innen gefaltet, außen wird der Absender (Vorname und Familienname) und der Empfänger (An ... Vorname und Familienname) geschrieben. Man sieht: Zu diesem Zeitpunkt haben wir schon die Textsorte Nr. 93 gelernt. Wir wissen daher mit der Namensreihenfolge richtig umzugehen. Ebenso haben wir aus der Textsorte Nr. 79 die Kuvertbeschriftung gelernt und wissen folglich um die Standorte der Angaben Bescheid. Dass wir innerhalb der Klasse keine kompletten Postadressen benötigen, sondern die Namen allein genügen, wird ebenfalls kurz zur Sprache gebracht. Auch an einen weiteren wichtigen Sachverhalt werden die Kinder erinnert: „An" schreibt man nur bei Kindern unter 12 oder maximal 14 Jahren, bei Jugendlichen und Erwachsenen schreibt man „Frau" oder „Herrn" in der ersten Zeile der Adresse.[180]

Wir lernen aber noch etwas: Man schreibt nichts Kränkendes oder Beleidigendes, auch nicht über andere, das ist Ehrensache. Wenn es zu Problemen auf diesem Gebiet kommt, wird der Punkt in die Klassenordnung (siehe Textsorte Nr. 63) aufgenommen

---

[180] Siehe dazu Seite 245.

und – nicht zu vergessen – von der Klassengemeinschaft mit Sanktionen belegt, wenn jemand bewusst dagegen verstößt.

Der Brief wird mit einem Klebestreifen einer Verschlussmarke oder einem Stück Briefmarken-Randteil verschlossen. Wer will, kann rechts oben eine selbst erfundene „Marke" zeichnen.

Beispiel:

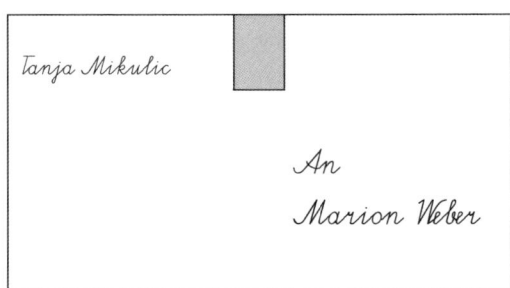

Die „Briefträger" sind nebenbei auch (freundliche!) Wächter über Sauberkeit und Richtigkeit auf der Umschlagseite.

Einige Wochen lang floriert das klasseninterne Postwesen, oft so stark, dass Kinder, statt die eigene Banknachbarin etwas zu fragen, lieber die Briefform wählen. Auch ich bleibe nicht ungeschoren und erhalte Post, die ich beantworten muss. Da gibt es dann durchaus Zeiten, in denen man über die Menge beinahe stöhnen möchte. Doch der Zweck ist erreicht: Ein Stück Schreibaktivität ist in Gang gekommen – freiwillig, von innerer Motivation gesteuert und zwanglos. Wie Schreiben eben sein soll, also das Gegenteil zum Aufsatz.

Nach einiger Zeit flaut das Interesse ab, und der Postkasten wird wieder außer Betrieb genommen. Doch irgendwann melden sich Stimmen: Können wir wieder den Klassenbriefkasten haben? Das war so schön, das war so lustig. – Hängt der Kasten dann wieder, gibt es eine zweite Welle der Briefschreibaktivität.

Trick Nr. 2 wäre die Idee, an irgendeine Klasse in einem anderen Bundesland zu schreiben – per Brief oder, wenn das in der Schule schon möglich ist, per E-Mail. Wir schicken uns gegenseitig Klassenpläne, evtl. auch Fotos, erzählen von unseren Ereignissen und erfahren viel von einer anderen Klasse, weit weg von uns aber im gleichen Alter, wahrscheinlich auch mit den gleichen oder ähnlichen Lernproblemen. Eine richtige **Klassen-Brieffreundschaft** entsteht. Wir berichten, fragen, antworten – mit einem Wort: Intensives Schreiben ist auch hier angesagt. Wir sammeln im Plenum Ideen, was unser nächster Brief alles enthalten soll. Die einzelnen Briefteile werden in Gruppenarbeit erstellt und anschließend aneinandergefügt. Doch anders als beim Klassenbriefkasten, wo keinerlei Korrektur der Texte erfolgte, wird hier alles, was wir abschicken wollen, genau durchgesehen. Jede Gruppe achtet schon beim Abfassen auf die Rechtschreibung. Die Gruppen tauschen ihre Beiträge untereinander, um Änderungs- und Korrekturvorschläge zu machen. Die Eigenkorrektur von Texten durch die Kinder ist ja fix in der geänderten Art des Rechtschreibunterrichts mit inkludiert und den Kindern längst in Fleisch und Blut übergegangen.[181] Erst wenn alles für perfekt präsentabel empfunden wird, geht es an das Zusammenstellen der einzelnen Briefteile.

Mit etwas Glück entwickeln sich aus unserer Korrespondenztätigkeit individuelle Brieffreundschaften...

97. Erlebniserzählungen – alias „Aufsatz neu"

Weil sich an der Erlebniserzählung der ganze Rattenschwanz der sog. „Aufsatzerziehung"[182] anhängt, scheint es besonders wichtig, diesem Bereich spezielle Aufmerksamkeit zu widmen.

Als Allererstes bleiben wir einmal dabei: Geschichtenschreiben ist Talentsache. Wirklich das Zeug dazu haben nur ganz, ganz, wenige. Wäre dem nicht so, bestünde die

---

[181] Alle Details dazu findet man im Band 2 dieser Reihe, *Neue Wege in der Rechtschreibdidaktik*. Der dort beschriebene Weg bewährt sich seit mittlerweile rund 20 Jahren. Die geänderte Bewusstseinslage der Lernenden hinsichtlich der Rechtschreibung und die gezielt erworbene Fähigkeit zur Fehlerkorrektur ermöglichen erst Arbeitsweisen wie die hier geschilderte.

[182] An dieser Stelle muss angemerkt werden, dass schon im scheinbaren Fachbegriff „Aufsatzerziehung" das ganze Problem steckt. Warum bitte, warum sollte man Kinder zu etwas erziehen, was sie im Leben nie und nimmer brauchen? Ich warte als Lehrkraft seit vielen, vielen Jahren vergeblich auf eine überzeugende Antwort seitens der Schulbehörden.

Welt zu 90 % aus Schriftstellern. Geschichtenschreiben ist also ein Minderheiten-programm im Vergleich zu den wirklich wichtigen Anliegen des Deutschunterrichts!

Trotz alledem ist das Geschichtenschreiben natürlich eine schöne Sache. Wer es einmal für sich entdeckt hat – und das passiert durchaus auch bei Menschen, die nicht unbedingt zu den Spitzentalenten zählen –, schreibt immer wieder gerne, einfach zum persönlichen Genuss, einfach aus Stolz, einen netten Text geschaffen zu haben. Wer gelernt hat, aus der eigenen Tätigkeit Freude zu schöpfen, hat ein Stück Sinnhaftigkeit in seinem Leben erobert. Und: Es ist zweifellos ein lohnendes Ziel, möglichst alle in solche schöpferischen Bereiche zu führen. Je mehr Lernende auf den Geschmack des „Geschichtenschreibens" kommen, desto besser! – Aber vergessen wir über all dem nie: Erst muss die „Pflicht" auf Schiene gestellt und in voller Fahrt sein, bevor an die „Kür" gedacht werden darf.[183]

Darüber hinaus muss dieser „Aufsatz neu" auch einen neuen, klar definierten Stellenwert in der Leistungsskala einnehmen: Er ist nur ein „Indikatorwert" für die Möglichkeit, höhere Ziele zu erreichen, nicht jedoch ein Grundmerkmal für die Leistungseinstufung in der neu definierten Allgemeinbildung.[184]

Eine weitere Überlegung muss hier explizit nochmals aufgegriffen werden: Wenn das Geschichtenschreiben authentisch sein soll, dürfen wir kein Thema stellen.[185]

Einzig authentisch gerät das Rahmenthema „Das muss ich euch erzählen...", das zu einem frei gestalteten Erzähltext führen soll – ohne den Formalzwang von Einleitung, Hauptteil und Schluss: Das Kind darf frei wählen, w a s und w i e es erzählen will. Auch das widersinnige Vorschreiben eines Mindestumfangs (250 Wörter!) muss ein Ende haben.[186] Nur so kann in einer niedergeschriebenen Geschichte intrinsische Moti-

---

[183] Siehe dazu Seite 95.

[184] Näheres dazu wird im Abschnitt 8 ausgeführt; siehe Seite 375 ff..

[185] Siehe dazu 46ff.

[186] Für alle, die sich bisher in vermeintlich bester Absicht diesem Regulierzwang verschrieben hatten: Wie soll ein Kind sich geistig-inhaltlich entfalten, wenn es sich hauptamtlich aufs Wörterzählen konzentrieren muss? Die Normlänge ist es sicher nicht, die die Qualität eines Textes ausmacht. Jeder literaturwissenschaftlich Gebildete weiß, dass die Vollendung der Kunst des Schreibens in höchster inhaltlicher Dichte liegt. Die beiden klassischen Beispiele dafür sind Goethes „Ein Gleiches" und, wahrscheinlich noch um einen Rangplatz weiter vorne, Catulls „Odi et amo" (allerdings nur in der Originalsprache). – Ist ein kurzer Schülertext inhaltlich schwach und mangelhaft, wird er nur in den seltensten Fällen inhaltsreicher und besser, bloß weil er künstlich auf 250 Wörter verlängert wird.

vation stecken. In dem Augenblick, wo wirklich Erzählenswertes in den Blickpunkt des Schreibens rückt, ist auch ein Interessentenkreis späterer Leser schon beim Schreiben als Motivationsverstärker mit im Spiel. Ein vorgegebenes Thema kann keine der beiden Faktoren aufweisen. Aufgepfropfte Themen und gleichgeschaltetes Schreiben nähren die Lustlosigkeit und damit die Erfolgslosigkeit vor allem der weniger Schreibbegabten. Wie schon gezeigt wurde, sind immer dieselben in der Siegerliste, immer dieselben auf der Verliererseite.

Beim selbst gewählten Thema gibt es diese Aufteilung nicht. Die Bewusstseinslage der Kinder, vor allem der schwächeren, hat sich gewandelt: Ich finde mich nicht auf Rangplatz 21 unter „Ferner liefen..." in der nach Rangplätzen geordneten „Orgel-pfeifenaufstellung", sondern ich bin nun auf Platz 1, weil es meine Geschichte mit meinem Thema nur einmal gibt, nämlich von mir. Die unmittelbare Vergleichbarkeit der Einzelleistung mit allen anderen Arbeiten entfällt als Bewertungskriterium. Es weicht dem inhaltlichen Interesse, das nun in gleicher Weise allen Themen gilt, auch wenn diese in unterschiedlichen Qualitätsstufen ausgearbeitet sind.

Die Wahl der konkreten Überschrift erfolgt am besten erst nach dem Durchlesen der fertigen Arbeit. Die Überschrift passend zu formulieren, ist eine Kunst für sich. Sie soll Leser anlocken, darf aber nicht alles verraten – denn wer schon alles Interessante in einer einzigen Zeile erfahren hat, liest den anschließenden Text nicht mehr.

Die andersartige Entstehungsgeschichte der Schülerarbeiten bewirkt aber noch Weiteres: Plötzlich wird jede Geschichte für jeden Leser interessant, und der erste Leser bin ich selbst. Bei der thematischen Gleichschaltung bekam ich beim Korrigieren regelmäßig Schwächeanfälle, weil nach spätestens 10 Arbeiten der Einheitsbrei nahezu unerträglich wurde. Jetzt sorgt die thematische Vielfalt für nachhaltige Spannkraft. Es ist beim Korrigieren, als hätte ich lauter verschiedene Briefe von netten Bekannten bekommen. Jeder Text ist inhaltlich eine Überraschung für mich. Da muss man richtig aufpassen, dass Korrigieren nicht gar noch zum Vergnügen wird. Auch der „Halo-Effekt" ist minimiert, denn dieser entsteht jeweils nur bei gleichartigen, aber qualitativ ungleichrangigen Arbeiten.

Die thematisch ganz unterschiedlichen Texte sind daher auch als Lektüre für die Klassenkameraden reizvoll geworden. Damit habe ich zugleich ein sich selbst ent-faltendes Motiv für die ansonsten nicht gerade geliebte „Verbesserung". Jede sauber ausgefertigte Endfassung wird als Lektüre verfügbar gemacht. Ob ich die Texte z. B. in einer 4. Schulstufe in einer eigenen Mappe für die Leseecke bereitstelle oder ob ich in einer 6. Schulstufe jede einzelne Überschrift ausrufe und jeden Text einem anderen Interessenten übergebe – in jedem Fall ist Lese-Interesse eher vorhanden als bei 25 Geschichten zum gleichen Thema, noch dazu wenn jeder Schüler ohnehin schon selbst so ein Geschichtchen geschrieben hat.

Beim hier vorgestellten Lektüremodell für die 6. Schulstufe kann daraus eine interessante nächsten Phase werden: Jeder Leser einer fremden Arbeit gibt eine kurze Inhaltsangabe und einen persönlichen Kommentar dazu ab. Das kann die Beschäftigung mit den Texten ein weiteres Mal bereichern, weil sich jetzt vielleicht mehrere für die vorgestellten Arbeiten zu interessieren beginnen.

Beim Schreiben ohne vorgegebenes Thema steigen aber für gewöhnlich zwei Ängste in uns Lehrerseelen auf:
- Einigen Schülern könnte nichts einfallen
- Die Schüler könnten mit einer vorbereiteten Arbeit ihre Schularbeit bestreiten

Sorge 1 löst sich jedoch in Wohlgefallen auf, wenn die Kinder im Vorhinein wissen, dass sie frei schreiben dürfen. Damit können sie sich schon längerfristig und in aller Ruhe inhaltliche Vorauskonzepte zurechtrichten. Das würde dazu führen, dass diese Art des Schreibens dem Schaffen von Schriftstellern insofern ein Stück näherrückt, als ja auch ein Schriftsteller seine Idee zuerst innerlich reifen lässt, oft sogar sehr, sehr lange, bevor er sich entschließt, sie niederzuschreiben.

Damit ist zugleich Sorge 2 zerstreut, denn Vorbereitung ist die beste Voraussetzung für das Erbringen guter Leistungen. Streben wir das nicht an? – Selbst wenn ich „befürchten" muss, dass ein Kind sich von einem Elternteil oder einem älteren Geschwisterkind seinen Text verschönern oder gar entwerfen lässt, habe ich auch kein Problem damit. Denn sich einen kompletten Text zu merken und ihn in voller Qualität wiederzugeben, ist wenigstens eine anständige Nacherzählung und hat so auch einigen Wert. Sprachliches Reifen und Weiterkommen spielt sich doch sicher auch auf diesem Weg ab. [187]

---

[187] Wer je in der Betreuung von Kindern mit nichtdeutscher Muttersprache tätig war, weiß, dass das Wiedergeben vorbereiteter Texte die einzige Überlebenschance in einem Prüfungsfach ist, das auf die gegenwärtige reale sprachliche Situation vieler Schüler keinerlei Rücksicht nimmt.

Wer dennoch unsicher bleibt, ob denn die Lernenden so viel Freiheit überhaupt vertragen, der wende als Übergangsstadium zum eigenen Überzeugungswandel folgendes Hilfsmittel an: Fordern Sie Ihre Schüler auf, in Gruppenarbeit möglichst viele zündende Themen zu finden, bei denen viele gute Einfälle wahrscheinlich sind. Das Zusammenstellen aller Gruppenergebnisse zu einer gemeinsamen „Themenliste" wird zu einer beeindruckenden Menge an Vorschlägen führen. Meiner Erfahrung nach kommen meist zwischen 40 und 50 verschiedene Themen zusammen. Schwer vorstellbar, dass Kinder, denen wirklich mittelfristig kein eigenes Thema einfällt, bei freier Wahlmöglichkeit aus der Liste (ebenfalls mittelfristig vorbereitbar!) noch immer nicht wissen, was sie schreiben sollen. Außerdem: Wer lange Zeit hat, sich bereits vorher zu überlegen, was er wählen wird, wenn z. B. eine Prüfungsarbeit startet, der hat dann ganz sicher die passenden Einfälle parat. Eines der Hauptprobleme beim traditionellen Aufsatz war ja stets unsere Überraschungsattacke.

Der Faktor, Texte vorbereiten zu können, bringt nicht nur eine Qualitätssteigerung der Arbeiten mit sich, er bewirkt auch eine ungleich intensivere Beschäftigung mit der Textgattung.

Ab und zu kann man durchaus auch Themen vorgeben, die kontroversiell sind, aber die Schüler ansprechen und somit innerlich beschäftigen. Hier ein paar Vorschläge, weil darunter auch manches ist, das etwa dem halben Umfang einer traditionellen Schularbeit entspricht. Das kommt der Idee entgegen, die erst im Abschnitt 8 näher Gestalt annehmen wird [188], bei einer Schularbeit nicht nur e i n Ziel als Könnensbeweis anzustreben, sondern mehrere.

Themen, die gegenseitiges Interesse auslösen und daher meist zu Diskussionen und Vergleichen führen:

* Wenn ich etwas zu sagen hätte...
* So fühle ich mich vor der Deutsch-/Mathematik-/Englisch-Schularbeit
* Ein Tag ohne ... (begleitend dazu Brainstorming, was anstelle der Punkte eingesetzt werden könnte: ohne Wasser, ohne Schule...)
* Ich feiere meinen 50. Geburtstag

---

[188] Siehe Seite 386 ff.

- Mein schönster Traum

- Meine Tipps für dich, wenn du einmal einen schlechten Tag hast (… einmal traurig bist)

- Mein größtes Problem (Vorsicht, das kann wirklich problematisch werden!)

- Was stimmt: „Ordnung ist das halbe Leben" oder „Wer Ordnung hält, ist nur zu faul zum Suchen"?

- Meine Pläne, wenn ich 20 Jahre alt bin

- Kurzkrimi/Rätselgeschichte (Motiv z. B. : Versperrte Berghütte, in der das Licht brennt und aus dem Rauchfang Rauch kommt. Trotz Klopfen und Rufen rührt sich nichts. Durch das Fenster sieht man in die Hütte – kein Mensch ist zu sehen. Was könnte der Grund für diese seltsame Situation sein? – Erfinde eine Geschichte dazu!)

- Sei mir nicht böse, aber heute muss ich dir einmal meine Meinung sagen (anonym!)

- Was wird für mich anders, wenn ich erwachsen bin?

- Wenn ich mein eigener Vater /meine eigene Mutter wäre…

Fest steht in jedem Fall: Alle diese Vorschläge sind trotzdem innerhalb des Gesamt-rahmens der Schreibziele zu sehen: Die Textsorte „Aufsatz neu", die Erlebniserzählung, in der echte Erlebnisse wiedergegeben werden und nicht künstlich Aufgepfropftes, hat dennoch nur einen marginalen Stellenwert als   e i n e (!) von insgesamt 111 (!) Textsorten. Das möge man nie aus dem Auge verlieren und daher ihren Einsatz entsprechend niedrig dosieren.

Erlebtes zu erzählen erfolgt meist weitaus natürlicher im Rahmen eines persönlichen Briefes. Es ist daher die Frage, ob es nicht günstiger wäre, die Briefform (als echten, nicht als gekünstelten „Als-ob-Brief"!) wo immer möglich zu bevorzugen.

Die hier gegebene Textsorte „Erlebniserzählung" hat mit dem „persönlichen Brief" (Nr. 93) und der „Phantasiegeschichte" (Nr. 104) eines gemeinsam: Das sog. „folge-richtige Erzählen", also das Entwickeln eines nachvollziehbaren Handlungsstrangs

strangs will gelernt sein.[189] Als ein bewährtes Propädeutikum dafür wird die Bildgeschichte angesehen. Sie wird wegen der Parallelität der didaktischen Begleitumstände als Exkurs im Anschluss an die Phantasiegeschichte (Textsorte Nr. 104) behandelt.

Exkurs 11:
Das zarte Pflänzchen namens „Erstes Schreiben"

Eine besondere Art des schulischen Schreibverhaltens muss noch eigens zur Sprache kommen. Es handelt sich um das Schreiben aus dem ersten Glücksgefühl von Kindern heraus, die soeben die Welt der Buchstaben für sich erobert haben und noch nicht ahnen, was für ein scharfer Wind aus Richtung Rechtschreibung ihnen in Kürze entgegenwehen wird. Noch sind sie beseligt, dass sie nun selbst kleine liebevolle Botschaften schreiben können, und sie tun es mit einer derartigen Hingabe und Begeisterung, die sich später in der Schullaufbahn nie wieder einstellen wird.

Weil wir aber leider eine Rechtschreibung haben, die sich z. B. von der finnischen unterscheidet wie Schwarz von Weiß, wird sich die Rechtschreibung durch viele Jahre hindurch – meistens sind es mindestens 6 an der Zahl – kräftig mitbeteiligen an der Zerstörung des Schreibwillens Heranwachsender. Was die Rechtschreibung nicht zu vernichten vermag, schafft meistens dann die lähmende Aufsatzmaschinerie, es sei denn, wir streifen sie ab, wie wir es innerlich hoffentlich inzwischen getan haben.

Darum sei hier ein zumindest ein Plädoyer für die Aufrechterhaltung der Schreibfreude in der Anfangsphase gehalten: Hüten wir uns, bei den ersten kleinen Schöpfungen von Schreibanfängern Rechtschreibfehler ausmerzen zu wollen. – Bei den ersten Kindertexten sind Lob und Bewunderung, Begeisterung und freudige Anteilnahme angesagt, niemals jedoch Kritikastertum oder Besserwisserei.

---

[189] Dass dies in der gegenwärtigen Literatur vielfach bewusst auch bereits nicht mehr der Fall ist, soll hier aber nicht verschwiegen werden. Wenn man die literarische Realität in gegenwärtigen Drehbüchern oder Romanen betrachtet, ist das Zerhacken der Handlungsabfolge in Rückblenden, Visionen und in die Präsentation des als Gegenwart vorzustellenden Stranges längst gang und gäbe. Doch das soll für den Bereich der Schule hier einmal ausgeblendet werden.

Weil wir aber schon von Anfang an ein inneres Pflichtbewusstsein verspüren, jeden Fehler geradezurichten, wird uns die ungeteilte Freude an den noch unzulänglichen Leistungen schwerfallen. Machen wir einfach Folgendes: Erbitten wir uns die ersten schönen Spontanschöpfungen der Kinder als Andenken. – Wir korrigieren nichts, wir versehen nur alles mit Namen und Datum – und räumen es weg. Schon ein halbes Jahr später können Kinder, wenn wir ihnen ihre frühen Werke aushändigen, herzlich über ihre damalige Ahnungsloigkeit und die daraus entstandenen Fehler lachen. – Die Erstlingswerke werden also als Erinnerungsstücke aufgehoben.

Schwieriger wird schon die weitere Entwicklung, denn mit wachsender Zahl selbst geschriebener Texte der Kinder wächst auch unser Bedürfnis, uns nun doch ordnend einzuschalten. Für einen Großteil der 2. Schulstufe sollte trotzdem gelten, dass der Schreibgenuss nicht wegen der ungemeinen Schwierigkeit unserer Orthographie geschmälert werden soll. Machen wir uns immer wieder bewusst: Die Rechtschreibkenntnisse können zu diesem Zeitpunkt noch gar nicht ausreichend entwickelt sein. Aber deshalb die Schreibfreude abzutöten, wäre der falsche Weg. Ein empfehlenswerter Ausweg wäre, dass wir uns von den Kindern in den Pausen ihre Schöpfungen vorlesen lassen und sie dabei in den Computer eingeben. Unsere Niederschrift wird von selbst die richtige Orthographie ergeben. Die Kinder sind dennoch stolz auf die Textdatei, denn es ist „ihre" Geschichte.

Solche Dateien-Sammlungen haben einen weiteren großen Nutzwert: Die Kinder lesen voll Genuss immer wieder ihre Eigenkreationen und auch die anderer Kinder. Dabei nehmen sie alle Wörter immer nur in korrekter Rechtschreibung wahr. Ein Einprägeprozess in die gewünschte Richtung ergibt sich somit von selbst, nur eben ein bisschen später als wir es uns vielleicht gewünscht hätten.

Gehen wir das Problem der Unzulänglichkeit von Kindertexten vor allem in den ersten beiden Schulstufen sehr gelassen an. Mit Lob und freudiger Anteilnahme werden wir weitaus mehr erreichen als mit erzwungener Richtigkeit in den Texten.

98. Fotokommentare

Auch beim Thema Fotoalbum lohnt es, gegen den Strom zu schwimmen. Heute hat jeder seine Fotos auf dem PC oder auf dem Mobiltelefon, bestenfalls noch auf einer CD. Betrachtet werden sie nur einmal, nämlich wenn sie gerade eingelangt sind oder abgespeichert werden, dann kaum jemals wieder. Steht hingegen Album für Album in der Klasse bereit, nach Schuljahren geordnet, werden sie immer wieder herausgeholt und betrachtet. Kaum sitzt ein Kind mit einem dieser Alben in der Schmökerecke, gesellt sich ein zweites und ein drittes dazu. Gemeinsamkeit entsteht, Erinnerungsaustausch und Gespräch findet wieder statt in unserer stumm gewordenen Zeit, in der sich oft schon Kinder in den Kokon selbstgewählter Einsamkeit eingesponnen haben...

Ausflugsdokumentationen beginnen mit einem schön gestalteten Deckblatt – dem Ergebnis eines klasseninternen Zeichenwettbewerbs – , gefolgt von der Reiseroute (Textsorte Nr. 12) und dem Verlaufsprotokoll (Textsorte Nr. 48). Das Anlegen des Albums war ein Mini-Projekt für sich: Gruppieren der Bilder stand am Anfang der Arbeit, gefolgt von einer Arbeitsplanung samt Zeiteinteilung (Textsorten Nr. 2 und Nr. 11). Während die einen Zwischenüberschriften mit anderen Gruppen koordinieren und gestalten, verfertigen wieder andere Kinder informative oder lustige – jedoch nie beleidigende/kränkende! – Kommentare zu den einzelnen Bildern.

Bei der Vormontage werden die Bilder samt Kommentar lose auf die vorgesehenen Blätter gelegt und überprüft, ob man durch Bilder und Texte den Bogen des Geschehens nachvollziehen kann. Da und dort entstehen zusätzlich einleitende oder überleitende Textstücke. Eine letzte Prüfung durch eine andere Arbeitsgruppe bestätigt das Konzept oder führt nochmals zu Änderungen oder Ergänzungen. Nun kann das Endprodukt entstehen.

Bei so viel aktiver Teilnahme wird keine unserer Dokumentationen in einen Dornröschenschlaf fallen. Der über die Alben immer wieder stattfindende Austausch gemeinsamer Erinnerungen entwickelt sich zu einem immer fester werdenden Faden namens Gemeinschaftsgefühl.

99. Geburtstagsgedichte

Auch wenn die einschlägigen Kreationen anfangs wahrscheinlich überwiegend schauerlich ausfallen, man sollte immer wieder den Versuch wagen, Kinder zum

Verfassen anlassbezogener Gedichte zu ermuntern. Dass der Geburtstag als häufig wiederkehrendes Motiv dabei in besonderer Weise im Vordergrund steht, drängt sich da von selbst auf.

In Gruppen- oder Partnerarbeit lassen sich eher gute Ergebnisse erwarten als bei Einzelarbeit. Nur wer dezidiert allein etwas zusammenstellen will, sollte auch der Alleinarbeit überlassen werden.

In unserem „Textsortenheft" könnte eine kleine Sammlung einfacher Zweizeiler angelegt werden, z. B.:

Ich wünsch dir heute recht viel Glück
und freu mich schon aufs Tortenstück.

Bleib gesund und immer froh,
dein liebes Lachen mag ich so.

Wir finden's alle wirklich schön,
seit heute bist du volle 10!

Du weißt, dass wir uns mit dir freun,
denn immerhin bist du jetzt 9!

Kein Mensch glaubt mehr, du wärst erst 11,
von heut' an heißt es nur noch 12!

100. Geschenkanhänger

Gleichgültig, ob es sich um selbst gestaltete oder vorgefertigte Geschenkanhänger handelt, immer sollten ein paar ganz persönliche Worte darauf geschrieben werden. Die „Minimalaufschrift" , nämlich „Von... für ..." ist zwar zweckentsprechend, aber eher lieblos.

Wir überlegen uns – je nach Anlass – passende Formulierungen und notieren sie in unserem „Textsortenheft", z. B.

Liebe Karin, alles Liebe und Gute zu deinem Geburtstag!

Liebe Mama, ich möchte dir zum Muttertag eine kleine Freude machen. Bitte pack es ganz vorsichtig aus!
Bussi
Dein Robert

Wir lernen auch kennen, dass selbst gestaltete Anhänger eine höhere Wirkung haben als fertige. Die Mühe einer eigenen Anfertigung lohnt sich also.

101. Glückwunschkarten

Wir sammeln Anlässe, bei denen Glückwünsche angebracht sind: Geburtstag, Sieg bei einem Sportereignis, bestandene Prüfung (z. B. Radfahrprüfung, Mopedführerschein)...

Zu den verschiedenen Anlässen suchen wir passende Formulierungen:

> Ich wünsch' dir nur eines: Bleib, wie du bist!

> Gratulation zu deinem Sieg! – Ich hab' immer schon gewusst: Du bist der Beste!

> Alles Gute zum Geburtstag!

Die schönsten Glückwunschkarten sind die selbst gemachten. – Auch das gehört zu den Erkenntnissen rund um diese Textsorte.

102. Grußkarten

Grußkarten schickt man meistens aus Urlaubsorten. Man denkt zwar im Urlaub vielleicht an seine Verwandten und Bekannten, hat aber dann oft nicht die Adressen bei der Hand oder im Kopf. Das Wichtigste ist also, bereits vor Reiseantritt vorzusorgen. Entweder man nimmt sein persönliches Adressbuch mit, oder man kann schon vor der Abreise Etiketten mit den Adressen aller Personen beschriften, denen man schreiben will.

Wir vergleichen verschiedene Urlaubskarten und kommen zum Schluss: „Schöne Urlaubsgrüße aus ... + Unterschrift" ist ziemlich einfallslos. Man sollte unbedingt ein paar persönliche Zeilen dazuschreiben.

Als Anregung arrangieren wir eine kleine Ausstellung mit besonders gelungenen Urlaubskarten. Wir besprechen eingehend, was das Besondere an jeder Karte ist. Diese Vorgangsweise schärft den Blick für Persönliches und Originelles.

103. Lustige „Klassennachrichten"

Eine Übung, die eigentlich im Bereich der verbalen Kompetenz angesiedelt ist[190], gewinnt durch den Entwurf im Schriftlichen doppelten Nutzwert: Jeden Tag haben 2 Schüler die Aufgabe, für eine bestimmte „Sendezeit" – z. B. am Ende der 11-Uhr-Pause – Kurznachrichten mit möglichst lustigen Ereignissen in der Klasse zusammenzustellen. Das 2er-Team wechselt täglich, sodass alle Kinder innerhalb relativ kurzer Zeit an die Reihe kommen. Steht in der Klasse das leere Gehäuse eines alten Röhrenfernsehers, erhält die Sache zusätzlichen Pep.

104. Phantasiegeschichten

Phantasiethemen wirken grundsätzlich auf Kinder bei weitem anregender als jede andere Art des Geschichtenschreibens. Aber methodisch wohnt ihrer Durchführung in der Schule dasselbe Problem inne wie beim Aufsatz: das Problem der Gleichschaltung. Ein Phantasiethema für alle – und schon sind die „Orgelpfeifen" wieder da und damit auch die Lustlosigkeit. [191]

Es muss somit auch bei dieser kreativen Art des Schreibens wieder darum gehen, eine Unvergleichbarkeit der Einzelleistungen zu erzielen, also das Korsett des gemeinsamen Themas aufzubrechen.

Das geht, wie die Praxis bewiesen hat, am ehesten mit Bildimpulsen als individuelle Schreibanreize. Man bereite für die Kinder farbige Bildimpulse zur Wahl vor. Die Wahlmöglichkeit sollte in mehrfacher Weise gegeben sein. Einerseits sollten genügend verschiedene Motive verfügbar sein, nämlich möglichst doppelt so viele wie Kinder in

---

[190] Die Übung gehört in den Bereich des Erwerbs der Schriftsprache, eine Hauptdimension der verbalen Kompetenz. Näheres dazu siehe Band 4 dieser Reihe, *Didaktik des Sprechens.*

[191] Vgl. dazu Seite 48.

der Klasse sind. So kann jedes Kind etwas finden, von dem es sich zum Schreiben angeregt fühlt.

Eine zusätzliche Wahlmöglichkeit sollte aber auch hinsichtlich der Aufbereitungsart bestehen: Einigen Motiven sind verschiedene Vorgaben, Ideen, Anhaltspunkte als „Starthilfe" beigegeben, bei anderen Motiven hingegen bleibt alles offen. Es gibt also Impulse mit unterschiedlichsten Arten der Aufbereitung:

- Bilder, bei denen eine Überschrift und ein Texteinstieg eine Richtung vorgeben und zum Weiterschreiben verlocken
- Bilder, bei denen nur durch eine Überschrift eine Erzählrichtung angeregt wird
- Bilder, bei denen nur ein Texteinstieg vorgeschlagen wird, aber keine Überschrift vorgeben ist
- Bilder, bei denen keinerlei Vorgaben zu finden sind
- Bilder, bei denen konkrete Anhaltspunkte Erzählanregungen liefern

Die Muster auf der folgenden Seite sollen verdeutlichen, welche Bandbreite der Aufbereitung und der thematischen Streuung möglich ist.

Die weniger Einfallsreichen einer Klasse wissen bald, dass ihnen am meisten mit Vorlagen gedient ist, die Anhaltspunkte aufweisen. So stehen etwa bei einem Bildimpuls zum Thema „Das Zaubermittel" folgende Anhaltspunkte:

Das alles könntest du erzählen:
- *Woher hast du dieses Mittel?*
- *Wie wendet man es an?*
- *Was bewirkt es?*
- *Was konntest du damit schon tun?*
- *Wer soll die letzten Tropfen bekommen?*

Allein die Antworten auf diese Fragen ergeben schon ein – wenn auch vielleicht bescheidenes – Geschichtchen. Einige der Fragen werden sogar dazu verleiten, einen ganzen Absatz dazu zu schreiben, so z. B. die erste Frage.

Horst Fröhler

Bildimpulse für Phantasiegeschichten

Probeseiten

A 15

„Nur du kannst mir
noch helfen" sagte
der fremde alte Mann
zu mir
„Aber ich werde dich
dafür reich belohnen."

Mein Freund, der Elefant

B 2

Unser Nachbar ist ein sehr ängstlicher Mann. Statt einem Wachhund legte er
sich einen Elefanten zu. Am Gartentor brachte er ein großes Warnschild an:

Vorsicht,
bissiger Elefant!

Zuerst fürchtete ich mich ...

B 17

Ich war einen Tag lang ein Eichhörnchen

A 5

Meine Reise mit dem Zauberteppich

Teppich, flieg!

Pirat auf dem Meer

Teppich, stopp!

Ob ihr es glaubt oder nicht, in den letzten Ferien war ich mit diesem
Segelschiff als Pirat unterwegs!

Hält man wirklich durch, dass jedes Kind seinen eigenen Bildimpuls bekommt, den ihm kein anderer streitig macht, bewirkt man wie beim „Aufsatz neu" – der Erlebniserzählung der anderen Art – die Unvergleichbarkeit der Einzelleistungen. Jede Geschichte ist nun auch hier, im Bereich der Phantasiegeschichten, ein Original für sich. Dadurch ergeben sich dieselben positiven Zusatzeffekte wie beim „Aufsatz neu": Durch die Verschiedenartigkeit der Themen stellt sich gegenseitiges Interesse ein, die Geschichten anderer zu lesen. Gleichzeitig wächst die Bereitschaft, den eigenen Text so zu perfektionieren, dass er „veröffentlichungsreif" ist. Selbst wenn eine Geschichte so reparaturbedürftig ist, dass eine Reinschrift unumgänglich ist, wird die positive Bereitschaft dazu tendenziell höher sein als bei den traurigen Pflichtübungen vergangener Tage.

Man stelle bitte selbst folgenden konkreten Vergleich an: Biete ich 25 thematisch gleiche Geschichten als Lektüre an, will sie kaum einer lesen, und niemand hat große Lust, seine verpatzte Geschichte in verbesserter Version ein zweites Mal zu schreiben. Stelle ich aber für die Schmökerecke eine Mappe mit allen Bildimpulsgeschichten bereit, ist die Sammlung so bunt und abwechslungsreich, dass sie für so manche in der Klasse als Lektüre interessant wird. – Es wird über die Geschichten gesprochen, das Interesse steckt an.

Die Faszination der Bildimpuls-Geschichten zeigt indirekte Auswirkungen bis hin in die Motivation zur Reinschrift. Wichtig ist aber auch da, dass kein Zwang ausgeübt wird. Hat z. B. Hannes, mein Schwerenöter beim Schreiben, seine nötig gewordene Reinschrift noch nicht gemacht, verlege ich mich auf gutes Zureden, aber keinesfalls auf ein „Du musst". Köder auszulegen ist natürlich keineswegs verboten: „Bring statt der heutigen Hausaufgabe morgen deine Reinschrift mit" o. Ä.

Bleibt nur noch die Frage, woher eine so große Menge verschiedener Bildimpulse zu nehmen sei. Denn wenn ich beim ersten Mal für 25 Kinder bereits 50 Vorlagen brauche, um die Auswahlmöglichkeit für alle so breit wie möglich zu halten, benötige ich beim zweiten Mal weitere 25 Stück. Beim dritten Mal ist das Hundert voll. Mit einem Wort, es summiert sich.

Die Beschaffung geeigneten Bildmaterials wäre ein erster Schritt. Dazu kann man selbst oder mit Hilfe der Schüler Verwertbares aus Zeitschriften, Zeitungen und Magazinen sammeln ausschneiden und aufkleben. Die gefundenen Motive müssen nur frei von störenden Texten oder sonstigen Angaben sein. – Z. B. einen Perserteppich als Motiv für eine Geschichte zum Thema „Fliegender Teppich" zu finden, kann da schon eimal zum Geduldspiel geraten.

Sind erst einmal genügend Bildmotive vorhanden (Anfangskapital sind mindestens 50 verschiedene Motive), kann man daran gehen, mit Überschriften, Geschichtenanfängen oder Anhaltspunkten zusätzliche Schreibanregungen zu schaffen.

Zugegeben, das Sammeln und Montieren der Motive verschlingt einiges an Zeit, die textliche Vorbereitung dann noch einmal. Da man aber die fertigen Bildimpulse für viele Jahre verfügbar hat, scheint die Mühe doch lohnend. – Doch halt, wer wie ich den Anfängerfehler macht, fertige Bildimpulse sofort ins Rennen zu schicken, erlebt vielleicht schon bald eine böse Überraschung: Originalvorlagen Kinderhänden zu überlassen, birgt das große Risiko einer Beschädigung in sich (verbogene Ecken, Risse oder Knicke im Blatt, Fettflecken...). Jedes beschädigte Exemplar wird sofort reizlos. Denn es hilft nichts, nur schöne Blätter faszinieren und verlocken zum Schreiben. Daher ein heißer Tipp: Stecken Sie jedes fertige Bildimpulsmotiv in eine Klarsichthülle und geben Sie es von dort nie wieder heraus. In Umlauf schicken Sie dann nur eine erstklassige Kopie davon, die wie das Original selbst aussieht. Das kostet zwar, befreit aber von der Frustration einer kurzen Lebensdauer mühevoll hergestellter Vorlagen.

Wenn Sie nun denken, ein bisschen gar viel Zeit und Mühe, viel Einfallsreichtum und zusätzlich noch Ausgaben, bis einmal ein erstes Paket an Bildimpulsen für Phantasiegeschichten verfügbar ist, dann überlegen Sie als Alternative, ob Sie bei fertigen Vorlagen zugreifen wollen. Derzeit sind 200 verschiedene Bildimpulse fertig erhältlich. Dass es sich dabei um Bewährtes handelt, zeigt die Tatsache, dass diese Mappen seit vielen Jahren mit Erfolg im Einsatz sind. [192] Sie sind so aufbereitet, dass sie unmittelbar verwendet werden können. Jedes Motiv steckt in einer Klarsichthülle mit Lochrand, alle 50 Motive einer Serie sind in eine Ringmappe eingeordnet. Diese Machart ermöglicht ohne viel Aufwand die Präsentation der dazugehörenden Kindergeschichten: Man kann in der Lektüremappe jeweils Bild und Text auf einander gegenüberliegenden Seiten arrangieren.

---

[192] Näheres zu diesen 4 verschiedenen Mappen *„Bildimpulse für Phantasiegeschichten"* siehe im Anhang, Seite 400.

Exkurs 12:

Die Rolle der „Bildgeschichte" in der Schreibentwicklung der Kinder

*Bei der Phantasiegeschichte ist – ebenso wie bei der Erlebniserzählung – die Fähigkeit gefragt, folgerichtig frei erzählen zu können. In diesem Zusammenhang ist die Auffassung weit verbreitet, dass sich Kinder diese Fertigkeit am ehesten durch das schriftliche Erzählen einer vorgegebenen Abfolge von meist 4 – 6 Bildern, also einer **Bildgeschichte**, aneignen könnten. Dafür ist jedoch noch nie ein schlüssiger Beweis erbracht worden.[193] Die Unterrichtserfahrung lässt eher Zweifel aufkommen, dass damit tatsächlich etwas bewirkt werden kann, gilt doch auch hier das, was für das erzählende Schreiben schon als Kernpunkt an früherer Stelle[194] dargelegt wurde: Geschichten schreiben ist Talentsache. Daher stehen erfahrungsgemäß auch bei der Bildgeschichte diejenigen auf der Erfolgsseite, die ohnehin längst fähig sind, gute Eigenerzählungen zu verfassen. Wer hingegen schwach im Geschichtenerzählen ist, wird auch Bildgeschichten schwach versprachlichen. Das heißt, die einen benötigen diese „Starthilfe" in das Reich des Geschichtenschreibens gar nicht, und den anderen hilft die Hilfe nicht. Solange jedoch Lehrpläne daran festhalten, dass Bildgeschichten „Begleitende Übungen zum Verfassen von Texten" seien, sollen sie nicht unberücksichtigt bleiben.*

Wenn wir also die Bildgeschichte wenigstens als eine Abwechslung im Bereich der Schreibanlässe betrachten, sollten wir uns doch über Folgendes im Klaren sein: Bildgeschichten werden sehr oft als lustlose Pflichtübung empfunden, weil kaum ein echtes Schreibmotiv vorliegt. Die Beseitigung sinnlosen, lustlosen Tuns im Bereich des Schriftlichen ist jeoch ein Grundtenor des vorliegenden Buches.[195] Daraus folgt: Bildgeschichten müssen wenigstens lustig sein, wenn sie überhaupt eine Existenzberechtigung haben sollen.

Betrachtet man z. B. die Gegebenheiten in Schulbüchern, so finden sich dort nicht selten Bildgeschichten vom Typus „Rudi löscht die Tafel – Eine Geschich-

---

[193] Auch hier zeigt sich der schon an anderen Stellen zur Sprache gekommene gravierende Mangel in der Forschung: Um das weite Feld didaktischer empirischer Erhebungen ist es leider sehr schlecht bestellt. Es gibt nur extrem wenige Untersuchungen über die Effizienz bestimmter methodischer Vorgangsweisen.

[194] Siehe Seite 33.

[195] Weil **Nacherzählung** und **Reizwortgeschichte** ausschließlich in das Exerzierfeld des befohlenen Schreibens zum Zweck der Beurteilung gehören, bleiben sie in diesem Buch gänzlich außer Betracht.

te in vier Bildern". Bilderfolgen dieser Art sind ‚Langeweiler vom Dienst', denn was sollte es über den Vorgang des Tafellöschens schon Berichtenswertes zu erzählen geben? Wohl am besten hat das eine Kollegin aus der Steiermark bestätigt, als sie im Rahmen eines meiner Seminare berichtete, was ihr in ihrer Klasse mit dieser Bildgeschichte widerfahren war: Als die Arbeit an diesem Bildgeschichtenthema begonnen hatte, fiel ihr nach kurzer Zeit auf, dass eines der Kinder noch immer nicht arbeitete, sondern teilnahmslos in die Luft schaute. Die Kollegin steuerte auf das Kind zu und unternahm mit Hilfe bohrender Fragen den Versuch, einen Arbeitsprozess in Gang zu bringen: „Hast du die Geschichte verstanden?" – Das Kind nickt. – „Dann muss dir doch auch etwas zum Schreiben dazu einfallen!" – Das Kind schüttelt den Kopf. – „Das gibt es doch nicht, schau dir doch einmal das erste Bild an! Fällt dir da nicht wenigstens ein Satz ein?" – Das Kind schüttelt wieder den Kopf. – „ Dann schau auf das zweite Bild. Hast du dazu einen Satz gefunden?" – Das Kind schüttelt erneut den Kopf. – Die Ratlosigkeit der Kollegin steigt. Als auch beim dritten und vierten Bild jeder Aktivierungsversuch scheitert, stellt die Kollegin die letzte verzweifelte Frage: „ Wenn du verstanden hast, worum es in dieser Geschichte geht, musst du das doch auch schriftlich ausdrücken können!" – Nun bricht es aus dem Schüler mit ebensolcher Verzweiflung hervor: „Kann ich auch, aber das steht ja schon in der Überschrift: ‚Rudi löscht die Tafel'. – Was soll ich denn da noch schreiben?"

Bildgeschichten sind also oftmals dermaßen banal, dass sie das Gegenteil dessen bewirken, wozu sie gedacht sind. Alltägliche Routinetätigkeiten eignen sich nicht für Bildgeschichten, also Hände weg von Szenarios des Typs „Rudi löscht die Tafel" oder „Susi deckt den Tisch". Wenn Bildgeschichten überhaupt einen Sinn haben sollen, dann muss es sich um reizvolle Inhalte handeln, also am besten Witziges. Und ähnlich wie bei den Bildimpulsen ist Farbe sicher auch ein anreizsteigernder Faktor. Schließlich gilt auch für die Bildgeschichte, was für alle erzählenden Textsorten Geltung hat: Thematische Gleichschaltung ist Motivationskiller Nummer eins! Also benötige ich für eine Klasse mit 25 Schülern wieder mindestens 50 verschiedene farbige Bildgeschichten, um reichliche Auswahlmöglichkeiten für alle sicherzustellen.

Wer also die Bildgeschichte in seinem Repertoire des Texteschreibens belassen will, muss sich auf die Suche nach einer großen Zahl witziger und bunter Bildgeschichten machen. – Da wird die Luft sehr dünn. Viele lustige Bildge-

schichten sind zwar in der Reihe „o. e. plauen, **Vater und Sohn**" *zu finden, aber sie sind einerseits nicht in Farbe, andererseits merkt man ihnen vielfach bereits ihr Alter* [196] *an. Wenn man sie nützen will, sollte man sich eher auf die zeitlosen Motive beschränken und diese eventuell nur im mündlichen Bereich einsetzen.*

Eine erstklassige Fundgrube ist die Serie **„Der kleine Herr Jakob**" *von Hans-Jürgen Press. Press hat mehr als einhundert witziger Bildgeschichten verfasst. Eine große Zahl davon, nämlich 88, waren in einem Hardcover-Buch beim Ravensburger-Verlag erschienen. Diese Ausgabe ist jedoch vergriffen und wird auch nicht mehr aufgelegt. Derzeit gibt es leider nur eine Schwarz-Weiß-Ausgabe als Taschenbuch bei Beltz/Weinheim und einige Bildgeschichten in Farbe bei Spectra/Basel, allerdings mit dem Nachteil, dass dort jede Geschichte in Einzelbilder zerlegt ist und somit aus je vier Einzelkärtchen besteht. Mit dieser „didaktischen Aufbereitung" wurden die Bildgeschichten allerdings zu Sortierübungen degradiert und damit entwertet. Wer Bilder in die richtige Reihenfolge bringen muss, dem ist nach getaner Arbeit nicht mehr zum Lachen zumute. Der Witz der Geschichte geht also weitgehend verloren. Dazu kommt noch, dass jeder, der die Reihenfolge ermittelt hat, von einer inneren Empfindung geleitet ist, mit seiner Arbeit fertig zu sein. Dass er jetzt nochmals von vorne beginnen und alles schriftlich wiedergeben soll, dafür fehlt es nun meist an Motivation. Diese Art der Bildgeschichtenpräsentation lässt somit allen Reiz wirkungslos verpuffen. Schade darum. – Daher mein Vorschlag: Wenn Sie diese Serie dennoch nützen wollen, kleben Sie jede Bildgeschichte in ihrer richtigen Abfolge auf ein Blatt Papier und geben Sie die Geschichte in dieser Form aus. Dann entsteht wieder der gewünschte Effekt: Das Kind entschlüsselt den witzigen Verlauf. Und weil Lachen ein positives auslösendes Moment ist, wird nun am ehesten Schreibbereitschaft zu erzielen sein.*

Aus urheberrechtlichen Gründen ist es leider nicht möglich, an dieser Stelle Musterbeispiele für die Bildgeschichten von o. e. plauen und Hans-Jürgen Press zu bringen. Bitte um Verständnis.

---

[196] Ihre Entstehung liegt mehr als ein halbes Jahrhundert zurück.

105. Quizfragen

Das Zusammenstellen von Quizfragen aller Art ist eine unerschöpfliche Quelle des sinnvollen Schreibens in allen Altersstufen. Dabei bietet es sich vor allem an, die vielen Wissensbereiche, die die Schule erschlossen hat, durch Quizfragen abzudecken. Dass die Rechtschreib-Richtigkeit dabei einzuhalten ist, kann den Lernenden leicht plausibel gemacht werden, weil ja die Fragen der ganzen Klasse zum oftmaligen Gebrauch zur Verfügung stehen sollen.

Die beste Form, Quizfragen anzulegen, sind selbstverständlich Karteikarten. Werden sie nach Sach- oder Fachbereichen farblich gesondert angelegt, erhält man bald ein klasseneigenes „Trivial Persuit".

In allen Schulstufen kann auf diese Weise jeder Wissensbereich von den Lernenden selbst aufbereitet werden, indem sie – am besten in Gruppen- oder Partnerarbeit – Quizfragen zu soeben gelernten Stoffgebieten formulieren. Der Aufbau der Kärtchen ist denkbar einfach: In der oberen Hälfte steht die Frage, in der unteren Hälfte die Antwort.

Kaum ist ein neues kleines Wissensgebiet erschlossen, sollte schon die Arbeit beginnen, Quizfragen dazu zu entwerfen. Diese Arbeit ist die ideale Form der Aneignung neuen Wissens, das Endprodukt ist die ideale Form der Wiederholung, die erst zum dauerhaften Wissen führt.

Auch sperrige Gebiete wie Grammatikstoff lassen sich in Quizfragen aufschlüsseln, z. B.

Wie heißt die 2. Person Einzahl von „geben"?	**Wie heißt das Präteritum von „geben"?**	**Wie heißen die Stammformen von „geben"?**
du gibst	gab	geben – gibt – gab – gegeben[197]

---

[197] Die Stammformenangaben im Deutschen sollten – im Gegensatz zur Tradition der Schule – konsequent in 4 Formen erfolgen, weil nur so eine Eigenheit unserer Sprache, nämlich das Abweichen der Präsens-Personalformen vom Infinitiv in den Formenangaben mit erfasst ist. Diesem Prinzip folgen auch die sprachschatzerweiternden Übungen auf den Downloadvorlagen zum *Fernitzer Grundwortschatz 2007*; bibliographische Angaben dazu siehe Seite 399.

Wenn in vielfältigen gemeinsamen Arbeitsformen die Technik des Erstellens von Quizfragen und die Art der Ausführung allen Schülern geläufig ist, kann jedes neue Stoffgebiet bei der Hausaufgabe in Quizkartenform angelegt werden.

War am Vormittag die Textsorte „Unterschrift" (Nr. 93) an der Reihe und ist durch entsprechende Einträge im Textortenheft abgedeckt, wird das neue Wissen bei der Hausaufgabe in Quizkarten verwandelt:

Bei welchen 6 Gelegenheiten steht der Vorname an erster Stelle?	**Wann schreibt man den Familiennamen zuerst?**	**Familienname vorne oder hinten?:** **Heftschild - Adresse - Absender - Klassenliste**
Unterschrift, Absender, Adresse, Visitenkarte, Namenskärtchen, Firmenname	Klassenlisten, Heftschilder, Wählerverzeichnis	vorne – hinten – hinten – vorne

Mit den Quizfragen lassen sich verschiedene Varianten von Wettbewerben durchführen. Einmal stehen nur Grammatikfragen, ein anderes Mal nur Fragen aus der mündlichen Kommunikation oder aus einem anderen Unterrichtsgegenstand zur Wahl. Einmal geht es darum, welche Gruppe als erste 25 Kärtchen erobert hat, das andere Mal läuft die Zeit exakt 10 Minuten. – Wer in dieser Zeit die meisten Kärtchen eingeheimst hat, hat gewonnen.

Eine letzte Anregung zum Thema Quiz: In einer „Großen Show des Wissens und Könnens" bei einem Vorführabend für Eltern werden diese stark beeindruckt sein, was die Kinder schon alles gelernt haben. An so einem Abend könnten neben den Quizwettbewerben auch musikalische Darbietungen und Tänze, kleine Theaterstücke oder die Präsentation von Zusammenhängen aus Natur und Technik (Projektpräsentation, Versuchsanordnungen...) als bunter Mix geboten werden. Wenn viele Kinder mit nichtdeutscher Muttersprache in der Klasse sind, empfiehlt es sich, für diesen Abend einen Dolmetsch bereitzustellen. Die anwesenden Eltern mit eventuell noch lückenhaften Deutschkenntnissen gehen dann zumindest in der Überzeugung nach Hause, dass die Schule ihren Kindern viel Wissenswertes beigebracht hat.

Alle hier skizzierten Arbeiten und Stoffwiederholungen – vom Quizkärtchen-Schreiben bis zur Wissensshow – sind von hohem Engagement der Schüler, hoher emotionaler

Anteilnahme und starker Eigenaktivität gekennzeichnet. Damit wird ein Optimum an Lerneffekten erzielt. Nachhaltigeres und begeisterteres Lernen ist kaum mehr vorstellbar.

Dieses engagierte Lernen mit hohem Anteil an intrinsischer Motivation steht in krassem Gegensatz zu dem, was Schulbücher mit ihren jede Eigeninitiative abtötenden Befehlsketten bewirken. Sie sind permanente Fehlversuche, wenigstens extrinsische Motivation auszulösen. An dieser Stelle wird vielleicht im Vergleich mit den oben geschilderten Aktivitäten ein wenig plausibler, warum zu Beginn dieses Buches im Exkurs Nr. 1 das Schulbuch als eine der Wurzeln für die Lernprobleme der Schule genannt wurde.[198]

106. Scherzfragen und Rätsel

Scherzfragen und Rätsel zu sammeln und immer einige auswendig auf Lager zu haben, ist eine lohnende Sache, weil dann in jeder Runde für Unterhaltung gesorgt ist. Am besten legt sich jeder eine eigene Sammlung an. Die günstigste Form ist dafür eine Kartei (Textsorte Nr. 89). Sie ermöglicht einen flexiblen Einsatz. Man kann z. B. 20 ausgewählte Kärtchen als „Gedächtnisstütze" für die freie Präsentation auf eine Party mitnehmen. Einzelkarten lassen sich im Karteikasten nach selbstgewählten Gesichtspunkten anordnen. Karteien sind bei dieser Textsorte allen anderen Anlegeformen wie Heft oder Ringmappe bei weitem überlegen.

Wenn alle Kärtchen handgeschrieben angelegt werden, hat man sie fast schon auswendig im Kopf, weil man jeden Text, den man selbst geschrieben hat, dreimal so gut kennt wie einen, den man nur gelesen hat.

Diese Scherzfragen- und Rätselsammlung ist schulstufenunabhängig immer gleich reizvoll. Wer sie konsequent über mehrere Jahre erweitert hat, wird sie im Laufe der Zeit nach den Kategorien *leicht – mittel – schwer* zu sortieren beginnen. Die leichten Fragen wird man Gleichaltrigen sehr bald nicht mehr stellen. Ist aber eine 4. Klasse in einer 2. zu Besuch und stellt dort im Rahmen einer Rätselstunde oder als Teil einer Faschingsfeier Fragen, wird es gut sein, nur die leichten auszuwählen. Dieser Besuch wird seine ansteckende Wirkung nicht verfehlen.

---

[198] Vgl. Seite 25.

107. Sprachspielereien

Ausgehend von Sprachspielereien in Lesebüchern oder dem legendären „Sprachbastelbuch" u. Ä. lässt man der spielerischen Phantasie der Kinder freien Lauf.

Z. B. ist das Spiel „Versteckte Wörter " recht beliebt:

VERSTECKEN, AMEISE, SCHWEIN, SCHLANGE, GIRAFFE, LAUS, HAUS, MAUS

In verstecken stecken Ecken, in Ecken steckt das Eck.
In der Ameise steckt Meise, in der Meise steckt Eis, im Eis steckt das Ei.
Im Schwein steckt der Wein, im Wein steckt ein, in ein das Ei.
In der Schlange steckt lange, in der Giraffe der Affe.
In Laus, Haus und Maus steckt aus, und in aus steckt au.[199]

Auch den eigenen Namen von hinten nach vorne zu schreiben und zu sprechen ist eine lustige Sache.

In weiterer Folge entdecken wir Wörter, die man von vorne und von hinten lesen kann: ESEL – LESE, EIN – NIE, TOR – ROT, NUN – NUN, OTTO – OTTO, ...

Eigenen Einfällen der Kinder sind keine Grenzen gesetzt. Werden alle Ideen gebührend beachtet, wird sich bald eine freudvolle Eigendynamik daraus ergeben.

108. Stammbucheintragungen

Ein durchaus lohnendes Ziel der Schule ist es, den derzeit grassierenden „Fertigteil-Stammbüchern", manchmal auch „Freundschaftsbücher" genannt, den Kampf anzusagen, denn diese sind der Gipfel der Einfallslosigkeit. Das schematische Ausfüllen von Lieblingsfarbe, Lieblingsspeise, Lieblings-Popgruppe ist längst nicht das, was ein Stammbuch an gestalterischer und inhaltlicher Vielfalt bieten kann.

---

[199] Wechselt man vom Motiv der fortschreitenden Wortverkürzung zur Erkundung wirklich aller Möglichkeiten, ergibt sich eine noch höhere Ausbeute: Z. B. kommt bei VERSTECKEN noch „erst" und „Stecken" hinzu, bei SCHWEIN das Wort „in", bei SCHLANGE „lang" und „an", bei LAUS das Wort „lau" usw.

Wenn mir ein Kind die Ehre zuteil werden lässt, mich eintragen zu dürfen, dann frage ich es, ob ich die für mich vorgesehene Seite überkleben darf. Erhält das Kind dann das Buch zurück, zeigt es stolz und beglückt die schmucke Seite. Meistens bedeutet das dann sehr viel Arbeit für mich in anderen Stammbüchern, aber der Ansteckungseffekt ist lohnend. Bald schon zeigen mir Kinder stolz ebenso individuell-persönlich gestaltete Seiten von Omas und Opas, Onkeln und Tanten. Eine alte, um vieles schönere Kultur beginnt wieder zu wachsen. So manches Kind legt sich jetzt gleich vom Beginn an ein Stammbuch mit leeren Seiten zu – auch diese Idee steckt an. Das Fertigteil-Stammbuch hat ausgedient, denn schon bald überbieten die Kinder einander mit Gestaltungsideen, vor allem die Mädchen – aber das sind wohl nur rollenspezifische Vorurteile...

Von dieser Idee ausgehend, kann auch angeregt werden, ein **Gästebuch** anzulegen. Kinder, die gerne wandern, greifen die Idee eines persönlichen **Gipfelbuches** auf: Man nimmt ein kleines, leichtes Büchlein auf jeden Berg mit und notiert bei der Gipfelrast, wann, wo und mit wem man was alles zu sehen bekommen oder da oben erlebt hat.

109. Tagebuchnotizen

Über mitgebrachte Fotoalben aus vergangenen Lebensjahren versuche ich den Kindern klarzumachen, dass es lohnend ist, sich von jeder Woche oder gar jedem Tag ein Erinnerungsstück aufzuheben, weil wir keinen Tag ein zweites Mal erleben können. Ein **Tagebuch** ist wie ein Fotoalbum, ich kann alles Schöne in kurzen Notizen aufheben und noch Jahre später nachlesen. Auch seine Sorgen und Enttäuschungen, seine Traurigkeit und seine Wünsche kann man diesem Buch anvertrauen.

Mein Ziel ist es also, zur Führung eines persönlichen Tagebuchs anzuregen. Ganz selten kommt mir der Zufall dabei zu Hilfe: Wenn ein Kind schon von sich aus Tagebuch führt und es dann sogar noch in die Schule mitbringt und uns einen Blick in dieses Buch gewährt, dann ist das ein besonderer Glücksfall. So etwas entfaltet dann meist mehr Wirkung als alles andere.

Hier sind wir jedenfalls bei einer Textsorte angelangt, die zwar sehr lebensbezogen und persönlich wertvoll ist, aber deren Anwendung nicht erzwungen werden kann. Auch der Korrektur entzieht sie sich zur Gänze. Ein Musterbeispiel dafür, dass die Schule nicht mehr in der Rolle der Korrekturanstalt für fehlerhafte Schülertexte fungiert, sondern die Seite gewechselt hat, indem sie allgemein zum Schreiben motiviert und konkrete Anregungen dazu liefert.

In jedem Fall kann ich das Modell Tagebuch in der Schule einführen, dann allerdings in einer abgewandelten Form als **Klassentagebuch**. Die ideale Zeit dafür ist die 4., eventuell auch noch die 5. Schulstufe. Mit Vorarbeiten beginnen sollte man bereits gegen Ende der 3. Schulstufe, dann kann in der 4. Klasse das ganze Jahr komplett erstellt werden.

Den Anfang bildet eine neue tägliche Gewohnheit: Am Ende eines jeden Schultags stellen wir gemeinsam einen kurzen Text zusammen, was am heutigen Tag „aufhebenswert" war. Lustiges, Aufregendes, Schwieriges, Überraschendes oder besonders Langweiliges... Noch bin ich es, der alles an der Tafel aufschreibt, die Notiz anschließend auf einen Zettel (Format A5) überträgt und mit dem Datum versieht. Eine Pinnwand wird eingerichtet, etwa mit der Überschrift UNSER KLASSENTAGEBUCH.

Die Pinnwand wird etwa folgendermaßen strukturiert:

✄ UNSER KLASSENTAGEBUCH ✄				
MONTAG	DIENSTAG	MITTWOCH	DONNERST.	FREITAG

Vorige Woche →

12. Mai	13. Mai	14. Mai	15. Mai	16. Mai
Xxxx xxx xxxxxxx xxx xx Xxxxxxx. xxx xxxx xxxx xxx xxxxxxxx xxxx. Xxxxx xxxx xxxxx xxxxx Xxx. Xxx xxx xxxxx.	Xxxx xxx xxxxxxx xxx xx Xxxxxxx xxx xxxx xxxx xxx xxxxxx. Xxxxxx xxx xxxx Xxx xxx x xxx xx.	Xx xxxxxxxxxx X xxxx xxxx xxxxx. Xxx xx xxx xxxx xx xxxxx. Xxx Xxxxxxx xxx xxxx xxxx.	Xxx xxxxxxxxxx Xxxxx xxx xxxxx xxxx. Xxxxx Xxxx xxx xxxxxx.	Xxx xxxxxx xxxx. Xxxxx xxxx xxx xxxxx Xxx. xx Xxxxx. xxx xxxx xxxx xxx xxxxx xx Xxxxx.

Diese Woche →

19. Mai	20. Mai			
Xxxx xxx xxxxxxx xxx xx Xxx xxxx xxxx xxxx xxx xxxxxx. Xxxxxx xxx xxxx xx xxx x X xxx xx.				

Sobald die laufende Woche voll ist, wandert sie in die obere Reihe hinauf, die anderen Blätter werden in eine Ringmappe „Unser Klassentagebuch" einsortiert. Diese Mappe gerät mit der Zeit zur gern gelesenen Pausenlektüre. Mit dem Schwelgen in Erinnerungen verdichtet sich doch in so manchem Schüler der Gedanke, dass Tagebuchschreiben etwas Bereicherndes ist. – Noch dazu, wo es keiner gegen den Willen des Schreibers lesen darf und außerdem niemand darin herumkorrigiert.

Das Klassentagebuch wird dann in den letzten Wochen des 3. Schuljahres in Gruppenarbeit zusammengestellt. Der jeweils beste Vorschlag schafft es an die Pinnwand.

In der 4. Klasse verfasst jeden Tag ein anderes Kind die Klassentagebucheintragung als Hausaufgabe. Nun wird auf dem Blatt nicht nur oben das Datum angeführt, sondern unten auch noch der Name des Verfassers.

Damit kommt jedes Kind der Klasse im Durchschnitt einmal pro Monat an die Reihe. Die Organisation übernimmt pro Monat jeweils ein Zweierteam von Schülern. Sie legen einen Monatsplan an, in dem jedem Kind ein Termin zugewiesen wird. Das Organisatorenteam hat den Ablauf zu überwachen und täglich den Betroffenen an seine Arbeit zu erinnern. Wenn einmal der Schüler fehlt, der planmäßig an der Reihe wäre, kommt der Nächste an die Reihe. Die Reihenfolge bleibt so lange verschoben, bis der Fehlende wieder da ist und seine Aufgabe nun nachholen kann.

Als Grundregel für das Tagebuchschreiben gilt, dass die Tagebuchaufgabe die Deutsch-Hausaufgabe des Tages ersetzt. Der Grund: Jedes Kind würde sich an dem Tag, wo es zwei Deutsch-Hausaufgaben hat, bestraft fühlen. Bei dieser Regelung ergibt sich jedoch oft, dass zusätzlich zum Tagebuch freiwillig auch die reguläre Aufgabe gemacht wird.

Wer ein ganzes Jahr das Klassentagebuch durchhält, kann als Klassenlehrer seinen Grundschulabgängern ein wunderschönes Andenken an die gemeinsam verbrachten Zeiten mitgeben: Die Einträge einer ganzen Woche jeweils auf ein A4-Blatt verkleinert und kopiert; ein schönes Deckblatt dazu entworfen, ein Karton als Abschlussblatt und alles mit Klemmschiene zusammengefasst. Die Kinder werden dieses Andenken wie einen Schatz hüten, erzählt es ihnen doch von jedem Schultag der 4. Klasse...

110. Unsinnsätze

Vor allem in den niedrigeren Schulstufen sind Unsinnsätze sehr beliebt. Allein in Rechtschreiben bietet sich dafür praktisch jederzeit die Möglichkeit, indem man die Lernwörter in möglichst wenigen Unsinnsätzen unterbringen lässt. Wenn man die Kinder einmal darauf angesetzt hat, werden diese Übungen zum Selbstläufer.

111. Witze

Witze sollte jeder in seinem Unterhaltungsrepertiore haben. Wer Witze im Kopf hat und sie dann auch noch wirkungsvoll erzählen kann, ist in jeder geselligen Situation gut drauf. Witze erzählen zu lernen, ist ein relativ leicht zu bewältigender Schritt in Richtung mündlicher Sprachkompetenz.

Die erste aktive Beschäftigung mit der Kategorie Witz könnte im Rahmen der Klassenzeitung[200] erfolgen. Weil dort zunächst nur Handschriftliches ins Rennen geschickt wird, sind auch Witze, die man veröffentlichen will, handgeschrieben zu präsentieren. Das hat zugleich zur Folge, dass sich ein Text, den man selbst geschrieben hat, leichter einprägt. Das handschriftliche Schreiben von Witzen hat den zusätzlichen Vorteil, dass man dadurch leichter in die Lage versetzt wird, Witze, die man nur gehört hat, aus dem Gedächtnis niederzuschreiben und mit der Pointe auf den Punkt zu bringen.

Ideal läuft es, wenn man die Lernenden dazu anregen kann, sich eine persönliche Witzesammlung anzulegen. Im Bereich der mündlichen Kommunikation wird es zu den fixen Lernzielen zählen, Witze erzählen zu können.[201] Das gelingt besser, wenn man aus dem Vollen schöpft und selbst aktiv gute Witze sammelt. Die ideale Sammelform ist die Kartei (Textsorte Nr. 89), weil man sie dort jederzeit ordnen kann, z. B. die besten ganz vorne, oder Witze, die schon bekannt sind, nach hinten usw.

Im Anschluss an die Witzerunde im mündlichen Teil des Deutschunterrichts sollte die Gelegenheit wahrgenommen werden, dass jeder den seiner Meinung nach besten Witz selbst niederschreibt.

Mit der Klasse gehört auch bei gegebenem Anlass geklärt, was ein guter Witz ist: Ordinäre Witze haben bei uns nichts verloren.

---

[200] Siehe Seite 231.

[201] Siehe Band 4 dieser Reihe, *Didaktik des Sprechens*.

Sechster Abschnitt:

Die Deutsch-Schularbeit im textsortenzentrierten Unterricht

Vorüberlegungen

In einem textsortenzentrierten Unterricht wird selbstverständlich auch die Schularbeit nicht unverändert davonkommen. Wenn der Unterricht nun schwerpunktmäßig auf Lebenspraktisches ausgerichtet ist, muss gleichzeitig damit auch die Leistungsfeststellung angepasst werden. Die gleiche textliche Vielfalt, die nun in der alltäglichen Arbeit im Zentrum steht, hat nun auch im Laufe der Jahre in der Leistungserhebung im schriftlichen Bereich abgebildet zu werden. Das ist in aller Kürze einmal die massivste Konsequenz der inhaltlichen Neuorientierung des Deutschunterrichts.

Wenn wir nun aber schon das Geschehen in Deutsch radikal hinterfragen, sollten im Zusammenhang mit der Schularbeit noch einige zusätzliche Punkte geklärt werden, die sich förmlich aufdrängen:

- Soll jeweils nur eine Aufgabe gestellt werden - oder können das auch mehrere sein?

- Ist der Inhalt der Schularbeit zu beschränken auf textbezogene Leistungsanforderungen – oder können auch andere Teilanliegen des Deutschunterrichts einbezogen werden?

- Ist die vorgesehene zeitliche Dauer minutengenau einzuhalten ?

- Was ist vom Wörterbuchgebrauch beim Verfassen eines Textes zu halten?

- Sollte die „Naturmethode" der Eigenkorrektur nicht auch bei der Schularbeit Anwendung finden? Denn, wer die Arbeitsweisen im realen Leben beobachtet, stellt fest, dass das Verfassen eines Textes stets von einer zweiten Arbeitsphase begleitet ist, nämlich der kritischen Eigenkorrektur. Ist das im Rahmen der Leistungsfeststellung anwendbar?

Gehen wir jeder der Fragen nach. Dabei darf aber nicht die getreulich-blinde Befolgung vermeintlicher Vorschriften den Richtwert abgeben, sondern Erwägungen der Vernunft, kombiniert mit dem scharfen Blick in Richtung Lebensrealität.

Eine Aufgabenstellung oder mehrere?

Blicken wir über den Tellerrand des Deutschunterrichts hinaus und vergleichen mit den Usancen in anderen Schularbeitsgegenständen, so liegt die Antwort sofort klar auf der Hand.

In **Mathematik** etwa ist es seit jeher selbstverständlich, alle Bereiche des Lernstoffs der letzten Zeit in einer schriftlichen Leistungsfeststellung zu berücksichtigen. Daher werden in der Regel auch 4 Beispiele gegeben, was zugleich 4 Chancen für den Prüfling bedeutet.

In der Fremdsprache **Englisch** z. B. bringen stets viele verschiedene kleinere Teilanliegen das Gesamtergebnis.

Nur in **Deutsch** hat sich unerklärlicherweise die Unsitte etabliert, zwar verschiedene Teilziele im Unterricht abzudecken, dann aber nur e i n   e i n z i g e s davon schriftlich abzuprüfen, den Aufsatz.

Wir sollten von dieser Praxis für immer Abstand nehmen. Denn die offenbar nur aus Traditionsgründen aufrecht erhaltene Einseitigkeit der Leistungsanforderung ist durch Vernunftgründe nicht zu rechtfertigen. Ebensowenig ist begründbar, dass der Prüfungsinhalt ausgerechnet die Textkategorie „Aufsatz" ist, jener Saurier, dem jedweder Lebensbezug fehlt. Das führt – wie schon aufgezeigt – die Leistungsbeurteilung in Deutsch vollends ad absurdum.

Wenn wir also in der Zwischenzeit voll Überzeugung beim textsortenzentrierten Unterricht gelandet sind, sollten wir auch die breite Vielfalt dieser Textsorten bestmöglich in den Prüfungsarbeiten repräsentieren. Textsorten haben es aber an sich, dass nicht jede von ihnen ausreichenden Stoff für eine komplette Prüfungseinheit hergibt. Somit drängt sich schon von da her eine Mehrteiligkeit bei der Schularbeitgestaltung auf.

Dieser Gedanke leitet uns zur nächsten Überlegung:

Reine Textanforderungen oder auch andere Teilanliegen?

Zählt man die bisherigen Argumente zusammen, bleibt absolut unklar, warum nicht auch z. B. wissensrelevante[202] Grammatikanliegen Ziel von Prüfungsarbeiten sein sollten. Wagt man es nun, diesen Gedanken konkrete Gestalt annehmen zu lassen, erhält man ein buntes Bild sinnvoller Möglichkeiten.

Gibt es in der Sprachregion bestimmte starke Abweichungen von der Schriftsprache, z. B. im Fallgebrauch oder im Gebrauch der Zeiten? – Wenn ja, gilt: 1. Einüben der schriftsprachlichen Formen. 2. Abfragen im Rahmen der Schularbeit. – Warum nicht? Was in der Fremdsprache Englisch erlaubt ist, muss doch in der Fremdsprache Deutsch, wo das gleiche Anliegen, nämlich „Sprachaneignung" vorliegt, ebenfalls möglich sein. Alles andere heißt doch, an der Realität vorbeizuarbeiten!

Bieten sich im Bereich des Lesens Kurztexte an, die die Sinnerfassung und die Fähigkeit, Stellung zu nehmen, hinterfragen können – warum nicht? Noch dazu sind ja die Ergebnisse im Rahmen einer schriftlichen Arbeit ohnehin schriftlich, also nachprüfbar! Wo also sind die Einwände dagegen?

Ich habe tatsächlich in meiner langjährigen Seminartätigkeit nie andere „Argumente" zur Abwehr der Vielfalt gehört als die beiden Wörter „Vorschrift" und

---

[202] Warum hier das Wort „wissensrelevant" eingeschoben wurde, muss erklärt werden. Man unterscheide bei Grammatik genauso wie beim Verfassen von Texten zwischen lebensnotwendigen (= wissensrelevanten) und schöngeistigen Betrachtungsweisen. "Lebensnotwendig" sind zum Beispiel in großen Teilen des deutschen Sprachraums (von Berlin bis Wien) Übungen zum richtigen Gebrauch der Fälle in der Schriftsprache, denn in diesem Punkt unterscheidet sich die Schriftsprache im Vergleich zur Gebrauchssprache oft massiv. „Schöngeistig" ist im Gegensatz dazu die Unterscheidung von Ergänzungen nach Zeit, Ort, Art und Begründung. – Wie fein, Ergänzungsarten zu durchleuchten und die Zuordnungen nach langem Üben endlich prüfungsbereit parat zu haben, aber gleichzeitig ändert sich nichts am Bestehenbleiben von Fallfehlern! – Wir sollten also auch im Bereich Grammatik eine klare Urteilskraft entwickeln, was zur „Pflicht" gehört, und was „Kür" ist. Veranwortungsbewusst handeln wir nur, wenn wir auf allen Gebieten zuerst die „Pflicht" vermitteln, und erst dann zur „Kür" übergehen. Daher heißt für mich das Motto: Lieber 20 x Fallübungen, Fallübungen und wieder Fallübungen, bis die Sache sitzt. Und in all der Zeit sind Ergänzungsarten nicht einmal ein Thema. Alle Lernanstrengungen haben vorwiegend dem Wichtigen zu gelten! – Vielleicht spürt es der Leser an dieser Stelle durch: Die Schule ist durchsetzt von Denk- und Arbeitsweisen, die eine Veränderung der bestehenden Verhältnisse – im Sinne einer Verbesserung der Leistungslage aller – verhindern. Wenn ich Inhalte, die die Kinder dringend als Wissensbestandteile benötigen würden, nicht übe, aber mich stattdessen „höheren" Zielen widme, dann sind wir auf anderer Ebene des Deutschunterrichts wieder einmal genau beim selben Problempunkt: Falsche Zielprioritäten verhindern eine optimale Entwicklung a l l e r . Diese Fehleinstellungen wiederholen sich also leider an vielen Ecken und Enden!

„Tradition". Beides lasse ich – mit Verlaub gesagt – nicht gelten. Nur wenn Vernunftgründe dagegensprächen, könnte mich das überzeugen; doch die sind weit und breit nicht in Sicht.

Damit kristallisiert sich heraus: Natürlich muss es möglich sein, im Rahmen einer Schularbeit mehrere verschiedene Teilanliegen abzuverlangen, durchaus auch mit Bereichen, die nicht unmittelbar dem Verfassen von Texten zuzuordnen sind! Alles, was sich als Teilziel des Deutschunterrichts schriftlich abbilden lässt, muss auch abgefragt werden dürfen. Das ist zugleich wieder ein markanter Schritt in Richtung Chancengerechtigkeit bei der Schularbeit, weil verschiedene Einzelaufgaben die Chancenverteilung breiter streuen als eine einzige – noch dazu, wenn diese eine einzige immer von der gleichen Art ist.

Die Verschiedenteiligkeit kann zum Anlass werden, das nicht existierende Schulfach „Lernen lernen"[203] ein wenig zu bedienen: Man kann den Kindern bewusstmachen, dass es Vorteile bringt, aus mehreren Aufgabenstellungen zuerst die leichteste auszuwählen. Unter gleich schwierigen Aufgaben sollte man diejenige zuerst erledigen, von der man die kürzeste Arbeitsdauer erwartet. So hat man nach relativ kurzer Zeit schon relativ viel erledigt und kann sich in Ruhe dem Kniffligeren widmen. Geht man es umgekehrt an, macht man sich selbst nervös („Jetzt ist schon so viel Zeit vergangen, und ich hänge noch immer bei dieser blöden ersten Aufgabe!"). Falsche Arbeitsstrategien haben schon so manchen Leistungsflop verursacht. Den Kindern sind derlei Zusammenhänge kaum bewusst, aber werden solche Punkte einmal thematisiert, handeln sie begeistert danach und sind erleichtert.

Schularbeitsdauer mit der Stoppuhr abgezirkelt?

Verlassen wir wieder einmal kurz die Schule und betrachten wir unser eigenes Verhalten, wenn wir zu Hause oder an einem gedachten Büroarbeitsplatz ein Schriftstück verfassen, das – sagen wir – heikel ist. Ein Schriftstück, bei dem es um viel geht. Lassen wir uns da von irgendjemandem Vorschriften machen, wie lange wir dafür brauchen dürfen? Oder nehmen wir uns in so einem Fall nicht jede nur

---

[203] Siehe Seite 26.

irgendwie verfügbare Zeit? Einmal mehr zeigt sich: Schule ist nicht eine Schule für die Lebenswirklichkeit, sondern vielfach zum Gegenteil von Lebenswirklichkeit pervertiert.

Reißen wir also auch in diesem Punkt das Ruder so weit herum, wie es nur möglich ist. Sehen wir uns in den Lehrplänen um, wie es um das Zeitlimit bestellt ist. Glücklicherweise hat uns noch nicht überall der Reglementierzwang, der von oben kommt, jeden Spielraum geraubt. Schöpfen wir Spielräume aus, suchen wir Schlupflöcher – zum Wohl der Kinder! Um mich ganz weit aus dem Fenster zu lehnen: Es ist nirgends ausdrücklich untersagt, das Ergebnis einer Projektarbeit als eine der Prüfungsarbeiten zu werten, also als Schularbeit. Und dann ist der 50-Minuten-Spuk (oder gar 45-Minuten-Spuk) vorbei.

Alles dran setzen, dass möglichst viele Kinder zu möglichst guten Leistungen kommen können. Das ist die entscheidende Polwende in der Mentalität, die dem zukünftigen Schulgeschehen zugrunde liegen muss. Nicht permanente Selektion, sondern permanente maximale Förderung ist Aufgabe der Schule.

Der Zeitrahmen sollte also nun auch etwas lockerer gesehen werden, etwas weniger zwangsneurotisch. Kinder dürfen, weil ich es im Leben ja ebenfalls darf, auch mal ein bisschen länger brauchen. Das Zeitfenster generell auszudehnen, wäre allerdings meiner Überzeugung nach auch nicht gut, denn die Lernenden sollen natürlich auch mit Zeitressourcen umgehen lernen. Es geht nicht darum, ein Extrem durch ein anderes zu ersetzen. Sinnvoller Einsatz aller Variationsmöglichkeiten ist angesagt.

Sind bei einer Schularbeit Leistungen gefragt, deren zeitlicher Rahmen absehbar ist (z. B. bei Aufgabenstellungen wie 1. Falleinsetzübung, 2. vorgegebenes Formular ausfüllen, 3. die Zubereitung eines Gerichts in Rezeptform ausfertigen...), ist auch gegen eine zeitliche Beschränkung nichts einzuwenden. Bei Leistungen, die eigenen Einfallsreichtum und Gedankenschärfe erfordern, lässt sich hingegen nur schwerlich ein streng limitierter Zeitrahmen argumentieren. Außer, man zieht sich wieder auf die Vorschrift-ist-Vorschrift-Mentalität zurück. Fragt man nach der Sinnhaftigkeit, dann sollte dort, wo es sich von der Art der Aufgabenstellungen her aufdrängt, größerer oder kleinerer Spielraum gewährt werden.

Ein Lösungsansatz für die Grundschule: Wird etwa eine Schularbeit mit **freiem Themenrahmen** an einem Tag des „Offenen Lernens" oder während der „Freiarbeit" durchgeführt, kann jedes Kind im Verlauf des Tages selbst entscheiden, wann es sich am besten in der Lage fühlt, diese Aufgabenstellung zu bewältigen.[204]

Hier ist wieder ein Stück „Lernen lernen"[205] mit im Spiel: Wir machen uns bewusst, wann wir uns im Tagesverlauf am ehesten leistungsfähig fühlen. Meist benötigt man zum Unterrichtsbeginn eine gewisse „Anlaufzeit", bis sich zügige Arbeit einstellt. Schüler sind z. B. erfahrungsgemäß erst ab der 2 Stunde so richtig in Schwung. In der 4. und 5. Stunde flacht die Leistungskurve dann wieder mehr oder weniger stark ab. Die Kinder könnten etwa immer wieder am Ende eines Unterrichtstags zur Frage hingelenkt werden: Wann hast du dich heute leistungsmäßig gut gefühlt und wann weniger? Ja, man kann Kinder sogar anleiten, persönliche Leistungskurven zu zeichnen (x-Achse sind die Stunden, y-Achse die Höhe der subjektiv empfundenen Leistungsfähigkeit). Wenn Kinder dazu längerfristig angeleitet werden, entsteht in ihnen eine klarere Vorstellung zur Frage: Wann geht es mir leistungsmäßig gut? – Auch Beobachtungen von Zusammenhängen anderer Art können mit eingebaut werden: Wir sind gerade einige Runden im Freien gelaufen. Nun sind wir wieder ausgedampft, unser Herz schlägt wieder ruhig. Wie geht es uns jetzt, wenn wir uns zur Arbeit setzen? – All das mag uns als eine Sammlung von Binsenweisheiten erscheinen. Aber wir müssen uns klar sein, dass Kinder über Zusammenhänge dieser Art meist weder Bescheid wissen, geschweige denn bewusst danach handeln.

Die Empfehlung bei der freien Wahl des Schularbeitenbeginns sollte also lauten: Beginne irgendwann am frühen Vormittag mit der Arbeit und nimm dir so viel Zeit, wie du brauchst. Aber bleib gut an der Sache dran, denn je länger du brauchst, desto erschöpfter wirst du, und desto leichter passieren dir dann Fehler.

Dieser hohe Grad an Freiheit hat aber auf einer anderen Seite seinen Preis: Während Kinder mit ihrer Schularbeit beschäftigt sind, muss rücksichtsvolle Stille

---

[204] Diese Vorgangsweise verbietet sich hingegen, wenn einige der Teilleistungen ein reines Abprüfen von Wissen umfassen!

[205] Vgl. Seite 26.

in der Klasse herrschen. Die soziale Reife der Klasse muss also in der Weise gegeben sein, dass dieses Arbeitsklima durchgehalten werden kann. Näheres dazu folgt weiter unten unter dem Stichwort „Die Arbeitssituation".

Freiräume, wo immer sie den Lernenden gewährt werden, erhöhen die Arbeitsfreude und damit die Leistungsbereitschaft und die Leistungsfähigkeit. Den Kindern wird viel an Entwicklungspotenzial vorenthalten, wo sie Freiheit dieser Art nicht erleben dürfen.

Wörterbuchgebrauch beim Verfassen eines Textes?

Meine Antwort wird Sie möglicherweise überraschen. Sie lautet: **Nein, auf keinen Fall.** Dieser Grundsatz gilt mindestens für die ersten 6 Schuljahre.[206]

Denn das Nachschlagen im Wörterbuch mitten im laufenden Textproduktionsprozess kann für Kinder regelrecht zur Falle werden. Nur um ein kleines orthographisches Problem an einer winzigen Stelle zu lösen, steige ich aus dem fahrenden Zug meiner Gedanken aus, setze mich gemütlich auf eine Bank und blättere und suche, bis ich gefunden habe, was ich wollte. Blicke ich gedankenverloren wieder auf, ist der Zug leider weg – meine Gedanken haben sich verflüchtigt. Ich weiß zwar jetzt sicher, dass man „Lokomotive" mit v schreibt, aber wie und was ich weiterschreiben wollte, weiß ich nicht mehr.

So oder ähnlich ergeht es vielen Kindern, die ihre Arbeit zu Nachschlagezwecken unterbrechen: Daher wirkt ein Wörterbuch bei der laufenden Arbeit nur als Störfaktor. Wem während des Schreibens Zweifel an der Richtigkeit eines soeben geschriebenen Wortes kommen, setzt seinen Qualen ein ganz rasches Ende: Das fragliche Wort wird mit Bleistift unterstrichen, und weiter geht die Arbeit. Nur nicht ablenken lassen, dranbleiben ist die Devise. Mein Tipp an die Kinder: "Schreib, dass die Feder glüht! Deine Gedanken sind immer schneller als die Hand schreiben kann."

---

[206] Die Gründe dafür sind bereits vor mehr als einem halben Jahrhundert von *Jean Piaget* geliefert worden. Näheres dazu siehe Band 2 dieser Reihe, *Neue Wege in der Rechtschreibdidaktik*, Seite 64.

Die Arbeitssituation

Eine ideale Schularbeitssituation ist gegeben, wenn in der Klasse eine Stimmung konzentrierter Gelassenheit vorherrscht. Ein aufwühlender Disput in der vorangegangenen Stunde oder Pause, der die Klasse in zwei kampfentschlossene gegnerische Lager spaltet, kann eine komplette Schularbeit verhauen. Wer dann auf jeden Fall versagt, sind die Schwachen, denn die sind am schnellsten aus dem Gleis zu bringen. – Ach, hätten wir in der Schule doch die Freiheit, ein wenig aus den Planungszwängen auszubrechen, wenigstens ein bisschen in Richtung Sinnhaftigkeit... Das System Schule macht es auch uns Lehrern oft nicht gerade leicht. – Also Idealfall: konzentrierte Gelassenheit.

Der Arbeitsraum ist gut gelüftet. (Man verzeihe mir die Plattheit dieser Aussage, aber fragen Sie mich nicht, wie viele Klassen mit extrem schlechter Luft ich schon betreten habe.) Die Arbeitsplätze sind leergeräumt, außer den unmittelbar benötigten Arbeitsgeräten liegt nichts herum. Der schon erwähnte Bleistift gehört zur Pflichtausrüstung, das Wörterbuch ist weggepackt. Glücklich die Klassen, die schon mit Schüler-Einzeltischen ausgestattet sind (gar nicht mehr so selten in Österreich!), da kann ein Maximalabstand fürs ungestörte Arbeiten eines jeden organisiert werden.

Die Spielregeln sind den Kindern bekannt: Größtmögliche rücksichtsvolle Stille in der Klasse, kein Herumgehen aus welchen Gründen auch immer. (Wer heute Durchfall oder Blasenentzündung hat, sitzt gleich neben der Klassentür.) Während der ganzen Arbeitszeit gibt es auch kein Aufzeigen und keine Fragen. Alles, was ablenken oder stören kann, soll in dieser Arbeitssituation ausgeklammert bleiben. – An solchen Rahmenbedingungen arbeitet man lang, aber irgendwann, eines schönen Tages klappt es endlich so, wie man es von Anfang an gern gehabt hätte.

Diese gezielt auf Ungestörtheit bei der Arbeit ausgerichtete Klassensituation ist natürlich nicht im vollen Sinn erreichbar, wenn – wie oben skizziert – freie Wahl des Arbeitsbeginns praktiziert wird. In diesem Fall wird lediglich eine relative Ruhe über eine bestimmte „Kernarbeitszeit" durchzuhalten sein. Trotzdem sollte eine Klasse beide Arten von Erfahrung machen. Über das Pro-und-Kontra kann man im Anschluss daran diskutieren und für die Zukunft neu entscheiden.

Eigenkorrektur in einer zweiten Arbeitsphase?

Der Gedanke an eine zweite Arbeitsphase, in der man sich nach getaner Tat der Qualitätsverbesserung widmen kann, ist aus dem Blickwinkel der Lebenspraxis naheliegend. So wie wir Erwachsene ein heikles Schriftstück weder in befohlenen 50 Minuten verfassen, ebensowenig stecken wir das wichtige Schriftstück spornstreichs und unbesehen in ein Kuvert, und ab geht die Post. Warum werden in der Schule die Lernenden meist zu diesem Verhalten gezwungen? – Weil wir ihnen beweisen wollen, wie schlecht sie sind? Wenn wir alles daran setzen, um zu verhindern, dass Kinder ordentliche Arbeiten abgeben, wird es nur dazu führen, die Zahl schlechter Arbeiten, die dann vor uns liegen, künstlich hochzuhalten.

Wir stehen auch hier wieder an einer Wende: Kinder sollen in der Schule lernen, wie man im Leben draußen mit bestimmten Situationen umgeht. Lernprozesse dieser Art werden sich jedoch mit Sicherheit nicht einstellen, wenn in der Schule das Gegenteil des Gewünschten praktiziert wird. Also muss es bei selbständig verfassten schriftlichen Arbeiten (n i c h t jedoch beim Abfragen von Wissensstoff!) zur Selbstverständlichkeit werden, dass eine Arbeit in Ruhe nochmals durchgesehen werden kann.

Wenn wir nun meinten: „Das kann ja jeder tun! – Arbeitszeit besser einteilen und die letzten paar Minuten zur Kontrolle verwenden", dann machen wir es uns ein wenig zu billig. Noch etwas von der knapp bemessenen Arbeitszeit wegknapsen, und das zusätzlich noch der Zeiteinteilungskunst des Einzelnen zu überlassen, wie soll das gutgehen? – Dazu kommt weiters: Wer je die spontanen Schülerreaktionen nach Fertigstellung ihrer Arbei beobachtet hat, weiß, was bei ihnen innerlich los ist. Jeder schließt nach dem letzten Punkt augenblicklich und schwungvoll das Heft, während ein Seufzer der Erleichterung seiner Brust entfleucht. Eine klare Botschaft: Ich bin fertig im doppelten Sinn des Wortes.

Wer eine längere angestrengte Phase des Arbeitens hinter sich hat, kann nicht schnell einmal mit den Augen zwinkern und sich im nächsten Augenblick taufrisch und voll konzentriert auf die Kontrolle des soeben selbst Geschriebenen stürzen.

Mit anderen Worten, die gutgemeinten zugestandenen Kontrollminuten im Rahmen der gesamten Arbeitszeit funktionieren nicht. Das funktioniert schon eher in späteren Jahren bei Klausurarbeiten, wo dann aber die Zeit nicht mehr in Minuten, sondern in

Stunden gemessen wird und auch schon eine höhere Reife und Spannkraft der Schreibenden gegeben ist. Für 9- bis 15-Jährige müssen andere Maßstäbe angelegt werden. Je jünger sie sind, desto eher brauchen sie die führende Hand.

Die zweite Phase, die Selbstkontrolle, wird also fix eingebaut, aber nicht am Ende der Arbeit, sondern sie wird zu einem Zeitpunkt vorgesehen, wo nicht mehr Erschöpfung angesagt ist und wo auch nicht der Nachhall des inhaltlichen Gedankenflusses ständig die formalen und orthographischen Korrekturbestrebungen kreuzt.

Sie wird einem bestimmten Plan zu folgen haben, der jedoch erst dann vollinhaltlich verständlich wird, wenn geklärt ist, auf welchem Standort sich die Lernenden im Bereich Rechtschreiben befinden sollten. Stellt nämlich die Rechtschreibleistung einer Klasse ein reines Katastrophengebiet dar, ist die Abhaltung von Schularbeiten als solches im Grunde genommen schon eine Zumutung. Von einer Eigenkorrektur- kompetenz der Schüler braucht man in so einem Fall dann gar nicht mehr zu träumen, das geht sicher nur schief.

Daher muss zuerst in Sachen Rechtschreiben reiner Tisch gemacht sein.

Exkurs 13:
Rechtschreiben als Problemfall abgehakt

Es ist weder möglich noch beabsichtigt, hier einen kompletten Weg sinnvoller Rechtschreibarbeit zu zeichnen. Wer sich selbst und seine Schüler noch eher auf der Seite der Frustration oder gar Verzweiflung sieht, dem sei ans Herz gelegt, sich mit der Arbeitsweise anzufreunden, die im Band 2 dieser Reihe[207] ausführlich dargestellt wurde.

Hier soll es nur um den Voraussetzungsrahmen gehen, der erforderlich ist, damit die Eigenkorrektur durch die Schüler auch tatsächlich funktionieren kann:

Das Lernen in Rechtschreiben sollte in all den vorangegangenen Jahren schwerpunktmäßig auf dem Erwerb der wichtigsten, in Schülertexten immer wieder benötigten Wörter gelegen sein. Wer die häufigsten Wörter, die er

---

[207] *Neue Wege in der Rechtschreibdidaktik*, Wien 2006.

selbst verwendet, sicher im Kopf hat, neigt schon von da her zu weniger Fehlern als jemand, der darauf getrimmt wurde, Rechtschreibprinzipien nachzulaufen, die es gar nicht in durchschaubarer Form gibt. Schreib-sicherheit auf der Seite der gelernten Wörter ist also die erste tragende Säule. Je passgenauer der Rechtschreibbedarf für das freie Schreiben der Lernenden durch den Unterricht abgedeckt wurde, desto weniger Wörter bleiben auf der Seite des Nichtwissens.[208] Im Umkehrschluss muss den Lernenden klar sein: Alles, was nicht zu den von mir gelernten Wörtern zählt, ist hinsichtlich der Schreibweise ungewiss. Das ist die zweite tragende Säule.

Die Schüler müssen also wissen, dass es stets zwischen gelernten und nicht gelernten Wörtern zu unterscheiden gilt: Für die gelernten Wörter benötige ich kein Wörterbuch mehr, denn die habe ich im Kopf. Die nicht gelernten Wörter hingegen kann ich mir niemals durch bloße Rückschlüsse oder Ver-mutungen erschließen. Daraus folgt, dass ich jedes mir nicht genau bekannte Wort nachschlagen oder erfragen muss.

Nur auf dieser Basis eines klaren Rechtschreibgewissens oder Rechtschreib-bewusstseins kann Eigenkorrektur in der zweiten Phase der Schularbeit sinnvoll werden. Wenn nach der Eigenkorrektur mehr Fehler in der Arbeit enthalten sind als vorher (diese Bedenken begegnen mir oft in meinen Se-minaren), stimmen genau die hier skizzierten Grundlagen nicht. In diesem Fall ist zuerst das Können und dann die Bewusstseinslage der Schüler zu „reparieren", bevor man ihnen eine sinnvolle Eigenkorrektur zutrauen kann.

Aus dieser Sicht heraus nehmen wir nun als „zweite Phase" die Arbeit der Fehler-minimierung in den f r e i verfassten Eigentexten der Schularbeit in Angriff. Für diese „zweite Phase", die am besten am drauffolgenden Tag stattfindet, erhalten die Kinder die unkorrigierten Arbeiten zurück. Sie haben nun zwischen 20 und 10 Minuten Zeit (Tendenz fallend, daher die umgekehrte Angabe der Größen), in insgesamt vier Arbeitsgängen die Spuren von Flüchtigkeit und Fehlerhaftigkeit zu verwischen. – Selbstverständlich wird ein solches „Nacharbeiten" bei Prüfungsteilen, die nur Wissensstoff abfragen, nicht eingeräumt.

---

[208] Die 1000 wichtigsten Wörter für die Grundschule finden sich im *Fernitzer Grundwortschatz*; für den Bereich der 10- bis 14-Jährigen gibt es einen *Aufbauwortschatz*. Nähere Angaben dazu siehe Seite 399f..

In der Klasse haben die Schüler ihr Arbeitsprogramm klar vor Augen, weil ein Plakat an der Wand in Stichworten festhält, was nun der Reihe nach zu tun ist.[209] Die stichwortartige Struktur ist für die Kinder nicht störend, weil sie mit jedem Punkt konkrete Aufgabenstellungen verbinden können:

1. Gang → durchlesen
2. Gang → unterstreichen
3. Gang → „Rückwärtsgang"
4. Gang → Wörterbuch

Hier die Details, wie die einzelnen „Gänge" gemeint sind.

Erster Arbeitsgang: Die gesamte Arbeit nochmals durchlesen. Was dabei an sprachlichen Ungereimtheiten (Auslassungen, Wiederholungen...) oder Unleserlichkeiten auffällt, wird sofort behoben. Tintenkiller und anderes Reparaturwerkzeug sind daher eine Selbstverständlichkeit.

Zweiter Arbeitsgang: Nun gilt die Aufmerksamkeit ausschließlich der Einstufung der verwendeten Wörter. Jedes Wort, das im Text benötigt wurde, aber nicht zum gelernten Schreibwortschatz zählt, wird jetzt mit Bleistift unterstrichen. Das Unterscheiden zwischen „gelernt" und „nicht gelernt" muss zur Alltagsroutine zählen, sonst ist von diesem Arbeitsgang wenig Effizienz zu erwarten.[210] Im Idealfall sind einige Wörter schon während der Niederschrift markiert worden.

Dritter Arbeitsgang: Dieser Arbeitsgang wird von mir immer als „Rückwärtsgang" bezeichnet, weil jetzt - beim letzten Wort des Textes beginnend – Wort für Wort auf seine Richtigkeit hin überprüft wird. Die Aufmerksamkeit gilt jetzt ausschließlich den nicht unterstrichenen Wörtern, denn die unterstrichenen kann man gar nicht aus

---

[209] Auch diese Vorgangsweise, Kindern beizubringen, wie man am rationellsten, vor allem aber zielgerichtet Fehlern zuleibe rückt, ist ein Teilkapitel des imaginären Unterrichtsfachs „Lernen lernen"; vgl. Seite 26.

[210] Die Kinder wissen erfahrungsgemäß besser als wir Lehrkräfte, welche Wörter zu den schon gelernten zählen und welche nicht. Sie haben deshalb den klareren Überblick, weil sie eine Wörterliste führen und weil ihr Lernen ein kontinuierlicher, linear fortschreitender Prozess ist, den sie in dieser Form nur einmal durchschreiten. Wir als Lehrer haben gleichzeitig oder hintereinander verschiedene Klassen, da lässt die Trennschärfe des wortbezogenen Gedächtnisses bald nach, wer welche Wörter schon gelernt hat.

eigenem Wissen heraus als richtig oder falsch taxieren. Sehr wohl aber geht das mit den bereits gelernten, denn die sind ja im Kopf gespeichert. Das Rückwärtsgang-Verfahren hat den Sinn, ein Abgleiten auf die Inhaltsebene bei der reinen Rechtschreibkontrolle zu verhindern. Beim Rückwärtslesen steht nicht mehr der Satzsinn der Wortkontrolle im Weg. Damit der Rückwärtsgang auch wirklich eingehalten wird, helfen zwei Maßnahmen: 1. die darüberliegenden Textzeilen abdecken, 2. jedes kontrollierte Wort abhaken. Letzteres sieht nicht gut aus, sollte daher auch nur im Anfangsstadium dieser Korrekturtechnik angewandt werden, bis das Verfahren automatisiert ist.

Der Rückwärtsgang hat noch einen zweiten Sinn. Sie kennen wahrscheinlich alle das traditionelle Fehlerbild in schriftlichen Arbeiten: Im ersten Drittel sind kaum Fehler anzutreffen, im zweiten Drittel ist eine deutliche Steigerungstendenz zu verzeichnen, im letztden Drittel schließlich wimmelt es dann oft von Fehlern. Diese Fehlerverteilung bildet die Konzentrationsleistungskurve ab, denn diese Kurve sinkt im Zeitverlauf der Arbeit stetig. Den gleichen Verlauf der Konzentrationskurve haben Sie daher auch beim „Rückwärtsgang" zu erwarten: Anfangs ist die Konzentrationsleistung noch hoch, aber im Verlauf des Korrekturvorgangs sinkt sie deutlich ab. Dieser Richtungsgegensatz zwischen „Arbeit verfassen" und „Arbeit korrigieren" bewirkt insgesamt gesehen ein Ausgleichen der Fehlerbilanz: Am Ende des Textes, wo die Fehlerzahl hoch ist, ist nun die Korrekturkonzentration hoch. Zu Beginn des Textes, der ja erst am Ende dieses Vorgangs an die Reihe kommt, ist die Konzentration fürs Korrigieren schon deutlich abgeflacht, aber da sind dafür dann kaum mehr Fehler aufzuspüren. Am Ende dieses Arbeitsgangs sollten deutlich weniger Fehler im Bereich der vertrauten Wortformen stehengblieben sein.

Vierter Arbeitsgang: Nun werden die unterstrichenen Wörter überprüft, teils mit dem Wörterbuch, fallweise auch mit meiner Hilfe. Wieder erfahren die Kinder, wie man rationell arbeitet: Bei einem Wort, das man nicht sofort im Wörterbuch findet, gleich fragen. Ist das im Augenblick nicht möglich (weil ich z. B. gerade blockiert bin oder aus welchen Gründen auch immer derzeit keine Fragen erlaube), wird das Wort provisorisch auf einem Zettel notiert und sofort zum nächsten übergegangen. Grundregel: Möglichst wenig Zeit auf der Strecke lassen. Was nicht rasch zu lösen ist, für später aufheben. Schnelle Lösungen steigern die Menge des Gefundenen.

Nun naht aber doch unerbittlich der Zeitpunkt, wo die zweite Phase enden muss. Zu diesem Zeitpunkt sind viele wahrscheinlich schon fertig, einige knapp davor, andere vom Ziel noch weit entfernt. Es hilft trotzdem nichts, irgendwann muss Schluss sein. Die Frage ist jetzt nur: Wie gehe ich mit den unfertigen Teilen um? In der Regel wird mein Schlusspfiff erfolgen, wenn einige, die noch nicht fertig sind, mitten in der Wörterbucharbeit stecken. Für die Lösung dieser Frage gibt es aus meiner Sicht nur folgende zwei sinnvolle Möglichkeiten. Entweder ich fordere die Kinder auf, mir ihre Probleme rasch vorzulegen und alles vor meinen Augen, meiner Auskunft entsprechend, auszubessern. Diese Variante ist zielführend, wenn die Prozedur nur bei 3-5 Schülern fällig wird. Sind es aber mehr als 5, werden die Hefte zur Korrektur abgesammelt. Die Kinder wissen jedoch, dass jedes mit Bleistift unterstrichene Wort so stehen bleibt wie es ist und nicht als Fehler bewertet wird. – Warum dieses? – Weil die Unterstreichung bereits der Leistungsbeweis des Kindes war. Die Unterstreichung besagt ja: Ich bin mir bewusst, dass dieses Wort möglicherweise falsch ist. Daher gilt: Die Hauptaufgabe, die Kundgebung des Problembewusstseins, ist erfüllt worden, nur für die Durchführung der Korrektur war noch keine Zeit. Weil aber nach der Rückgabe der Arbeiten ohnehin eine Verbesserung fällig ist, kann die Korrektur dieser Wörter ja auch dann noch erfolgen.

Diese Ansätze zu einer humanen Fehlerbewertung in Rechtschreiben werden von den Schülern als wohltuend gerecht empfunden. In Kombination mit der Änderung der Schularbeitsthemen in Richtung Bewältigbarkeit und Vorhersehbarkeit verringert sich der Faktor Angst insgesamt beträchtlich. Die Schularbeit hat ihren Schrecken verloren. Sie ist zu einer sinnvollen Arbeit unter humanen Bedingungen mutiert.

Abschließend muss ich doch noch auf zwei Punkte eingehen. Bei meinen Seminaren kamen immer wieder einmal Bedenken zur Sprache, die ich hier zerstreuen möchte: Was ist, wenn clevere Kinder in ihrer Arbeit einfach alles unterstreichen? Sie entkommen damit ja vielleicht jedem Rechtschreibfehler. – Die Vermutung ist weit gefehlt, denn diese Art von Cleverness ist natürlich nicht zielführend. Das Heilmittel dagegen ist ganz einfach: „Jedes Wort, das du unterstrichen hast, obwohl es zu den gelernten Wörtern zählt, ist ein Fehler. Denn du musst wissen, was du kannst. Dass du es nicht weißt, ist dein Fehler. Ich rechne dir gnadenhalber nur jeden tatsächlichen Fehler in die Benotung ein, aber verbessern musst du jedes Wort, das du unterstrichen hast. Deine Unterstreichung heißt ja: Ich weiß es nicht, das muss ich im Wörterbuch nachschlagen. Und das wirst du jetzt auch tun: Alle Wörter nachschlagen, die dort gefundene Schreibweise herausschreiben und und dazu vermerken, auf welcher Seite des Wörterbuchs du das Wort gefunden hast. – Bist du einverstanden mit dieser

Vorgangsweise, oder möchtest du an deinen Unterstreichungen doch noch etwas ändern?..." Wer da noch unschlüssig ist, erfährt von mir: „Du hast in deiner Arbeit rund 200 Wörter, und alle sind unterstrichen. 200 Wörter nachzuschlagen ist kein Spaß, da sitzt du zwei Nachmittage daran. Willst du das wirklich? – Die Note änderst du mit deiner Unterstreicherei nicht, aber du machst dir jede Menge Arbeit dadurch!" – Dieser plumpe Cleverness-Versuch kommt nur einmal vor, dann weiß die ganze Klasse, dass Bequemlichkeit sehr viel arbeitsreicher ist als Fleiß. Übrigens: Meine wüsten Drohungen von 200 Wörtern, die zu suchen und zu schreiben sind, haben noch nie reale Gestalt angenommen. Es hat noch jeder rechtzeitig Vernunft angenommen...

Als letztes möchte ich darauf hinweisen, dass dieses Konzept der Unterscheidung von gelernten und nicht gelernten Wörtern keineswegs den Wortgebrauch der Kinder bei ihren schriftlichen Arbeiten auf die im Rechtschreibunterricht gelernten Wörter einschränkt. Alles, was man an Wörtern benötigt, darf und soll man auch in seinen Texten verwenden. Aber parallel damit muss das Bewusstsein einhergehen, dass die noch nicht gelernten Wörter kontrollbedürftig sind.

Zusammenfassung

Schriftliche Arbeiten in Deutsch stehen von nun an in einem anderen Gesamtrahmen:

- Die Arbeit muss nicht aus einer umfangreichen Einzelleistung bestehen, es können auch **mehrere Teilleistungen** sein.

- **Alle Stoffgebiete des Deutschunterrichts**, die sich für eine schriftliche Ausarbeitung eignen, können im Rahmen der Schularbeit abgefragt werden.

- Die **Zeitdauer** sollte zum Teil auch **flexibel** gehandhabt werden.

- Während der Niederschrift ist das **Wörterbuch** zu **vermeiden**.

- **Ungestörte Arbeitssituation** ist das absolut vorrangige Ziel.

- Eine **zweite Arbeitsphase** sollte – womöglich am darauffolgenden Tag – bei allen textlichen Eigenkreationen vorgesehen werden; hier ist ein planvoller Weg der **Eigenkorrektur** zu vermitteln, dazu zählt auch die Arbeit **mit dem Wörterbuch.**

Die neue inhaltliche Vielfalt der Deutsch-Schularbeit an Hand eines exemplarischen Jahresablaufs

In der Folge wird bewusst die Zahl von 6 Schularbeiten pro Jahr anvisiert. Der Grund für das Beibehalten der Maximalzahl ist einfach: Schularbeiten sollen ein möglichst umfassender Leistungsbeweis im Schriftlichen sein. Durch die Textsortenvielfalt und die zusätzlichen Teil-Prüfungsgebiete (Grammatikübungen, Textverständnisfragen, Wissensfragen in mündlicher und schriftlicher Kommunikation...) steht eine Fülle verschiedener Anforderungen zur Wahl. Das macht es schon bei 6 Arbeiten pro Jahr schwer, einen überzeugenden Querschnitt durch das Gelernte zu präsentieren. Ich würde gerne meinen Schützlingen vergönnen, öfter den Beweis erbringen zu dürfen, was sie alles können. Also lieber mehr als 6 Schularbeiten pro Jahr, keinesfalls weniger. Der auf 4 Arbeiten reduzierte Ansatz war ja offenkundig von der stillschweigenden Grundannahme geprägt, dass es genug sein muss, den Schülern 4 x pro Jahr das gleichbleibende Nicht-Können in einem Bereich zu bescheinigen, den sie ohnehin als Allgemeinbildung nicht brauchen.[211]

Solange mir also maximal 6 Schularbeiten zur Verfügung stehen, bin ich gut beraten, 4-5 Arbeiten den allgemeinbildenden Zielen (ABZ) zu widmen, und 1-2 Arbeiten für den Indikatorwert für höhere Ziele (IHZ) heranzuziehen. Genaueres zu diesen beiden unterschiedlichen Zielrichtungen vgl. Kapitel „Pflicht und Kür"[212] bzw. im Abschnitt 8, „Deutschnote neu".[213]

Bei jeder Schularbeit wird klar deklariert, welchem Zielbereich die Arbeit zuzuordnen ist. Beim folgenden Zyklus ist das Verhältnis 2 : 1 gewählt, das heißt, 4 der insgesamt 6 Schularbeiten betreffen allgemeinbildende Ziele, 2 den Indikatorwert für höhere Ziele. Letzteres ist zwar meiner Überzeugung nach immer noch entschieden zu hoch, aber gleichsam als Konzession an die heutige Schulrealität zu interpretieren. Noch ist die „Deutschnote neu" ja eine Zukunftsvision.[214]

---

[211] Siehe Exkurs 3, Verlegenheitslösung..., Seite 56.

[212] Siehe Seite 95.

[213] Siehe Seite 382.

[214] Weitaus lieber wäre mir nämlich, den Indikatorwert in einer separaten Arbeit außerhalb der 6 Schularbeiten ermitteln zu können, aber dazu mangelt es derzeit noch an den entsprechenden legistischen Voraussetzungen.

Der folgende Vorschlagszyklus soll nur als Anregung dienen. Er kann als Themenbogen für ein Arbeitsjahr in einer 4. oder 5. Schulstufe interpretiert werden. Die Zusammenstellung sollte aber keineswegs als „Unterrichtsrezept" missverstanden werden. Mit welchen konkreten Inhalten in einer konkreten Klassensituation die einzelnen Schularbeiten gefüllt werden, hängt von der jeweiligen Arbeitssituation und den sich daraus ergebenden Einzelzielen ab. Nicht jede Textsorte ist zu jedem beliebigen Zeitpunkt als unmittelbar sinnhafte Arbeit erzwingbar. Das wird sich ganz deutlich z. B. bei Schularbeit 5 zeigen, wo ein reales Ereignis als Gelegenheit diente, die Textsorte „Geschäftsbrief" umzusetzen. Die Zusammenstellung will also nur als Exempel verstanden sein, wie bunt und vielfältig die Inhalte der Schularbeiten sein können. Sie will zeigen, dass auch bei Schularbeiten unmittelbar sinnvolles Schreiben den Vorrang vor der Stimmungslage Pflichtarbeit/Prüfungsarbeit hat. Bei Schularbeiten der hier geschilderten Art vergessen Kinder sogar oft, dass sie sich mitten in einer Prüfungsarbeit befinden, so sehr werden sie intrinsisch von den Themenstellungen gepackt.

Erste Schularbeit   Prüfungsinhalte: allgemeinbildende Ziele (ABZ)

Aufgabe 1:   *Setz in die Lücken die richtigen Fälle ein.*

Aufgabe 2:   *Miriam und Orhan haben Streit – Lies die Geschichte genau! – Schreib auf, wie du den Streit schlichten würdest!*

Aufgabe 3:   *Entwirf einen Steckbrief – Gesucht ist eine Comicfigur, ihren Namen darfst du aber nicht nennen!*

Erläuterung zu Aufgabe 1:

Es handelt sich um eine Übung zum richtigen Gebrauch des 3. Falls in Ein- und Mehrzahl (männlich oder sächlich). Entsprechende Übungen müssen vorher schon mehrmals durchgeführt worden sein. Der Lückentext könnte ungefähr so aussehen:

Wohin soll unser Schulausflug gehen? – Fahren wir doch mit _____ Rädern in die Au! – Nein, auf meine__ Fahrrad sitzt man so schlecht. Ich möchte lieber eine Fahrt mit _____ Bus machen. – Aber in _____ Autobussen ist es immer so heiß. Fahren wir doch mit _____ Zug! usw.

Erläuterung zu Aufgabe 2:

Ein kurzer Lesetext dient als Ausgangspunkt für eine persönliche Stellungnahme. Sie gibt Auskunft über das Textverständnis, lässt Einblicke in die verbale kommunikative Kompetenz zu (Argumentationsfähigkeit und Ausdrucksfähigkeit) und zeigt das Maß an Rechtschreibbewusstsein.

Erläuterung zu Aufgabe 3:

Die Erarbeitung der Textsorte muss natürlich bereits erfolgt sein; sie wird auf Seite 182f. beschrieben.

In einer Schachtel sind 25 – 30 Kuverts vorbereitet. In jedem befindet sich ein Bild mit einer bekannten Comic-Figur (Micky Maus, Goofy, Asterix...). Je mehr verschiedene Figuren wir bereitstellen, umso besser. Zur Not können aber durchaus auch einige von ihnen doppelt vorkommen. Jeder Schüler zieht nun ein Kuvert und beschreibt die Gestalt, die er vorgefunden hat, jedoch ohne ihren Namen zu nennen. – Nach der Rückgabe der Schularbeit kann daraus ein gemeinsames Ratespiel gemacht werden (Beschreibungen vorlesen lassen, die anderen sollen raten).

Hier werden nun endgültig die vollkommen veränderten Rahmenbedingungen transparent.

Das Augenfälligste daran ist: Das meiste, das in diesen Aufgaben abgeprüft wird, ist erlernbar. – So können etwa auch Schwächere die Aufgabe 1 fehlerfrei bewältigen, sie müssen nur ein höheres Maß an Vorarbeit investieren als Leistungsstarke. Aber hinter der Mehranstrengung steckt eine Motivation: Bei dieser Prüfungsaufgabe schaffe ich die Note 1! Siegesgewissheit ist ein starkes Motiv. – Beim Aufsatz konnten dieselben Kinder üben, üben und wieder üben, und dann wurde erst recht nichts aus der Prüfungsarbeit. Da verflüchtigt sich jede Motivation sehr rasch. – Aufgabe 2 prüft das im Lernbereich Sprechen angeeignete Wissen ab[215], wie man Konfliktfälle verbal austrägt bzw. wie man als Mediator helfen kann, dass ein Streitfall beigelegt wird. Die schriftliche Dimension tritt hier nur zusätzlich hinzu. – Auch der „Steckbrief" (Aufgabe 3) ist eine bereits gelernte Textsorte.

---

[215] Diese Wissensgebiete werden im Band 4 dieser Reihe näher beleuchtet.

Das nächste neue Element ist die Sinnhaftigkeit des Tuns. Warum man den richtigen Fallgebrauch als Wissenselemente benötigt, wissen die Kinder längst, daher ist für sie diese Aufgabenstellung einsichtig. Ebenso einsichtig ist für sie, Konfliktbewältigung besser in den Griff zu bekommen. Dieses Können haben sie selbst schon als vorteilhaft erlebt, weil seit dem Konflikttraining (Lernbereich Sprechen) Streitfälle nicht mehr in Feindschaften enden, sondern überwiegend geklärt und geschlichtet werden können.

Von der unmittelbar erlebten Sinnhaftigkeit her ist Aufgabe 3, der Steckbrief, wohl etwas schwächer dran. Aber: Es ist ja nur ein Ziel von drei, und bei Comicfiguren kommt vielleicht ein wenig Spaß mit hinzu.

Zweite Schularbeit   Prüfungsinhalte: allgemeinbildende Ziele (ABZ)

Aufgabe 1:   *Ergänze die fehlenden Zeitwortformen (lückenhafte Liste mit 15 starken und unregelmäßigen Verben)*

Aufgabe 2:   *Weihnachtspost – 3 verschiedene Weihnachtspoststücke: eine Weihnachtspostkarte, ein Weihnachtsbillet und ein Weihnachtsbrief, werden versandfertig ausgearbeitet*

Erläuterung zu Aufgabe 1:

In Österreich muss der Gebrauch des Präteritums für den Bereich des Schreibens eigens erworben werden, weil die Herkunftssprache über diese Zeitform nicht verfügt (wenige Ausnahmen abgesehen: „i wår", „i wollt"; in Vorarlberg nicht einmal diese beiden Formen!). Daher müssen die am häufigsten benötigten Zeitwörter gezielt erarbeitet und in allen Formen geübt und rechtschreiblich gesichert werden. Dieser Lernprozess muss in den vorangegangenen Wochen intensiv stattgefunden haben. Eine Liste von ca. 40 wichtigen Zeitwörtern mit ihren jeweils 4 Stammformen (*z. B. geben – gibt – gab – gegeben*) wurde erstellt und immer wieder mündlich oder schriftlich abgefragt. Für die Schularbeit haben die Kinder die Vorinformation bekommen: 15 der gelernten 40 Verben werden als Lückentext-Liste zur Schularbeit kommen.

Die Liste ist so gestaltet, dass pro Verb nur eine oder maximal 2 fehlende Formen von den Schülern einzusetzen sind. Die 15, höchstens 20 Wörter zu ergänzen, ist reine Routinearbeit für alle, die sich auf diesen Prüfungsteil vorbereitet haben. Der Zeitaufwand dafür ist dementsprechend minimal. – Jedenfalls können sich hier auch Schwächere durch Lernanstrengungen einen Erfolg sichern.

Erläuterung zu Aufgabe 2:

Bei diesem Thema wird klar, dass für die Durchführung einige Vorüberlegungen, aber auch konkrete Vorbereitungsarbeiten erforderlich sind.

Zunächst einmal wird geklärt, dass das bevorstehende Weihnachtfest als ein Fest zu verstehen ist, bei dem wir an alle Menschen denken, die uns nahestehen, die wir mögen, die uns lieb und wert sind. Es ist also eine Gelegenheit, ein Zeichen der Aufmerksamkeit zu setzen. In der Familie ist es üblich, einander zu beschenken, im Verwandten- und Bekanntenkreis trifft man sich gerne. Manchen Menschen schreibt man einfach nur, um ein Zeichen zu setzen: „Ich denke an dich." - Wir überlegen an dieser Stelle auch, was außergewöhnlicher ist – ein Anruf, ein E-Mail oder ein Poststück. Fast immer kommt die Klasse auf dieselbe Lösung: Ein Poststück ist etwas Besonderes.

Nun werden ganz konkrete weihnachtliche Poststücke herbeigeschafft. Die Kinder bringen eventuell Aufgehobenes von zu Hause mit, ich selbst steuere eine Schachtel mit gesammelter Weihnachtskorrespondenz verschiedener Art bei. Wir sortieren und erkennen drei Grundkategorien: die weihnachtliche Postkarte, das Weihnachtsbillet und den ziemlich seltenen weihnachtlichen Brief. Wir lernen weiters zu unterscheiden, was als 08/15-Dutzendware zu gelten hat (z. B. Firmenbillets mit fixem Aufdruck und bloßer Unterschrift), und wo man schon Persönlicheres erkennen kann.

Die nächste Überlegung gilt der Frage: Wem könntest du eine besondere Freude machen, wenn du an ihn zu Weihnachten schreibst? Der Bogen spannt sich von Oma, Opa, Onkel, Tante bis hin zu Cousin, Cousine, Urlaubsbekanntschaft und Brief-freund/Brieffreundin. Der nächste Schritt: Wir bringen von zu Hause entsprechende Adressen mit und wählen – jeder für sich ganz persönlich – aus: 1 Erwachsener aus der eigenen Verwandtschaft oder Bekanntschaft und 1 Gleichaltriger, dem ich schreiben möchte. Nun liegen also für jedes Kind zwei konkrete Adressen vor. [216]

---

[216] Anmerkung: Dieser gesamte Absatz demonstriert die Unmöglichkeit, „gender-gerecht" zu formulieren und dabei auch noch lesbar zu bleiben. - Probieren Sie es bitte selbst! - Wer bisher meine scheinbare Miss-achtung der zeitgeistigen Gender-Regeln nicht goutiert hat, möge mir wenigstens jetzt attestieren, dass mein Generalhinweis auf Seite 2 seine Berechtigung hat. Problemlose Lesbarkeit muss bei Sachtexten einfach den Vorrang haben. Danke für Ihr Verständnis. (Bitte auch kurz mit Fußnote 74 auf Seite 140 zu vergleichen.)

Der letzte Vorbereitungsschritt gilt dem Herbeischaffen von drei verwendbaren, aus-füllbaren Versandstücken: einer Weihnachtspostkarte, einem Weihnachtsbillet samt Kuvert und einem weihnachtlichen Briefpapier inkl. Kuvert. Weihnachtskarte und Billet sind heutzutage so problemlos aufzutreiben, dass jeder, der selbst nichts mitbringen kann, von mir versorgt wird.[217] Das weihnachtliche Briefpapier kann in Bildnerischer Erziehung oder Werkerziehung angefertigt werden – vom Kartoffel-stempel-Unterdruck bis zur Randverzierung sind der Phantasie keine Grenzen gesetzt.

Wie man Postkarten und Kuverts richtig beschriftet, haben die Kinder inzwischen ebenfalls gelernt. Sie sind auf dem letzten Stand der Dinge und wissen genau, worauf es ankommt.[218]

Jetzt kann es losgehen, und das Ganze nennt sich Deutsch-Schularbeit. Es geht darum, drei Weihnachtspoststücke zu verfassen und versandfertig zu machen. Die Materialien dafür liegen vor: Karte, Billet und Brief. Zwei Adressen liegen vor, von jedem Kind selbst ausgewählt. Eine dritte Adresse steuere ich bei, z. B. die Adresse unserer Schulärztin, der Bürgermeisterin, des Schulwarts, der Horttante...

Die Kinder wählen selbst aus, welches Poststück sie für welchen Empfänger vorsehen.

Nun ergeben sich komplexe Aufgabenstellungen für die Kinder:

- Die Notwendigkeit des adressatenbezogenen Schreibens macht die Überlegung erforderlich „Wem schreibe ich was?" – Meiner Oma werde ich etwas ganz anderes schreiben als meiner Urlaubsbekanntschaft Silke aus Berlin, der ich zwar im Sommer am Strand von Malibu versprochen hatte, ihr bald zu schreiben, aber erst jetzt wirklich schreibe.

---

[217] So manche Supermarktkette bietet Entsprechendes bereits so preiswert an, dass in diesem Punkt wirklich keine Probleme entstehen sollten.

[218] Vgl. dazu den Passus über Absender und Adresse, Seite 236 ff.

- Ein weiterer Schwierigkeitsgrad ist dadurch gegeben, dass ich mit zwei meiner Adressaten per du bin[219], ein Adressat hingegen muss per „Sie" angesprochen, besser gesagt, angeschrieben werden.[220]

- Adressatenbezogenes Schreiben – inhaltlich wie formal – ist die Herausforderung der Stunde.

Alle Poststücke werden von den Kindern versandfertig ausgeführt, also mit Empfängeradresse, und in zwei Fällen (Billet und Brief) mit Absender versehen. Das inkludiert auch die sachgerechte Kuvertbeschriftung.

Bitte halten Sie an dieser Stelle mit mir bewusst ein wenig inne: In einer einzigen Schularbeit stecken so viele lebenspraktische Inhalte, wie in allen Aufsätzen der Schulzeit zusammengenommen nicht enthalten sind. Endlich geschieht bis in die Schularbeit hinein das, was das Leben an Fertigkeiten erfordert. Allgemeinbildung im besten Sinn des Wortes. Es ist unendlich mehr als das trockene, spröde Zusammenbasteln von Aufsatztexten, die niemanden interessieren. Allgemeinbildende Ziele sind von weitaus größerer Bedeutsamkeit als der traditionelle, sinnentleerte Aufsatzplunder. Das Erledigen der Weihnachtspost während der Schularbeit hat einen vielleicht lebenslang nachwirkenden Grundgedanken in die Köpfe der Lernenden transportiert: Denk zu Weihnachten an alle, die dir lieb und wert sind. Und wenn du sie nicht sehen kannst, schreib ihnen wenigstens, das ist immer eine schöne Überraschung.

Wie geht die Sache nun weiter? – Nach der zweiten Arbeitsphase, der Eigenkorrektur, kopiere ich die Schülerarbeiten in allen Details, also auch die Kuverts, am besten in verkleinerter Form, um Papier und Platz zu sparen. Auf den Kopien nehme ich die notwendigen Korrekturen vor. Die Kopien werden in das Schularbeitenheft eingeklebt, die abschließende Beurteilung der Arbeit steht daran anschließend im Heft.

---

[219] Bitte bleiben Sie dabei – trotz aller Unbilden der Rechtschreibreform-Nachbesserungen: Lassen Sie Ihre Kinder das „DU" im Brief kleinschreiben. Die Rechtschreibung ist so schon unnötig schwer genug, nicht auch da noch überflüssige Komplikationen für die Lernenden!

[220] Das Per-Sie-Sein zu erlernen, muss ebenfalls schon im Vorhinein als Fertigkeit im Lernbereich Sprechen erworben worden sein. Kinder sind bis zum Alter von 10 Jahren grundsätzlich mit allen Menschen per du. Die Entwicklung zur distanzierten Anrede wird – bundesländerweise verschieden stark – noch erschwert durch einen allgemeinen Trend zum Duzen. Wo Vorbilder fehlen, fehlen entsprechende Orientierungsmaßstäbe. Allein das Erlernen der von der natürlichen Sprachlogik abweichenden Mehrzahlanwendung für eine Person in der Einzahl will geübt sein. Näheres zum Erarbeitungsweg im Mündlichen enthält der Band 4 dieser Reihe.

Die Originale der Kinder bleiben von meinen Korrekturen völlig unbehelligt. Die Kinder bekommen sie unversehrt zurück, aber auf den Kopien zeigt sich, was alles ausgebessert werden muss, damit ein versandreifes Produkt daraus wird.

Die traditionelle Verbesserung als Selbstzweck hat nun auch ausgedient, denn die Kinder verbessern die Originale im Sinne meiner Anmerkungen. Wenn einem Kind etwas nicht einsichtig ist, kommt es zu mir und fragt bohrend: Warum? – Das ist der Boden, auf dem Könnenszuwachs und Wissen gedeihen. Statt einer bloßen Pflichtübung im Sinne einer Buße bringt die Verbesserung nun die Versandreife der Poststücke. Eine gänzlich andere Dimension! Selbst für die sonst so verhasste Reinschrift ist nun Motivation genug vorhanden, wenn es keine andere Lösung mehr geben sollte, ein Schriftstück sauber auszubessern.

Sind die Originale dann versandreif, werden sie frankiert und zur Post gebracht. Ein herrlicher Anblick, wenn eine Schulkasse belustigt kichernd das Schulhaus verlässt und Passanten ungefragt die Auskunft gibt: Wir verschicken unsere Schularbeit!

Unsere abschließende Arbeit besteht aus zwei Einträgen im Schularbeitenheft. Unter die eingeklebten Kopien kommen zwei wichtige Vermerke, damit auch behördlich alles klar ist:

> „Verbesserung auf den Originalen" und
> „Originale abgeschickt am ...."

Dritte Schularbeit   Prüfungsinhalt: Indikatorwert für höhere Ziele (IHZ)

Aufgabe: *Das muss ich euch erzählen...*

Erläuterung:

Es handelt sich um eine Arbeit nach dem bereits beschriebenen Modell „Aufsatz neu".[221] Die Themenstellung wird nicht als Überschrift übernommen, sondern am Ende der Arbeit durch eine Eigenkreation ersetzt. Weil hier vollkommen frei bleibt, was der Inhalt der Arbeit bei jedem sein wird, bekommt die Überschrift einen neuen

---

[221] Siehe Seite 295.

Stellenwert: Sie macht neugierig, weil sie andeutet, was nun folgt. Eine gelungene Überschrift lockt Leser an, wie bei der Zeitung. Schon in diesem winzigen Detail steckt wieder ein Stück Erfahrungsschatz fürs Leben.

Der Zeitpunkt für diese Art der Arbeit ist nicht zufällig gewählt: Wir befinden uns bei der dritten Schularbeit bereits im neuen Jahr. Die gerade vergangenen Weihnachtsferien bieten unterschiedlichste Erzählmotive, weil diese Tage zu den ereignisreichsten des Jahres zählen. – Vom Schiurlaub bis zum Aufenthalt auf einer Südsee-Insel, vom Weihnachtsabend bis zum Silvesterfeuerwerk, vom Überraschungsbesuch bis zum gemütlichen Im-Bett-Bleiben-Tag ist alles drin. Für ein buntes Spektrum und für ausreichend eigene Einfälle ist gesorgt.

Inhaltlich wird die Arbeit ohne jeden Formalzwang angegangen, „Einleitung – Hauptteil – Schluss" haben ausgedient. Es gelten also eher die Gestaltungselemente der Kurzgeschichte.

Die freie Wahl des Themas löst viele Knoten und befreit die Schreibenden aus so manchem Würgegriff. Eine gänzlich veränderte Motivationslandschaft entwickelt sich. Nicht ich glaube zu wissen, worüber meine Schüler schreiben könnten, sondern jedes Kind weiß es selbst. „Thema verfehlt" ist damit passé.

Alle arbeiten mit hoher innerer Anteilnahme, weil sie wissen: Das ist nur meine Geschichte, die kann nur ich erzählen. Das bedrückende Bild von der Orgelpfeifen-Aufstellung[222] bei der Rückgabe der Arbeiten ist weg. Jeder schreibt aus der Bewusstseinslage heraus: Diese Originalgeschichte wird es nur ein einziges Mal geben. Allein diese innere Jubelstimmung beflügelt. Auch der beim alten Aufsatz verlorengegangene Adressat ist wieder da. Die Schreibenden wissen, da wird es einige in der Klasse oder zu Hause geben, die sich für meine Geschichte wirklich interessieren werden.

Selbst bei meiner Korrekturarbeit ist mit jedem vor mir liegenden Text die Neugier wieder da. Das Bild von der zunehmenden Abstumpfung beim Abarbeiten der Heftstöße gibt es nicht mehr in dem Maß wie früher. Auch wenn das grundsätzlich

---

[222] Vgl. Seite 48.

Erschöpfende der zu bewältigenden Textmengen geblieben ist, die innere Stimmungslage beim Korrigieren ist doch deutlich anders.

À propos Korrigieren – diesem Thema wird noch ein eigener Abschnitt gewidmet sein
müssen, weil es auch nicht unerheblich ist, w i e wir korrigieren und bewerten. [223]

Wir überspringen aber hier diesen Teil zunächst und wenden uns der nachträglichen
Auswertung der bei der Schularbeit entstandenen Produkte zu. Um die Interessenslage,
die Arbeiten anderer zu lesen, ist es nun in der Klasse auch grundsätzlich anders
bestellt als früher. In einer auf A3-Format vergrößerten Klassenliste trägt jeder bei
seinem Namen sein Thema ein. Da liest man nun z. B.:

DUSSEL Dani	**In einer Grube gefangen**
EILIG Emil	**Enttäuschung – Überraschung**
FAULPELZ Franz	**Mein Riesenfeuerwerk**
FLINK Frieda	**Ein Silvesterscherz**
HEULER Heinrich	**Plötzlich wird es finster**
...	

Erste Gespräche über die Themen bahnen sich an, Vermutungen werden angestellt und
bestätigt oder verneint. Ein wechselseitiges „Lass mich deine Arbeit lesen!" geht los,
und nach der Lektüre gibt es wieder Gesprächsstoff – mit dem Schreiber der
Geschichte, mit anderen. Ja, es kommt nicht selten vor, dass auch Korrekturschritte
hinterfragt werden: „Dieser Satz hat mir besser gefallen, wie du ihn zuerst geschrieben
hattest. In der verbesserten Version ist er nicht mehr so gut." – „Aha. Und warum?" ...

Die Schularbeitentexte, die früher stets schnellstens auf dem Textfriedhof landeten,
einem sorgfältig versperrten Kasten im Konferenzzimmer, sind jetzt quicklebendig
geworden. Sie sind Stoff für Lektüre, Gespräche und inhaltliche Auseinandersetzung in
der Klasse.

Mit dieser Entwicklung haben wir auch die Ketten des sinnlosen Schreibens gesprengt.
Was beim Aufsatz der alten Prägung als Zerrbild des Literaturbetriebs angeprangert
worden war[224], ist nun behoben. Die Freiheit aus der Welt der großen Literatur hat in

---

[223] Siehe Seite 356.

[224] Siehe Seite 46.

unserer Welt der kleinen Literatur Einzug gehalten. Das Künstlich-Zwanghafte ist einer Wohlfühlatmosphäre gewichen. Der Hoffnungsschimmer liegt nahe, dass sich unter solchen Schreibbedingungen eher mehr Kinder einer Klasse zu motivierten Geschichtenschreibern entwickeln als unter den bisherigen Gegebenheiten.

Diese Hoffnung ist umso berechtigter, als auch Korrektur und Verbesserung gänzlich anders ablaufen als nach der gewohnten Art. Diese geänderten Verfahren bewirken nämlich, was bei der traditonellen Korrektur stets nur Wunschtraum blieb: Die Kinder lernen etwas dazu. - Doch das ist eine andere Geschichte, die erst später im Detail dargelegt werden soll.[225]

Übrigens: Diese 3. Schularbeit sollte im Rahmen offener Unterrichtsgestaltung stattfinden („Offenes Lernen", „Freiarbeit"), damit dadurch auch der Zeitrahmen flexibel wird.

Vierte Schularbeit   Prüfungsinhalte: allgemeinbildende Ziele (ABZ)

Aufgabe 1:   *Formular ausfüllen*

Aufgabe 2:   *Kochrezept: Früchtepudding*

Aufgabe 3:   *Kurzbrief inkl. Kuvert*

Erläuterung zur Aufgabe 1:

Das entsprechende begriffliche Vorwissen, die „Formularsprache", muss den Kindern schon durch vorhergegangene Unterrichtsmaßnahmen vertraut gemacht worden sein, ebenso die Tücken beim Aufbau von Formularen.[226] Bei dieser Aufgabe sollte jedenfalls ein ähnlicher, aber doch modifizierter Formulartypus und -aufbau eingesetzt werden wie in den bisherigen Übungen. Im Idealfall sollte es ein konkretes Formular sein, wie Meldung eines Telefonanschlusses o. Ä.

---

[225] Siehe Seite 371.

[226] Zu beiden Punkten siehe Seite 269ff.

Erläuterung zur Aufgabe 2:

Die Zutatenliste liegt den Kindern vor, die Zubereitung sollen sie selbst verfassen. Der Hinweis auf dem Zutatenzettel, dass die Pudding-Zubereitung ohnehin auf dem Päckchen steht, muss den Kindern zusätzlich interpretiert werden: Wie man den Pudding zubereitet, musst du nicht schreiben, sondern nur, wie aus einem gewöhnlichen Pudding ein Früchtepudding wird.

Der Küchenwortschatz sollte aus vorangegangenen ähnlichen Schul- und Hausübungen bereits den Fremdheitscharakter verloren haben. Ebenso muss den Kindern geläufig sein, dass Arbeitsvorgänge in Rezepten in Nennformgruppen angegeben werden. Dieses Wissen zählt zum Lernziel mit dazu. Einige markante Begriffe können als Anregung und orthographisches Sicherheitsnetz an der Tafel stehen:

> *würfelig   garnieren   stürzen   Puddingmasse*
> *servieren   auskühlen lassen   vorsichtig*

Eine kurze Vorbesprechung klärt, dass man sich selbst eine Zubereitungsart einfallen lassen kann. Es sind mehrere Varianten denkbar:

- Früchte würfelig schneiden, gut durchmischen, evtl. Saft abtropfen lassen, der Puddingmasse hinzufügen, in Förmchen gießen, auskühlen lassen, stürzen und mit einer Kirsche oder einer Bananenscheibe garniert servieren.

- Früchte schön gestalten, z. B. mehrmals parallel einschneiden und zu einem Fächer auflegen, oder mit Keksformen ausstechen; die Früchte als Garnierung verwenden: auf dem oder rund um den ausgekühlten, gestürzten Pudding.

- „Früchtepizza" machen, indem die Puddingmasse flach auf Dessertteller verteilt wird und die Fruchtstückchen darübergestreut oder dekorativ arrangiert werden.

Die Kinder erhalten nun einen Zettel mit entsprechenden Vorgaben – wie auf der nächsten Seite abgebildet. Die Arbeit wird auf dem Zettel durchgeführt. Dieser soll gemeinsam mit dem Begleitbrief (= Aufgabe 3) tatsächlich per Post abgeschickt werden.

Früchtepudding

Zutaten:

1 Päckchen Vanillepudding (Die Zubereitung steht auf dem Päckchen!)
½ l Milch
2 EL Zucker
Kompottfrüchte, z. B. Birne, Pfirsich, Ananas, Kirschen (ohne Kern)
½ Banane

Zubereitung:

Den Pudding wie auf dem Päckchen beschrieben zubereiten. So geht es weiter:

_____

_____

_____

_____

_____

Dieser Rezeptvordruck steht als Downloadvorlage 18 im Internet zur Verfügung [227]

Erläuterung zur Aufgabe 3:
Der Brief soll nur als Begleitbrief zum Rezept fungieren, also kein „ausgewachsener"
Brief werden. Die Kinder sollen die Form des privaten Briefs (Textsorte Nr. 96) vorher
schon kennen gelernt haben und nun die Anwendung in Form eines Kurzbriefs

---

[227] Näheres siehe Seite 16.

erproben. Dieser Kurzbrieftext besteht nur aus einigen Sätzen (3 bis 5 als Faustregel) sowie einem abschließenden Gruß.

Auch der Kurzbrief ist ein Blatt im Format A5, das hoch- oder querformatig beschrieben werden kann (freie Wahl). Ein Kuvert im Format C5 wird – ebenfalls im Rahmen der Schularbeit – mit Adresse und Absender versehen. Als Adressat kommt jemand Gleichaltriger in Frage (Cousin, Cousine, Brieffreundin, Brieffreund, Urlaubsbekanntschaft...). Die Adresse haben die Kinder bereits einige Tage vorher mitgebracht.

Das adressierte und frankierte Kuvert wird zur Post gebracht. Korrektur und Dokumentation im Schularbeitenheft verlaufen analog zur „Weihnachtspost".

Fünfte Schularbeit   Prüfungsinhalte: allgemeinbildende Ziele (ABZ)

Aufgabe 1:   *Einsetzübung*
           Fehlende Stammformen von Verben ergänzen

Aufgabe 2:   *Geschäftsbrief:*
           Eingabe/Anregung an eine Stelle der öffentlichen Verwaltung

Erläuterung zu Aufgabe 1:

Wie 2. Schularbeit, Aufgabe 1, aber mit erweiterter Anforderungsmenge. Unsere Wissensliste der Stammformen sollte inzwischen angewachsen sein. Abgefragt werden – in Form einer Einsetzübung – 15-20 Einzelformen.

Erläuterung zu Aufgabe 2:

Das Grundmuster haben die Kinder bereits im Vorfeld gelernt und geübt. Die Merkmale des Aufbaus hängen in Form eines Plakats an der Wand.[228] Auch mit den Formen der Briefanrede und der Grußformel sind sie sprachlich und orthografisch vertraut gemacht worden.

---

[228] Erarbeitungsdetails und „Plakat" mit dem Briefschema siehe Seite 190ff.

Nicht ganz einfach ist die Frage, ob sich ein gemeinsamer Briefanlass finden lässt, der für alle überzeugend genug ist, dass eine echte Schreibmotivation entsteht. Hier muss sich jeder auf die Suche im konkreten Schul- und Ortsumfeld machen (Beispiele: Fußgängerampel oder zumindest Zebrastreifen an einer wichtigen Straßenkreuzung fehlt; Sicherheitsbügel am Gehsteigrand vor dem Schultor gewünscht; Spielplatz im Stadtpark reparaturbedürftig – über einige Schäden berichten; Polizeischutz vor Unterrichtsbeginn beim Fußgängerübergang bei der Bushaltestelle; Spielstraße vor der Schule einrichten, Durchzugsverkehr umleiten usw.).

Die Adresse der zuständigen Stelle wird den Kindern bekanntgegeben. Auch das Kuvert wird im Rahmen der Schularbeit ausgefertigt. Der Brief wird wieder tatsächlich aufgegeben. Korrektur und Dokumentation im Schularbeitenheft verlaufen analog zur „Weihnachtspost".

Ein Geheimtipp: Eingaben oder Anfragen zur gleichen Sache werden wirkungsvoller, wenn sie nicht gemeinsam unter der Schuladresse aufgegeben werden, sondern an verschiedenen Tagen mit privaten Absenderangaben. Spannend werden auch die Antworten auf unsere Briefe. Und wer weiß, vielleicht entstehen daraus auch Folgeaktivitäten? Jedenfalls erleben die Kinder ihr Tun auch hier wieder als sinnvolles Schreiben und ich korrigiere nicht, weil ich Fehler finden will, sondern weil ich erreichen will, dass die Kinder möglichst wirkungsvoll schreiben. Auch das sehen die Kinder leichter ein als frühere Korrekturrituale.

Die zwei Anforderungen im Rahmen dieser Schularbeit sind nicht als überfordernd anzusehen. Man bedenke, dass beide Aufgabenstellungen überwiegend aus Routinearbeiten bestehen. Denn selbst der „Geschäftsbrief" enthält viele bereits geläufige Bestandteile, etwa Absenderangabe, Adresse, Datum, Unterschrift usw., die nur an der richtigen Stelle und in der richtigen Form platziert gehören, aber ansonsten keinerlei Schwierigkeiten mehr darstellen.

Sechste Schularbeit   Prüfungsinhalt: Indikatorwert für höhere Ziele (IHZ)

Aufgabe: *Eine Phantasiegeschichte*

Erläuterung:

Auch hier gibt es – ähnlich wie bei der 3. Schularbeit – kein gemeinsames Thema. In diesem Fall wird die Vielfalt durch das Bildimpuls-Verfahren erzielt, das ja schon an früherer Stelle beschrieben wurde.[229] – Wieder gelten die Grundsätze: Keines der Motive darf schon früher einmal von jemandem ausgearbeitet worden sein. Kein Motiv ist doppelt vorhanden. Es liegen doppelt so viele verschiedene Motive zur Auswahl bereit als tatsächlich benötigt. Es sind unterschiedlich vorstrukturierte Bildimpulse, z. B.: bloße Bildvorgabe, Motive mit Überschrift, Bilder mit Texteinstieg, Vorlagen mit Anhaltspunkten ...

Das Auswählen der Bildvorlagen erfolgt außerhalb der eigentlichen Arbeitszeit. Man kann schon beim Vorgang der Bildauswahl der Chancengerechtigkeit ein wenig nachhelfen, indem die tendenziell Leistungsschwächeren den Vortritt eingeräumt bekommen.

Diese Schularbeit sollte wieder in den Rahmen offener Unterrichtsgestaltung eingebettet werden, um dadurch das Zeitkorsett zu lockern.

---

[229] Siehe Seite 306.

Siebenter Abschnitt:

Beurteilung und Korrektur schriftlicher Arbeiten

Vorbemerkung

In diesem Abschnitt soll es um die Frage gehen, wie schriftliche Leistungen von Schülern, bei denen es sich um **eigenständige Textkreationen** handelt, möglichst **objektiv**, möglichst **differenziert** und möglichst für Schüler, Eltern und Außenstehende **nachvollziehbar beurteilt** werden können. Es geht also hier vorwiegend darum, nach welchen Gesichtspunkten geschlossene Texte, z. B.

- Erlebniserzählungen (im Sinne von „Aufsatz neu")
- Bildgeschichten
- Phantasiegeschichten
- persönliche Briefe
- Geschäftsbriefe u. Ä.

eingestuft werden sollen. Das können durchaus auch kleinere Texte sein, etwa Tagebucheintragungen, Exzerpte, E-Mails, Inhaltsangaben, u. Ä.

Alle anderen im vergangenen Abschnitt angedeuteten Aufgabenstellungen – von Grammatikübungen bis hin zu Formularen – unterliegen jeweils einem speziellen Bewertungsschlüssel, der sich am Erwartungswert der Lehrkraft einerseits und am Klassendurchschnitt andererseits orientieren wird.

Dass in diesem Abschnitt zunächst die Beurteilungsgesichtspunkte und erst im Anschluss daran die Korrekturverfahren behandelt werden, mag auf den ersten Blick widersinnig erscheinen, weil der Normalfall umgekehrt abläuft: Zuerst wird korrigiert, dann bewertet. Der Grund für die Umkehr liegt darin, dass zuerst einmal abzuklären ist, was denn überhaupt die Beurteilungskriterien sind. Wenn das feststeht, können danach die Kriterien für die Korrektur bzw. die entsprechenden Korrekturzeichen festgelegt werden.

Kriterien für die Beurteilung von Texten

Während bei anderen Aufgabenstellungen die angelegten Maßstäbe meist sehr rasch auch für die Beurteilten transparent erscheinen, gibt es bei selbst verfassten Texten immer wieder die Frage der Schüler: „Wie kommt es zu meiner Note?" – Unsere Antwort darauf fällt nur in den seltensten Fällen präzise und überzeugend aus. Eine

Bewertung nach Kriterien hingegen macht die Sache für alle viel leichter nachvollziehbar und damit einsichtiger.

Welche Kriterien in die Beurteilung einbezogen werden, wird zunächst durch eine Gegenfrage erschlossen, nämlich: „Was musst **du** beim Verfassen eines Textes beachten?" – In gemeinsamer Arbeit wird überlegt, worauf beim Texte-Schreiben zu achten ist. Als Produkt dieser gemeinsamen Überlegungen entsteht ein **Plakat**, das von da an in der Klasse hängt und beim eigenen Schreiben Orientierung gibt.

Wenn ich einen Text verfasse, ...

... *überlege ich zuerst:*

1. *Was schreibe ich?*
2. *An wen und warum schreibe ich?*
3. *Wie gestalte ich den Text? (z.B. Anfang – Hauptteil – Schluss)*

... *beachte ich beim Schreiben:*

4. *gute Sätze zu bauen (nicht zu lang / nicht zu kurz; gut verständlich; passende Zeitformen,...)*
5. *passende Wörter zu wählen*
6. *richtig zu schreiben*

... *beachte ich manchmal auch:*

7. *den ganzen Text gut aufzubauen (nichts auslassen, in richtiger Reihenfolge erzählen,...)*
8. *dass die Überschrift gut passt*

Die einzelnen Punkte werden natürlich, bevor sie schriftlich Gestalt annehmen, genau besprochen, z. B. zu Punkt 1: Wenn du ein Rezept schreibst, musst du dir von Anfang an darüber klar sein, wie es aufgebaut ist und wie die einzelnen Teile formuliert werden (Zutaten als Liste, Zubereitung in Nennformgruppen). Wer etwas schreibt, muss also als Erstes überlegen, welche Textsorte daraus werden soll. – Nun kann die Frage der Benotung geklärt werden: „Bei der Korrektur deiner Arbeit schaue ich zunächst darauf, ob du dir im Klaren warst, um welche Textsorte es geht. – Das ergibt eine erste Teilnote."

Als Punkt 2 ist für die Schreibenden wichtig, dass sie in jeder Textzeile zeigen, dass sie sich auf die Person eingestellt haben, an die sie das Schriftstück richten. Bei einem Brief an jemand Unbekannten zeigt sich das z. B. durch die konsequent eingehaltene „Sie"-Form. Das „Warum" sollte ebenfalls durchgehend zu spüren sein. Wenn ich bei einer Reklamation etwas erreichen will, müssen die Argumente gut vorgebracht werden und ich muss trotz meines Ärgers freundlich formulieren. Wenn ich etwas erzähle, um andere zu unterhalten („Das muss ich euch erzählen" oder „Phantasiegeschichte") dann muss es spannend und interessant genug erzählt sein usw.

In diesem Sinn wird schon bei der Erarbeitung des Plakats Punkt für Punkt durchgegangen. Die Kinder erfahren dabei, dass jedes Merkmal, auf das sie selbst beim Verfassen zu achten haben, bei der Benotung in Form einer Teilnote zum Tragen kommt.

Auf der folgenden Seite finden Sie eine Gegenüberstellung der Gestaltungsmerkmale Schülerseite mit den Kriterien auf der Bewertungsseite.

Schülerseite:

Wenn ich einen Text verfasse ...

... überlege ich zuerst:

1. *Was schreibe ich?*

2. *An wen und warum schreibe ich?*

3. *Wie gestalte ich den Text?*

... beachte ich beim Schreiben:

4. *gute Sätze zu bauen (nicht zu lang oder zu kurz, passende Zeitformen ...)*

5. *passende Wörter zu wählen*

6. *richtig zu schreiben*

...beachte ich manchmal auch:

7. *den ganzen Text gut aufzubauen (nichts auslassen, in der richtigen Reihenfolge erzählen ...)*

8. *dass die Überschrift gut passt*

Bewertungsseite:

Kriterien:

1. **Textsorten**gerechtheit (= sprachliche Bauform)

2. Berücksichtigung von **Adressat** und **Funktion**

3. **Textgestaltung** (= formale Gestaltung: Gliederung, Briefkopf, Tabellenform...)

4. **Satzbau**, Einhalten der Zeiten ... **[S]**

5. **Wortwahl**, sprachlicher Ausdruck... **[W]**

6. **Rechtschreibung** (falsch geschriebene Wörter aus dem Grundwortschatz zählen als schwere Fehler, andere Wörter werden zunächst gesondert behandelt)

7. **Textaufbau** (logische Abfolge, keine Gedankensprünge oder Wiederholungen, genaues Erzählen ...) **[T]**

8. Wahl einer treffenden **Überschrift**

Beurteilung von Schülertexten

Insgesamt acht Kriterien stehen nun für die Beurteilung von Schülertexten zur Verfügung. Für jeden der Gesichtspunkte wird eine eigene Teilnote vorgesehen. Diese breite Streuung mit bis zu acht Teilnoten wird sich hinsichtlich der Gesamteinstufung als sehr vorteilhaft erweisen: Unser fortwährendes Ringen um Objektivität und Gerechtigkeit bei der Einstufung erfährt dadurch eine gewisse Entspannung.

Sehen wir uns den Umgang mit den 8 Kriterien ein wenig genauer an:

Tendenziell können die Punkte 1 bis 3 in der Regel nur entweder mit „Ja, gegeben" oder mit „Nein, nicht gegeben" eingestuft werden. Dadurch ergibt sich bei diesen Punkten als Teilnote meist entweder die Note „Sehr gut" oder „Nicht genügend". Ganz selten können Zwischentöne vorkommen, z. B. beim Punkt 2, wenn etwa der Sinn eines Textes, nämlich zu unterhalten, streckenweise nur mangelhaft gegeben ist. Trotzdem haben diese drei textsortenbezogenen Teilnoten wegen ihrer Haupttendenz in Richtung Note 1 oder 5 einen sehr hohen Stellenwert, weil die nachfolgenden maximal fünf weiteren Kriterien nicht mehr diesen extremen Schwarz-Weiß-Trend aufweisen, sondern sich in alle 5 Notenbereiche aufschlüsseln.

Die Beurteilungsgesichtspunkte 4 bis 6 sind altbekannt und bedürfen daher im Grunde keiner näheren Erläuterung. Wie allgemein üblich, sollte für jeden dieser Bereiche eine am Klassendurchschnitt ausgerichtete gesonderte Einstufungsskala mit Teilnoten zwischen 1 und 5 festgelegt werden.

Wichtig ist dabei jedoch, dass die Teilbenotung sich nicht nur an einem für alle in gleicher Weise festgelegten Schlüssel[230] orientiert, sondern jeweils auch die Menge des geschriebenen Textes mit berücksichtigt. Am besten legen Sie zu diesem Zweck einen Schlüssel pro 100 selbst geschriebenen Wörtern fest. Lautet Ihr Schlüssel beispielsweise in der **Rubrik Wortwahl**

0-1 Wortwahlfehler = Sehr gut
  2 Wortwahlfehler = Gut

---

[230] Dass dies nicht für Integrationskinder mit sonderpädagogischem Förderbedarf gilt, versteht sich von selbst. Doch auch für diese lässt sich im Vorhinein ein – leistungsmäßig entsprechend angepasster – Schlüssel festlegen.

3 Wortwahlfehler = Befriedigend

4 Wortwahlfehler = Genügend

5 Wortwahlfehler = Nicht genügend,

gilt dieser Schlüssel nur für je 100 geschriebene Wörter. Hat ein Schüler also in rund 200 Wörtern insgesamt vier Wortwahlfehler, gebührt ihm die Bewertung „Gut". Hat jemand in ca. 300 Wörtern 3 Wortwahlfehler, gebührt ihm immer noch ein „Sehr gut". Die Ausrichtung der Bewertung an der Menge der Schreibleistung mag ein wenig mühsam erscheinen, ist aber die einzig gerechte Form der Notengebung.

Für diese Art der Beurteilungsgerechtigkeit ist es erforderlich, dass bei jeder Arbeit die Wortanzahl – zumindest auf runde 50er-Werte hin ausgezählt wird. Erforderliche Rundungen sind dabei kein Problem, das uns lange aufhalten soll, weil sich durch die große Zahl der Teilnoten insgesamt ein Ausgleich zwischen mehreren Rundungsfehlern ergeben sollte.

Das Auszählen der Wortanzahl sollte nicht zur Zusatzbelastung für uns Lehrkräfte werden, sondern kann außerhalb der „Stressarbeitszeit" von den Kindern selbst bewältigt werden. Da sich die individuelle Schriftgröße kaum ändert, lernt jeder selbst sehr bald, wie viele Wörter er durchschnittlich pro Heftseite schreibt. Da die Wortanzahl nur auf ca. 50 genau sein muss, genügt ein bloßer Schätzwert.

Bei der **Teilnote für Rechtschreiben** sollte berücksichtigt werden, dass bei richtiger Anwendung der Zwei-Phasen-Arbeit[231] eigentlich kaum mehr Platz für Fehler bleibt. Daher sollte hier möglichst folgender, auf den ersten Blick streng erscheinender, aber dennoch bewährter Maßstab angelegt werden:

0 Fehler = Sehr gut

1 Fehler = Gut

2 Fehler = Befriedigend

3 Fehler = Genügend

4 Fehler und mehr = Nicht genügend

Zugegeben, diese Skala wirkt auf den ersten Blick sehr eng. Bedenkt man aber, dass gelernte Wörter ohnehin mit traumwandlerischer Sicherheit richtig geschrieben wer-

---

[231] Siehe dazu Seite 332.

den müssten und alle anderen verwendeten Wörter zumindest als ungelernt identifiziert werden können sollten, bleibt wirklich kein Platz für Großzügigkeit in der Beurteilung, weil kein Platz für Fehler bleibt. Außerdem ist zu bedenken, dass es sich dabei nur um die Bewertung der Rechtschreibleistung handelt, also um e i n e Teilleistung aus insgesamt acht! Wenn der Rest der Kriterien passt, kann auch eine ganz danebenliegende Rechtschreibleistung die Gesamtnote nicht wirklich entscheidend beeinflussen.

Das Bewertungskriterium 7 kommt nur bei geschlossenen Ganztexten zum Einsatz, Punkt 8 nur dann, wenn das Erfinden einer passenden Überschrift von den Schülern selbst zu leisten war.

Trotzdem ergibt sich insgesamt durch die Aufschlüsselung in 6 bis 8 Einzelkriterien ein sehr differenziertes Bild, das von den gefühlsmäßigen Pauschalurteilen meist ziemlich stark abweicht. Das „Ausdividieren" der Endnote aus bis zu acht Teilnoten steigert zudem die Gewissheit, insgesamt durch dieses Verfahren eine objektive und gerechte Beurteilung getroffen zu haben.

Die Kennbuchstaben **W** für Wortwahl, **S** für Satzbau und **T** für Textaufbau in der Kriterienübersicht auf Seite 359 verweisen bereits in den Bereich der Korrektur. Dass es für die Rechtschreibung kein Kürzel gibt, wird sich spätestens bei der Deklaration der Korrekturzeichen als sinnvoll erweisen. Von all diesen Dingen soll weiter unten die Rede sein. [232]

Hier zunächst ein Versuch, zu zeigen, wie viele weitere Vorteile sich auftun, wenn man eine Beurteilung nach 6 bis 8 Einzelkriterien vornimmt. Es muss dabei aber nochmals klargestellt werden, dass diese Kriterien natürlich nur auf kreative Eigentexte von Schülern angewendet werden können, in der Hauptsache also wohl auf geschlossene Ganztexte. Besteht eine Schularbeit aus mehreren Teilaufgaben, und nur eine davon ist ein kurzer Eigentext (z. B. eine Tagebucheintragung), wird der Kriterienraster nur für diesen Teil angewandt. Die Endberwertung ergibt sich aus einer Zusammenschau aller Teilleistungen.

Pro Arbeit mit kreativer Textanforderung sollte jedenfalls eine Übersicht in folgender Form erstellt werden:

---

[232] Siehe Seite 365.

*Schuljahr:*_____   *Klasse:*_____

| Beurteilungsübersicht ___ . Deutsch-Schularbeit |

NAME	Wortanzahl (ca.)	❶ Textsortenger.	❷ Funktion/Adressat	❸ Formale Gestaltg.	❹ **S**atzbau	❺ **W**ortwahl	❻ Rechtschreibung	❼ **T**extaufbau	❽ Überschrift	SUMME	ENDNOTE
ÄNGSTLICH Ali	90	5	5	5	4	5	5	4	2	35	4,37
BÖSE Berni											
DUSSEL Dani											
EILIG Emil											
FAULPELZ Franz	110	1	1	1	4	5	5	4	1	22	2,75
FLINK Frieda											
HEULER Heinrich											
HOPFENSTANGE Hanna											
HURTIG Herta	120	1	1	1	1	2	2	1	1	10	1,25
LUSTIG Leonore											
MAGER Monika											
MOLLIG Michaela											
NASEWEIS Notburga											
PEINLICH Peter	95	5	5	5	2	3	3	2	1	26	3,25
RACKER Richard											
RAUFER Rudi	180	1	2	3	2	2	4	3	3	20	2,5
ROLLMOPS Reinhard											
SAUBER Susi											
TRAURIG Toni											
WEINERLICH Wunibald	190	1	1	1	3	3	4	3	2	18	2,25
WILLIG Wilma											
ZANKAPFEL Zenzi	220	1	1	1	1	1	5	1	1	12	1,5

Diese Art der Aufzeichnung und Darstellung erweist sich nach mehreren Richtungen als vorteilhaft. Hier einige Beispiele:

- Es wird auch für uns Lehrkräfte plausibel, dass wir nicht bloß „wegen zu vieler Rechtschreibfehler" eine Endnote „Nicht genügend" aussprechen dürfen. Die Teilleistung Rechtschreiben allein reicht nie und nimmer für ein so vernichtendes Urteil aus. Wer in den ersten drei Kriterien ein „Sehr gut" erwirtschaftet – und das ist der Regelfall! – kann selbst bei gänzlich vernichtenden weiteren Teilnoten (= 5 x „Nicht genügend", was völlig unwahrscheinlich ist) als Endnote nichts Schlechteres als „Genügend" bekommen. Rechnen Sie es nach: 3 x 1 und 5 x 5 ist 28. → 28:8= 3,5!

- Kommt ein Schüler und fragt, wieso seine Note so unerwartet schlecht (oder gut) ausgefallen ist, gibt uns die Liste der Teilnoten sofort alle Mittel für eine punktgenaue Antwort zur Hand. Dasselbe gilt für andere, meist belastende Konstellationen: Kind A beschwert sich, dass Kind B mehr angestrichen, aber eine bessere Note bekommen hat. Oder: Ein Elternteil beschwert sich über dasselbe „Problem" bei uns oder bei der nächsthöheren Instanz usw. Wir können in jedem Fall sofort überzeugen und damit die Lage beruhigen, weil ein Blick in die Liste uns selbst und jedem beliebigen Fragesteller sofort zuverlässig Auskunft über die Faktenlage gibt. Die präzisen Antworten ergeben sich aus der obigen Liste bei vergleichender Betrachtung der waagrechten Werte.

- Die senkrechten Werte sind Manöverkritik und Zielvorgaben für die weitere Arbeit in einem: Ist etwa beim Kriterium „Wortwahl" eine klare Tendenz zu schwächeren Leistungen gegeben, zeigt mir das unmissverständlich, dass ich meine Schüler bei der geforderten Leistung überschätzt habe. Gleichzeitig ist das für mich ein klarer Auftrag, in Zukunft zuerst eine einschlägige Wortschatzerweiterung voranzutreiben, bevor ich eine selbständige Leistungserbringung von ihnen erwarten darf. Somit zeigt mir die senkrechte Auswertung der Übersicht zugleich meine bisherigen vorbereitungstechnischen Schwachstellen wie auch den aktuellen zukünftigen Übungbedarf. Besser geht es schon fast nicht mehr!

Damit Sie selbst die hier beschriebene Art der Beurteilung durchführen können, steht im Internet eine *Downloadvorlage (Nr. 19)* zur Verfügung[233], die als ausfüllbare Formatvorlage gestaltet ist und daher mit minimalem Aufwand maximale Leistungsübersicht bietet.

Die Bewertungsprozedur nach bis zu 8 Teilnoten dauert zugegebenermaßen pro Arbeit geringfügig länger als gewohnt, aber das Ringen um Noten in Zweifelsfällen entfällt dafür, weil ein rechnerisches Ergebnis ziemliche Sicherheit gibt, im Gesamten gesehen richtig zu liegen. Dieser Vorteil und die oben beschriebenen Vorzüge des Verfahrens wiegen den leicht erhöhten Zeitbedarf bei weitem auf.

Bleibt nur noch zu klären, in welcher Weise die Korrektur erfolgen soll, und da kristallisieren sich zwei Überraschungen heraus:

- Überraschung Nr. 1 ist, dass das traditionelle Korrekturverfahren nur begrenzt tauglich dafür erscheint, an der Gesamtlage einer Arbeit etwas zu „verbessern". – Daraus resultieren Überlegungen, die Art der Korrektur massiv zu verändern.
- Zum anderen machen geänderte Korrekturverfahren auch ungewöhnliche Modalitäten bei der Rückgabe erforderlich und führen somit zu einer neuen Art der „Verbesserung" – das wird Überraschung Nr. 2.

Die Korrektur schriftlicher Arbeiten

Bei jeder Art schriftlicher Leistungen ist die Korrektur ein extrem sensibler Bereich. Das können wir Lehrkräfte uns gar nicht oft genug vor Augen halten. Besonders schlimm sind für Lernende Ausbesserungen bei schriftlichen Eigenleistungen – weitaus schlimmer, als wenn Fehler bei bloßen Wissensüberprüfungen vermerkt werden. Fehler bei Prüfungsarbeiten sind zwar auch enttäuschend, werden aber auf der Schülerseite doch schnell einsichtig: ‚Ich habe eben zu wenig gelernt.' Auf der Seite der freien Eigenleistungen hingegen stellt sich Einsicht weit weniger bereitwillig ein, im Gegenteil:

---

[233] Näheres zu den Downloadvorlagen siehe Seite 16.

Für jeden Schüler wirkt buchstäblich jeder rote Strich in seiner Arbeit, die er sich nach bestem Wissen und Gewissen abgerungen hat, wie eine Ohrfeige. Denn zum Zeitpunkt des Schreibens hat er ja sein Bestmögliches gegeben, das steht wohl außer Zweifel – und jetzt war also alles doch wieder nichts wert. Mit jedem Fehlerzeichen werden Schüler in ihrem Selbstwertgefühl getroffen, mit jeder „Ausbesserung" wird ihnen vor Augen geführt, wie unzulänglich ihre Leistungen sind. Bedenkt man dann noch, dass die Schwächeren ständig umringt sind von Leistungsstärkeren, die ihnen vormachen, wie es eigentlich sein sollte[234], kann man sich leicht ausmalen, dass diese seelische Belastung sich nur wenig von physischer Folter unterscheidet. Der unablässige demütigende, immer wieder Frustrationen und Enttäuschungen hervorbringende Kreislauf, wie er schon bei der „Selffulfilling Prophecy"-Spirale beschrieben wurde, führt auch hier wieder statt zum positiven Effekt des Dazulernens zum Gegenteil, nämlich zu Fluchtgedanken.

Ab einer bestimmten Größenordnung der roten Vermerke fehlt dem Schüler vollends das Verständnis dafür, dass es sich bei alldem nur um wohlmeinende Maßnahmen handle, bei denen es der Lehrkraft in erster Linie um eine „Verbesserung" der Sachlage gehe.

Diese Problemlage ist schon lange ein Herd des Unbehagens, auch auf der Lehrerseite. So waren bald Ideen geboren, wie man das Syndrom „Wenn Schüler rot sehen" lindern könnte. Die alternative Farbgebung durch Einsatz der Farbe Grün hat zwar den harten Farbkontrast gemildert und somit zumindest die Optik verbessert, hinsichtlich der Zahl und der Art der Korrekturen ist aber dadurch keine Änderung eingetreten.

Jede Korrektur zieht nach der „Ohrfeigenwirkung" in weiterer Folge durch die geforderte „Verbesserung" auch noch das Empfinden nach sich, bestraft zu werden: Als Strafe für die Leistungsmängel muss jetzt fein säuberlich alles nach Vorgabe verbessert werden. Wie lustlos und geisttötend solche Pflicht-Strafarbeiten an sich schon sind, wurde bereits in der Rechtschreibdidaktik[235] aufgezeigt, allerdings nur unter dem Blickwinkel des Rechtschreibfehlers. Im speziellen Fall der Beurteilung schriftlicher Leistungen kommen noch die Faktoren Scham und Kränkung dazu.

---

[234] Vgl.dazu die Ausführungen zum Problembereich „Legastheniker vs. ‚Kamerakinder' " im Band 2, *Neue Wege in der Rechtschreibdidaktik*, Seite 94 ff.

[235] *Neue Wege in der Rechtschreibdidaktik*, Seite 109 ff. und 239 ff.

Die Kehrseite der Medaille lässt sich aber auch nicht einfach wegzaubern: Schriftliche Prüfungsarbeiten wie die Schularbeiten sind nun einmal dazu da, dass an ihnen Leistungsgrade festgestellt werden. Dazu ist eine Korrektur unerlässlich, und was als falsch oder unzulänglich erkannt wurde, dient einerseits der Notenfindung, muss aber andererseits eben wenigstens im Nachhinein besser gemacht werden.

Hier scheinen also zwei Standpunkte einander unversöhnlich gegenüberzustehen, und wir Lehrkräfte befinden uns mittendrin, sozusagen zwischen zwei Stühlen.

Rollen wir die Dinge von der unvermeidlichen Seite der Korrekturnotwendigkeit auf. Aber: Lenken wir unseren Hang zum Korrigieren auf das Positive, analog zu den Denkweisen, die im Rechtschreibbereich angeklungen sind.[236] Schon bei der ersten Durchsicht einer Arbeit kann man den üblichen Blickwinkel ändern und sich zunächst einmal auf die besonders gut gelungenen Stellen konzentrieren. Das erste aller Korrekturzeichen sollte also dem Ziel dienen, Positives zu bewerten. Sichtbares Zeichen dieser positiven Grundhaltung ist das „Anti-Korrekturzeichen" namens „**Ruf-zeichen**".[237] Mit diesem Zeichen wird noch vor jedwedem korrigierenden Eingriff zunächst einmal festgehalten, welche Stellen einer Arbeit inhaltlich oder sprachlich positiv bemerkenswert sind.[238]

Das zeigt nach zwei Richtungen verblüffende Wirkung: Ich kann als „Korrektor" nun nicht mehr umhin – so viele Fehler ich im Detail auch entdecke –, die 2, 3, 4 oder mehr Rufzeichen stets im Visier zu behalten. Dieser permanente Blick auf bereits attestierte Qualitäten mildert das subjektive kritische Detailurteil enorm. Auf der anderen Seite werden Schüler rasch erkennen, dass es uns Lehrkräften nicht nur darum geht, Fehler nachzuweisen, sondern durchaus auch darum, Qualitäten zu ermitteln. Sobald als einziges Bewertungkriterium das Negative zum Zug kommt, m u s s doch die Perspektive der Lernenden ebenfalls ins Negative abgleiten, oder?

---

[236] *Neue Wege in der Rechtschreibdidaktik,* Seite 190.

[237] In Deutschland „Ausrufezeichen" genannt.

[238] Die Rechtschreibung fällt dezidiert nicht unter diese Bewertungskategorie, weil jede Rechtschreibleistung nach den Rubriken „gelernt" oder „nicht gelernt" eingestuft und – siehe Eigenkorrekturverfahren (Seite 332) – auch von jedem Lernenden selbst entsprechend zugeordnet werden kann.

Ein nächster Schritt wäre nun, dass das Positive auch seinen Wert zugesprochen bekommt. Es muss Schluss damit sein, dass jede Leistungsbewertung unter dem stillschweigenden Motto läuft „Das Gute und Richtige ist selbstverständlich und daher nicht näher zu erwähnen und zu bewerten, das Schlechte hingegen ist unerwünscht und daher entsprechend hervorzuheben und zu sanktionieren." Die Rufzeichen sollten daher einen Wert zugesprochen bekommen, der – auch für die Schüler nachvollziehbar – klar definiert ist.

Hier kann ich nur meine persönlichen Maßstäbe ins Treffen führen – vielleicht können Sie sich ja auf Ähnliches festlegen. Meine Einstellung ist grundsätzlich parallel zu Geldwertvorstellungen zu sehen: Ein Euro Guthaben (= Positives) und ein Euro Schulden (= Negatives) heben sich auf und ergeben in Summe Null. Das will sagen: Wer 3 Rufzeichen bekommen hat, aber 5 Mängel in den Bereichen Wortwahl, Satzbau, Textaufbau oder Wahl der Überschrift, für den gilt der „Schuldenausgleich" in der Form: 5 x Minus, gegenverrechnet mit 3 x Plus, ergibt 2 x Minus. In die „Fehlerbewertungsskala" gelangen daher nur 2 Fehler, nicht 5!

Sie können die Sache gerne anders dosieren, z. B. „zwei Pluspunkte tilgen einen Minuspunkt", aber unberücksichtigt sollte das Positive in der Leistungsbewertung in Hinkunft auf keinen Fall mehr bleiben.

Das nächste – markant neue – Korrekturzeichen ist die **Wellenlinie**. Sie kennzeichnet die Stellen, die verbesserungbedürftig erscheinen, jedoch ohne dass eine vorgefertigte Lösung alles vorwegnehmen würde. Wo immer **Satzbau**, **Wortwahl** oder **Textgestaltung** meiner Meinung nach geändert werden sollten, wird nichts ausgebessert, nichts neu formuliert, sondern nur durch eine Welle angemerkt, dass hier etwas anderes günstiger wäre. Um dem Schüler zumindest die Denkrichtung einzugrenzen, sind die Kürzel **W** für Wortwahl, **S** für Satzbau und **T** für Textaufbau als Randbemerkungen hilfreich. Die Wellenlinie taucht in der Regel unterhalb einer Wortgruppe oder eines Wortes auf. Beim Satzbau oder beim Textaufbau kann die Wellenlinie bei den problematisch erachteten Passagen als senkrechte Markierung angegeben sein. Das Charakteristische an dieser Vorgangsweise ist, dass keine direkten Eingriffe in den Text erfolgen.

Damit ist eine ganz wesentliche Änderung erreicht: Habe ich früher selbst die meiner Meinung nach bestmögliche Lösung für eine Formulierung gefunden und sie hingeschrieben, hatte das sicher bei den Schülern nicht die von mir erhoffte Bewunderung für die nun viel bessere Formulierung zur Folge. Denn jeder halbwegs normal veranlagte Schüler wird sinngemäß denken: Ja gut, das ist deine Formulierung, aber ich habe mir es eben anders gedacht, darum habe ich es auch anders geschrieben. – Daraus folgt: Jeder noch so gut gemeinte Korrekturvorschlag geht letztlich daneben, weil er nur meine Vorstellungs- und Formulierungswelt, aber nicht die des Schülers trifft. Aus noch einem Grund gehen vorgefertige Formulierungsverbesserungen daneben: Ich selbst als korrigierende Person habe eine ziemlich einseitige Vorstellung von idealen Formulierungen, eben meine! Dadurch wird mir als Horst Fröhler nie etwas anderes gelingen, als durch meine „Ausbesserungen" allen Arbeiten den gleichen Horst-Fröhler-Stil aufzupressen. Warum aber sollten alle Arbeiten in den von mir geführten Klassen auf meinen Stil gleichgeschaltet werden, alle von einer Kollegin namens Ingrid Hofmann geführten Klassen auf einen Ingrid-Hofmann-Stil, alle von Alfred Egger geführten Klassen auf einen Alfred-Egger-Stil usw.?

Noch ein letzter Nachteil stellt sich ein, wenn gewünschte Änderungen vorgeben werden: Bei der anschließenden „Verbesserung" ist von den Schülern das Schlachtfeld von Blau und Rot in eine scheinbar heile Welt aus reinem Blau zu verwandeln. Das geschieht jedoch ebenso geistlos wie widerwillig, weil weder der Geist noch das Herz mit dabei sind, im Gegenteil, nur der Groll über die unerwünschte Mehrarbeit. Über allem steht auf der Schülerseite zähneknirschend das Motto: Was ich da jetzt nochmals schreiben muss, ist nicht mehr meine Arbeit, sondern eine seltsame Mischung von meiner Wortwahl und der Wortwahl meiner Lehrkraft. Ich selbst würde nie so schreiben.

Und ein Schüler, dem der Groll über „Aufsätze aller Art" besonders stark im Hals steckt, denkt noch dazu: Der ganze Krempel geht mir total auf die Nerven. – Zuerst muss ich etwas schreiben, was ich nie gewollt und nie bestellt habe. Dann wird das alles in der Luft zerrissen und zerlegt. Auch das habe ich nicht bestellt. Und jetzt muss ich den Schmarren „verbessert" ein zweites Mal schreiben! Wen interessiert das überhaupt? Wozu das alles? Ich mag das alles nicht! – Diese Schule ist nicht auszuhalten, aber ich muss, ich muss, ich muss! Es ist zum Aus-der-Haut-Fahren!

Aus all diesen genannten Gründen unterbleiben im hier vorgestellten Korrekturmodell „wohlmeinende" Ausbesserungsvorgaben an der Textsubstanz. Nur eine Wellenlinie zeigt, dass es sich um meiner Ansicht nach verbesserungsbedürftige Wörter oder

Passagen handelt, mehr nicht. Das wirft die Frage auf, wie denn auf dieser dürftigen Informationsbasis „Verbesserungsarbeit" durch die Schüler vorgenommen werden kann. Das wird gleich geklärt werden, doch müssen wir uns zunächst noch die Zeichensprache bei Rechtschreibfehlern vornehmen.

Mit **Rechtschreibfehlern** hat es eine grundlegend andere Bewandtnis als mit sprachlich-stilistischen Mängeln. Denn bei der Rechtschreibleistung kann jeder Schüler selbst einschätzen, ob es sich beim Fehler um ein gelerntes oder ein nicht gelerntes Wort handelt. Zur leichteren Unterscheidbarkeit werden fehlerhafte bereits gelernte Wörter doppelt unterstrichen, fehlerhafte ungelernte, aber im Text benötigte Wörter einfach. Wie diese beiden Fehlerkategorien bewertet werden, ist im Zusammenhang mit dem Arbeitsverlauf, vor allem mit der Frage einer zweiten Phase[239] zu sehen. Ziel sollte in jedem Fall sein, dass jeder Rechtschreibfehler als Fehler zählt, denn gleichgültig zu welcher Kategorie ein Wort gehört, der Fehler muss durch Eigenkorrektur oder durch Nachschlagen behoben werden können.

Die unterschiedlichen Kennzeichnungen dienen also nicht einer etwaigen Einstufung nach „leichten" und „schweren" Fehlern, sondern der Unterscheidung zwischen „gelernt" und „noch nicht gelernt". Das hat seine Folgen bei der Verbesserung:

Fehler in gelernten Wörtern (doppelt unterstrichen) müssen mindestens dreimal (untereinander![240]) richtig geschrieben werden. Fehler in ungelernten Wörtern hingegen (einfach unterstrichen) müssen nur einmal richtig geschrieben werden, allerdings bei gleichzeitiger Angabe der Wörterbuchseite. Denn die einzig zielführende Problemlösungsstrategie in Rechtschreiben muss den Lernenden früher oder später in Fleisch und Blut übergehen: Gelernte Wörter kann ich selbst kontrollieren und gegebenenfalls ausbessern, nicht gelernte Wörter können nur durch Nachschlagen (oder Fragen) richtig geschrieben werden.

Mit dieser Darstellung ist zugleich auch geklärt, ob nicht auch ein Kürzel „R" für „Rechtschreibfehler" angebracht wäre. Die Antwort ist evident: Durch die gesonderte Kennzeichnung der Kategorie Rechtschreibfehler erübrigt sich das Kürzel.

---

[239] Siehe Seite 332.

[240] Das Untereinanderschreiben verhindert weitgehend ein Verbesserungs-Chaos, zu dem Rechtschreibschwache neigen, weil die Menge des zu Verbessernden sie erschöpft. Die „Verbesserung der Verbesserung" und deren Endlosfortsetzungen reduzieren sich dadurch oder bleiben ganz aus.

Um den Reigen rund um die Korrekturanmerkungen komplett zu machen:

„G" für „Grammatikfehler" oder eine Untergruppe dazu, „FF" für „Fallfehler", sind in meinem Konzept ebenso bewusst nicht mit im Rennen wie der Vermerk „Stil". Hier ganz kurz die Gründe dafür:

1. Grammatikfehler sind in der Kategorie „Satzbau" subsumierbar, denn sowohl Fallfehler wie auch Zeit-Fehler ergeben sich aus der zugrundeliegenden Satzstruktur.
2. Stilfehler können immer auf der Ebene der Wortwahl oder des Satzbaus eingeordnet werden.
3. Zu viele Zeichen machen die Sache für die Schüler kompliziert.

Somit bleibt es bei den Zeichen W für Wortwahl, S für Satzbau und T für Textaufbau – und bei der ominösen Wellenlinie.

Nun ist der Zeitpunkt gekommen, zu klären, wie eine Rückgabe von Schularbeiten – in denen keinerlei Textkorrekturen enthalten sind, sondern nur Wellenlinien die Marschrichtung vorgeben – in sinnvolle Bahnen gelenkt werden kann.

Die Rückgabe der korrigierten Arbeiten und die Prozedur der „Verbesserung"

Am Anfang dieses Kapitels steht eine Beichte:

Ich gestehe, was nun folgt, ist nur im Rahmen des „Offenen Lernens" vollinhaltlich denkbar und machbar. Daher gilt das hier angeführte „Vollmodell" wohl nur für die Grundschule und den Bereich der Sonderschule[241]. Für alle anderen Schulbereiche werden aufgrund der organisatorischen Gegebenheiten Abstriche zu machen sein, am wenigsten noch dort, wo Deutsch zumindest einmal pro Woche als Doppelstunde im Stundenplan steht.

---

[241] Die österreichische „Sonderschule" entspricht der deutschen „Förderschule".

Die Schularbeitsrückgabe erfolgt also im Idealfall im Rahmen des „Offenen Lernens". Drei fixe Arbeitsstationen des Tages (oder der Doppelstunde) sind dann dem Thema „Schularbeit" gewidmet:

1. Schularbeitskorrekturen durchsehen und vorbereiten
2. Schularbeitskorrekturen besprechen
3. Schularbeit verbessern

In einer ersten Phase sollen sich die Schüler selbst Klarheit über alle Korrekturzeichen verschaffen und sich vor allem Gedanken darüber machen, warum manche Stellen mit einer Wellenlinie gekennzeichnet sind. Die Kennbuchstaben weisen ihnen zumindest einmal die Denkrichtung. Dieses Verfahren unterscheidet sich in einem ganz wesentlichen Punkt vom Modell der vorgegebenen Textänderungen: Das Denken des Lernenden wird aktiviert, auch wenn sich nicht immer gleich der Erfolg einer besseren Lösung einstellt. Wer die Korrekturanmerkungen nicht selbständig interpretieren kann, hat die Möglichkeit, bei Klassenkameraden Rat einzuholen. Das bringt den Ratsuchenden vielleicht in dem einen oder anderen Punkt weiter.

Wer auf diese Weise alle verfügbaren Möglichkeiten zur „Verbesserungsvorbereitung" ausgeschöpft hat, geht bei Bedarf weiter zur Station 2, „Schularbeitskorrekturen besprechen", die von mir betreut wird. Meist sind dann schon für viele meiner Wellenlinien entsprechende Änderungsideen parat. Bei Korrekturen, wo dem Lernenden die Fragezeichen ins Gesicht geschrieben stehen, wird so lange mit der mäeutischen Technik[242] des *Sokrates* gearbeitet – mit Tipps, Rückfragen („Hast du das so gemeint: …?"), Hinweisen und Anregungen – bis aus dem Schülermund selbst eine bessere Lösung als die vorherige zu vernehmen ist.

Erst jetzt werde ich – je nach Einschätzung des Leistungsvermögens eines Schülers – eventuell den soeben gemeinsam erarbeiteten Änderungsvorschlag als Neuformulierung in der Randleiste vermerken. Bei wem allerdings das verstehende Leuchten in den Augen so stark ist, dass ich sicher sein kann, die neue Formulierung wird in seinem Kopf nicht mehr verlorengehen, erspare ich mir diese Mühe natürlich. In jedem Fall habe ich aber erreicht, dass die geänderte Formulierung nun nicht mehr

---

[242] Mit „mäeutischer Technik" oder „Hebammentechnik" wird seit Sokrates die „geistige Geburtshilfe" bezeichnet.

meine Kreation ist, sondern ein Produkt gemeinsamer Auseinandersetzung. Die Neuformulierungen wurden sozusagen vom Schreiber selbst geistig „adoptiert".

So wird Punkt für Punkt mit jedem Kind durchbesprochen. Das dauert in dem einen Fall vielleicht nur 1 Minute, in anderen Fällen reichen 10 Minuten kaum. Kalkuliere ich mit ein, dass ich im Rahmen des „Offenen Lernens" immer wieder auch lernorganisatorisch oder sonstwie helfend eingreifen muss, werde ich in einer Stunde kaum mehr als 8 bis 10 Kinder in der beschriebenen Weise betreuen können. Mit einem Wort: Will ich am Tag der Rückgabe alle Arbeiten besprechen und zusätzlich erreichen, dass alle ihre Verbesserung gleich im Unterricht erledigen, bin auch ich am Ende eines solchen Tages erledigt. Warum also tue ich mir das alles an?

Die Gründe dafür sind, denke ich, überzeugend. Wenn ich erreichen will, dass sich in der Entwicklung der Leistungsbilanz Änderungen zum Besseren ergeben, hilft nur eines: die geistige „Mittäterschaft" der Lernenden. Daher bleibt mir bei den Korrektur- verfahren keine andere Wahl. Gebe ich alle Korrekturvorschläge vor, schaltet sich das Hirn des Lernenden gar nicht erst ein. Zeige ich nur an „Hier sollte etwas anders werden", wird das Denken aktiviert.

Eine vorgekaute Textverschönerung hätte zwar den unleugbaren Vorteil, dass für mich der Fall damit sehr rasch erledigt wäre, und der Rest der Arbeit auf der Schülerseite liegt: Schreib ab, was ich dir vorschlage, und alles ist gut. Doch diese scheinbare Arbeitsökonomie nützt nur mir, nicht jedoch dem Weiterkommen der Lernenden.

Mein Job ist es aber, dafür zu sorgen, dass die mir anvertrauten Lernenden weiter- kommen. Das kann ich nur gewährleisten, wenn ich in i h r e m Denken etwas verändere, und dazu brauche ich ihre geistige Anteilnahme bei der Textverbesserung. Ist diese innere Anteilnahme nicht gegeben, ändert sich auch an der Formu- lierungskompetenz der Lernenden nichts. Meine Korrekturvorgabe − so gut sie auch sein mag − erweist sich somit als lerntechnisch sinnlos. Die Änderungen müssen bewusst in den Köpfen der Lernenden landen, nur dann kann und wird sich etwas bewegen.

Das sind die Gründe, warum ich mir in diesem Punkt nie wieder das Leben einfach mache, indem ich meine Änderungsvorschläge den Lernenden aufoktroyiere. Nur unter diesen Voraussetzungen ist es sinnvoll, weiterhin Arbeitszeit in die Textkorrektur zu investieren. Denn bloß aufzuzeigen, was die Lernenden meiner Meinung nach alles noch nicht können und was   i c h   im Gegensatz dazu alles kann, ist entschieden zu wenig.

Erst wenn sich der Lernende aktiv mit einschaltet, den ursprünglichen Text zum Besseren zu verändern, kann ich hoffen, dass sich durch die gemeinsame Arbeit in Richtung Textverbesserung zugleich ein nachhaltiger Trend zur Erhöhung der Textkompetenz bei den Lernenden einstellt.

Ohne diese konkrete Aussicht auf Änderung ist eigentlich jeder Einsatz überflüssig, auf der Schülerseite genauso wie auf meiner. Das bestärkt mich immer wieder in dem Vorsatz: Auch wenn es mühsam ist, ich bleibe bei dieser Art der Rückgabe schriftlicher Arbeiten.

Achter Abschnitt:

Deutschnote neu –

- **praxisorientiert**
- **leistungsgerecht**
- **aussagekräftig**

Der gegenwärtige Stellenwert der schriftlichen Leistungen für die Deutschnote

Schon an früherer Stelle wurde uns bewusst gemacht, dass in unserem Denken und Handeln im Grunde genommen die schriftliche Leistung im Zentrum der Notengebung steht.

Natürlich werden wir alle an diesem Punkt einwenden, dass es bei der Leistungs-beurteilung auch andere Faktoren gibt, die in die Gesamtbewertung einfließen. Wir führen dann meist zurecht weitere Kriterien wie Mitarbeit, mündliche Leistungen, Qualität und Zuverlässigkeit der Hausübungen, Rechtschreibkenntnisse, Grammatik-wissen sowie Lesekompetenz ins Treffen. Erstaunlich ist dabei nur, dass Schüler, die sich versuchsweise ihre Zeugnisnote „ausrechnen", trotzdem kaum je danebenliegen, wenn sie den Durchschnitt der schriftlichen Leistungen als Basis annehmen und alle genannten weiteren Faktoren als „Zünglein an der Waage" bewerten, also im Höchstfall als ausschlaggebend für eine Verbesserung oder Verschlechterung der Note um einen Grad erachten.

Befrage ich in meinen Seminaren die anwesenden Lehrkräfte, ergibt sich regelmäßig ein hundertprozentiger Konsens bei folgendem Rechenexperiment:

Gesetzt den Fall, jemand hat in seinen **schriftlichen Arbeiten** eine Durchschnitts-note von „3,0" errungen. Welche Zeugnisnoten sind unter Einbeziehung aller übrigen Leistungsfaktoren in Deutsch denkbar?

Note 1 ? →   kollektive Anwort: Nein! – Ausgeschlossen!

Note 2 ? →   kollektive Anwort: Ja! – Bei herausragenden sonstigen Leistungen.

Note 3 ? →   keine Frage

Note 4 ? →   kollektive Antwort: Ja! – Bei gravierenden sonstigen Minderleistungen.

Note 5 ? →   kollektive Anwort: Nein! – Ausgeschlossen!

Es zeigt sich: Die Schüler haben uns also doch im Wesentlichen durchschaut. Ihre Rechenexempel zur Vorausberechnung der Abschlussnote liegen keineswegs ganz daneben.

Wir könnten uns nun zufrieden zurücklehnen, denn somit wäre ja alles in Ordnung. Was kann es Schöneres geben als eine Übereinstimmung unseres Gerechtigkeitsempfindens mit dem unserer Schüler? Und doch schießen unsere Gedanken noch weit am eigentlichen Problem der Notengebung vorbei, wie im Folgenden gezeigt wird.

Der Kern des Notenproblems

Die Deutschnote sollte spätestens, wenn sie im Schulabgangszeugnis steht, den Grad der „muttersprachlichen" Kompetenz des Lernenden wiedergeben. „Muttersprachlich" ist dabei zwischen Anführungen gesetzt, weil es in Wahrheit um die „Zweitsprache Deutsch" im Sinne von „Schriftdeutsch"[243] geht.

Bei der Bewertung der Sprachkompetenz sollte uns jedoch bewusst sein, dass Sprachkompetenz zwei Dimensionen hat, eine mündliche und eine schriftliche. Seit sich eine eigene Wissenschaftsdisziplin mit Grundfragen der Kommunikation befasst, gehören folgende Erkenntnisse der Kommunikationswissenschaft fast schon zum Allgemeinwissen: Wir Menschen kommunizieren auf dreierlei Arten miteinander, nämlich verbal, nonverbal oder schriftlich. Bezogen auf das gesamte Menschenleben, fällt der Löwenanteil (mehr als 90 %) der verbalen und nonverbalen Kommunikation zu, und nur zu einem sehr geringen Teil (weniger als 10 %) findet sie schriftlich statt.

In etwa diesen Relationen sollte daher auch in der Schule der Sprachkompetenzerwerb gewichtet sein. Im Idealfall also sollten sich sowohl die Aufteilung der Unterrichtszeit als auch die Bewertung der Leistungen an diesem Maßstab orientieren. Das heißt, wenn wir wirklich die Schule als eine Schule fürs Leben verstehen, sind die Lebensmaßstäbe im Kleinformat abzubilden. Folglich sollte dem Mündlichen im Vergleich zum Schriftlichen eine Größenordnung von 9 : 1 zugemessen werden.

Gewichtsverteilung der Unterrichtszeiten

Die Gewichtung der Unterrichtszeiten für die einzelnen Lernbereiche folgt hingegen in den ersten sechs Lernjahren ganz anderen Zwängen. Hier eine sehr grobe Ein-

---

[243] Ganz präzise und korrekt ausgedrückt, handelt es sich um das Beherrschen der sog. „Standardsprache" in der Ausprägungsart der eigenen Sprachregion. Es gibt im Wesentlichen drei Versionen dieser Standardsprache, die deutsche Version, die Schweizer Version und die österreichische.

schätzung, die aber immerhin für sich beanspruchen kann, das Ergebnis umfangreicher Erhebungen wiederzugeben:

- Rund **40 %** der Arbeitszeit sind dem Rechtschreiben gewidmet, damit der Bereich Schreiben einigermaßen reibungslos in Gang kommt.

- Rund **10 %** der Arbeitszeit sind für Grammatik erforderlich, weil Grammatikkenntnisse die (Recht-)Schreibkompetenz stützen müssen. (Stichworte: Großschreibung im Allgemeinen, Substantivierungen, Fallgebrauch...)

- Rund **30 %** betrifft das schriftliche Arbeiten im engeren Sinn. – In Summe sind jedoch damit bereits 80 % der Arbeitszeit nur für die Erlangung der Schreibkompetenz verplant.

- Die restlichen **20 %** teilen sich Lesen und Sprechen mit je rund 10 %.

Beim Vergleich zwischen Sprechen und Schreiben (inkl. Hilfsfunktionen) tritt somit ein Verhältnis von 10 % : 80 % zutage. Als Abbild der realen Verhältnisse im Leben müssten die Zahlenwerte andersherum lauten, also wenigstens im Verhältnis 80 : 10 zueinander stehen.

Gewichtsverteilung bei der Notengebung

Diese Frage wurde weiter oben[244] bereits beleuchtet. Dort wurde als allgemeiner Konsens der Lehrerschaft nachgewiesen, dass die schriftlichen Leistungen den Kern der Einstufung darstellen. Versucht man die dortigen Ergebnisse in Zahlen zu fassen, zeigt sich, dass die Schwankungsbreite auf Grund anderer Leistungen als der schriftlichen nur einen Notengrad umfasst, das sind bei einer insgesamt fünfstufigen Notenskala 20 %. Damit sind wir bei einem ersten Wert: 80 % der Notengebung werden aus dem schriftlichen Bereich geschöpft. – Kommt Ihnen dieser Wert bekannt vor?

Versucht man nun innerhalb der verbleibenden 20 % die Größenordnung des Faktors „Sprechen" festzumachen, würden angesichts der vielen in diesem Wert enthaltenen Faktoren (Qualität der Mitarbeit und der Hausübungen, Lesekompetenz und münd-

---

[244] Siehe Seite 376.

liche Leistungen) nur rund 5 % dem Sprechen zuzuordnen sein. Wenn wir nun, um mit ganzen Zehnern zu jonglieren, dem Sprechen sogar überproportionale 10 % zubilligen, landen wir exakt bei einer Aufteilung, die wir bereits kennen: 10 % für das Sprechen, 80 % für das Schreiben, 10 % für den Rest der Teilleistungen. Auch hier liegt wieder der Kehrwert dessen vor, was das Leben der Schule eigentlich nahelegen würde.

Die Arbeit im Unterricht und die Gewichtung bei der Leistungsbeurteilung laufen also parallel, aber leider in paralleler Weise falsch!

An Hand einer Extremwertberechnung soll dies verdeutlicht werden. Setzt man nämlich für die Leistungen in Schreiben und in Sprechen die Extremwerte „Sehr gut" bzw. „Nicht genügend" ein und hält dabei die restlichen 10 % der Bewertung (Mitarbeit, Hausübungen, Lesekompetenz...) stabil, in unserem Fall auf „Sehr gut", ergibt sich ein erschreckendes Szenario. Der Verzerrungsfaktor beim Vergleich zwischen dem Verhältnis 8 : 1 und dem Verhältnis 1 : 8 ist enorm!

Hier die Berechnungstabelle dazu:

Bereich →	Schreiben	Sprechen	Sonstiges	Endnote rechnerisch	Endnote im Zeugnis
Teilnoten →	1	5	1		
Bewertungsschlüssel A	8-fach	1-fach	1-fach	= Division durch 10	
Umrechnung A →	8	5	1	14 : 10 = 1,4	**1 = Sehr gut**
Bewertungsschlüssel B	1-fach	8-fach	1-fach	= Division durch 10	
Umrechnung B →	1	40	1	42 : 10 = 4,2	**4 = Genügend**

Das heißt im Klartext: Im – zugegebenermaßen extrem unwahrscheinlichen – Fall einer Leistungsdiskrepanz von „Sehr gut" im Schriftlichen und „Nicht genügend" im Mündlichen, ergibt sich bei herkömmlicher Bewertung (= Hauptgewicht der Note auf den schriftlichen Leistungen) die Zeugnisnote „Sehr gut", hingegen bei Bewertung nach den realen Lebensmaßstäben (= Hauptgewicht der Note auf den mündlichen Leistungen) die Zeugnisnote „Genügend"![245]

Die Aussagekraft der Deutschnote nach herkömmlichen Beurteilungsmaßstäben

Die Extremwertberechnung hat gezeigt, dass die Beurteilungsmaßstäbe, die die Grundlage für die Zeugnisnoten in Deutsch darstellen, bei der traditionellen Bewertung von vollkommen falschen Voraussetzungen ausgehen und daher ebenso verfälschende Ergebnisse bewirken.

Doch das ist immer noch nicht das ganze Problem. Denn die herkömmliche Unterrichtsarbeit mit ihrem Schwerpunkt auf „Aufsatzerziehung" hat ja so gut wie keinerlei Lebensbezug, dürfte also ganz und gar nicht als Leistungskriterium herangezogen werden.

Jetzt erst liegen alle Fakten auf dem Tisch, um den realen Aussagewert der „Deutschnote" als Leistungseinstufung in der Sprachkompetenz in der „Zweitsprache Schriftdeutsch" (fälschlicherweise meist als „Muttersprache" bezeichnet[246]) einschätzen zu können.

Die folgende Zusammenfassung soll das auf den Punkt bringen.

---

[245] Dabei steckt in dieser Berechnung immer noch ein beschönigender Rundungsfehler, denn wie erinnerlich, haben wir der Einfachheit halber den Bereich Sprechen mit 10 % Stellenwert belegt statt mit den ihm real zukommenden 4 %.

[246] Über die immanente Zweisprachigkeit im deutschen Sprachraum siehe vor allem in den Bänden 1 und 2 dieser Reihe. Der Erwerb der „Zweitsprache Schriftdeutsch" ist – neben anderen entscheidenden Neuorientierungen im mündlichen Lernbereich – Gegenstand des Bandes 4.

Zusammenfassung

Die Deutschnote, die einen Leistungsnachweis für den Grad der kommunikativen Lebenstüchtigkeit darstellen sollte, wird

- vorwiegend an Hand einer Textart ohne jeden unmittelbaren lebenspraktischen Gebrauchswert ermittelt und
- zusätzlich noch innerhalb des Gesamtleistungsspektrums in Deutsch um das Achtfache überbewertet.

Daraus folgt:

Die Aussagekraft der Deutschnote hinsichtlich der kommunikativen Lebenstüchtigkeit in der „Zweitsprache Schriftdeutsch" liegt nahezu bei Null.

Die „Deutschnote neu"

Für die Beurteilung der kommunikativen Kompetenz in der Zweitsprache Deutsch[247] muss sich die Gesamtbewertung im Wesentlichen aus 3 Teilen zusammensetzen:

1. verbale Kompetenz
2. schriftliche Kompetenz in den lebenspraktischen Textsorten
3. schriftliche Leistungen im Bereich „Aufsatz neu" (Indikator für die Eignung zu höheren Bildungszielen)

Eine neue Art der Notengebung hat aber nicht nur aussagekräftig für die Berufs- und Lebenspraxis zu sein, sie muss natürlich zusätzlich wie eh und je leistungsgerecht sein.

Hauptnote und Nebennote

Unter diesen Voraussetzungen ist als erste Vorüberlegung anzuführen, dass der allgemeinbildende Teil, das sind die Punkte 1 und 2 von oben, der eigentliche Kern der Endbewertung für die in der Pflichtschule erworbenen Kompetenzen darstellen. Punkt 3 ist ja nur als Propädeutikum für den Einstieg in einen höheren Bildungsweg zu verstehen. Diesen Punkt 3 in eine gemeinsame Notengebung, bestehend aus den Teilleistungen 1, 2 und 3 , hineinzurechnen, würde insofern verzerren, als ein gar nicht allgemeinbildendes Ziel dennoch zu einem Drittel die Abschlussnote der „allgemeinen Pflichtausbildung" mitbeeinflussen würde. Das wäre absolut ungerecht. Daher kristallisiert sich heraus, dass es in Deutsch zwei Noten geben muss,

- eine **Hauptnote** als Bewertung der im Pflichtteil der Allgemeinbildung erzielten Leistungen und
- eine **Nebennote** als Indikatorwert für die Eignung zu einem höheren Bildungsweg

---

[247] Für Kinder mit nichtdeutscher Herkunftssprache (sog. NDH-Kinder) ist es die Drittsprache, das ist nicht zu ändern. Ihr Belastungspotential wird daher vergleichsweise immer weitaus höher sein. Will die Schule die Chancen wirklich auf alle gerecht verteilen, müsste die Überlegung an folgendem Punkt ansetzten: Chancengerechtigkeit macht auch nicht vor der Anzahl der zu erlernenden Sprachen Halt. Im Pflichtschulbereich sollte daher gelten: 3 Sprachen sind für alle genug. 2 Sprachen gilt es allein im Deutschen jeweils zu erlernen (regionale Gebrauchssprache + Schriftsprache). Als Drittsprache sollten NDH-Kinder ihre eigene Muttersprache systematisch lernen, die „deutschsprachigen" Kinder hingegen eine regional übliche „1. lebende Fremdsprache" (Englisch, Französisch, Italienisch, Spanisch...).

Die zweite Vorüberlegung gilt der Hauptnote, die sich somit aus 2 Teilnoten zusammensetzt, den mündlichen und den schriftlichen Leistungen.

Die inhaltliche Seite der mündlichen Leistungen muss hier ausgeklammert werden, sie ist ein geschlossener Themenkomplex für sich, der hier den Rahmen sprengen würde. Ebenso ungeklärt muss vorläufig bleiben, wie man im Unterricht zu einer Art Notengebung für mündliche Leistungen gelangen kann. Beides wird im 4. Band dieser Reihe dargelegt werden. Fest steht jedoch seit den Überlegungen zur traditionellen Notengebung, dass Sprechen und Schreiben sowohl hinsichtlich des zeitlichen Arbeitsrahmens im Unterricht als auch hinsichtlich des Stellenwerts bei der Leistungsbewertung ihre Plätze tauschen sollten, also im Verhältnis 8 : 1 zueinander stehen sollten, statt der derzeitigen 1 : 8.

Diese Relationen sind allerdings angesichts der katastrophalen Mühseligkeit beim Erlernen einer künstlich überkompliziert gehaltenen, an Etymologie und Grammatik gebundenen und im Übrigen für jeden Lernenden letztlich regellos wirkenden Rechtschreibung sicher nicht erreichbar. Seit die Bildungsminister der deutschsprachigen Länder diese Verhältnisse durch den Rohrkrepierer namens Rechtschreibreform für Jahrzehnte einbetoniert haben, ist von dorther keine Änderung mehr zu erwarten – leider. So haben wir in der Schule nur eine einzige Wahl: Den Rechtschreibunterricht zu optimieren, um mit geringerem Zeitaufwand bessere Ergebnisse zu erzielen. Dass solche Gedanken nicht ins Reich des Visionären gehören, kann jeder bestätigen, der den Abschied vom traditionellen Rechtschreibunterricht bereits hinter sich hat.[248]

Die Arbeit in Deutsch sollte aber vom permanenten Willen getragen sein, dem mündlichen Bereich einen größeren zeitlichen Rahmen einzuräumen. Die Mindestforderung liegt hier bei 50 %. In das Gesamtleistungsbild, also die Zeugnisnote, sollte der mündliche Bereich sogar deutlich noch stärker einfließen, damit man sich wenigstens einigermaßen dem realen Stellenwert nähert. Hier liegt die Mindestforderung bei 66,6 %, also zwei Dritteln.

Hier das daraus ableitbare Modell einer Endnotenvergabe in Deutsch:

---

[248] Vgl. dazu Band 2 dieser Reihe, *Neue Wege in der Rechtschreibdidaktik.*

Der **Bereich 1 – Sprechen** erhält einen doppelt so hohen Stellenwert zugesprochen wie der **Bereich 2 – Schreiben**. Das ist am einfachsten zu bewerkstelligen, indem die Note für den Bereich 1 zweimal eingesetzt wird, die für den Bereich 2 nur einmal.

Die einfache Berechnungsformel lautet:

(2 x Note $_{\text{Bereich 1}}$ + 1 x Note $_{\text{Bereich 2}}$) : 3 = Endnote

Werden für jede Note ganzzahlige Teilnoten vergeben, kommt es innerhalb der fünfteiligen Notenskala nie zu Problemen beim Auf- oder Abrunden, wie die folgende Tabelle zeigt:

3 Teil-noten[249]		Summe		Division durch 3		Durchschnitts-wert		End-note
1 + 1 + 1	→	3	→	: 3	=	1	→	1
1 + 1 + 2	→	4	→	: 3	=	1,33	→	1
2 + 2 + 1	→	5	→	: 3	=	1,66	→	2
2 + 2 + 2	→	6	→	: 3	=	2	→	2
2 + 2 + 3	→	7	→	: 3	=	2,33	→	2
3 + 3 + 2	→	8	→	: 3	=	2,66	→	3
3 + 3 + 3	→	9	→	: 3	=	3	→	3
3 + 3 + 4	→	10	→	: 3	=	3,33	→	3
4 + 4 + 3	→	11	→	: 3	=	3,66	→	4
4 + 4 + 4	→	12	→	: 3	=	4	→	4
4 + 4 + 5	→	13	→	: 3	=	4,33	→	4
5 + 5 + 4	→	14	→	: 3	=	4,66	→	5
5 + 5 + 5	→	15	→	: 3	=	5	→	5

---

[249] Hier wurden nur die häufigsten Kombinationen aufgenommen. Jede hier fehlende Konstellation führt dennoch zu einer ganzzahligen Summe zwischen den Werten 3 und 15. So ergibt z. B. die Notenkombination 4+4+1 den Wert 9, und damit die Note 3.

Bevorzugt man hingegen aus Gerechtigkeitsgründen das System der 19-teiligen Notenskala[250], so ist das für die Berechnung der Endnote ebenso korrekt, ja vielleicht kommt dadurch die Note dem Ideal sogar noch etwas näher, ein möglichst gerechtes Abbild für erzielte Leistungen zu sein. So könnte man für jemanden, der im Mündlichen nicht einfach nur 2, sondern „noch 2" erreicht hat, und auch im Schriftlichen auf „noch 3" steht, nun die Berechnungsformel in folgender Form anwenden:

$$2,25 + 2,25 + 3,25 = 7,75 \rightarrow 7,75 : 3 = 2,58 \rightarrow \text{Endnote } 3$$

Zum Vergleich: Beim Einsetzen ganzzahliger Werte ergibt sich als Endnote 2!

Im Abgangszeugnis aus der Pflichtschule, das – nochmals sei es gesagt – a l l e Schüler nach Ableistung von 9 Pflichtschuljahren (und eventuell einem Vorschuljahr) erhalten, wären dann zwei Noten für Deutsch zu vergeben, eine für den Grad des Erreichens ALLGEMEINBILDENDER ZIELE (ABZ), und eine als INDIKATORWERT FÜR HÖHERE ZIELE (IHZ).

Aussagewert für den weiteren Lebensweg

Beide Teilnoten können von Schülern, Eltern, weiterführender Schule und/oder künftigem Lehrherren klar zugeordnet und dadurch als ziemlich zuverlässiger Orientierungwert herangezogen werden.

Beispiel:

Deutsch – Leistungsgruppe I	
ALLGEMEINBILDENDE ZIELE (ABZ):	Gut (2)
INDIKATORWERT für HÖHERE ZIELE (IHZ):	Genügend (4)

Im System der Zwei-Noten-Vergabe liegen wiederum neue Ansätze für eine größere Chancengerechtigkeit: Ein Lehrherr, der bei ABZ die Note 2 sieht, und bei der IHZ-Note den Wert 4, weiß nun, er hat mit dem Bewerber einen gut aufs Berufsleben

---

[250] Vgl. dazu Seite 51.

Vorbereiteten zu erwarten, der eben nur kein höheres Schreibtalent hat. Man vergleiche: Derzeit erhält derselbe Schüler wegen der überproportionalen Einseitigkeit von Unterrichtsführung und Notengebung gnadenlos die Note 4 (!) und ist gleichzeitig auch tatsächlich mangelhaft auf die Berufswelt vorbereitet – aber nicht aus eigenem Verschulden, sondern wegen der praxisfernen Unterrichtsinhalte!

Die Leistungsgruppenzuordnung und die Noten in den anderen Fächern werden zusätzlich das Gesamtbild der Leistungsschwerpunkte abrunden und so ein ziemlich differenziertes Bild zeichnen.

Der Schüler selbst behält auf Grund dieser neuen Art der Notengebung einerseits zurecht sein gesundes Selbstwertgefühl, andererseits gibt er sich keiner Illusion hin, dass er ein ganz tolles Talent für höhere Ziele hätte und nur von seinen Lehrern verkannt würde, denn er hat ja das „Geschichtenschreiben" ohnehin noch nie leiden können.

Aufnahmebedingungen in den höheren Bildungweg AHS oder BHS

Die beiden Deutschnoten können als Modellfall für die in anderen Gegenständen festgelegten Beurteilungsweisen und Übertrittskonditionen gelten. In Deutsch jedenfalls erscheint es sinnvoll, Folgendes zu definieren:

Notenerfordernis für den höheren Bildungsweg:

ALLGEMEINBILDENDE ZIELE (ABZ)	1 od. 2 in LG I bzw. 1 in LG II[251]
INDIKATORWERT FÜR HÖHERE ZIELE (IHZ)	1 od. 2 in LG I bzw. 1 in LG II

Wer in einer der beiden Rubriken nur den Wert „Befriedigend" (3) erzielt, hat über die verpflichtenden Aufnahmsprüfungen doch noch die Chance, einen höheren Bildungsweg einzuschlagen. Voraussetzung: Der Gesamtdurchschnitt des Zeugnisses darf den Wert 2 nicht übersteigen!

---

[251] Die Einschränkung bei der Leistungsgruppe II erklärt sich daraus, dass grob gesprochen ein „Gut" in der LG I einem „Sehr gut" in der LG II entspricht.

Ist man also trotz schlechterer Deutsch-Ergebnisse dazu fest entschlossen, gibt es zwei Wege:

- Aufnahmsprüfung für BHS (Berufsbildene höhere Schule), wenn das „Befriedigend" in Deutsch durch ein „Sehr gut" in einem für die gewählte BHS relevanten Gegenstand wettgemacht wird, z. B. „Sehr gut" in Mathematik (LG I) für die Aufnahmsbewerbung in einer Handelsakademie.

- Aufnahmsprüfung für AHS (Allgemeinbildende höhere Schule), wenn das „Befriedigend" in Deutsch durch jeweils „Sehr gut" in einem der Kernfächer Mathematik und Fremdsprache wettgemacht wird.

Was das Bildungssystem zusätzlich anbieten sollte: Die Möglichkeit der freiwilligen Wiederholung des letzten Pflichtschuljahres, damit jeder Zielstrebige oder Ehrgeizige mit nachgebessertem Allgemeinwissen ein Jahr später doch noch die höhere Reife anstreben kann.

Schlussbetrachtung und Ausblick

Lassen wir die vielfältigen Inhalte lebens- und berufsbezogenen Schreibens nun nochmals vor unserem geistigen Auge Revue passieren. Wir können uns jetzt wahrscheinlich schon recht gut vorstellen, wie im Laufe der Jahre das „Textsortenheft" zu einer respektablen Sammlung anwächst. Die Lernenden finden dort – zu jeder erfassten Textsorte – alle wichtigen formalen und inhaltlichen Details. Sie haben sich damit ein Nachschlagewerk für ihre eigene berufliche wie private Zukunft geschaffen.

Sie nehmen dieses Textsortenheft mit ins weitere Leben und hüten es wie einen Schatz: „Da steht zum Bereich des Schreibens alles drin, was ich in der Schule für das Leben gelernt habe." Zu einem Schatz ist es nicht zuletzt auch deshalb geworden, weil es sich vom traditionellen Schulbuch wie Tag und Nacht unterscheidet.

Im Schulbuch steht, das wurde schon auf Seite 25 f. ausführlich thematisiert, zwar ebenfalls viel profundes Wissen, meist sogar so absolut perfekt gestaltet, dass eine Mitschrift nicht ernsthaft konkurrieren kann. Aber das Buch ist für Lernende trotzdem eher lähmend als ermutigend. Sie blättern durch Hunderte von Seiten und sehen nur, was sie alles wissen sollten, aber nicht wissen. Demotivation statt Motivation ist oft die Wirkung – bei Lernschwächeren noch weitaus größer als bei Lernstarken.

Daher gilt auch für die Erarbeitung der Textsorten: Selbst wenn es einmal ein Schulbuch geben sollte, in dem alle 111 Textsorten mustergültig und vermeintlich lerngerecht aufbereitet sein werden – es wird sich schlagartig wieder die ewig gleiche Situation einstellen: Volles Schulbuch – leere Schülerhirne.

In diesem Buch wurde daher bewusst ein anderer Weg gewählt:

- der Weg größtmöglicher gemeinsamer Erarbeitung der für eine Textsorte wichtigen Grundsätze

- der Weg des eigenhändigen Festhaltens dieses Grundwissens – getreu der lernpsychologischen Erkenntnis, dass das eigene Tun etwa doppelt so viel an Lernwirkung auslöst als bloßes Hören und/oder Lesen

- der Weg des aktiven Sammelns einschlägiger Schreiberfahrung in einer echten Schreibrealität und nicht in einem abgeschotteten „Prüfungsmilieu"

- der Weg, der permanent Lebensbezogenheit dokumentiert und daher von Schüler- wie von Lehrerseite voll Überzeugung beschritten werden kann

Wenn wir entschlossen und zielgerichtet einen so gearteten textsortenzentrierten Deutschunterricht betreiben und andere Kolleginnen und Kollegen ebenfalls davon überzeugen, haben wir das große Problem der Weltfremdheit des Deutschunterrichts gelöst. Von da an verlassen alle 15-Jährigen die Pflichtschule, ausreichend mit lebenspraktischem Wissen ausgestattet, gleichgültig, ob sie den Weg ins Leben über eine weiterführende Schule suchen, oder ob eine Lehre der (vorläufige) Weg ihrer Wahl ist. Damit wird es dann auch um die Berufs-Chancen a l l e r Jugendlichen deutlich besser bestellt sein.

Die Schule kann damit endlich für den Bereich des Schreibens von sich sagen, ihre ureigene Zielsetzung wieder gefunden zu haben – auf das Leben vorzubereiten.

Die Maßstäbe für alles schriftliche Arbeiten in Deutsch sollten von nun an ausschließlich auf der positiven Seite zu suchen sein:

- Die Lernenden müssen ihre Arbeit als sinnvolles Tun wahrnehmen, sie sollen spürbar die Lernfortschritte und den Wissenszuwachs erleben.

- Die interessierte Anteilnahme der Lernenden und ihr ungebremstes, aktives Neugierverhalten müssen ebenso zu spüren sein wie ihre wachsende Selbstsicherheit und Arbeitsfreude, ihr Stolz auf vollbrachte Leistungen.

- Nur wenn Lernprozesse – neben der unvermeidlichen Anstrengung – vorwiegend als Erfolgserlebnisse bewusst wahrgenommen werden, als Bereicherung des eigenen Wissens und Könnens, wird das Lernen dauerhaft auf der erfolgreichen Seite bleiben können.

Ob wir auf dem Weg sind, all das zu erreichen, zeigt uns tagtäglich ein einziger zuverlässiger Indikator:

Das Leuchten in den Augen der Lernenden.

Holen wir es gemeinsam zurück in die Schule.

In diesem Sinne viel Erfolg auf neuen Wegen!

Anstelle eines Nachworts

Die drei bisher vorliegenden Bände der Deutschdidaktik-Reihe konnten schon vieles zeigen:

So gut wie alle Kinder können durch einen im Sinne von **Band 1**, „Elementardidaktik", geänderten Elementarunterricht nachweislich rasch zu ausgezeichneten und begeisterten Lesern werden. Die überaus hohen Erfolgsraten dieser anderen Art des Lesenlernens sind mittlerweile wissenschaftlich belegt.[252] Gutes Lesekönnen ist die denkbar beste Basis für eine Allgemeinbildung.

Ein im Sinne des **Bandes 2** „Rechtschreibdidaktik" geänderter Rechtschreibunterricht bringt mit weniger Zeitaufwand und vor allem ohne jeglichen Einsatz eines Schulbuches (!) bessere Erfolgsraten als alle anderen Lernverfahren. Das Aufrechthalten permanenter Arbeitsfreude hat sich auch dort als Schlüsselfunktion für positiv erlebte Lernprozesse erwiesen.

Die Änderungen im Verfassen von Texten im Sinne des hier vorliegenden **Bandes 3** bringen im schriftlichen Bereich das Leben in die Schule zurück, und damit den Leistungswillen, das Leistungsvermögen sowie echtes Können auf diesem Sektor. Auch das ist nur durch lebendige Arbeit und nicht durch zwar perfekte, aber geisttötende Schulbücher möglich.

Eine letzte große didaktische Umorientierung in den Pflichtschuljahren steht noch aus: Der Lernbereich Sprechen muss methodisch gezielt ausgebaut werden, damit die Lernenden auch hier lebenstüchtig werden. Kommunikative Kompetenz in der Schriftsprache, die auch Sozialkompetenz mit einschließt, muss allen anderen Zielen des Deutschunterrichts vorgereiht werden. Doch das ist eine andere Geschichte. – **Band 4** ist schon in Arbeit.

---

[252] *Elisabeth Seitlinger, Lesen lernen lernt das Land* – Diplomarbeit an der Salzburger Universität, Salzburg 2006. – Diese Arbeit enthält eine wissenschaftliche Evaluierung der nach den Konzepten der *Elementardidaktik* aufgebauten Fibel *Lilos Lesewelt 1*, erschienen im Verlag Helbling, Rum bei Innsbruck 2002.

ANHANG

REGISTER

Personennamen sind durch *Kursivdruck* hervorgehoben.

Fachbücher für den Deutschunterricht

Elementardidaktik auf Erfolgskurs

Dieses Werk zeigt auf, welche Art von Unterricht dazu führt, dass Lesen von Anfang an Freude macht und rasch zu Lesegeläufigkeit führt. Gleichzeitig werden viele traditionelle didaktische Vorgangsweisen kritisch hinterfragt.

168 Seiten, Format 16x23 cm, mit Abbildungen, Paperback. Rum b. Innsbruck – Wien 2003.

Neue Wege in der Rechtschreibdidaktik

Das Grundlagenwerk für einen erfolgsorientierten, freudvollen und stressfreien Rechtschreibunterricht. Darin wird auch aufgezeigt, wie verhängnisvoll sich traditionelle Lernformen auf Rechtschreibschwache auswirken. - Mit 99 Übungsformen für die Arbeit am Grundwortschatz und zahlreichen Abbildungen.

332 Seiten, Format 17x23,5 cm, Paperback cellophaniert, mit zahlreichen, z. T. farbigen Abbildungen; inkl. Downloadberechtigung für Blanko-Arbeitsblätter. 3. Auflage, Wien 2006.

Fernitzer Grundwortschatz 2007

Empirisch erhobene Wortschatzsammlung mit den 1.000 am häufigsten von Grundschülern verwendeten Wörtern. Diese Sammlung macht es möglich, Wörter passgenau dann zu erarbeiten, wenn sie in der Klasse aktuell sind, und nicht dann, wenn es ein Schulbuch im Jahreslauf vorsieht. – Mit Planungsraster und Kennzeichnung des Kernwortschatzes.

160 Seiten, Format 17x23,5 cm; Paperback cellophaniert, inkl. Downloadberechtigung für Blanko-Arbeitsblätter. 3. völlig neu bearbeitete Auflage, Wien 2007.

Regelwerk und Spezialwörterbuch zur neuen Rechtschreibung – LEHRERAUSGABE

Klarheit in sämtlichen Fragen der Rechtschreibreform: Alle letztgültigen Regeln (Stand 2006) sind so dargestellt, dass die „Nachbesserungen" von 2004 und 2006 nachvollziehbar werden. Alphabetisches Verzeichnis aller reformierten Wörter als rasche Hilfe in Zweifelsfällen und Wegweiser beim Umgang mit den Wahlformen.

280 Seiten, Format 17x23,5 cm; Paperback cellophaniert. 8. völlig neu bearbeitete Auflage, Wien 2007.

Dr. Horst Fröhler, Liechtensteinstraße 132, 1090 Wien, Österreich/Austria
Tel: +43 1 310 29 67-2 • Fax: +43 1 310 29 67-4
E-Mail: horst.froehler@chello.at
Bestellmöglichkeit, Preise und Versandkonditionen unter www.froehler.at

Weitere Lernhilfen

Bildimpulse für Phantasiegeschichten

Serie **A**: **Die Insel des Zauberers**   Serie **C**: **Was ist das?**
Serie **B**: **Die verrückte Kaffeetasse**   Serie **D**: **Das glaubt ihr mir nie!**

4 Mappen mit je 50 Farbbildern als Anregungen für phantasiebetontes Schreiben. Überschriften, Textanfänge oder Gestaltungsvorschläge erleichtern – wenn gewünscht – den Schreibstart. – Jedes Kind hat sein eigenes Thema, daher gibt es bei den Schülertexten keine langweilige Dutzendware mehr.

Jede Serie ist als Ringmappe (4-Loch-System) angelegt. Je 50 farbige Bildimpulse einzeln in Klarsichthüllen, daher sofort für den Unterricht einsatzbereit. – Die Mappen sind nur beim Autor direkt erhältlich.

Aufbauwortschatz für 10- bis 14-Jährige

Aufbauend auf dem „Fernitzer Grundwortschatz" wird der Rechtschreibwortschatz nochmals um 1.000 Wörter erweitert, diesmal – neben dem allgemeinen Wortschatz – auch um wichtige Wörter aus der Berufswelt.

60 Seiten, 14,8x21 cm, spiralierte Skripenausgabe. Wien 2003 – Nur beim Autor direkt erhältlich.

Lesetraining

Fitness-Training Lesen (Teil 1: Basis)

Eine motivierende Übungskartei für „Leseschwerenöter" aller Altersstufen. Mit jedem Kärtchen wächst der Lesespaß. Infiziert jeden „Lesemuffel" mit dem Lesebazillus. – Geld-zurück-Garantie bei Nichtfunktionieren!

Konditions-Training Lesen (Teil 2: Aufbau)

Die Fortsetzung zum Fitness-Training Lesen bringt eine gezielte Steigerung und motiviert zur Weiterentwicklung der Lesefertigkeit.

Lese-Jogging (Teil 3: Perfektion)

Die dritte und abschließende Übungskartei bietet Lesegenuss mit Lustigem, Rätselhaftem, Kniffligem, mit humorvollen Sprachspielereien und viel Wissenswertem.

Für jede Trainingskartei gilt: 100 Karteikärtchen, blockgeleimt, 10,5x14,8 cm. Wien 2007

Dr. Horst Fröhler, Liechtensteinstraße 132, 1090 Wien, Österreich/Austria
Tel: +43 1 310 29 67-2 • Fax: +43 1 310 29 67-4
E-Mail: horst.froehler@chello.at
Bestellmöglichkeit, Preise und Versandkonditionen unter www.froehler.at